KB193426

"내 양을 먹이라"

교회사 속의 목회

"내 양을 먹이라"
교회사 속의 목회

초판 1쇄 인쇄 | 2023년 5월 22일
초판 1쇄 발행 | 2023년 5월 30일

책임편집 서원모
펴낸이 김운용
펴낸곳 장로회신학대학교 출판부

등록 제1979-2호
주소 (우)04965 서울시 광진구 광장로5길 25-1(광장동)
전화 02-450-0795
팩스 02-450-0797
이메일 ptpress@puts.ac.kr
홈페이지 http://www.puts.ac.kr

값 18,000원
ISBN 978-89-7369-487-7 93230

"내 양을 먹이라"
교회사 속의 목회

책임편집 서원모

장로회신학대학교출판부

이 책은
안교성 교수 퇴임을
기념하여 만들었습니다.

집필진 소개

고성휘 _ 성공회대학교 연구교수

성공회대학교 신학연구원 연구교수로 구술사 및 목회현장연구를 하고 있다. 저서로 『다시, 목민』, 『선교적 교회교육』(공저), 『민중 민주 민족을 향한 여정』(편저) 등이 있다.

김은정 _ 연세대학교 국학연구원 전문연구원 / 한국교회사

연세대학교 국학연구원 연세학연구소 전문연구원으로 여성·청년을 대상으로 한 내한 선교사의 부문 운동 사업, 한국 개신교 여성 및 기독여성운동을 연구하고 있다. 저서로 『씨가 자라 나무가 되듯이: 한국교회여성연합회 50주년 하이라이트』, 『기독여성을 통해 역사를 보다: 한국교회에 새겨진 여성들의 발자취』(공저) 등이 있다.

김은하 _ 장로회신학대학교 역사신학 객원교수 / 현대교회사

장로회신학대학교 역사신학 객원교수로 20세기 학생운동과 여성운동, 그리고 YWCA를 중심으로 한 동서교류에 대해 연구하고 있다. 저서로 『생명문명 시대를 연 20세기 기독여성지도자』가 있다.

박경수 _ 장로회신학대학교 역사신학 교수 / 종교개혁사

장로회신학대학교 역사신학 교수로 종교개혁사, 특히 츠빙글리와 칼뱅을 중심으로 한 개혁교회 종교개혁을 연구하고 있으며, 신학의 대중화를 위해 쉽게 쓴 책과 현장답사 관련 글을 발표하고 있다. 저서로 『한국교회를 위한 칼뱅의 유산』, 『인물로 보는 종교개혁사』, 『교회사 클래스』, 『개혁교회, 그 현장을 가다』, 『종교개혁 핵심톡톡 Q&A 33』 등이 있다.

서원모 _ 장로회신학대학교 역사신학 교수 / 고대교회사

장로회신학대학교 역사신학 교수로 아우구스티누스, 시리아교회와 초기 근대 동아시아선교 문헌을 연구하고 있다. 저서로 『동아시아 기독교와 전교문헌 연구』(공저), 역서로 『나달의 복음서 도해집 역주』, 『신편천주실록 역주』(공역) 등이 있다.

안교성 _ 장로회신학대학교 역사신학 교수 / 한국교회사

장로회신학대학교 역사신학 교수로 한국교회사를 중심으로 에큐메니컬운동사, 선교운동사, 목회의 역사 등을 연구하고 있다. 저서로 『장애인을 잃어버린 교회』, 『한국교회와 최근의 신학적 도전』, 『후기 사회주의 시대의 통일과 평화』, 『아시아 신학 산책』이 있다.

양정호 _ 장로회신학대학교 역사신학 조교수 / 중세교회사

장로회신학대학교 교육행정 조교수로 장신논단 편집총무 및 장신대 출판부 편집인이며, 연구 분야는 중세 여성 영성이다. 저서로 『기독교 영성생활 BASIC: 예수님과 함께 하는 일만 시간의 비밀』, 『20세기 대전의 리더스피릿』(공저), 역서로 『기독교인물 사상사전』(공역) 등이 있다.

이상조 _ 장로회신학대학교 역사신학 조교수 / 근대교회사

장로회신학대학교 역사신학 교수로 근·현대교회사, 특히 경건주의와 청교도주의를 중심으로 한 근대 개신교회의 역사적 발전과정을 연구하고 있다. 저서로는 *Luther-Rezeption bei Gottfried Arnold*와 『공법적(公法的) 독일 개신교회의 역사적 발전과정』 등이 있고, 역서로는 『교파주의시대: 가톨릭주의, 루터교, 칼빈주의(1563-1675)』(공역) 등이 있다.

이치만 _ 장로회신학대학교 역사신학 부교수 / 한국교회사

장로회신학대학교 역사신학 교수로 재직하고 있다. 한국교회사를 가르치고 연구하고 있다. 저서로는 『손양원의 옥중서신 연구』, 『삼일운동과 한국장로교회』 등이 있다.

임희국 _ 장로회신학대학교 역사신학 명예교수 / 한국교회사

장로회신학대학교 명예교수이다. 2020년도 이래로 '한국실천신학연구소'에서 『예배와강단』을 발간하여 목회자 주일설교(프로페차이)를 도우며 교회사 집필에도 힘쓰고 있다. 저서로는 『블룸하르트가 증언한 하나님 나라』, 『삼애일치. 손인웅의 목회와신학』(공저), 『경안노회 100년사』, 『속초중앙교회70년사』, 『봉경 이원영』(공저) 등이 있다.

최형근 _ 장로회신학대학교 역사신학 조교수 / 중세교회사

장로회신학대학교 역사신학 조교수로 현재 중세수도원과 기독교 문명교류를 연구하고 있다. 저서로 *Between Ideals and Reality: Charity and the Letters of Barsanuphius and John of Gaza*등이 있다.

발간사

안교성 교수의 은퇴를 계기로 교회사 속에 나타난 목회의 발자취를 탐구하게 된 것을 기쁘게 생각합니다. 안교성 교수는 그동안 장애인 신학, 아시아 신학, 선교와 에큐메니컬 운동사, 한국교회사, 목회의 역사, 통일신학 등 다양한 주제를 연구해왔습니다. 이 모든 분야에서 두드러진 연구 업적을 남겼지만, 특히 장애인 신학과 목회의 역사는 미답의 연구 분야를 개척했다는 점에서 의의가 큽니다. 이번에 교회사 속에 나타난 목회의 주제를 함께 정리하면서 이 분야의 연구가 얼마나 중요한지를 확인할 수 있었습니다.

본서는 역사방법론에 대한 탐구를 염두에 두고 만들어졌습니다. "목회"란 주제를 역사적으로 탐구하고자 할 때 그 대상과 내용을 확정하기 어려운 것이 사실입니다. 일반적으로 교회의 사명을 예배^{리투르기아}, 전도^{케리그마}, 봉사^{디아코니아}, 교육^{디다케}, 친교^{코이노니아}의 다섯 범주로 나눕니다. 또한 이러한 맥락에서 목회자의 활동을 설교, 예배, 교리교육, 목회돌봄, 교회정치로 구분하고, 실천신학 분야의 교육이 이루어지기도 합니다. 그런데 목회의 역사를 탐구한다면, 이러한 교회의 사명과 목회자의 활동 중 구체적으로 어느 영역에 관련되는지 질문할 수 있습니다.

우선 목회의 역사는 교회의 사명 전체와 목회자의 모든 활동을 연구하는 것인지 물을 수 있습니다. 하지만 설교와 예배와 교리교육이란 주제를 따로따로 역사적으로 연구할 때, 목회의 역사로 일컬을 수 있는지 의문을 제기할 수 있습니다. 설교의 역사, 예배의 역사, 교육의 역사라고 말하지, 목회의 역사라고 부르지 않을 수 있기 때문입니다. 또 디아코니아의 역사는 목회의 역사에 포함되는지, 선교의 역사에 포함되는지 질문할 수 있습니다. 목회 돌봄 분야는 목회의 역사의 주요 대상이 된다고 볼 수 있습니다. 하지만 목회의 역사를 목회 돌봄으로만 한정해야 한다고 주장하기는 어렵습니다. 목회는 목회 돌봄보다 큰 범주라고 생각할 수 있기 때문입니다.

일반적으로 목회의 역사라고 하면 공동체의 리더로서 목회자의 역할을 떠올리기 쉽습니다. 특히 말씀과 성례의 사역자인 목회자의 리더십이 초점이 될 수 있습니다. 하지만 안수받은 교역자가 아닌 여성들이나 평신도의 리더십과 활동도 목회의 역사의 대상이 될 수 있을 것입니다. 게다가 하나님의 사람은 하나님의 백성을 위해 세워지므로, 리더뿐만 아니라 신앙공동체와 사회적인 정황도 중요할 수 있습니다.

또 "목회"라는 단어를 어원적으로 고찰할 수도 있습니다. 목회는 라틴어 "pastor"나 "pastoralis"와 연관되고, 이 단어들은 "(가축을) 치다, 목축하다, 양육하다, 기르다, 가꾸다."라는 뜻을 지닌 "pasco"라는 동사에서 파생되었습니다. 그런데 우리말로 "목회"라고 하면 '교회/공동체'의 지도자로서의 역할이 강조되는 듯이 느껴집니다. 하지만 목牧이란 단어를 성경적으로 생각해보면, 잃은 양을 찾고, 양의 이름을 알고, 지팡이와 막대기로 인도하고, 양을 위해 목숨을 바치는 선한 목자를 떠올릴 수 있습니다. 여기에는 교회와 공동체 전체뿐만 아니라 한 사람 한 사람을 기르고 돌보고 가꾸는 활동이 전제되어 있습니다. 그래서 목회란 단어를 생각할 때, 목민牧民이란 단어와 함께 위민爲民, 애민愛民, 친민親民이란 말도 같이 떠올리는 것이 좋습니다.

또 목회는 ministry의 번역어이기도 합니다. ministry는 '섬김과 봉사'의 뜻을 지니고 있고 '사역', '교역'이라고도 번역됩니다. '사역'을 하나님의 백성이 개인으로나 지교회로나 보편교회로 부르심을 받아 맡은 일/봉사/섬김으로 광범위하게 정의한다면, 목회나 교역은 말씀과 성례의 사역자로서의 특정한 사역을 가리킨다고 볼 수 있습니다.

교회사 속의 목회를 탐구하고, 목회의 역사를 서술하는 작업은 이러한 문제의식과 함께 시작됩니다. 본서는 목회의 역사라는 주제로 작성된 글들을 모았습니다. 독자들은 본서를 통해 목회의 역사와 관련된 다양한 주제와 연구 방식을 접할 수 있을 것입니다. 본서는 시기로는 고대교회부터 한국교회까지, 주제로는 세계교회, 한국교회, 여성목회라는 세 가지 주제를 다룹니다. 여기서는 본서를 목회의 역사라는 연구방법론의 입장에서 살펴보고자 합니다.

안교성 교수의 "목회론 고전 산책기"는 교회사 전체에서 목회의 역사를 어떻게 접근할 수 있는지 개관해줍니다. 그는 목회전문대학원 박사과정의 '역사신학과 목회'라는 강의에서 교회사 속에 나타난 목회론을 중심으로 목회의 역사를 접근했다고 알려줍니다. 그는 이러한 목회론의 고전으로 『열두 사도들의 가르침: 디다케』로부터 시작해서 박승호의 『상처받은 하나님의 마음: 한에 대한 개념과 죄에 대한 서양 기독교적 개념』까지를 열거합니다. 이런 종류의 문헌은 실천적이고 경건적인 방식으로 목회의 전문적이고 개인적인 삶을 다루는 문학 형식이라는 뜻을 지닌 "pastoralia"로 분류될 수 있습니다.[1]

---

1   이에 대한 개괄적인 내용은 G. T. Miller, "Pastoralia," in *Dictionary of Pastoral Care and Counseling*, ed. Rodney J. Hunter et al. (Nashville: Abingdon Press, 1990), 875-76.

여기서 더 나아가서 안교성 교수는 목회는 목회자, 회중, 목회사역의 세 요소로 이루어지므로 회중을 논하는 회중론도 목회의 역사에 포함될 수 있다고 강조합니다. "목회와 신학에 있어서 회중론의 의의에 관한 연구: 교회사의 사례를 중심으로"는 회중론을 교회사에서 어떻게 연구할 수 있는지를 살핍니다. 주목할 만한 점은 앞에서 언급한 목회론의 고전에서 목회자와 목회사역뿐만 아니라 회중론을 찾아내어 예시한 점입니다. 이것은 같은 사료를 연구하더라도 목회 개념을 어떻게 정립하느냐에 따라 목회의 역사 서술 방향이 달라질 수 있다는 것을 보여줍니다.

안교성 교수가 목회의 역사를 서술하는 총론을 제시했다면 나머지 글들은 구체적인 사례를 제시합니다. 여기에는 인물 연구에프렘, 대 그레고리우스, 고영근, 주제 연구목회자 교육, 만인제사장론, 마을목회, 여성목회 연구중세 성녀와 고백신부, YWCA, 여성사역 네트워크 등이 포함됩니다. 사역자의 활동 영역으로는 설교와 찬양에프렘, 자선대 그레고리우스, 참회중세, 개교회 목회고영근, 공적 역할마을목회, 민주화운동, YWCA 등이 다루어졌습니다.

이제 본서에 수록된 글들을 목회의 역사라는 측면에서 그 의의를 살펴보겠습니다. 서원모의 "시리아 교부 에프렘의 사역자의 경건"은 수도영성에 대비되는 사역자의 경건이란 개념을 제시하고, 찬양 작곡과 작시, 상징신학, 성례 해설, 예언자적 설교, 이단 반박 등 사역자로서의 에프렘의 활동을 개괄적으로 제시합니다. 에프렘은 성경해설자나 부제라는 직임으로 활동했는데, 대부분의 고대 교부들이 주교였다는 것을 생각하면 시리아 교회와 에프렘의 독특한 특징을 잘 알 수 있습니다.

최형근의 "대ᆞ 그레고리우스의 자선:『편지』를 중심으로"는 목회의 역사에서 편지가 중요한 자료가 될 수 있다는 것을 보여줍니다. 이 연구는 그레고리우스의 자선 활동의 다양한 측면을 밝혀주었는데, 자선을 비롯한 디아코니아가 목회의 역사의 주요한 부분이 될 수 있다는 것을 시사합니다.

양정호의 "중세의 목회: 성녀와 고백신부의 영적 동반자 관계를 중심으로"는 『보좌신부를 위한 핸드북』이라는 흥미로운 중세의 목회 자료를 제시합니다. 이 연구는 참회, 고해, 치리가 목회의 역사의 주요한 영역이라는 것을 재확인시켜줍니다. 또한 중세의 여성 지도자들과 고백신부의 관계를 살피고, 멘토와 코치로서 목회자의 역할을 강조한 것이 주목할 만합니다.

박경수의 "16세기 제네바 목회자 선발과 훈련에 관한 연구"는 목회의 역사에 신학교육, 특히 목회자 교육이 포함될 수 있다는 것을 알려줍니다. 이 연구는 칼뱅의 목회자론 뿐만 아니라 목사회, 컨시스토리, 성서연구모임 등 도시 단위의 목회자 조직의 활동을 밝혀줍니다.

이상조의 "만인 제사장직과 개신교의 성직 이해의 역사적 변천: 마르틴 루터에서 필립 야콥 슈페너까지"는 종교개혁 이후 경건주의까지 만인제사장직에 대한 가르침을 서술하면서 슈페너에 이르러서야 목회직무의 분업과 권한위임의 사상이 나타난다고 밝혔습니다. 이 연구는 오늘날 만인제사장론이 다양한 맥락에서 사용될 수 있다는 점을 밝히고, 목회자와 일반 평신도의 관계, 교회 정치의 문제가 목회의 역사의 한 주제가 될 수 있음을 시사합니다.

이치만의 "한국교회사에서 살펴본 '마을목회'"는 백정해방운동, 학교설립운동, 농촌운동, 산업선교로 한국교회의 마을목회의 역사를 추적합니다. 이렇게 볼 때 교회가 자신의 울타리를 넘어 공적 역할을 수행하는 활동도 목회의 역사에 포함될 수 있다고 여겨집니다.

고성휘의 "목민목회와 마을목회: 갈담리, 백운 목회를 중심으로"는 목회의 역사에서 개교회 목회사례를 다룬 획기적인 논문입니다. 이러한 연구가 가능했던 것은 목회활동을 꼼꼼하게 기록한 사료가 남아 있었기 때문입니다. 고영근 목사는 개교회 목회를 하면서도 지역사회를 파악하고 마을 주민과 밀착된 목회를 전개했습니다. 특히 고영근 목사의 목민선교를 정리하면서 '민'은 누구이며 '목'의 사명은 무엇인지를 규명하고 애통함의 영성과 사회적 애도를 강조한 것은 목회의 역사 연구에서 시사하는 바가 큽니다.

임희국의 "제5공화국1980-1987, 고영근의 목민목회"는 제5공화국 시기의 고영근 목사의 민주화운동을 연도별로 정리했습니다. 이 연구는 교회와 목회자의 공적 역할이 민주화운동까지 나아갈 수 있으며, 따라서 목회의 역사도 여기까지 확대될 수 있다고 이해하게 합니다.

김은하의 "제2차 세계대전 직후 YWCA 여성들의 선교적 목회"는 해방 직후 6·25 전쟁 전후 시기의 YWCA의 활동을 정리했습니다. 특히 YWCA의 활동에 대해 선교적 목회라는 개념을 사용한 것이 흥미롭습니다. 교회 밖에서 개인으로, 또한 조직으로 하나님의 선교에 동참한 활동도 목회의 역사의 대상이 될 수 있다고 여겨집니다.

김은정의 "교회 여성 네트워크의 역사적 이해와 여성목회"는 여성목회의 역사를 추적하고 미래의 과제를 제시했습니다. 양정호와 김은하의 연구와 함께 이 연구는 목회의 역사에서 여성의 역할을 강조했다는 점에서 그 의의가 큽니다. 또한 이 연구는 여성 네트워크란 관점에서 여성목회를 다루어, 다양한 인적 네트워크의 분석이 목회의 역사 서술에 도움이 될 수 있다는 것을 알려줍니다.

본서는 교회사 속의 목회가 어떻게 서술될 수 있는지를 예시합니다. 물론 본서는 목회의 역사를 서술하는 방법론을 체계적으로 제시하지는 않습니다. 오히려 역사방법론을 하나의 관점이라고 이해할 때, "목회"라는 관점에서는 역사를 어떻게 이해하고 서술할 수 있을지 성찰하는 출발점으로 본서를 생각하면 좋겠습니다. 본서를 계기로 앞으로 교회사 속의 목회에 대한 많은 연구들이 쏟아져 나오고, 목회의 역사의 방법론과 개념이 더욱더 분명해지기를 바랍니다. 이러한 연구들을 통해 교회사학자들이 한국교회를 새롭게 하고 하나님의 선교를 강력하게 추진하도록 돕는 방법이 될 것이라고 확신합니다. '목회의 역사'라는 귀한 학문의 길을 개척한 안교성 교수에게 감사를 드리며, 앞으로 이 분야에 많은 결실이 맺힌 것을 함께 기뻐하는 날이 오길 소망합니다.

2023년 4월
부활절을 맞이하여
장로회신학대학교 교수 서원모

추천사

먼저 영락교회 석좌교수이신 안교성 목사님의 교수 은퇴를 매우 아쉽게 생각합니다. 학교나 학생, 목사님 개인으로 볼 때 학교에 더 오래 머물러 가르치셨으면 하는 마음이 간절합니다. 소망교회 부목사이던 안교성 목사님은 1992년 몽골 개방 후 대사관 직원들, 주재원들, 선교사 등이 모여 시작된 울란바타르 한인교회에 부임하여 초대 목사로 사역했습니다. 이때 안 목사님은 개척자였습니다. 그 후 교수로 은퇴하기까지 선교역사, 한국교회사, 북한선교 등 다양한 분야의 연구물을 남기셨습니다. 이때는 성실한 학자요, 교수요, 설교자였습니다. 안 목사님은 목사요, 선교사요, 학자요, 교수의 다양한 삶을 조화롭게 보여주셨습니다. 비록 교수직에서 은퇴하시지만, 그 후의 사역과 연구가 기대됩니다. 이번 은퇴 논문집에는 안 목사님의 은퇴를 기념하는 많은 이들의 마음이 담겨 있습니다. 많은 이들에게 경건과 학문의 도전이 될 줄 믿습니다. 마지막으로 안 목사님의 여생에 하나님께서 풍성한 열매를 주실 줄 믿습니다. 수고 많으셨습니다.

2023년 4월
영락교회 담임목사 김운성

목차

제 1 부

목회의 역사 연구를 향하여

제 1 장

목회론 고전 산책기

안교성 _ 장로회신학대학교 교수, 역사신학/한국교회사

I. 들어가는 말:
목회신학의 역사를 강의하게 된 연유

예수 그리스도께서는 지상에 계시는 동안, 여러 차례 자신이 누구인가를 밝히셨다. 그중에서 사람들의 마음에 가장 와닿는 것 중 하나는 "나는 선한 목자라"요 10:11는 표현일 것이다. 그래서 '선한 목자로서의 예수'상像은 기독교에서 가장 강력한 이미지로 손꼽힌다. 예수의 수제자였던 베드로는 예수를 "목자장"벧전 5:4 곧 '으뜸인 목자' 혹은 '목자들의 목자'라고 부르면서, 초대교회 지도자들을 목자의 반열에 들게 했다.

이어지는 교회 역사 가운데 '목자'는 항상 교회의 핵심적 존재로 여겨졌다. 물론 역사적 상황에 따라서, 목자의 정체성과 사역에 대해 다양한 이해가 대두되었지만, 목자라는 개념 자체를 거부하는 경우는 거의 없었다. 특히 성서에 나오는 '감독'을 교회의 고위 성직자인 '주교'로 이해하는 '감독제'를 채택한 교파는 목자 이미지를 부각시키면서 주교를 목자에 비견했다. 이런 이해는 교회의 신학과 실천에 다양하게 반영되었다. 교파주의가 현실이 된 오늘날에도 다양한 교파가 목자 이미지를 중시한다. 심지어 성직주의를 거부하는 교파도 목자 개념을 사용하고 안수받지 않은 지도자를 목자라고 부르는 경향을 보인다. 그러나 이 글은 목자 개념의 분석이나 발달사를 다루려는 것이 아니라 편의상 목자와 목회자를 같은 의미로 사용한다.

교회 역사 가운데 목자는 필수불가결한 존재라고 할 수 있다. 목자가 중요한 존재로 인식되는 만큼, 목자에 대한 기대도 크다. 그렇다면 과연 누가 목자가 될 수 있을까? 이런 맥락에서 "내가 그리스도를 본받는 자가 된 것 같이 너희는 나를 본받는 자가 되라"[고전 4:16]고 말한 바울이 존경스럽고 부러울 따름이다. 게다가 바울은 '나[우리]를 본받으라'는 말을 여러 차례나 거듭했다.[1] 그런데 필자는 목자의 중요성을 알고 강조하고 싶지만, 바울처럼 '나를 본받으라'고 말할 자신도 자격도 없다. 그래서 방법을 찾아낸 것이 '목회론 고전 산책'이다. 우리 속담에 "나는 바담 풍 해도 너는 바람 풍 하라"는 말이 있듯이, '목회에 관한 고전'을 활용한다면 나를 본받으라고 말할 필요 없이 목자에 대한 귀한 가르침을 전달할 수 있지 않겠는가?

　　교회 역사를 돌이켜보면, 귀한 '목회론 고전'이 많다. 그러나 안타깝게도 많은 것이 알려지지 않았거나 제목만 알려졌다. 2천 년 동안 축적된 보배를 사장할 수는 없다. 그래서 필자는 목회전문대학원 박사과정의 '역사신학과 목회'라는 강의를 맡으면서, 교회 역사 가운데 중요하면서도 전문적인 영역인 목회의 역사를 중점적으로 가르칠 때, 목회론 고전 산책이라는 방법을 택하였다. 물론 목회론이나 목회신학 전반이 아닌 목회의 '역사'에 집중했다.

　　필자가 목회의 역사에 관심을 가지게 된 것은 장로회신학대학교[이하 장신대] 신학대학원에 입학하면서부터였다. 필자는 신학교에 입학하면서, 공부보다는 현장에 집중하기로 마음먹었다. 그러나 신학교[seminary]가 목회자 양성학교이다 보니, 두 가지 영역에 대해서는 개인적인 관심을 가졌다. 하나는 목회론이고 다른 하나는 장애인신학인데, 여기서는 전

1　　고전 4:16, 빌 3:17, 살후 3:7.

자만 다룬다.

　　신학대학원 재학 당시 목회론에 대한 지적 호기심을 채우기가 쉽지 않았다. 실천신학이 발달하면서 실천신학의 전문화와 세분화가 이뤄지기 시작했고, 그 결과 막상 목회의 핵심인 목회론 혹은 목사론이 약화되었다. 또한 고전적인 목회론이 제대로 소개되지 않았고, 이용 가능한 서적도 많지 않았다. 이런 이유로 인하여, 목회론에 일종의 공백이 있었다. 결국 목회론은 배우기도 독학하기도 애매모호했다. 다행히도 몇 권의 명저를 접할 수 있었다. 신기하게도 장신대 도서관에는 보석같이 숨겨진 책이 많아, 큰 도움을 받은 적이 한두 번이 아니다.

　　1950년대 미국과 캐나다 지역의 신학교육 위기를 타개하기 위한 "미국과 캐나다의 신학교육에 대한 연구" The Study of Theological Education in the United States and Canada 프로젝트가 만들어졌고, 책임자로 니버 H. Richard Niebuhr, 부책임자로 윌리엄스와 구스타프슨이 선정되었다.[2] 그 보고서로 『교회와 교역의 목적: 신학교육의 목표에 대한 성찰』이 나왔고, 이와 더불어 『교역의 역사』, 『교역자와 목회적 돌봄』 등이 나왔다. 이 책들은 미국 '하퍼 Harper 출판사의 목회자를 위한 문고판' 시리즈로 출간되었다. 이 시리즈에 맥닐의 『목회적 돌봄의 역사』도 포함되었다. 종교개혁 관련 역사가로 잘 알려진 맥닐은 원래 『켈트족의 고해성사』 The Celtic Penitentials 라는 박사학위논문을 쓴 학자로, 『목회적 돌봄의 역사』를 거의 반평생에 걸쳐 썼다고 밝혔다.[3] 필자는 『교역의 역사』와 『목회적 돌봄의 역사』라는 역사서를 통해 목회의 역사에 대해 어느 정도 감을 잡았다. 또한

2　별첨된 참고문헌에 저자명과 서적명이 나오기에 필요할 경우를 제외하고는 본문에 표기하지 않는다.

3　John T. NcNeill, *A History of the Cure of Souls* (New York: Harper & Row, 1977; 1951), xi.

신학대학원 재학 중 오성춘 교수님으로부터 나우웬을 소개받고 『상처 입은 치유자: 현대 사회에 있어서의 사목』을 발제하면서, 이 책이 포함된 분도출판사의 '사목총서'을 접하게 되었다.

여하튼 목회의 역사를 다룬 책들을 통하여, 목회론 고전이 의외로 많음을 알게 되었다. 목회론 고전을 읽을 때마다 감명을 받았고, 어떻게 하면 귀한 가르침을 나눌 수 있을까 하는 생각을 하곤 했다. 필자가 현장에서 사역하다가 학교에 교수로 돌아오면서, 목회의 역사를 강의할 기회가 왔다. 첫해에 반응이 좋아 목회론 고전 산책을 계속해 오고 있다. 강의 내용이 목회전문대학원 공부의 기초가 되고, 세부 전공에도 활용할 수 있는 여지가 많아서 다행이다.

Ⅱ. 목회론 고전 산책 톺아보기: 강의를 위한 참고문헌을 중심으로

1. 초대교회의 목회론

강의의 핵심이 목회론 고전 산책이기에, 고전을 함께 읽고, 고전 이외의 책들은 참고문헌 '기타' 부분에서 소개했다. 한글 번역본을 주로 하되, 번역본이 없을 경우는 강의에서 설명하거나 관련 서적을 소개하여 부족함을 채웠다. 목회의 역사 분야도 여타 신학과 마찬가지로 아직 서구교회 연구 성과에 기대는 경향이 있는데, 이점이 아쉽다. 추후에 기회가 되면, 비서구 특히 아시아로 연구를 확장하고 싶다. 현재는 주로 서구교회의 목회론 고전을 다룸을 밝힌다.

초대교회의 고전으로부터 시작해보자. 가장 먼저 관심을 가질 것은 역시 저자 미상의 『열두 사도들의 가르침: 디다케』이다. 고전은 '누구나 제목은 알지만 아무도 읽지 않는 책'이라고 했던가? 아마 『열두 사도들의 가르침』의 경우도 마찬가지일 것이다. 이 책은 단순히 기독교 교육 관련 고전이 아니라, 목회를 포함한 교회 전반에 관련된 정보를 제공하는 문헌으로, 당시 교회의 모습, 문제, 대처 등 기독교의 뿌리에 해당하는 것을 알려줘서 반드시 읽을 필요가 있다. 더구나 분량도 매우 짧다. 히폴리투스의 『사도전승』도 필독서이다. 우리가 흔히 '사도전승'이란 말을 많이 하는데, 이 책을 읽고 나면 사도전승에 대한 감이 잡힌다. 이런 경험이야말로 원사료[1차 사료] 읽기의 중요성을 단적으로 말해준다. 『사도전승』을 통해, 초대교회가 교회의 진정성을 유지·계승하기 위한 방편으로 사도전승을 중시했음을 알 수 있다. 이런 사실을 알게 되면, 교회의 4대 특성인 '사도적'이란 의미가 역사성이냐 선교성[사도란 단어가 원래 '파송받는 자'라는 의미]이냐에 대해서 스스로 평가할 수 있다. 『사도전승』에 나오는 정보들을 현대화하는 것도 해볼 만한 일이다. 가령 초대교회에 꽃장식은 어떻게 했나 등 소소한 읽을거리가 있다. 헤르마스의 『목자』는 제목만 봐도 읽어야겠다는 생각이 든다. 이 책은 초대교회의 죄론, 세례론 등 목회 관련 내용이 담겨졌는데, 제목이 암시하는 것에 비해 다양한 내용을 다루지는 않는다.

초대교회의 한 축을 이루는 동방교회도 목회론에 대한 고전을 많이 냈다. 대표적인 것이 크리소스토모스의 『성직론』이다. 당시는 신앙에 대한 엄격주의가 팽배했다. 위에서 언급한 『목자』의 경우도, 세례

후에 용서 없다는 세례론과 죄론으로 인해 신앙의 혼란을 보여준다. 동방교회는 수도생활을 강조하고, 목회자보다 수도사를 선호하는 분위기가 있었다. 따라서 『성직론』은 당시 목회자의 소명을 어떻게 이해하는지 잘 보여준다. 한마디로 목회자의 소명은 피할 수 있으면 피해야 한다는 것이다. 그러나 일단 목회자가 되면, 철두철미한 헌신을 요구한다. 신학교 입학을 앞둔 사람이나 목회자나 신학교 교수가 한 번 꼭 읽을 필요가 있는 책이다. 흥미롭게도 장신대 초대교장인 마펫Samuel Austin Moffett, 마포삼열의 아들이자 장신대 명예학장을 역임한 사무엘 휴 마펫Samuel Hugh Moffet, 마삼락이 전해주는 이야기에 의하면, 아버지 마펫은 자녀들이 대학 교육을 위하여 미국으로 떠날 때 되도록 목사가 되지 말라고 권했다. 이런 권고는 신학교를 설립한 사람치고는 어울리지 않는 것처럼 보인다. 그러나 역설적으로 아버지 마펫이 그만큼 목회 소명에 대해서 신중했음을 확인할 수 있다.[4]

이제는 로마 가톨릭교회의 4대 교부와 관련된 고전을 읽을 차례이다. 잘 알다시피, 4대 교부는 히에로니무스, 암브로시우스, 아우구스티누스, 대 그레고리우스인데, 이 중에서 세 사람과 관련된 고전을 읽을 수 있다. 암브로시우스는 당대의 지성인으로 키케로의 『의무론』De officiis를 토대로 『성직자의 의무』를 저술했다. 그는 수사학자 출신으로 고전에 해박했고, 행정가였다가 갑자기 성직자가 되면서 스스로의 발전을 위하여 성서 연구 등 신학 공부에 몰두했다. 이 책은 인문학과 신학의 간학문적인 책이라고 할 정도로, 목회자의 삶과 사역에 대한 금과옥조와 같은 내용을 들려준다. 제목에 성직자라는 단어가 들어있으나, 책 내

---

4   옥성득 책임편역, 『마포삼열 자료집 1, 1868-1894』(서울: 새물결플러스, 2017), 11.

용은 대부분 기독교인 모두의 신앙 성장을 위한 것이다. 특히 성서를 자유자재로 인용하고 분석하기에, 목회자가 무엇보다 '성서의 사람'이어야 함을 상기시킨다. 아우구스티누스는 직접 목회론 고전을 쓰지 않았지만, 제자인 포시디우스가 『아우구스티누스의 생애』라는 전기를 썼다. 이 책을 통해서, 목회자 아우구스티누스의 진면목과 탁월성을 알 수 있는데, 오늘날 적용 가능한 내용도 많다. 그가 훌륭한 목회자요 멘토였음은 북아프리카 지역의 주교를 선출할 때 그의 교구 출신 사제를 많이 모시고 갔다는 것을 통해 확인할 수 있다. 그는 암브로시우스의 지성적 설교를 통해 회심 과정에서 결정적 도움을 받았는데, 목회자에게 필요한 '경건과 학문의 균형'을 상기시킨다. 대 그레고리우스 교황도 암브로시우스처럼 행정가였다가 성직자가 되었는데, 로마 가톨릭교회의 실질적인 틀을 만든 지도자일 뿐 아니라 목회적 관심이 컸던 목회자였다. 그는 『사목규범』에서 목회자의 사역, 설교, 회중을 분석했다. 특히 회중이 설교를 듣는 청중이란 점에 착안하여, 무려 36쌍[72종류]으로 분류하여 맞춤형 설교를 하도록 권고했다.

2. 종교개혁기의 목회론

중세교회의 목회론도 연구할 것이 많지만 다수의 관심거리가 되지 않기에 생략하고, 바로 종교개혁기의 목회론을 살펴보기로 하자. 루터는 세계사적인 사건인 종교개혁을 실제로 시작한 인물이다. 그는 종교개혁형 신앙을 도출해냈고, 많은 사람이 호응했다. 그러나 새로운 신앙을 구현할 종교개혁형 교회는 어떤 모습이고 종교개혁형 목회는 어떻게 하는지를 제대로 알 수 없었다. 왜냐하면 종교개혁은 전례 없는 새로운 현상이었기 때문이다. 따라서 루터는 교회가 정도를 걷는지 확인할 감독관을 파송했고, 지침서도 제공했다. "목회에 관하여"와 "색슨 지방 목회자들을 순방한 팀을 위한 지시문"이 바로 그런 지침서이다. 이것들을 통해서 당시 루터의 목회론과 초창기 종교개혁형 교회의 정착 과정을 들여다볼 수 있다.

　　종교개혁의 양대 축인 개혁교회도 마찬가지 문제를 안고 있었다. 그래서 신앙뿐 아니라 목회에 대해서도 글을 쓰고 틀을 만들었다. 츠빙글리의 "목자", 마르틴 부처의 『참된 목회학』, 칼뱅의 『기독교 강요, 하』가 목회에 대한 중요한 가르침을 준다. 루터가 종교개혁형 신앙론을 도출했다면, 칼뱅은 종교개혁형 교회론을 집대성했다. 부처가 가톨릭교회의 성직주의에 반대하여 성직자와 평신도가 함께 참여하는 '목사, 교사, 장로, 집사'로 구성된 4중 직제를 제안했는데, 그것을 구현한 것이 칼뱅이다. 부처는 『참된 목회학』에서 대 그레고리우스 교황처럼 회중을 5종류로 분석하여, 치유가 필요한 4종류의 교인과 성장을 격려할 1종류의 교인을 제시함으로써, 목회적 돌봄과 교인 교육을 연계시켰다. 한편 칼뱅은 개혁교회의 중심인 제네바교회를 모범적 교회로 만들기 위해 교회 헌법, 교리서 등을 마련했고, 루터와 마찬가지로 감독관을 파송하고 지침서를 제공했다. "제네바 교회 헌법 초안(1541)", "시골 교회 시찰을 위한 규정 초안(1546)", "시골 교회 감사에 관한 규정(1547)", "1561년 교회 법규" 등이 그런 지침서이다. 그런데 종교개혁은 성직자만의 운동이 아니라 평신도의 운동이었듯이, 남성만의 운동이 아니라 여성의 운동이었다. 여성의 역할에 대해서는 스티예르나의 『여성과 종교개혁』을 통해서 대략적인 상황을 파악할 수 있다. 최근에 여성 종교개혁가에 대한 연구가 활성화되고 있는데, 여성들 자신의 원사료를 소개하는 연구물이 많이 나오기를 기대한다.

종교개혁은 계속 발전해나갔다. 개혁교회는 유럽형 개혁교회와 영미권형 장로교회로 양분되었는데 군소교파도 형성되었지만, 녹스에 의해서 스코틀랜드[장로]교회가 출범하였다.[5] 녹스는 새로운 교회를 정착시키고자, 루터와 칼뱅처럼 감독관을 파송하고 지침서를 마련했다. 스코틀랜드[장로]교회의 노력이 『스코틀랜드 교회치리서: 장로교 최초의 교회헌법 본문 및 해설』로 결집되었다. 한국에서는 장로교가 주류교회 중하나인 만큼 장로교의 뿌리인 스코틀랜드[장로]교회에 대한 이해가 중요하다. 이런 이해는 신학이나 교회 운영에 있어서 큰 도움이 된다.

종교개혁 이후에 목회론 고전이 많이 나왔다. 백스터의 『참 목자상』 원제목은 '개혁주의 목사' 은 회중 분석, 설교, 교리교육 등 목회 전반에 걸쳐서 다양하고 풍부한 교훈을 제공한다. 백스터는 대 그레고리우스나 부처와 같이 교인 분석을 하는데, 교인 중 특별한 관심이 필요한 부류에 대해 설명하고, 대중을 대상으로 한 설교보다 개별적인 교리교육을 강조한다. 새뮤엘 러더포드의 『새뮤얼 러더포드 서한집』은 방대한 서한을 모은 것인데, 서신을 통한 목회적 돌봄 사역을 보여준다. 서신을 통한 목회나 멘토링은 초대교회 이래로 중요한 전통인데, 초대교회의 아우구스티누스부터 현대의 스토트의 멘토로 유명한 배쉬 Eric John Hewitson Nash, 별칭 Bash 에 이르기까지 유구하다.[6] 오늘날은 이메일 등 SNS를 통한 목회적 돌봄이 가능할 것이다. 성공회의 상징적인 목회자인 허버트의 『시골

---

5 스코틀랜드에서 장로교회가 국가교회 형태로 출범했기에, 정식명은 스코틀랜드교회인데, 편의상 스코틀랜드장로교회라고도 부른다.

6 John Eddison et al., *Bash: A Study in Spiritual Power*, 이광식 · 이종태 옮김, 『친밀한 권위자: 존 스토트의 영적 멘토, 에릭 내쉬의 삶과 비전』(서울: 성서유니온선교회, 2008).

교회 목사』는 유명하지만 아쉽게도 번역본이 없어서, 제목만 소개한다. 한 가지 흥미로운 사실은, 이 책이 제시하는 목사상이 너무나 이상적이어서 후배들을 주눅 들게 만든다는 반론을 펼친 책도 있다는 것이다.[7] 종교개혁 이후기에 빼놓을 수 없는 목회자로 스펄전을 들 수 있다. 그는 위대한 설교가였고 훌륭한 목회자였다. 그는 본인은 비록 학력이 짧지만, 목회자 양성을 위해서 목회자대학을 세울 정도로 후배 양성에 애를 썼는데, 그가 강조한 내용을 책을 통해서 알 수 있다. 가령 『목회 황제 스펄전의 목사론』을 들 수 있다.

3. 현대교회의 목회론

로이드-존스는 복음주의의 재기를 위해 애쓴 목사로 목회의 핵심으로 설교를 강조했다. 그의 『설교와 설교자』는 그의 신학, 목회론, 설교론이 다 담겨 있다. 그는 스토트와 더불어 한국에 강해설교의 유행을 불러일으킨 목사이기도 하다. 한편 바르트는 다른 관점에서 하나님의 말씀을 강조한 목회자이다. 그는 신학자로 알려져 있지만, 목회자로 출발했고 신학도 목회가 출발점이었으며 신학의 내용도 교회를 위한 신학이었다. 그는 『칼 바르트의 설교학』을 저술했고, 교도소 설교집을 포함하여 여러 권의 설교집을 냈는데, 이런 설교집이 번역되지 않아 아쉽다. 니버Reinhold Niebuhr도 목회를 하다가 신학자가 되었는데, 그의 초년

---

7   Justin Lewis-Anthony, *If You Meet George Herbert on the Road, Kill Him: Radically Rethinking the Priestly Ministry* (New York: Mowbray, 2009).

병 시절의 목회담을 『길들여진 냉소주의자의 노트』라는 책으로 남겼다. 그는 산업사회로 이행하는 사회적 변화 가운데 목회자의 소명, 정체성, 목회 등을 솔직하게 풀어놓고 있다. 특히 사회선교를 하려는 지역교회 목회자가 회중과의 관계 속에서 겪는 곤경을 토로했다. 바르트와 니버와 달리, 본회퍼는 신학자로 시작해서 목회자가 되었는데, 어용교회가 되어버린 당대의 독일교회에 맞서 순수한 교회를 지키고 새로운 목회자를 양성하려고 애를 썼다. 그의 목회론은 『디트리히 본회퍼의 목회학 총론』에 소개되었다. 또한 『나를 따르라』, 『신도의 공동생활』 등이 이런 맥락 가운데 저술되었다는 것을 기억할 필요가 있다.

뉴비긴은 현대 교회에 있어서 두 가지 중요한 선교 형태인 '선교지의 선교'와 '선교 본국의 선교'에 큰 업적을 남겼다. 그는 선교지에서는 현지연합교회 형성에 기여했고 세계교회협의회와 국제선교협의회의 통합을 주도했으며, 사실상 선교지가 되어버린 선교 본국인 영국에 귀환해서는 '선교적 교회론'의 이론적 토대를 마련했다. 그는 목회자로서의 삶에 대하여 『아직 끝나지 않은 길』이라는 자서전에서 상세하게 밝히고 있다. 또한 그가 연합교회인 남인도교회의 주교로 있을 때, 현지 목회자 교육을 위해서 『선한 목자』라는 책을 썼는데, 목회의 기본에 대해서 다시 한 번 생각할 기회를 준다.

20세기 후반에 주로 활동했던 스토트는 현대복음주의의 발전을 주도한 인물이지만, 무엇보다도 목회자였다. 그의 목회론은 그의 마지막 저서 중 하나인 『살아 있는 교회』에 압축적으로 기술되어 있는데, 한국적 상황에서도 공감되는 부분이 많다. 한편 나우웬은 교파의 경계를 넘어서 대중의 폭발적인 인기를 얻은 목회자였다. 그는 목회론을 인간으로부터 시작하여 여러 사람의 공감을 얻었고, 목회에 대해서 근본적인 시각의 전환을 요청했으며, 목회자를 탁월한 전문가보다는 고통을 공유하면서 목회자 자신보다 예수님을 보도록 방향 제시하는 인물로 묘사했다. 이런 노력은 20세기 후반에 일기 시작한 영성의 부흥이란 현상에 때맞춰서, 영적인 읽을거리를 공급하는 결과를 낳았다. 그는 좌충우돌하는 순례적 인생을 살다가 마침내 장애인사역으로 자신의 최후 소명을 발견했고, 목회자의 '아버지 됨'fatherhood을 강조했다. 그의 목회론은『영성의 씨앗』원제목은 '창조적인 교역', 『상처 입은 치유자』, 『예수님을 생각나게 하는 사람』, 『탕자의 귀향』등을 통해 살펴볼 수 있다.

20세기 후반에는 세계화의 시대에 에큐메니컬적 목회가 요청되었다. 따라서 세계교회협의회는『BEM 문서』를 통해, 세례, 성찬, 직제 문제를 다뤘다. 또한 세기적인 변화는 새로운 형태의 목회를 요청하고 있는데, 『21세기형 목회자』가 도움이 된다. 그리고 선교적 교회론을 목회에 적용하는 책들도 필요한데, 번역본이 속속 나오길 기다린다.

4. 한국교회의 목회론

한국교회는 단기간 내에 폭발적인 교회 성장을 가져왔고, 오히려 그런 경험이 한국교회의 새로운 현실인 교회 정체 내지 교회 쇠퇴를 받아들이는 데 장애가 될 정도이다. 한국교회의 실천신학의 아버지라고 불리는 곽안련C. A. Clark 선교사는 한국교회의 전반에 걸쳐 다양한 기여를 했는데, 특히 실천신학에 기여했다. 그의『목회학』과『설교학』은 오랫동안 교과서로 사용되었고, 구전 등을 통해서 한국교회 목회의 원형을 이루고 있어서, 한국교회 목회자는 반드시 읽어볼 필요가 있다. 그리고 한국인이 쓴 최초의 목회론인『[실천신학] 목회학』은 성결교회의 김응조 목사가 1930년대에 썼는데, 해방 후인 1950년대에 복간된 바 있어 역사적 관심이 있는 사람이 참고할 만하다.

최근의 목회론 중에는 한국의 정서와 관련시키는 책들이 나오고 있다. 오규훈의『정情과 한국교회: 한국인의 관계 문화와 목회 및 상담적 함축성』, 박승호의『상처받은 하나님의 마음: 한에 대한 개념과 죄에 대한 서양 기독교적 개념』등이 있다. 특히 박승호는 세계적인 코드가 된 '상처'와 한국적 정서인 '한'을 연결 짓는데, 최근 '한'을 목회와 접목하는 시도들이 늘고 있다. 한국의 3대 정서인 '정, 한, 흥'에서 '흥' 관련 연구도 활성화되기를 기대해본다.

5. 추가적인 내용

추가적인 내용은 참고문헌의 '기타'에 나오는 책이나 논문을 참고할 필요가 있다. 이 책들은 고전이 아니거나 번역본이 없다는 이유로 '기타'에 속하지만, 내용상 중요한 것들이 많다. 특히 고전과 관련된 논문이나 책은 고전과 함께 살펴보면 좋다.

이해를 돕기 위해 몇 가지 논문도 소개했다. 첫째, 필자의 논문과 연재를 소개했다. "목회와 신학에 있어서 회중론의 의의에 관한 연구"는 회중의 변화에 대해서 다루었다. 그리고 필자는 현대 목회자를 소개하기 위하여 2023년『기독교사상』'현대 교회의 위기에 맞선 목회적 신학자들'이란 연재를 싣고 있다. 바르트, 본회퍼, 뉴비긴, 스토트, 나우웬, 곽안련 등이 대상이다. 이 밖에 한국교회의 실천신학의 발달사 관련

논문을 몇 편 소개했다. 가령 위형윤의 "한국실천신학의 정립역사에 관한 고찰", "한국 실천신학의 어제와 오늘, 그리고 내일" 등은 역사적인 흐름을 파악하는 데 도움을 준다.

Ⅲ. 나가는 말: 나도 선한 목자이고 싶다.

목회는 귀한 일이지만 어려운 일이기도 하다. 그러나 누군가는 그 짐을 졌고, 많은 사람이 그 덕을 보았다. 20세기 후반에 인류는 후기 근대사회, 세계화된 지구촌 사회 등 전혀 새로운 환경 가운데 들어섰다. 사회적 변화가 너무도 커서, 전통이 힘을 쓰지 못하는 상황이다. 이런 맥락에서, 전통에 얽매이거나 현재를 부정하기보다는 새로운 미래를 허락하시는 하나님께 감사하면서, 새로운 목회를 준비해야 할 것이다. 그것은 하나님, 인간, 자기 자신, 목회와 목회자, 나아가 세계에 대한 이해에서 비롯될 것이다. 선한 목자만 될 수 있다면, 그것처럼 감사한 일이 있을까? 누구도 선한 목자라고 자신할 수 없지만, 그 방향을 향해 나가고, 최선을 다한 후에는 '무익한 종'이라는 고백으로 사역을 마무리하자. 이제 우리보다 앞서서 같은 마음, 같은 고통, 같은 감사를 경험한 선배들의 고백에 귀 기울여 보자.

참고문헌

1. 초대 및 중세

작자미상. 정양모 역주. 『열두 사도들의 가르침: 디다케』. 칠곡: 분도출판사, 1993.

Ambrosius. *Officiis ministrorum libri III. cum Paulini libello de vita S. Ambrosii.* 최원오 옮김. 『성직자의 의무』. 파주: 아카넷, 2020.

Chrysostom, John. *On the priesthood.* 채이석 옮김. 『성직론』. 서울: 엠마오, 1992.

Hermas. *Poimēn.* 하성수 역주. 『목자』. 왜관: 분도, 2002.

Hippolytus. *La tradition apostolique.* 이형주 역주. 『사도전승』. 칠곡: 분도출판사, 1992.

Possidius. *Vita Augustini.* 이연학 · 최원오 역주. 『아우구스티누스의 생애』. 칠곡: 분도출판사, 2008.

St. Gregory the Great. *Regula Pastoralis.* 전달수 옮김. 『사목규범』. 대구: 대구효성가톨릭대학교 영성신학연구소, 1996.

2. 종교개혁 및 이후

박경수 편역. 『스코틀랜드 교회치리서: 장로교 최초의 교회헌법 본문 및 해설』. 서울: 장로회신학대학교출판부, 2020.

세계교회협의회. 이형기 옮김. 『BEM문서』. 서울: 한국장로교출판사, 1993.

Barth, Karl. *Homiletick: Wesen und Vorbereitung der Predigt.* 정인교 옮김. 『칼 바르트의 설교학』. 서울: 한들, 1999.

Baxter, Richard. *The Reformed Pastor.* 최치남 옮김. 『참 목자상』. 서울: 생명의 말씀사, 2012.

Bonhoeffer, Dietrich. *Gemeinsames leben, Das Gebetbuch der Bibel.* 정지련 · 손규태 옮김. 『신도의 공동생활 · 성서의 기도서』. 서울: 대한기독교서회, 2010.

_____. *Nachfolge.* 손규태, 이신건 옮김. 『나를 따르라』. 서울: 대한기독교서회, 2010.

Bucer, Martin. *Von der waren seelsorge und dem rechten hirtendienst.* 최윤배 옮김, 『참된 목회학』, 서울: 킹덤북스, 2014.

Calvin, John. "1561년 교회 법규." 박건택 편역. 『칼뱅 작품 선집 VII』. 서울: 총신대학교출판부, 2011, 635-80.

_____. "시골 교회 감사에 관한 규정(1547)." 상동. 91-98.

_____. "시골 교회 시찰을 위한 규정 초안(1546)." 상동. 88-90.

_____. Institutes of the Christian Religion. "제네바 교회 헌법 초안(1541)." 황정욱 · 박경수 옮김. 『칼뱅: 신학논문들』. 서울: 두란노아카데미, 2011, 72-87.

_____. Institutes of the Christian Religion. 원광연 옮김. 『기독교강요』하. 고양: 크리스챤다이제스트, 2003, IV: 1-4, 12.

Herbert, George. The Country Parson. New York: Paulist, 1991.

Lloyd-Jones, D. Martyn. Preaching and Preacher. 정근두 옮김. 『설교와 설교자』. 서울: 복있는사람, 2005.

Luther, Martin. Works. "색손 지방 목회자들을 순방한 팀을 위한 지시문." 지원용 편역. 『루터선집 8. 교회를 위한 목회자』. 서울: 컨콜디아, 1981, 333-89.

_____. Works. "목회에 관하여." 지원용 편역. 『루터선집 8. 교회를 위한 목회자』. 서울: 컨콜디아, 1981, 111-150.

Newbigin, Lesslie. Unfinished Agenda. 홍병룡 옮김. 『아직 끝나지 않은 길』. 서울: 복있는사람, 2011.

Niebuhr, Reinhold. Leaves from the Notebook of a Tamed cynic. 송용섭 옮김. 『길들여진 냉소주의자의 노트』. 서울: 동연, 2013.

Nouwen, Henri J. The Living Reminder. 피현희 옮김. 『예수님을 생각나게 하는 사람』. 서울: 두란노, 1999.

_____. The Return of the Prodigal Son. 최종훈 옮김. 『탕자의 귀향』. 서울: 포이에마, 2009.

_____. Wounded Healer. 최원준 옮김. 『상처 입은 치유자』. 서울: 두란노, 1999.

_____. Creative Ministry. 송인설 옮김. 『영성의 씨앗』. 그루터기하우스, 2003.

Rochell, Jay C. ed. Dietrich Bonhoeffer. Spiritual Care. 김윤규 옮김. 『디트리히 본회퍼의 목회학 총론』. 오산: 한신대학교출판부, 2012.

Roxburgh, Alan J. The Missional Leader. San Francisco: Jossey-Bass, 2006.

Rutherford, Samuel. Letters of Samuel Rutherford. 이강호 옮김. 『새뮤얼 러더포드 서한집』. 고양: 크리스챤다이제스트, 2002.

Spurgeon, Charles H. Lectures to My Students. 김기찬 옮김. 『목회자 후보생들에게』. 서울: 생명의말씀사, 1996.

_____. Lectures to My Students. 이용중 옮김. 『목회 황제 스펄전의 목사론』. 서울: 부흥과개혁사, 2005.

Stjerna, Kirsi. *Women and the Reformation*. 박경수 · 김영란 옮김. 『여성과 종교개혁』. 서울: 대한기독교서회, 2013.

Stott, John. *Why I am a Christian: This is my story*. 양혜원 옮김. 『나는 왜 그리스도인이 되었는가?』. 서울: 한국기독학생회출판부, 2004.

_____. *Living Church*. 신현기 옮김. 『살아 있는 교회』. 서울: 한국기독학생회출판부, 2009.

Williams, Daniel Day. *The Minister and the Care of Souls*. 이봉우 옮김. 『사목자와 사목적 배려』. 왜관: 분도출판사, 1983.

Willimon, William H. *Pastor. The Theology and Practice of Ordained Ministry*. 최종수 옮김. 『21세기형 목회자』. 서울: 한국기독교연구소, 2004.

Zwingli, Ulrich. *Schriften*. "목자." 임걸 옮김. 『츠빙글리 저작선집 1』. 서울: 연세대학교대학출판문화원, 2014, 291-364.

3. 한국

김응조. 『[실천신학] 목회학』. 서울: 기독교대한성결교회출판부, 1937; 재판, 1956.

곽안련. 『목회학』. 서울: 대한기독교서회, 1960.

_____. 『목사지법』. 경성: 조선예수교서회, [1916?], [1919?].

_____. 『설교학』. 서울: 대한기독교서회, 1990.

박근원. 『오늘의 목사론』. 서울: 대한기독교서회, 1993.

박승호. 『상처받은 하나님의 마음: 한에 대한 개념과 죄에 대한 서양 기독교적 개념』. 서울: 대한기독교서회, 1998.

오규훈. 『정(情)과 한국교회: 한국인의 관계 문화와 목회 및 상담적 함축성』. 서울: 장로회신학대학교출판부, 2011.

이승하. 『목회자: 한국교회의 이상적 목회자상』. 서울: 한들출판사, 2010.

Johnson, Herrick. *Homiletic Lectures*. 곽안련 편역. 『강도요령』. 서울: 대한예수교장로회, 1910.

4. 기타

교황청 성직자성. 『사제의 직무와 생활 지침』. 서울: 한국천주교주교회의, 1994.

김성제. 『종교브랜드시대: 왜 가톨릭은 세계 최강 종교 브랜드인가?』. 서울: 지필미디어, 2014.

목회와 신학 편집부 편. 『목사론』. 서울: 두란노, 2012.

박노문. "성 대 그레고리오 교황의 '사목규범서'(Regulae Pastoralis Liber)에 드러나 사목 직에 대한 고찰" (미간행석사학위논문, 수원가톨릭대학교 대학원, 2000; 『사목규범 서』가 논문 부록에 수록).

박현창. 『누가 '사목'이란 이름에 '신학'이란 날개를 달아주었는가?』. 수원: 수원가톨릭 신학대학교출판부, 2014.

송삼용. 『찰스 스펄전: 목회 광맥』. 서울: 도서출판넥서스, 2010.

안교성. "칼뱅의 난민사역과 한국교회에 대한 함의." 『한국교회사학회지』 24 (2016), 155-181.

_____. "교회의 목회자에서 세상의 목회자로: 디트리히 본회퍼와 교회의 재발견." 『기독교사상』 770 (2023, 02), 163-78.

_____. "목회에서 신학으로: 칼 바르트와 20세기 신학을 형성한 목회 현장," 『기독교 사상』 769 (2023, 01), 188-200.

_____. "목회와 신학에 있어서 회중론의 의의에 관한 연구: 교회사의 사례를 중심으 로." 『한국교회사학회지』 61 (2022), 99-127.

_____. "복음주의 목회자에서 세계 복음주의운동의 대부로: 복음주의 목회와 신학 을 정립한 스토트." 『기독교사상』 772 (2023, 04), 160-75.

_____. "서구 출신 선교사에서 비서구 교회의 주교로, 다시 유럽 선교사로: 목회 현 장의 변화에 민감하게 대응한 뉴비긴." 『기독교사상』 771 (2023, 03), 149-63.

_____. "연재: 현대 교회의 위기에 맞선 목회적 신학자들 1-6." 『기독교사상』. 769- 74.

위형윤. "한국실천신학의 정립역사에 관한 고찰." 『신학과실천』 36 (2013), 7-38.

_____. "한국 실천신학의 어제와 오늘, 그리고 내일." 『한국실천신학회 정기학술세 미나 [자료집]』 제25회 한국실천신학회 정기학술대회 (2007, 05), 1-22.

이상규. "교회사에서 본 장로제도-장로제도와 장로교 치리제도에 대한 역사적 고찰." 『역사신학논총』 30 (2017), 181-215.

이상조. "만인 제사장직과 개신교의 성직 이해의 역사적 변천: 마르틴 루터에서 필립 야콥 슈페너까지." 『선교와 신학』 56 (2022), 275-311.

이장로 · 임성빈 · 정병준 · 주승중 · 최윤배 공저. 『교회를 섬기는 청지기의 길(III): 장 로의 책임과 역할』. 파주: BM성안당, 2008.

이정숙. "목사는 누구인가?-칼빈의 목사직 이해와 실천." 『한국교회사학회지』 23 (2008), 207-35.

이형기. 『장로교의 장로직과 직제론』. 서울: 한국장로교출판사, 1998.

임걸. "내한 선교사 클락(C. A. Clark, 1878-1961)의 목사 직분론."『신학사상』(2019, 03), 143-79.

임성빈 · 최윤배 · 정병준 공저.『교회를 섬기는 청지기의 길(II): 장로의 책임과 역할』, 파주: BM성안당, 2008.

장태식. "곽안련(Rev.Dr. Charles Allen Clark) 선교사의 목회신학 연구: 그의「목회학」을 중심으로." 계명대학교 박사학위논문, 2011.

최윤배 · 주승중 공저.『교회를 섬기는 청지기의 길(I): 장로의 책임과 역할』. 파주: BM 성안당, 2008.

한국복음주의 실천신학회 편.『21세기 목회학총론』. 서울: 대서, 2019.

한국칼빈학회.『칼빈 신학과 목회』. 서울: 대한기독교서회, 1999.

함용철. "[연구해 보니] 성결교회 초기 문헌「목회학」을 아십니까."『활천』706/9 (2012. 09), 78-9.

Anderson, David A. & Margarita R. Cabellon, eds. *Multicultural Ministry Handbook: Connecting Creatively to a Diverse World*. Downers Grove, IL: IVP Books, 2010.

Asquith, Glenn H. Jr. *The Concise Dictionary of Pastoral Care and Counseling*. 장보철 옮김.『목회돌봄과 상담 사전』. 파주: 한울아카데미, 2013.

Barth, Karl. *Deliverance to the Captives*. San Francisco: Harper & Row, Publishers, 1961.

Bethge, Eberhard. *Dietrich Bonhoeffer*. 김순현 옮김.『디트리히 본회퍼』. 서울: 복있는 사람, 2014.

Beumer, Jurjen, David E. Schlaver & Nancy Forest-Flier, trs. *Henri Nouwen: A Restless Seeking for God*. New York: Crossroad Pub. Co., 1997.

Briere, Emile. *Priests need Priests*. 전달수 옮김.『사제는 사제를 필요로 한다』. 왜관: 분도출판사, 2001.

Bruce, Alexander B. *The Training of the Twelve*. 안교성 · 박문재 옮김.『열두 제자의 훈련』. 고양: 크리스챤다이제스트, 2009.

Busch, Eberhard. *Karl Barths Lebenslauf*. 손성현 옮김.『칼 바르트: 20세기 신학의 교부, 시대 위에 우뚝 솟은 신학자』. 서울: 복있는사람, 2014.

Chadwick, Owen. "The Seminary(Presidential Address)." In *The Ministry: Clerical and Lay*. Edited by W. J. Sheils and Diana Wood. Oxford: Basil Blackwell, 1989, 1-27.

Clebsch, William A and Charles Jaekie eds. *Pastoral Care in Historical Perspective*. 김진영 · 현상규 옮김.『역사로 보는 목회돌봄』. 남양주: 지혜와 사랑, 2022.

de Gruchy, John W. *Theology and Ministry in Context and Crisis: A South African Perspective.* Grand Rapdis, Mi: Wm. B. Eerdmans, 1987.

Evagrius. *Traite Pratitque ou le Moine.* 남성현 편역. 『폰투스의 에바그리오스: 영적인 삶에 대한 백계(白誡)』. 서울: 장로회신학대학교, 2015.

Holifield, E. Brooks. *A History of Pastoral Care in America: From Salvation to Self-Realization.* Nashville: Abingdon, 1983.

Hunter, Rodney. *Dictionary of Pastoral Care and Counseling.* Nashville: Abingdon Press, 1990.

LaNoue, Deirdre. *The Spiritual Legacy of Henri Nouwen.* 유해룡 옮김. 『헨리 나우웬과 영성』. 서울: 예영커뮤니케이션, 2004.

Lathrop, Gordon W. *The Pastor: A Spirituality.* Minneapolis: Fortress Press, 2006; 2011.

Lewis-Anthony, Justin. *If You Meet George Herbert on the Road, Kill Him: Radically Rethinking the Priestly Ministry.* New York: Mowbray, 2009.

Luther, Martin. *Luther's Work.* 지원용 편. 『루터선집 9. 세계를 위한 목회자』. 서울: 컨콜디아, 1981.

McBrien, Richard P. *Ministry: A Theological, Pastoral Handbook.* 이봉우 옮김. 『사목직이란? 신학적 및 사목적 안내서』. 왜관: 분도출판사, 1989.

McKee, Elsie A. *John Calvin: Writings on Pastoral Piety.* 이정숙 옮김. 『칼뱅의 목회 신학』. 서울: 두란노, 2011.

McNeill, John T. *A History of the Cure of Souls.* New York: Harper & Row, Pub., 1977.

Moeller, Christian. *Geschichte der Seelsorge in Einzelportraets, Band I-III.* Goettingen und Zuerich: Vandenhoeck & Ruprecht, 1994; 1995; 1996.

_____. 加藤常昭 譯. 『古代敎會の牧會者たち〈1〉-〈12〉. 東京: 日本基督敎團出版局, 2000. (3권으로 된 독일어 원서를 12권으로 일역)

Newbigin, Lesslie. *The Good Shepherd.* Grand Rapids: Eerdmans, 1977.

Niebuhr, H. Richard et al. *The Ministry in Historical Perspectives.* San Francisco: Harper & Row, Pub., 1956; 1983.

_____. *The Purpose of the Church and Its Ministry: Reflections on the Aims of Theological Education.* New York: Harper & Brothers, 1956.

Patton, John. *Pastoral Care in Context: An Introduction to Pastoral Care.* 장성식 옮김. 『목회적 돌봄과 상황』. 서울: 은성, 2000.

Segovia, Fernando F. ed. *Discipleship in the New Testament.* Philadelphia: Fortress Press, 1985.

Smither, Edward I. *Augustine as Mentor: A Model for Preparing Spiritual Leaders.* Nashville, Te.: B&H Academic, 2008.

Steer, Roger. *Inside Story.* 이지혜 옮김. 『존 스토트의 생애』. 서울: 한국기독학생회출판부, 2010.

Stott, John. *The Cross of Christ.* 황영철 · 정옥배 옮김. 『그리스도의 십자가』. 서울: 한국기독학생회출판부, 2007.

Wainwright, Geoffrey. *Lesslie Newbigin: A Theological Life.* Oxford: Oxford University Press, 2000.

Wicks, Robert J. & Barry K. Estadt, eds. *Pastoral Counseling in a Global Church: Voices from the Field.* Maryknoll, NY: Orbis Books, 1993.

Wiiliams, Brian A. *The Potter's Rib: Mentoring for Pastoral Formation.* Vancouver: Regent College Publishing, 2005.

Williams, Daniel Day. *The Minister and the Care of Souls.* New York: Harper & Row, Pub., 1961.

제 2 장

목회와 신학에 있어서 회중론의 의의에 관한 연구

: 교회사의 사례를 중심으로

안교성 _ 장로회신학대학교 교수, 역사신학/한국교회사

이 논문은 원래 한국교회사학회 학술대회(2021. 12. 11)
에서 발표되었고, 『한국교회사학회지』 61 (2022. 04)에
수록된 것을 수정·보완하여 재수록함을 밝힌다.

Ⅰ. 들어가는 말

목회는 목회자, 회중, 목회사역의 삼대 요소로 이뤄진 삼각구도를 통해 수행된다. 목회에 있어서 이 세 가지 요소는 어느 것 하나 빼놓을 수 없는 중요한 것들이다. 그런데 그동안 목회론^{혹은 목회신학}은 전반적으로 볼 때, 주로 목회자 혹은 목회사역에 집중해왔다. 그 결과 목회론에서 회중은 상대적으로 관심을 제대로 받아오지 못했고, 따라서 목회자론과 목회사역론에 비해서 회중을 논하는 '회중론'^{필자의 조어}이 크게 발전하지 못했다. 심지어 최근 들어 목회론이 목회를 둘러싼 외부요소인 상황^{혹은 맥락}에까지 관심을 기울이기 시작했는데도 말이다.[1] 한편 오늘날 신학 특히 교회론과 선교론은 급변하고 있고, 이런 변화 가운데 회중에 대한 강조를 빼놓을 수 없다. 따라서 회중론은 통시적으로나 공시적으로 심화된 연구가 요청되는 연구 소외 분야라고 할 수 있다.

본 논문은 바로 이런 학문적 요구에 응답하고자 한다. 이를 위하여 본 논문은 한편으로 교회사에서 회중론의 유산을 간추려보고자 한다. 다행스럽게도, 교회사 가운데 회중론을 다룬 시도들이 비록 미미하지만 꾸준히 명맥을 유지해왔다. 따라서 먼저 그동안 잊힌 혹은 주목받지 못한 기존의 유산부터 챙겨보려고 한다. 본 논문은 이런 유산을 교회사의 시대별로 대표적인 사례를 통해 살펴보려고 한다.

---

[1]   John Patton, *Pastoral Care in Context: An Introduction to Pastoral Care*, 장성식 옮김, 『목회적 돌봄과 상황』(서울: 은성, 2000).

본 논문은 다른 한편으로 최근 신학 특히 교회론과 선교론에서 회중을 강조하는 담론들을 살펴보면서, 그것들이 목회론 특히 회중론에 대해 지니는 함의를 간추려보고자 한다. 교회사 가운데 평신도의 중요성은 간헐적으로 강조되어왔고 대표적인 것은 종교개혁이지만, 본격적으로 신학적 조명을 받게 된 것은 20세기부터라고 할 수 있다. 관련 신학은 평신도 신학, 하나님의 백성 신학, 회중 신학 등이다. 그러나 위에서도 언급했듯이, 본 논문은 회중을 강조하는 담론들 전반을 다루려는 것이 아니고, 그런 담론들이 목회론의 일부인 회중론에 대해 지니는 함의에 국한하려고 한다. 본 논문은 일차적으로는 회중론을 조명함으로써 목회론의 균형을 꾀하고자 하고, 궁극적으로는 이런 균형잡힌 목회론을 통해 목회가 더욱 발전할 수 있는 계기를 마련하고자 한다.

본 논문이 회중론을 다루기 때문에, 회중에 대한 정의가 선행되어야 할 것이다. 즉 회중이 무엇인가라는 질문인데, 이 질문은 회중의 존재와 행위에 대한 두 가지 하위 질문으로 세분할 수 있다. 곧 회중이 누구인가? 그리고 회중은 무엇을 하는가?^{혹은 회중의 역할은 무엇인가?} 그러나 이런 질문들은 교회론과 목회론의 변천에 따라 대답이 달라진다. 이런 교회론과 목회론의 변천을 전제로 하고 회중의 변화를 요약하면 다음과 같다. 회중은 '목회자를 제외한 나머지 교회 구성원에서 목회자를 포함한 전체 교회 구성원'으로, 회중의 역할은 '목회의 대상에서 목회의 주체^{혹은 동역자}'로 의미가 바뀌어왔다. 따라서 본 논문은 회중에 대한 엄밀한 정의를 내리는 대신 교회사에 나타난 변천의 흐름을 배경으로 한 사례 연구를 시도하고자 한다.

Ⅱ. 교회사에 나타난 회중론의 대표적인 사례들

1. 종교개혁 이전: 대 그레고리우스의 『사목규범』

1) 대 그레고리우스의 『사목규범』이 나오기까지

초대교회부터 목회는 중요했고, 따라서 목회론도 발전하기 시작했다. 예수 그리스도 자신이 성서에서 목회에 대한 다양한 교훈을 제공했는데, 특히 요한복음 10장에서 목회를 목자와 양의 관계로 묘사했다. 이런 목자상은 신구약을 관통하는 대표적인 지도자상이기도 하다.[2] 초대교회 이후의 목회론을 살펴보면, 목회자론, 회중론, 목회사역론 등 세가지 하위 목회론에서 목회자론이 가장 두드러지게 나타났다. 초기 목회론의 제목만 봐도 이런 사실을 확인할 수 있다. 목회자는 사도, 목자, 목회자성직자 등의 다양한 용어로 표현되었다. 가령 1세기 말 혹은 2세기초에 무명 저자의 『열두 사도들의 가르침: 디다케』*Didachē: ton dodeka apostolōn*[3], 2세기 말 혹은 3세기 초에 헤르마스 Hermas 의 『목자』*Poimēn*[4], 3세기초에 히폴리투스 Hippolytus 의 『사도전승』*Traditio Apostolica* 이 나왔다.[5] 동서방

---

2 Theo Clemens, *The Pastor Bonus: Papers read at the British-Dutch Colloquium at Utrecht, 18-21 September 2002* (Leiden: Brill, 2004); Kenneth E. Bailey, *The Good Shepherd: a thousand year journey from Psalm 23 to the New Testament* (Downers Grove: InterVarsity Press, 2014). 선교지 환경에서 다룬 책은 다음을 볼 것. Lesslie Newbigin, *The Good Shepherd: Meditations in Christian Ministry in Today's World* (Grand Rapids: Eerdmans, 1977).

3 작자미상, 정양모 역주, 『열두 사도들의 가르침: 디다케』(왜관: 분도출판사, 1993).

4 Hermas, *Poimēn*, 하성수 역주, 『목자』(왜관: 분도출판사, 2002).

5 Hippolytus, *(La) Tradition Apostolique*, 이형우 역주, 『사도전승』(왜관: 분도출판사, 1992).

교회의 걸출한 지도자들이 등장하기 시작했던 4세기에도 목회론이 다수 배출되었다. 4세기 중반에 동방교회의 크리소스토모스 Chrysostomos 의 『성직론』On the Priesthood 이 나왔고[6], 4세기 말에 서방교회 4대 교부 중 한 사람인 암브로시우스 Ambrosius 의 『성직자의 의무』De officiis ministrorum 가 나왔다.[7]

목회론 중에서 목회자론은 초대교회부터 가장 발전했고, 이후에도 최근에 이르기까지 목회론에서 목회자론은 대종을 이뤘다. 심지어 얼마 전 한국에서는 한때 '나의 목회론'이라는 장르가 생길 정도로 많은 문헌이 유행했다.[8] 그리고 초대교회 이후 오랫동안 목회를 목회자 중심적으로 이해하는 성향이 주류를 이루다 보니, 목회자론의 발전은 자연스럽게 목회사역론 혹은 목회자 중심적 목회사역론 의 발전으로 이어졌다.

2) 대 그레고리우스의 『사목규범』의 특징과 의의

6세기 말에 서방교회 4대 교부 중 한 사람이요, 사실상 로마 가톨릭교회의 토대를 놓았다고 평가받는 대 그레고리우스 St. Gregory the Great, Sancti Gregorii Magni 의 『사목규범』Regulae Pastoralis Liber 이 나왔다.[9] 바로 이 『사목규범』이 회중론의 발전에 한 전기를 마련했다고 말할 수 있다. 『사목규

---

6   John Chrysostom, *On the Priesthood*, 채이석 옮김, 『성직론』(서울: 도서출판엠마오, 1992).

7   Ambrosius, *Officiis ministrorum libri III. cum Paulini libello de vita S. Ambrosii*, 최원오 옮김, 『성직자의 의무』(파주: 아카넷, 2020). 서방교회의 4대 교부는 히에로니무스, 암브로시우스, 아우구스티누스, 대 그레고리우스인데, 이들 중 암브로시우스와 대 그레고리우스의 목회론은 책으로 접할 수 있고, 아우구스티누스의 경우는 제자의 평전을 통해서 간접적으로 확인할 수 있다. Possidius, Vita Augustini, 이연학 · 최원오 역주, 『아우구스티누스의 생애』(왜관: 분도출판사, 2008). 『아우구스티누스의 생애』는 아우구스티누스의 『고백록』이후의 성직자의 생활을 다루고 있어서, 두 책을 종합하면 그의 일생에 대해서 큰 그림을 그릴 수 있다.

8   신성종, 『나는 목사다』(서울: 신앙계, 2011); 김성진, 『나는 담임목사입니다』(서울: 쿰란, 2015).

범』은 4부로 구성되어 있는데, 1, 2, 4부는 목회자론에 해당되기에, 전반적으로는 당시의 목회론을 따르고 있다. 그러나 3부에서 회중에 대한 상세한 관심을 보이면서 회중론의 토대를 마련하였다.

『사목규범』의 3부를 이해하기 위해, 먼저 『사목규범』의 구성을 간략히 살펴보기로 하자. 1부는 성직이 중요한 만큼 성직은 회피할 일이지 결코 자원할 일이 아님을 강조한다. 이 부분은 크리소스토모스의 『성직론』을 연상시킬 정도로, 전체적인 기조가 유사하다. 2부는 본격적인 목회자론이라고 할 수 있는데, 목자의 생활을 상세히 설명하고 있다. 3, 4부는 목회자의 사역 중 훈계 특히 설교를 대표적인 사역으로 보고 설교에 집중한다. 3부는 목회의 대상 특히 설교의 대상인 회중에 대해서 상세히 다루고, 4부는 설교자 자신에 대해서 간단히 다룬다.

3부의 회중론은 바로 이런 맥락에서 등장한다. 즉 회중이 설교의 대상으로서 나타나는데, 설교의 효과를 위해서 회중에 대한 상세한 분석을 시도한 것이다. 3부는 전체 분량의 2/3를 차지하고, 40장으로 되어 있다. 1-35장은 무려 36종류의 회중을 소개하고, 36-40장은 설교의 유의사항을 다룬다.[10] 1장은 전체적인 소개와 더불어, 상대적으로 이해하기 쉬운 2가지 종류 남자와 여자, 젊은이와 노인를 간단하게 다루고, 2-35장은

---

9   성 대 그레고리오 교황, 전달수 옮김, 『사목규범』(대구: 대구효성가톨릭대학교 영성신학연구소, 1996). 『사목규범』은 박노문의 다음 논문의 부록에도 본인의 번역본으로 수록되어 있어 비교할 수 있다. 박노문, "성(聖) 대(大) 그레고리오 교황(教皇)의 '사목규범서'(Regulae Pastoralis Liber)에 드러난 사목직(司牧職)에 대한 고찰(考察)" (미간행석사학위논문, 수원가톨릭대학교 대학원, 2000). 필자는 전달수 역본의 『사목규범』에 ISBN 번호가 없어서, 암브로시우스의 『성직자의 의무』에 대한 서평에서 『사목규범』이 출간되지 않았다는 의견을 제시한 바 있다. 『사목규범』은 중요한 문헌인 만큼 속히 정식 출판되어 독자들의 손에 들릴 수 있기를 바란다. 안교성, "가장 오래되고 귀한 직무인 성직에 대한 서방교회의 신앙적 명심보감: 암브로시우스의 『성직자의 의무』," 『기독교사상』 752 (2021. 08), 209.

10   전달수는 40종류(심리적인 측면에서 40계층)로 대략적인 수를 제시하고, 박노문은 36종류(72가지 성향)로 정확한 수를 제시한다. 전달수 옮김, 『사목규범』, xxii; 박노문, "성 대 그레고리오 교황의 '사목규범서'에 드러난 사목직에 대한 고찰," 20.

각각 1종류씩을 상세하게 다룬다. 『사목규범』이 다루는 다양한 회중의 종류를 가늠하기 위해서, 다소 길지만 제3부 제1장의 소개 부분을 인용하기로 한다.[11] 인용문 중 번호는 필자의 첨가

> 훈계하는 데 있어서 우리는 (1) 남자와 여자, (2) 젊은이와 노인, (3) 가난한 이들과 부자, (4) 기뻐하는 사람들과 슬픔에 잠긴 사람들, (5) 수하 사람들과 장상들, (6) 노예들과 주인들, (7) 이 세상의 지혜로운 사람들과 우둔한 사람들, (8) 무례한 사람들과 소심한 사람들, (9) 오만한 사람들과 심약한 사람들, (10) 참을성이 부족한 사람들과 인내심이 많은 사람들, (11) 친절한 사람들과 샘이 많은 사람들, (12) 성실한 사람들과 불성실한 사람들, (13) 튼튼한 사람들과 환자들, (14) 처벌을 두려워하여 무죄하게 사는 사람들과 처벌의 교정에도 무감각하여 악한 일에 굳어진 사람들, (15) 침묵하기를 좋아하는 사람들과 말이 많은 사람들, (16) 느린 사람들과 성질이 급한 사람들, (17) 양선한 사람들과 화를 잘 내는 사람들, (18) 겸손한 사람들과 거만한 사람들, (19) 완고한 사람들과 변덕쟁이들, (20) 음식을 탐하는 사람들과 절제하는 사람들, (21) 자신의 소유를 남에게 잘 희사하는 사람들과 도둑질을 잘 하는 사람들, (22) 훔치지는 않지만 자신의 것을 내어 놓지 않는 사람들과 자신의 것을 잘 내어 놓지만 남의 소유를 빼앗는 것을 단념하지 않는 사람들, (23) 불화 중에 사는 사람들과 평화롭게 사는 사람들, (24) 불화를 일으키는 사람들과 평화를 이루는 사람들, (25) 거룩한 법을 올바로 이해하지 못하는 사람들과 이해하지만 겸손이 부족하여 율법을 함부로 말하는 사람들, (26) 설교를 합당

---

11   St. Gregory the Great, 『사목규범』, 88-89.

하게 잘 하는 사람들과 지나친 겸손으로 그렇게 하기를 두려워하는 사람들, 설교하기에 부적당하거나 나이로 인해 방해받는 사람들과 성급함으로 인해 억지로 설교하도록 요구받는 사람들[12], (27) 세상 재물 추구에 성공하는 사람들과 재물을 원하지만 고통을 당하고 곤란하여 지친 사람들, (28) 혼인에 얽매여 있는 사람들과 혼인의 속박에서 자유로운 사람들, (29) 성 경험이 있는 사람들과 그런 경험이 없는 사람들, (30) 죄를 범한 후 슬퍼하는 사람들과 생각만으로 지은 죄를 슬퍼하는 사람들, (31) 죄를 슬퍼하나 그것을 포기하지 못하는 사람들과 죄를 포기하나 슬퍼하지 않는 사람들, (32) 자신의 잘못을 시인하는 사람들과 자신의 죄를 고백하나 죄를 피하지 않는 사람들, (33) 갑작스런 탐욕에 넘어간 사람들과 고의적으로 죄의 족쇄를 채우는 사람들, (34) 오직 사소한 죄만 범하는 사람들이 그런 죄를 자주 범하는 경우와 사소한 죄는 범하지 않으나 어떤 때 중죄를 범하는 사람들, (35) 선행을 시작하지도 않는 사람들과 선행을 시작하지만 끝내지를 못하는 사람들, (36) 비밀리에 악을 저지르고도 드러나게는 선하게 보이는 사람들과 그들이 하는 선을 감춘 사람

---

12 전달수는 26번째 종류를 마치 두 종류처럼 나눠서 번역하여 오해를 불러일으키지만 해당 장인 25장의 제목에서는 바로 번역했다. 전달수 옮김, 『사목규범』, 195. "지나치게 겸손하여 말씀의 직무를 거절하는 사람들과 너무 성급하게 그 직무를 수행하는 사람들을 훈계하는 방법." 다음 라틴어 원문과 한글 번역 및 영어 번역을 참고할 것. Henry Ramsden Bramley, *S. Gregorii Magni Regulae pastoralis liber Parallel text in Latin and English* (Oxford: James Parker, 1874), 132. [Harvard University, public domain 화면페이지는 157]. "Aliter qui, cum digne praedicare valeant, prae nimia humilitate formidant; alter quos a praedicantione imperfectio vel aetas prohibet, et tamen praecipitatio impellit." https://archive.org/details/sgregoriimagnir00greggoog/page/n156/mode/2up, [2021. 11. 11 접속].

박노문, "성 대 그레고리오 교황의 '사목규범서'에 드러난 사목직에 대한 고찰", 부록 40. "합당하게 설교할 능력이 있지만 너무 겸손한 나머지 몹시 무서워하는 사람과 결함이나 나이로 인해 설교를 할 수 없으면서도 경솔하게 덤벼드는 사람 각각 달리." Philip Schaff & Henry Wace, *A Select library of Nicene and post-Nicene fathers of the Christian church, Vol. 12, Leo the Great. Gregory the Great* (New York: The Christian Literature Company, 1895 [1890-1900]), 24. "Those who, though able to preach worthily, are afraid through excessive humility; and those whom imperfection or age debars from preaching, and yet rashness impels to it." https://archive.org/details/selectlibraryofn12schauoft/page/24/mode/2up, [2021. 11. 11 접속].

들이 자신들이 하는 공적인 일 때문에 스스로 언짢게 생각하는 사람들이 있습니다. 그러나 만일 우리가 매우 간단하게 각 사람에게 맞도록 적절하게 훈계하는 여러 가지 방법을 설명하지 않는다면 집단으로 목록을 만들 필요가 어디 있겠습니까?

『사목규범』 특히 제3부는 대 그레고리우스가 얼마나 회중에 대해 관심이 있고, 회중에 대한 이해가 목회에 있어서 중요하다고 생각했는지를 보여준다. 그의 회중론은 26번째 종류[25장에서 다룸]로 부적절한 설교자를 언급하고 있어서, 그의 회중론이 회중을 향한 설교를 넘어 회중에 대한 전반적인 권고를 하고 있음을 알 수 있다. 여하튼 『사목규범』에 나오는 회중은 아직 목회 대상으로서의 회중이고, 회중론도 회중의 특성을 파악하는 정도에 그치고 있으나, 이런 내용만으로도 획기적인 시도라고 할 수 있다.

이런 맥락에서 과연 오늘날 교회가 이 정도의 회중 이해를 갖추고 있고, 또한 갖추고자 하는 의지를 가지고 있는지 질문해보는 것도 적절한 것으로 보인다. 오늘날 교회는 목회자나 목회자 후보생 혹은 제직을 대상으로 한 심리검사나 교육 등을 시도하지만, 전 회중을 대상으로 한 분석을 시도하는 예는 매우 드물 것으로 추정된다. 『사목규범』의 회중 분석은 성품을 기본으로 하지만, 영성, 체험 등 다양한 분야를 포함하고 있어서, 현대 목회에 대해서도 시사하는 바가 크다. 즉 설교는 물론이고, 예배학, 교육, 상담, 영성 지도, 지도력 훈련, 회중 집단 지도 등 적용 분야는 무궁무진하다고 하겠다.

사실 회중에 대한 관심은 목회론의 신학 구성을 넘어서 성서적 목회론의 핵심을 이루고 있다. 예수 그리스도 자신이 설파했듯이, "나는 선한 목자라 나는 내 양을 알고 양도 나를 아는 것이 아버지께서 나를 아시고 내가 아버지를 아는 것 같으니 나는 양을 위하여 목숨을 버리노라."요 10:14-15 이런 관심은 실용주의적 목회론의 유혹에 빠져 회중을 목회 대상으로만 여기면서 형식적이고 피상적인 관계 형성에 머물기 쉬운 현대 목회에 대해서 목회 본질 회복의 중요성을 상기시킨다고 할 수 있다. 『사목규범』의 회중론이 제기하는 가장 큰 도전은 목회는 회중 이해에서 비롯된다는 것이다. 따라서 오늘날 신학교육도 회중론에 대한 교육이 필요하고, 회중 이해의 중요성을 강조하는 학습 기회를 제공해야 한다.

그러나 『사목규범』의 회중론의 도전은 한 걸음 더 나갈 필요가 있다. 요한복음 10장의 목회론은 목자가 양을 아는 것도 강조하지만, 양이 목자를 아는 것도 강조한다. 즉 이 회중론은 목자와 양의 이해 관계를 쌍방적인 것 혹은 상호적인 것으로 제시한다. 이런 맥락에서 오늘날 신학교육은 목회자의 회중 이해는 물론이고, 회중의 목회자 이해의 중요성을 인식하고, 이것이 신학교육과 목회 현장의 회중 교육에서 실현될 수 있는 방법을 찾아야 한다.

2. 종교개혁: 부처의 『참된 목회학』

종교개혁은 교회개혁과 사회개혁이지만, 목회개혁이기도 하다. 종교개혁은 성직자 중심주의 혹은 성직주의에 물든 중세교회를 비판하면서, 회중 특히 평신도의 중요성을 강조하였다. 그 내용은 다양하지만, 크게 세 가지로 요약할 수 있다. 첫째, 개인적으로는 회중의 신앙이 성직자의 매개를 통한 신앙에서 하나님과의 직접적인 관계 형성을 통한 신앙으로 바뀌었다. 둘째, 교회적으로는 회중이 목회의 대상일 뿐 아니라 목회의 동역자로 바뀌었다. 셋째, 사회적으로는 회중이 소명으로서의 세속 직업을 통해 사회에 봉사하고, 사회를 하나님의 나라가 임하는 곳으로 만들기 위해 사회개혁에 동참했다.

이런 맥락에서 종교개혁은 평신도에 주목했고, 이들이 목회에 동참하는 길을 마련했다. 물론 종교개혁 담론 중에서 평신도의 중요성을 부각한 대표적인 담론은 루터의 '만인제사장설'이다. 그러나 이 담론은 회중과 관련된 주요 담론이지만, 두 가지 이유로 본 논문에서 본격적인 논의를 전개하지 않았다. 첫째, 루터 당시 만인제사장설은 평신도가 포함된 새로운 목회 구조로까지 발전되지는 못했다. 둘째, 루터교 내에서 만인제사장설에 대한 이해가 역사적으로 변천하였는데, 요약하면 초창기에 반성직주의적 주장이었던 것이 점차 직제 속에서 목회의 직무를 분담하는 것으로 바뀌었다.[13] 오히려 이 자리에서는 거대담론인 '만인제사장설'을 다루는 것은 별도의 연구로 돌리기로 하고, 평신도의 역할을 구체화할 수 있도록 평신도가 포함된 새로운 목회 구조를 제시한 개혁교회의 유산에 대해서 살펴보고자 한다. 그런 목회 구조의 발전과정은 다음과 같이 요약할 수 있다. 즉 부처Martin Bucer가 개척했고, 칼뱅Jean Calvin이 실행에 옮겼으며, 녹스John Knox가 보다 교회적인 구조로 완성했다. 부연설명하자면, 부처는 가톨릭교회가 성직자 중심으로 만든 3중직 주교, 사제, 부제을 성직자와 평신도가 동역하는 체제목사, 교사, 장로, 집사로 대체하

---

13 정홍렬, "루터의 만인제사장직," 『ACTS신학과선교』 9 (2005), 177-93; 이상조, "만인 제사장직과 개신교의 성직 이해의 역사적 변천: 마르틴 루터에서 필립 야콥 슈페너까지," 『선교와 신학』 56 (2022), 275-311.

려고 제안했으나 스트라스부르에서 사정상 실행하지 못했다.[14] 칼뱅은 부처의 아이디어를 이어받아 시의 간섭을 상대적으로 덜 받는 스트라스부르의 프랑스 이민[난민]교회라는 비주류 교회에서 새로운 목회 구조를 실험했고, 제네바 귀환 후에 4중직을 실행에 옮겼지만, 장로 선출에 교회와 시의회가 공동으로 관여하는 한계를 극복하지는 못했다.[15] 녹스는 스코틀랜드에서 교회 내 선거에서 장로를 선출함으로써, 장로교의 치리회를 외부적 영향을 배제한 명실상부한 영적 치리기구로 완성시켰다.[16] 스코틀랜드 [장로]교회의 근간인 제1치리서와 제2치리서 모두 장로를 교회에서 뽑도록 했는데, 제1치리서에 의하면, "만약 교회 구성원이 너무 적어서 그들 중에서 장로와 집사를 선출하기가 어렵다면 인접한 교회에 합류할 수 있다. 목회자가 없고 교회 체제도 확립되지 않은 다수의 교회들은 교인들을 견고하게 세우기보다는 상처를 입히기 쉽기 때문이다."[17] 그리고 제2치리서는 강조하기를, "특정한 회중 가운데서 많은 수의 장로들을 선택해서, 레위지파가 성전을 지키면서 율법에 따라 그랬듯이 일단의 장로들이 적절한 기간 동안 다른 장로들과 교대하면서 섬길 수도 있다. 각 회중 가운데 장로의 수를 제한할 수는 없지만, 사람들의 규모와 필요에 따라 결정해야 한다."[18] 두 가지 내용을 종합하면, 장로를 비롯한 직제는 구체적인 회중 혹은 회중의 필요를 위

---

14 부처 이전의 외콜람파디우스의 시도에 대해서는 다음 논문을 볼 것. 황대우, "바젤의 신학자 외콜람파디우스," 『진리와 학문의 세계』 19 (2008, 가을), 207-30.

15 이런 구조가 교회개혁에는 단점이 될 수 있으나, 사회개혁에는 장점이 될 수 있는 가능성에 대한 후속 연구도 필요하다.

16 녹스의 목회 구조 특히 장로의 성격은 제1치리서에서 제2치리서를 거치면서 더욱 다듬어졌다. 박경수, 『스코틀랜드 교회치리서: 장로교 최초의 교회헌법 본문 및 해설』(서울: 장로회신학대학교출판부, 2020), 33-37, 86-91. 다음 책도 참고할 것. Janet G. MacGregor, *The Scottish Presbyterian Polity: A Study of its Origins in the Sixteenth Century* (Edinburgh; London: Oliver and Boyd, 1926).

17 위의 책, 193.

18 위의 책, 253.

한 것이라고 할 수 있다.

개혁교회의 목회론은 전반적으로 말해서 직제에 집중하는 경향이 있고, 따라서 회중의 존재보다는 회중의 역할행위에 대해서 더 많은 관심을 보이고 있다. 그러나 개혁교회의 목회론 구성에 있어서 선두주자 역할을 한 부처는 『참된 목회학』*Von der waren Seelsorge und dem rechten Hirtend-ienst*에서 회중의 역할과 관련된 직제론도 다루지만, 회중의 존재에 대해서도 중요한 교훈을 남겼다.[19] 『참된 목회학』은 크게 4가지 내용으로 구성되어 있다.

첫째, 교회를 그리스도인들의 교제라고 했다. 이런 맥락에서 회중은 단순한 목회 대상을 넘어 교회 구성원이 된다. 일종의 개신교적 '성도의 교제'적 교회론의 출발이라고 할 수 있다. 또한 그리스도가 교회의 지도자이다. 즉 "그리스도께서 그의 교회를 직접 통치하신다... 그 [그리스도]가 의사라면 그리스도인들은 병자들이며, 그가 치리의 재판관과 수여자라면 그리스도인들은 재판받고, 치리받아야 할 자들이다... 그리스도께서 그의 백성을 경건하게 만들고, 모든 선한 일들에서 부요하게 하고, 모든 악들로부터 안전하게 하기 위해 그의 백성을 통치하신다."[20] 따라서 회중은 궁극적으로 목회자가 아닌 그리스도의 통치를 받는다. 책의 결론 부분에서 교회의 목회를 순종이란 개념에서 접근하면서, 그리스도의 지도력을 다시 강조한다. 즉 "우리[회중]는 목회자에 대한 순종이 아니라, 그리스도에 대한 순종을 추구해야 한다."[21] 이런 관

---

19 Martin Bucer, *Von der waren seelsorge und dem rechten hirtendienst*, 최윤배 옮김, 『참된 목회학』(용인: 킹덤북스, 2014). 다음 논문도 참고할 것. 최윤배, "마르틴 부처의 『참된 목회학』(*Von der waren Seelsorge*, 1538)에 관한 소고," 『교회와 신학』 79 (2015), 221-44.

20 위의 책, 47.

21 위의 책, 298.

점에서 목회사역을 '섬김'[dienst, service], 목회사역자를 '섬김이'[diener, server]라고 부른다. 목회를 섬김의 관점에서 볼 때, 소위 성직자와 평신도의 갈등은 극복할 수 있다. 둘째, 목회를 위한 다양한 목회자를 제시하는데, 특히 평신도 사역자인 장로가 강조된다. 셋째, 목회를 위한 목회사역을 간략히 소개한다. 넷째, 양에 대한 상세한 분석이 나온다.

『참된 목회학』은 목회를 기본적으로 양에 대한 사역 특히 '영혼 돌봄'[Seelsorge, care of souls]으로 이해한다. 영혼 돌봄이란 개념은 『참된 목회학』의 핵심으로, 책명에도 등장한다. 부처는 암브로시우스 블라우러[Ambrosius Blaurer]에게 보낸 편지 중에서 『참된 목회학』의 집필 이유를 설명하는데, 목회를 성도의 교제에 대한 돌봄과 목회적 돌봄으로 설명한다.[22]

> 성도의 교제에 대한 돌봄(cura communionis sanctorum)은 매일매일 더욱더 꺼져가며, 목사들 자신조차도 여태껏 목회적 돌봄(cura pastoralis)이 무엇인가에 관하여 깊은 성찰 없이 더욱 드물게 인식하고 있는 것 같다. 나는 이 비참한 재난의 상황을 제어해야만 한다고 생각했다. 그러니 나는 내가 당신에게 보내고 있는 그것, 다시 말하면 목회적 돌봄(ea, i.e. cura pastoralis)에 관한 어떤 것을 출판했다.

따라서 부처에게 있어서 목회, 성도의 교제에 대한 돌봄, 목회적 돌봄, 영혼 돌봄은 거의 동의어라고 할 수 있다. 그리고 영혼 돌봄은 라틴어 표현으로 cura animarorum이다. 흥미롭게도, 세 가지 모두 돌봄이란 단어 곧 cura를 사용한다. 간단히 말해, 『참된 목회학』은 목회론에

---

22 위의 책, 16-17에서 재인용.

서 교회론을 먼저 제시하고, 이어서 목회자론, 목회사역론, 회중론을 제시한다. 목회론의 3대 요소를 골고루 언급한 비교적 균형잡힌 목회론이라고 할 수 있다. 특히 양의 관점에서 다룬 회중론은 책 전체 분량의 절반을 넘고, 상세한 분석을 시도한다. 『참된 목회학』은 양의 특성에 따라 목회사역을 5가지로 분류했다. 해당 내용을 인용하면 다음과 같다.[23]

영혼 돌봄의 다섯 가지 주된 사역들 : 이것으로부터 목회직과 영혼의 참된 돌봄에서 요구되는 다섯 가지 주된 사역들은 다음과 같다. 첫째, 육신적인 부절제(不節制)나 거짓 예배를 통해 주(主)로부터 여전히 멀어져 있는 자들을 우리 주님에게로 인도하고, 그의 교제 안으로 들어오게 하는 것; 둘째, 한 때 그리스도에게로 왔고, 그의 교회 안으로 들어왔던 자이지만, 육신적 활동이나 잘못된 교리의 문제들을 통해 다시 길을 잃었던 자들을 회복시키는 것; 셋째, 그리스도의 교회 안에 남아 있으면서 심하게 타락하여, 죄를 지었던 자들을 참되게 개혁하는데 도와주는 것; 넷째, 그리스도의 교제 안에 있으면서 특별히 심하게 잘못된 일을 행하지 않지만, 기독교적 삶에서 어느 정도 약하고 병든 자들을 참 기독교적 강함과 건강 안에서 다시 세워주는 것; 다섯째, 그들의 기독교적 삶 속에서 심각하게 죄를 짓거나 약하고 병들지 않은 자들을 모든 불법과 실패로부터 보호하고, 그들이 계속적으로 모든 선한 일들을 행하도록 독려하는 것이다[37(L1)b]. 영혼 돌봄과 목회직에 대한 다섯 가지 주된 사역들을 에스겔서 34장(16절)의 양에 대한 비유에서, 주께서 다음과 같은 말씀으로 아름답게 요약하셨다.

---

23 위의 책, 125.

영혼에 대한 참된 돌봄과 연관된 사역들의 숫자와 특성 : I. "그 잃어버린 자를 내가 찾으며 쫓기는 자를 내가 돌아오게 하며 상한 자를 내가 싸매 주며 병든 자를 내가 강하게 하려니와 살진 자와 강한 자는 내가 없애고 정의대로 그것들을 먹이리라."(겔 34:16, 역자 주)

『참된 목회학』의 양의 분류로 압축되는 회중론은 몇 가지 점에서 주목할 만하다. 첫째, 『참된 목회학』의 회중론은 『사목규범』의 회중론보다 진일보한 면이 있다. 『사목규범』의 회중 분석이 다양하게 섬세하지만, 뚜렷하게 드러나는 일관된 기준이 없다. 따라서 회중 분석이나 회중 분석에 따른 맞춤형 목회사역이 산발적으로 제시된다. 이에 비해서 『참된 목회학』은 양을 영적 건강 상태의 수준에 따라서 체계적으로 분류하고, 그에 걸맞는 맞춤형 목회사역도 체계적으로 제시한다. 즉 『참된 목회학』의 양들은, 불신자, 초보 신자, 성장 장애 신자, 성장 부진 신자, 성장 촉진 신자로 나눠볼 수 있다. 관련된 맞춤형 목회사역은 전도, 새신자 교육, 상담, 교육, 평생 교육 및 지도력 교육으로 정리해볼 수 있다.

둘째, 『참된 목회학』은 영혼 돌봄의 양면을 모두 다루고 있다. 위에서 언급했듯이, 영혼 돌봄의 라틴어 표현은 cura animarum이고, 라틴어 cura는 소극적 의미와 적극적 의미를 이중적으로 지니는데, 이런 이중 의미는 두 개의 단어로 번역될 수 있다. 전자는 치료healing이고, 후자는 배려care이다. 영혼 돌봄을 언급할 때, 자칫하면 영혼의 문제를 다루는 소극적이고 부정적이고 단기적인 치료의 측면이 강조되고, 영혼의 성장을 격려하는 적극적이고 긍정적이고 장기적인 배려의 측면이 약화될 수 있다. 그런데 『참된 목회학』은 두 가지를 모두 다루고 있다. 즉 1-4번째 종류의 양은 치료, 5번째 종류의 양은 배려와 관련된다. 『참된 목회학』은 5종류의 사역을 소개한 뒤 이것을 뒷받침하기 위해 성서를 인용하는데, 5종류의 사역은 인용된 성서의 내용보다 더 적극적인 면을 보인다. 즉 인용된 성서에서는 마지막에 나오는 살진 자와 강한 자가 하나님 앞에서 교만한 부정적인 존재로 나타나고 따라서 심판과 처벌의 대상이 된다. 그러나 『참된 목회학』은 살진 자와 강한 자를 양의 영적 건강 상태의 최고 단계에 있는 것으로 보고, 이에 대한 맞춤형 목회사역인 성장 촉진을 제시한다. 건강한 양은 목회사역에서 제외될 대상이 아니라, 지도자로 성장하기 위하여 도움과 격려가 더욱 필요한 존재이다. 사실 이런 적극적인 영혼 돌봄은 위에서 언급한 그리스도의 통치 부분에서 이미 밝힌 내용이기도 하다.[24] 이런 점에서 『참된 목회학』은 목회 전반을 내다보고 설계할 수 있는 종합적인 청사진을 제공한다.

목회를 양의 관점에서 혹은 영혼 돌봄의 관점에서 접근하는 것은 이후에도 이어졌다. 많은 사례가 있지만, 대표적인 사례로는 백스터 Richard Baxter 의 『참 목자상』 The Reformed Pastor 을 들 수 있다.[25] 『참 목자상』은 3부로 구성되어 있는데, 목회자의 자아성찰, 목양, 목회의 실제를 다룬다. 이것 역시 목회자론, 회중론, 목회사역론의 균형을 이룬다. 특히 2부 3장 '목양의 대상'에서 "모든 양을 보살피는 것이 목회자의 의무이긴 하지만, 그중 특별하게 주의를 기울여야 할 양들이 있습니다. 안타깝게도 이 점을 이해하지 못하는 목회자들이 더러 있으므로 제가 여기서 자

24　위의 책, 47을 볼 것.
25　Richard Baxter, *The Reformed Pastor*, 최치남 옮김, 『참 목자상』(서울: 생명의 말씀사, 2003).

세히 언급하도록 하겠습니다"라고 강조한다.[26] 그러면서 6종류의 양을 소개하고, 목양의 결론으로 치리를 강조한다. 백스터가 분류한 양의 종류는 다음과 같다.[27] 지옥으로 향하는 사람들, 죄책감에 사로잡혀 구원의 길을 묻는 사람들, 하나님의 은혜를 이미 경험한 사람들, 그리스도인 가정들, 병을 앓고 있거나 임종을 앞둔 사람들, 죄 지은 사람들 등. 오늘날 교회 이탈 교인이 큰 관심이다. 가톨릭교회의 경우, 소위 '냉담자'라는 개념을 통해서 이탈 교인들을 관리해왔다. 그런데 개신교는 상대적으로 이에 대한 대책이 거의 부재하다.

『참 목자상』에서 특히 관심을 끄는 것은, 백스터가 목회사역을 목양으로 보면서, 효과적인 목양을 위해서 설교보다 교리교육을 중시한다는 것이다. 그는 가정방문을 통한 개인적 교리교육을 강조하는데, 이것이 "새로운 목회 영역이 아니라 고대로부터 해왔던 의무를 복원"하는 것이라면서, "개별면담"이라는 용어를 사용한다.[28] 『참 목자상』은 아예 교리교육에 대해 한 장을 할애하여 3부 7장에서 다루고 있다. 그리고 여기에서 매우 전향적인 주장들을 한다. 하나는 교리교육이 성도들에게 목회의 본질을 알려준다는 것이고, 다른 하나는 교리교육이 다음 세대의 목회사역을 수월하게 해 준다는 것이다. 이런 주장은 필자가 위에서 『사목규범』을 다룰 때 목회 관계는 목자와 양의 상호 이해가 필요하다고 주장했던 것과도 궤를 같이 한다.

---

26 위의 책, 108.
27 위의 책, 108-25.
28 위의 책, 239-40.

3. 최근 신학(1): 평신도 신학, 하나님의 백성 신학, 회중 신학

최근 신학 특히 교회론과 선교론에서 큰 변화가 일어났는데, 그 중심에는 회중의 중요성이 놓여 있다. 회중을 주목하는 담론의 발전을 요약한다면, 평신도 신학, 하나님의 백성 신학, 회중 신학의 순으로 전개되어 왔다고 할 수 있다.

평신도 신학은 평신도 선교학자인 크래머 Hendrik Kraemer 가 제안하였다.[29] 이 신학은 평신도 자원의 동원 문제를 지적한 '평신도의 동결' 담론을 만들어냈다. 하나님의 백성 신학은 제2차 바티칸 공의회에서 교회를 재정의하는 과정에서 나왔다. 이제 교회는 성직자와 평신도의 이중구조가 아니라 하나님의 백성의 단일구조이며, 그 안에서 이차적으로 성직자와 평신도가 구분된다는 것이다. 이에 따라 사역도 사제적 직무와 보편적 직무로 나뉘고, 평신도는 수동적인 존재가 아닌 동역자라는 점에서 평신도사도직이란 용어까지 사용하고 있다. 다만 가톨릭교회는 평신도에 대해서 사도 apostle 가 아닌 사도직 apostleship 이란 단어를 적용한다는 것을 염두에 둘 필요가 있다. 즉 평신도사도직이란 평신도가 최상급 사제인 사도라는 말이 아니라 사도의 직무인 사도직에 동참한다는 말이다. 하나님의 백성 신학은 가톨릭 신학자 이외에 영국 성공회 신학자 매커리 John Macquarrie 가 널리 보급하였다.[30] 20세기 후반에 교회의 선교적 본질을 강조하는 교회론과 선교론의 융합이 이뤄졌는데, 그 담론이 바로 '선교적 교회론'이다.[31] 이 선교적 교회론은 선교적 교회론,

---

29   Hendrik Kraemer, *Theology of the Laity*, 홍병룡 옮김, 『평신도 신학』(서울: 아바서원, 2014).

30   John Macquarrie, *The Faith of the People of God : a lay theology* (London: SCM Press, 1972).

선교적 지도자론에 이어서, 선교적 회중론을 다루기 시작했다. 여기서 회중 신학이 대두되었다. 이와 관련하여 네산Craig L. Nessan의 『유지에서 선교로: 회중 신학』Beyond Maintenance to Mission, 라우스Rick Rouse와 밴 겔더Craig Van Gelder의 『선교적 회중을 위한 현장 안내서』A Field Guide for the Missional Congregation 등이 나왔다.[32]

이런 새로운 교회론과 선교론이 목회론 특히 회중론에 대해서 가지는 함의는 다음과 같이 정리할 수 있다. 평신도 신학이 회중의 동원 혹은 자원화를 강조하고, 하나님의 백성 신학이 성직자와 평신도의 회중 구성의 동등성을 강조한다면, 선교적 회중론에서 비롯된 회중 신학은 한 걸음 더 나가 회중의 사역 주체성을 강조한다고 말할 수 있을 것이다. 다시 말해, 이제는 회중이 스스로 영적 지도의 판을 짜고, 과제를 제시한다는 것이다.[33] 이제 목회는 목회자, 목회사역, 회중의 의미와 용어에 대한 재검토부터 시작할 것을 요청한다.

4. 최근 신학(2): 세계화와 다원주의의 신학

20세기 후반부터 목회론은 다양한 사회적, 신학적 변화 가운데 놓여 있다. 특히 후기근대사회의 대표적인 특징은 세계화와 다원주의

---

31   Darrell L. Guder (ed.), *Missional Church : A vision for the sending of the Church in North America*, 정승현 옮김, 『선교적 교회: 북미 교회의 파송을 위한 비전』(인천: 주안대학원대학교, 2013).

32   Craig L. Nessan, *Beyond Maintenance to Mission: A Theology of Congregation*, second ed. (Minneapolis: Fortress Press, 2010); Rick Rouse & Craig Van Gelder, *A Field Guide for the Missional Congregation: Embarking on a Journey of Transformation* (Minneapolis: Fortress Press, 2008).

33   Angela H. Reed, *Quest for Spiritual Community: Reclaiming Spiritual Guidance for Contemporary Congregations* (New York: T&T Clark International, 2011), 특히 43-80을 볼 것.

를 들 수 있다. 기존의 목회론은 일반 신학의 경우와 마찬가지로 서구 중심적이었다. 특히 목회자론과 목회사역론은 남성 중심적이었고, 회중론은 영적 측면 중심적이었다. 그러나 새로운 환경은 새로운 목회론을 요청한다. 관련 분야는 다양하지만, 몇 가지 대표적인 분야에 대해서 간단히 언급하기로 하자.

첫째, 여성 분야이다. 여성의 목회직 특히 여성안수가 공식 허락된 것은 얼마 되지 않지만, 교회사를 통해 여성은 비공식적으로 다각적인 목회를 했다. 가령 여성 종교개혁가들 중 젤Katharina Schütz Zell은 목회에 대한 관심을 보이고 제한적 상황 속에서나마 사실상 목회를 시도했다.[34] 한국교회도 20세기 전반부터 여성안수 문제가 대두되었는데, 오늘날 상당수의 교파가 여성안수를 인정하고 있다. 여성목회자론이나 여성목회사역론도 아직 발전해야 할 여지가 많지만, 여성이 교회 인구의 절대 다수를 차지함에도 불구하고 여성 회중론은 거의 주목받지 못하고 있다.[35] 이 밖에도 장애인 등 다양한 사회적 소수가 기존의 목회자론, 목회사역론, 회중론을 도전하고 있다.[36]

둘째, 미래 세대혹은 차세대이다.[37] 미래 세대는 선교론이 일찍부터 주목했던 주제이다. 미전도지역 중심인 북위 10-40도 지역을 강조하는 '10/40 창' 담론이 한때 유행하더니, 미전도집단 중 하나인 젊은이 특히 4-14세를 겨냥한 '4/14 창' 담론이 뒤따라 나왔다.[38] 젊은이는 이미

---

34 Kirsi Stjerna, *Women and the Reformation*, 박경수·김영란 옮김, 『여성과 종교개혁』(서울: 대한기독교서회, 2013), 218-64.

35 천영숙, 『여성목회론』(서울: 한국신학연구소, 1996); 전국여교역자연합회, 호남신학대학교 기독교교육연구소 편, 『여성목회 입문서』(서울: 한국장로교출판사, 2012).

36 안교성, 『장애인을 잃어버린 교회』(서울: 홍성사, 2003).

37 Lewis A. Drummond, *Reaching Generation Next: Effective Evangelism in Today's Culture* (Grand Rapids: Baker Books, 2002).

『사목규범』에서 2번째로 거론된 회중 집단이었지만, 아직까지 충분히 다뤄지지 못한 주제이기도 하다. 특히 교회교육이 연령층 위주로 분화되어 이루어지다 보니, 회중으로서의 젊은이가 거의 주목받지 못하고 있다. 이런 면에서 최근 대한예수교장로회^{통합측}이 유아세례와 성인세례 이외에 아동세례를 허락한 것은 회중론적 관점에서 심화 연구가 필요하다. 그런데 특이하게도 다른 집단이 목회론 중 회중론에 있어서 소외되는 경향이 있다면, 젊은이는 목회론 중 회중론은 물론이고 목회자론에 있어서도 소외되는 경향이 있다. 그런 점에서 젊은이 지도자의 역할을 강조한 '역멘토링' 같은 발상도 주목할 만하다.[39] 오늘날은 변화가 필요한데, 변화는 젊은이가 주도하는 경우가 대부분이다. 특히 한국기독교를 포함한 세계기독교 운동의 쇠퇴와 몰락은 지도층의 고령화가 주요 요인이 된 경우가 허다하다.

셋째, 비서구 세계와 디아스포라이다. 이미 상식이 되었지만, 전체 기독교 인구 중 비서구 기독교인이 2/3 정도를 차지할 정도로, 기독교는 이제 더 이상 서구 종교가 아니라 비서구 종교가 되었다. 또한 급속한 세계화에 따라 이주 현상이 보편화되었고, 디아스포라가 급증했다. 이런 맥락에서 비서구 신학, 디아스포라 신학이 급속도로 발전하고 있다. 목회론도 예외가 아니다.[40] 그런데 비서구 목회자론은 그나마 조

38   Luis Bush, *The 4/14 Window: Raising Up a New Generation to Transform the World* (Colorado Springs, CO: Compassion International, 2009).

39   Earl Creps, *Reverse Mentoring: How Young Leaders Can Transform the Church and Why We Should Let Them* (San Francisco: Jossey-Bass, 2008).

40   Robert J. Wicks & Barry K. Estadt, eds., *Pastoral Counseling in a Global Church: Voices from the Field* (Maryknoll: Orbis Books, 1993); H. S. Wilson et al., *Pastoral Theology from a Global Perspective: A Case Method Approach* (Maryknoll: Orbis Books, 1996); Richard R. Gaillardetz, *Ecclesiology for a Global Church: A People Called and Sent* (Maryknoll: Orbis Books, 2008); David A. Anderson & Margarita R. Cabellon, eds., *Multicultural Ministry Handbook: Connecting Creatively to a Diverse World* (Downers Grove: InterVarsity Press, 2010).

금씩 언급되기 시작하지만, 비서구 회중론은 아직 갈 길이 멀다. 가령 한국교회 목회신학의 개조開祖라고 불리는 곽안련은 목회와 관련하여 『목회학』과 『설교학』 등 저서를 냈고, 그 밖에도 『목사필휴』 등 목회에 실제적인 도움을 주는 목회 지침서를 썼다. 그의 대표작인 『목회학』은 일반적인 목회론과 마찬가지로 주로 목회자론과 목회사역론에 집중되어 있다.[41] 회중론에 대해서는 20세기 한국이 산업사회가 되면서 노동자의 비중이 커지던 상황과 관련하여 27장 '목사와 노동자'에서 언급하고, 한국교회의 빈번한 문제인 분열과 관련하여 32장 '파쟁과 분열'에서 언급하는 정도였다.[42]

넷째, 문화적 접근이다. 최근에는 문화적 관점에서 학문을 접근하는 것이 대세이다. 신학도 예외가 아니다. 가령 교회사 분야는 기관사나 신학사 등 교회 내부적인 역사보다 사회사, 문화사 등 교회 외부와의 교류사나 관계사가 유행하고 있다. 최근에 한국인의 기본 정서 분석을 목회론와 접목시키려는 작업들이 시도되고 있다. 가령 한국의 독특한 정서인 정情을 다룬 『정情과 한국교회』, 서구 목회신학에서 주목하는 상처wound라는 주제와 친화력이 있는 한恨을 다룬 『상처 받은 하나님의 마음』The Wounded Heart of God을 들 수 있다.[43] 이런 신학이 회중 이해에 기여할 것으로 기대된다.

---

41 곽안련, 『목회학』(서울: 대한기독교서회, 1991).

42 위의 책, 247-55, 286-89.

43 오규훈, 『정(情)과 한국교회: 한국인의 관계 문화와 목회 및 상담적 함축성』(서울: 장로회신학대학교출판부, 2011); 박승호, 『상처 받은 하나님의 마음: 한에 대한 동양적 개념과 죄에 대한 서양 기독교적 개념』(서울: 대한기독교서회, 1998).

Ⅲ. 나가는 말

본 논문은 목회론에서 회중론이 상대적으로 열세에 놓였고 그 결과 목회론이 균형을 잃었다고 주장했다. 회중론은 비록 목회론의 대세는 아니었지만, 맥을 이어왔고 계속 발전해왔다. 이런 회중론은 목회론의 실용적인 차원을 다룰 뿐 아니라, 목회론의 진정성에 대해 도전하기도 하였다. 첫째,『사목규범』은 목자가 양을 알아야 한다는 성서적 목회론을 상기시켜주었다. 그러나 회중론은 목자의 회중 이해라는 일방적 이해를 넘어 목자와 양의 상호 이해를 지향할 필요가 있다. 이를 위해서 목회론은 양의 목자 이해에 대해 가중치를 두고 발전시킬 과제를 안고 있다. 둘째,『참된 목회학』은 성직자와 평신도라는 이분법적 틀을 깨고, 평신도가 목회 동역자가 되어야 함을 강조했다. 이것은 초대교회 목회상의 재건이기도 했다. 뿐만 아니라,『참된 목회학』은 목양의 중요성을 강조했는데, 소극적인 차원에서 병든 양의 회복도 중요하지만, 적극적인 차원에서 건강한 양의 성장도 중요하다. 이를 위해서 목회론은 목회를 목회상담, 영성 등을 넘어서 교회 전체에 대한 교육으로 이어지도록 할 필요가 있다. 셋째, 최근 신학은 회중의 중요성, 회중의 다원성을 주목하게 한다. 더 이상 서구 중심적, 남성 중심적 신학의 틀로는 목회론, 특히 회중론을 제대로 해나갈 수가 없다. 세계의 급변하는 상황에 맞는 목회론을 개발하기 위해서는, 목회자론과 목회사역론은 물론이고, 회중론에 큰 관심을 가져야 한다.

본 논문은 회중론의 중요성을 강조했다. 회중론은 목회의 실천에 대해 점검하는 것을 넘어서 목회 진정성에 대해 기준을 제공함으로써 목회론에 기여한다. 이런 과정을 통해 균형잡힌 목회론이 나온다면, 그 목회론은 다시 신학 전체에 기여할 것이다. 이것이 바로 신학이 있는 목회, 목회를 위한 신학의 첫 출발이 될 것이다.

참고문헌

곽안련. 『목회학』. 개정판. 서울: 대한기독교서회, 1991.

김지인. "루터의 이미지에 대한 신학적 입장." 『한국교회사학회지』 48 (2017. 12), 329-67.

김지혜. "존 녹스는 왜 여성 통치를 반대했을까?: 『여인들의 괴상한 통치에 반대하는 첫 번째 나팔 소리』(The First Blast of the Trumpet against the Monstrous Regiment of Women, 1558)을 중심으로." 『한국교회사학회지』 59 (2021. 09), 115-40.

박경수. 『스코틀랜드 교회치리서: 장로교 최초의 교회헌법 본문 및 해설』. 서울: 장로회신학대학교출판부, 2020.

박노문. "성(聖) 대(大) 그레고리오 교황(敎皇)의 「사목규범서」(Regulae Pastoralis Liber)에 드러난 사목직(司牧職)에 대한 고찰(考察)." 수원가톨릭대학교 대학원 미간행 석사학위논문, 2000.

박승호. 『상처 받은 하나님의 마음: 한에 대한 동양적 개념과 죄에 대한 서양 기독교적 개념』. 서울: 대한기독교서회, 1998.

배정훈. "구제, 영혼의 치유, 구원: 요한 크리소스톰과 고대 철학적 치유의 기독교화." 『한국교회사학회지』 54 (2019. 12), 167-204.

안교성. "가장 오래되고 귀한 직무인 성직에 대한 서방교회의 신앙적 명심보감: 암브로시우스의 「성직자의 의무」." 『기독교사상』 752 (2021. 08), 208-14.

_____. 『장애인을 잃어버린 교회』. 서울: 홍성사, 2003.

오규훈. 『정(情)과 한국교회: 한국인의 관계 문화와 목회 및 상담적 함축성』. 서울: 장로회신학대학교출판부, 2011.

이상조. "만인 제사장직과 개신교의 성직 이해의 역사적 변천: 마르틴 루터에서 필립 야콥 슈페너까지." 『선교와 신학』 56 (2022), 275-311.

작자미상. 정양모 역주. 『열두 사도들의 가르침: 디다케』. 왜관: 분도출판사, 1993.

전국여교역자연합회, 호남신학대학교 기독교교육연구소 편. 『여성목회 입문서』. 서울: 한국장로교출판사, 2012.

정홍렬. "루터의 만인제사장직." 『ACTS신학과선교』 9 (2005), 177-93.

천영숙. 『여성목회론』. 서울: 한국신학연구소, 1996.

최윤배. "마르틴 부처의 「참된 목회학」(Von der waren Seelsorge, 1538)에 관한 소고." 『교회와신학』 79 (2015), 221-44.

황대우. "바젤의 신학자 외콜람파디우스." 『진리와학문의세계』 19 (2008), 207-30.

Ambrosius. *Officiis ministrorum libri III. cum Paulini libello de vita S. Ambrosii.* 최원오 옮김. 『성직자의 의무』. 파주: 아카넷, 2020.

Baxter, Richard. *The Reformed Pastor.* 최치남 옮김. 『참 목자상』. 서울: 생명의 말씀사, 2003.

Bramely, Henry Ramsden. *S. Gregorii Magni Regulae pastoralis liber Parallel text in Latin and English.* Oxford: James Parker, 1874; Harvard University, public domain. Harvard University, public domain.

Bucer, Martin. *Von der waren seelsorge und dem rechten hirtendienst.* 최윤배 옮김. 『참된 목회학』. 용인: 킹덤북스, 2014.

Chrysostom, John. *On the Priesthood.* 채이석 옮김. 『성직론』. 서울: 엠마오, 1992.

Clemens, Theo. *The Pastor Bonus: Papers read at the British-Dutch Colloquium at Utrecht, 18-21 September 2002.* Leiden: Brill, 2004.

Guder, Darrell L., ed. *Missional Church : A vision for the sending of the Church in North America.* 정승현 옮김. 『선교적 교회: 북미 교회의 파송을 위한 비전』. 인천: 주안대학원대학교, 2013.

Hermas. *Poimēn.* 하성수 역주. 『목자』. 왜관: 분도출판사, 2002.

Hippolytus. *La tradition apostolique.* 이형우 역주. 『사도전승』. 왜관: 분도출판사, 1992.

Kraemer, Hendrik. *Theology of the Laity.* 홍병룡 옮김. 『평신도 신학』. 서울: 아바서원, 2014.

MacGregor, Janet G. *The Scottish Presbyterian Polity: A Study of its Origins in the Sixteenth Century.* London: Oliver and Boyd, 1926.

Macquarrie, John. *The Faith of the People of God: a lay theology.* London: SCM Press, 1972.

Nessan, Craig L. *Beyond Maintenance to Mission: A Theology of Congregation.* second ed. Minneapolis: Fortress Press, 2010.

Newbigin, Lesslie. *The Good Shepherd: Meditations in Christian Ministry in Today's World.* Grand Rapids: Eerdmans, 1977.

Patton, John. *Pastoral Care in Context: An introduction to Pastoral Care.* 장성식 옮김. 『목회적 돌봄과 상황』. 서울: 은성, 2000.

Possidius. *Vita Augustini.* 이연학 · 최원오 역주. 『아우구스티누스의 생애』. 왜관: 분도출판사, 2008.

Reed, Angela H. *Quest for Spiritual Community: Reclaiming Spiritual Guidance for Contemporary Congregations*. New York: T&T Clark International, 2011.

Rouse, Rick, and Craig Van Gelder. *A Field Guide for the Missional Congregation: Embarking on a Journey of Transformation*. Minneapolis: Fortress Press, 2008.

Schaff, Philip, and Henry Wace. *A Select Library of Nicene and post-Nicene fathers of the Christian church, Vol. 12, Leo the Great. Gregory the Great*. New York: The Christian Literature Company, 1895 [1890-1900].

St. Gregory the Great. *Regula Pastoralis*. 전달수 옮김. 『사목규범』. 대구: 대구효성가톨릭대학교 영성신학연구소, 1996.

_____. Pastoral Rule. https://archive.org/details/selectlibraryofn12schauoft/page/24/mode/2up; https://archive.org/details/sgregoriimagnir00greggoog/page/n156/mode/2up,[2021.11.11 접속].

Stjerna, Kirsi. *Women and the Reformation*. 박경수 · 김영란 옮김. 『여성과 종교개혁』. 서울: 대한기독교서회, 2013.

제 2 부

세계교회

제 3 장

시리아 교부 에프렘의
사역자의 경건

서원모 _ 장로회신학대학교 교수, 역사신학/고대교회사

이 글은 2022년 12월 10일 성락성결교회에서 개최된 한국교회사학회 제154차 학술대회에서 발표한 원고를 축약하여 『한국교회사학회지』 64집(2023. 05)에 게재한 글이다. 이 글을 본서에 실을 수 있도록 허락해주신 한국교회사학회에 감사드린다.

I. 들어가는 말

한국교회사학회에서 시리아 교회와 정교회와 가톨릭교회 등 교회사의 외연을 확대하고자 노력하는 것은 의미 있는 시도라고 보인다. 특히 시리아 교회까지 관심을 둔 것은 한국의 역사신학자들이 세계교회사 전체에 책임 의식을 지니고 있다는 것을 잘 보여준다. 이 연구는 시리아 교회, 에프렘, 사역자의 경건을 한국 교회와 신학계에 제시하는 것을 목표로 삼는다. 좀 더 구체적으로 말하면 시리아 교부 에프렘을 사역자의 경건의 대표적 인물로 예시하고, 오늘날 한국 교회와 신학에 도전을 주고자 한다. 이를 위해 먼저 사역자의 경건이란 개념을 정리하고 (Ⅱ), 시리아 교회의 유산을 개관하고(Ⅲ), 에프렘의 글과 활동을 사역자의 경건이란 관점에서 분석할 것이다(Ⅳ).

Ⅱ. 사역자의 경건

1. 사역자의 신학

'사역자의 신학', '사역자의 경건'은 필자가 한국 신학계에 던지고 싶은 화두이다. 사역자의 신학은 사역자가 현장에서 의지하고 가르치고 전하고 활용할 수 있는 신학, 더 나아가서 좋은 사역자가 되게 하는 신학이다.[1] 사역자의 신학은 신학자의 신학, 상아탑의 신학과 구분될 수 있다. 학문 세계에서 신학의 역할이 있고, 신학은 교회와 목회와 선교의 방향을 제시하고 갱신하는 힘이 있다. 하지만 학자들의 논문과 저서보다는 그 논문과 저서에 들어있는 통찰을 사역에 옮기는 사역자가 세계를 바꾼다. 하나님이 일하시는 곳은 연구자의 책상보다는 사람들과 씨름하는 사역 현장이다. 신학교에서 배우는 신학은 사역 현장에서 살아나는 신학, 현장에서 하나님에게 순종하고 하나님의 길을 가게 하는 신학, 사역자를 살리고 사역자와 함께 호흡하며 사역자를 든든하게 세워주는 신학으로 나아가야 한다.

사역자는 누구인가? 우선 말씀과 성례의 사역자이며, 사람들을 돌보고 양육하며, 공동체를 세우고 하나님의 뜻을 분별하여 공동체를 인도하는 자다. 사역자는 신학에 정통하기 위해서가 아니라 사역 현장에서 활용하고 실천하기 위해 신학을 배운다. 사역자는 지금 실제적인 해결책을 요구하는 문제에 초점을 두고 행동하기 위해 성찰한다. 사역자는 불충분한 정보에 근거해서라도 행동해야 하며, 문제를 분석하고, 갈등을 해소하며, 합의를 만들어내고, 숙고한 합의를 공동체 안에서 추진할 수 있는 능력이 필요하다.

사역은 사역자 자신과 분리되어 이루어질 수 없다. 자기 것이 되지 않은 지식은 설교에서도, 대화에서도, 교육에서도, 돌봄에서도, 중요 사안의 결정에서도 활용될 수 없다. 따라서 교수의 교육뿐만 아니라 학

---

1   서원모 · 김효숙 · 임성은, "목회역량 강화를 위한 신학교육의 융합모델," 제22회 장로회신학대학교 개교기념학술대회(2022년 5월 11일, 장로회신학대학교, 세계교회협력센터)를 참조하라.

생들의 학습에 대한 주의 깊은 관심이 필요하다. 학문적인 신학은 시야를 넓히고 새로운 관점을 제공하고 신앙의 근거를 알려주고, 생각하고 판단하고 행동하는 힘을 길러준다. 반면 사역자의 신학은 현장에서 활용할 수 있는 신학^{현장 가용 신학}이다. 사역자는 자신의 현장 가용 신학의 성격과 특성을 성찰하고 이를 더욱 풍성하게 만들어야 한다.

더 나아가서 사역자의 신학은 사역을 신학적으로 성찰하고 신학 성찰을 토대로 다시 현장에서 실천하는 실천-이론-실천의 고리를 완성한다.[2] 사역자는 신학함^{doing theology}에 참여하며 이론과 실천, 신학과 현장을 창의적으로 연결하는 신학자이다. 사역자의 신학 작업을 통해 학문적인 신학도 인간의 삶과 사역 현장을 깊이 이해하고 새로운 신학적 통찰을 얻을 수 있다.[3]

2. 사역자의 경건

사역자의 경건은 목회경건^{pastoral piety}란 개념을 기초로 발전된 개념이다.[4] 사역자의 경건은 수도자의 경건과 대비되는 개념이다. 종교개혁 이전까지, 아니 지금까지도 기독교 영성과 경건의 이론과 실천은 수

---

2   실천-이론-실천으로 이어지는 신학의 고리에 대해서는 Don Browning, *A Fundamental Practical Theology: Descriptive and Strategic Proposals* (Minneapolis: Fortress Prss, 1991)을 참조하라.

3   북미와 호주에서는 신학교육의 파편화와 학문적인 신학과 목회 현장과의 괴리를 극복하기 위해, 현장 교육(Field Education), 목회 감독(pastoral supervision)을 시행하고, 신학 성찰(theological reflection)이라는 개념을 발전시켰다. 이에 대한 이론적 논의는 James D. Whitehead & Evelyn Eaton Whitehead, *Method in Ministry: Theological Reflection and Christian Ministry* (New York: The Seabury Press, 1980)을 보라. 국역본은 허일찬·오성춘 옮김, 『목회방법론』, (서울: 한국장로교출판사, 1994)이다.

4   목회경건은 Elsie Ann McKee, *John Calvin: Writings on Pastoral Piety*, The Classics of Western Spirituality (New York: Paulist Press, 2001)에서 영감을 얻었다.

도운동에 크게 영향을 받았다. 수도운동monasticism에도 여러 가지 흐름이 있지만, 고대교회사의 관점에서 수도운동을 수덕운동asceticism과 구분해서 이해한다면, 수도운동은 세상과 교회와의 분리라는 특징을 지니고 있다. 가족과 세속 직업을 떠나 광야와 산에 들어가 기도에 전념하거나 공동체를 이루어 구별된 집단을 형성하는 것을 수도운동의 일반적인 특징으로 이해할 수 있다. 이러한 수도자의 삶의 자리와 달리 세상 안에서 하나님의 소명에 따라 일하는 사역자의 삶의 자리에 필요한 영성과 경건이 바로 사역자의 경건이다. 개신교 사역자는 대부분 가족이 있고, 일상생활 속에서 사람들을 만나야 하며, 세계 안에서 주어진 사역직무을 수행해야 한다. 사역자의 경건은 이러한 사역자의 삶의 자리에서 사역자의 정체성을 확립하며, 사역을 효과적이고 지혜롭게 수행하는 내적인 원천을 제공해야 한다.

경건은 예수 그리스도를 통한 새 생명이 시작되어 종말에 이르기까지 그리스도인의 삶을 일컫는 단어이다. 이러한 그리스도인의 삶이 지닌 신학적 의미는 세례를 통해 잘 표현된다. 성경에서는 세례가 그리스도의 죽음과 부활에 참여롬 6:3-5; 골 2:12, 죄의 씻김고전 6:11, 새로운 탄생요 3:6, 그리스도의 조명엡 5:14, 그리스도를 옷 입음갈 3:27, 성령으로 새로워짐딛 3:5이라고 표현된다. 세례는 그리스도인이 그리스도의 죽음과 부활에 참여하며, 죄를 용서받고 죄의 삶에서 새로운 삶으로 돌이키고, 성령을 받고, 그리스도와 연합하여 그리스도 몸에 속하고, 하나님 나라의 삶을 소망하며 맛본다고 알려준다. 경건은 이러한 그리스도인의 삶을 예배와 일상에서 살아가는 것이다.

사역자는 이렇게 그리스도인 모두에게 공통된 경건일반적인 경건뿐만 아니라 말씀과 성례의 직무 혹은 하나님 나라를 세우는 다양한 직무를

수행하는데 필요한 경건^{사역자의 경건}을 갖추어야 한다. 일반적인 경건에서
는 삼위 하나님과의 교제, 종말론적 오늘, 코람 데오, 예수 따름과 하나
님 나라, 성령 안의 삶 등의 개념을 강조할 수 있고, 사역자의 경건에서
는 섬김과 소명, 소통과 공감과 조직, 연대 등을 포함할 수 있다.

Ⅲ. 시리아 교회

시리아 교회는 시리아어를 예전과 성경과 신학의 언어로 사용하
는 교회라고 정의될 수 있다.[5] 시리아어는 아람어의 방언으로, 아람어는
셈어에 속한다. 아람어는 기원전 600년부터 기원후 700년까지 근동
전역에서 문학과 소통의 수단이 되었으며, 그리스도교와 랍비 유대교
가 형성되는 시기에 팔레스티나, 시리아, 메소포타미아에서 일상적 대
화에 사용되었다. 아람어의 여러 방언 중에서 가장 중요한 언어는 기원
후 3세기부터 7세기까지 그리스도교 문헌과 예배 의식에 널리 사용된
시리아어이다. 시리아어는 2세기 말 그리스도교의 중심지 중 하나였던
에데사 방언에 바탕을 둔다. 바로 이 시리아어를 신학과 성경과 예배에
사용한 교회가 시리아 교회이며 시리아어 성경, 예전, 신학, 문헌을 연
구하는 분야는 시리아학이라고 말할 수 있다.[6]

---

5 서원모, "아시아교회사의 첫 장으로서 시리아교회-역사서술의 쟁점," 『장신논단』 46/4 (2014), 89-
116. 또한 Samuel H. Moffett, *A History of Christianity in Asia*, 김인수 옮김, 『아시아 기독교회사』
제1권 (서울: 장로회신학대학교출판사, 2004).

시리아 교회의 역사적 의의는 다음과 같다. 첫째, 아프라핫과 에 프렘으로 대표되는 초기 시리아 신학은 운문/예술적 산문, 상징신학으로 특징지어지는 독특한 유산을 남겼다. 이 연구에서 다루겠지만, 상징, 대구, 대조, 역설, 수미상관 등 다양한 문학 기법을 사용한 초기 시리아 신학자들은 오늘날에도 큰 도전을 준다.

둘째, 시리아 교회는 실크로드를 통해 중앙아시아, 인도, 티벳, 몽골, 중국까지 전교한 선교적 교회이다.[7] 코쇼르케는 실크로드 주변에 흩어져 존재하는 그리스도교 공동체들을 '시리아 교회의 범아시아 연계망' Pan-Asian Network of Syrian Church 이라고 부른다.[8] 이 공동체들은 지배 문화와 종교 아래 소수파로 존재했고, 소그드어, 티벳어, 중국어, 튀르크어, 힌두어, 몽골어 등 다양한 언어를 사용했지만, 시리아어로는 서로 의사소통이 가능했으리라 추정된다. 이런 의미에서 시리아 교회는 아시아 교회의 첫 장이라고 말할 수 있다.

셋째, 시리아 교회는 토착 문화를 수용하면서 복음을 전파하는 선교전략을 택했다. 인도, 중앙아시아, 중국 등 시리아 교회가 전교한 지역은 힌두교, 불교, 유교와 도교 등 토착 종교가 강력하게 자리 잡은 곳이었다. 또한 시리아 교회는 강력한 국가나 문화적 우위를 주장할 수 없는 상황에서 복음을 전했다.[9]

넷째, 시리아 교회는 7세기 중엽 이후 이슬람 세계 안에 편입되어 꾸란이 규정한 '경전의 백성'으로 보호민^{뎀미}으로 살아간다. 8세기 후

---

6   시리아학 연구 안내서로는 Sebastian Brock, *An Introduction to Syriac Studies*, Third Edition, Gorgias Handbooks (Piscataway: Gorgias Press, 2017)을 보라.

7   Christoph Baumer, *Fruhes Christentum zwischen Euphrat und Jangtse*, 안경덕 옮김, 『실크로드 기독교: 동방교회의 역사』(서울: 일조각, 2016)을 참조하라.

8   Klaus Koshorke, "Christianity as an Asian Religion: The Nestorian East Syriac Church of the East along the Silk Road," 장로회신학대학교 특강 (2016. 11. 10.).

반에는 아랍어로 복음서를 번역하고 이슬람의 도전에 대해 그리스도교를 변증하고 신앙의 항목을 체계적으로 정리한 신학서 summa 를 저술하여 아랍어 그리스도교 문헌이 발전한다. 아랍어 신학 문헌은 이따금 꾸란을 인용하고 꾸란의 어휘와 사고방식, 혹은 이슬람의 문학 형식과 내용을 활용해서 그리스도교를 변증한다는 점에서 정교회와 가톨릭 세계 등과는 전혀 다르다. 더 나아가서 이슬람 세계에서 그리스 철학, 과학서 번역 및 철학의 발전에 이슬람 세계 안의 시리아 그리스도인들이 참여했으며, 12-13세기 서유럽의 스콜라주의 발전에도 간접적으로 공헌했다는 사실도 기억해야 한다.[10]

그리스도교가 아시아 종교이고 시리아 교회가 아시아 교회사의 첫 장이며, 아시아 대륙의 선교가 그리스도교의 궁극적인 과제라고 할 때, 시리아 교회의 유산은 오늘날 재발굴해야 할 원천이라고 본다. 이제 초기 시리아 교회의 대표적인 신학자 에프렘을 사역자의 경건이란 관점에서 조명해보자.

9 김호동, 『동방 기독교와 동서문명』(서울: 까치, 2002); 황정욱, 『예루살렘에서 長安까지: 그리스도교의 唐 전래와 景敎 문헌과 유물에 나타난 중국 종교의 영향에 대한 연구』(오산: 한신대학교 출판부, 2005); 김규동, 『장안의 봄: 기독교동전사』(서울: 쿰란출판사, 2019); 김규동, 『선의경교(善醫景敎): 대진경교(大秦景敎)의 의료선교 고찰』(서울: 러빙터치, 2022); 곽계일, 『동방수도사 서유기 + 그리스도교 동유기』(서울: 감은사, 2021); 웡샤오췐 편, 임영택 옮김, 『중국어 경교 전적 해석』(서울: 민속원, 2019).

10 Sidney H. Griffith, *The church in the shadow of the mosque*, 서원모 옮김, 『이슬람 세계 속 기독교: 초기 아랍 그리스도교 변증가들의 역사 이야기』(서울: 새물결플러스, 2019); Dimitri Gutas, *Greek thought, Arabic culture : the Graeco-Arabic translation movement in Baghdad and early °Abbaasid society (2nd-4th/8th-10th c.)*, 정영목 옮김, 『그리스 사상과 아랍 문명: 번역운동과 이슬람의 지적 혁신』(파주: 글항아리, 2013).

IV. 에프렘과 사역자의 경건

1. 에프렘의 생애와 사역

에프렘은 기원후 306년경 니시비스^{현재 누사이빈}의 그리스도교 가정
에서 태어나 신앙에 대한 성찰과 연구를 거쳐 세례를 받았다. 니시비스
의 야콥 주교는 니케아 공의회에서 돌아와 에프렘을 성경주해자^{므파슈카나}
로 임명했으며, 에프렘은 이단을 반박하고 로마와 페르시아 전쟁에서
회개를 촉구하는 설교를 남겼다. 율리아누스 황제가 동방 정벌에 실패
하고 전쟁터에서 죽자 로마제국은 페르시아와 화친 조약을 맺고 니시
비스를 페르시아에 할양했다. 이에 에프렘은 363년 니시비스를 떠나
에데사로 가서 373년 세상을 떠날 때까지 부제로 사역했다. 그는 에데
사에서 학교를 세워 신학과 성경주해를 가르치고 여성 성가대를 조직
했고 기근이 일어났을 때는 구제 활동을 주도했다고 전해진다.

에프렘의 생애와 행적에 대한 전승들은 시리아어로 쓰인 『에프
렘의 생애』에서 수집되어 재구성되었다.[11] 『에프렘의 생애』는 에프렘을
이집트 수도운동의 위대한 중심지 스케티스와 연결하고, 에데사 근처
의 산에서 은둔생활을 특별히 강조했다. 비잔티움과 라틴 그리스도교
세계에서 에프렘은 전통적으로 수도사와 은수자로 나타난다. 10세기부

---

11 시리아어 『에프렘의 생애』의 본문은 Joseph Philip Amar, "The Syriac *Vita* Tradition of Ephrem
the Syrian," (Unpublished Ph. D. dissertation, Catholic University of America in Washington, D.C.,
1988)을 보라.

터 에프렘은 짧은 수염을 지닌 수도사로 그려졌고, 널리 알려진 "에프렘의 선종"이란 성화상에선 에프렘의 시신이 은수자의 삶을 표현하는 배경과 함께 나타난다. 하지만 『에프렘의 생애』와 성화상 전통에서 나타나는 "수도자 에프렘"은 실제의 에프렘과는 거리가 먼 것으로 밝혀졌다.

현대 학자들은 시리아 교회와 아르메니아 교회가 에프렘을 수도자와 은수자보다는 교사와 찬양작곡가로 기리고 있다는 점에 주목했다. 『에데사 연대기』, 사룩의 야콥[521년 사망]의 『스승 마르 에프렘에 대한 설교』, 6세기의 바르 하드베사바의 『신학교의 설립』은 모두 에프렘을 성서를 해설하고 이단과 싸우며 정통 교리를 수호한 교사요 찬양작곡가로 언급한다. 사룩의 야콥은 『스승 마르 에프렘에 대한 설교』라는 설교에서 에프렘의 교사 역할을 강조했다.[12] 그의 설교에는 가르침과 교육 활동은 빈번하게 나타나지만, 수행이나 수도자적 삶은 전혀 언급되지 않는다.[13]

오늘날의 학자들은 에프렘을 은수자보다는, 설교하고 가르치고 글을 쓰고 찬양을 작곡하고 이단과 싸우고 감독에게 조언했던 "교회의 사역자"로 생각한다. 에프렘은 후대인들에게는 성경주해자[므파슈카나]나 부제로 알려졌지만, 목자[알라나]로서의 자기 정체성을 가지고 있었다.

---

12 야콥은 에데사에서 공부했고, 에데사에서 남쪽으로 40km 정도 떨어진 사룩의 감독이 되었기 때문에, 에프렘과 관련된 신뢰할 만한 전승을 전해준다. Joseph Philip Amar, *A Metrical Homily on Holy Mar Ephrem by Mar Jacob of Serug: Critical Edition of the Syrian Text, Translation and Introduction*, Patrologia orientalis 47 (Turnhout: Brepols, 1995).

13 비잔티움에 전해진 수도사 에프렘에 대조되는 에프렘의 실제적 삶과 사역에 대한 논의는 이미 여러 학자들에 의해 이루어졌다. 대표적으로는 Sidney Griffith, "Ephraem, the Deacon of Edessa, and the Church of the Empire," in *Diakonia: Studies in Honor of Robert T. Meyer*, ed. T. Halton and J. P. Willman (Washington, D.C.: Catholic University Press, 1986), 22-52; "Images of Ephrem: The Syrian Holy Man and His Church," in *Traditio: Studies in Ancient Medieval History, Thought, and Religion*, ed. R. E. Kaske et al., vol. 26 (New York: Fordham University Press, 1989-1990), 7-33.

내 주님, 주의 목자의 수고가 폄하되지 않게 하소서.
저는 주의 양무리를 괴롭히지 않고, 할 수 있는 한
늑대들을 양무리에게서 금했습니다. 저는 힘을 다해 세웠습니다,
주의 무리의 양들을 위해 찬양의 울타리를. […]

주는 어리석고 교육받지 못한 자를 제자로 삼으셨네.
그를 높이고 그에게 건네주셨네, 목자들의 지팡이와
의사들의 약과 논쟁자들의 무기와
소박한 자들의 고요를. [내] 그릇이 차고 넘칩니다. […][14]

여기서 에프렘은 자신이 이단자들로부터 교인들을 수호하는 목자의 직무를 맡았고, 주께서 필요한 능력을 갖추게 하셨다고 노래한다. 그는 정통신앙을 담은 찬양이 이단자들을 물리치는 효과적인 도구가 되리라고 확신했다. 이런 점에서 에프렘은 수도자와 사역자, 수도 영성과 사역자의 경건을 대비할 수 있는 좋은 사례가 된다.

2. 언약의 자녀들

에프렘은 평생 독신으로 살았지만, '언약의 자녀들' 브네/브낫 키야마 이

---

14   Ephrem, 『이단 반박 찬양』 56, 10-11; Edmund Beck, *Des Heiligen Ephraem des Syrers Hymnen contra Haereses*, Corpus Scriptorum Christianorum Orientalis (이하 CSCO) 169/170, Syr. 76/77 (Louvain: Peeters, 1957).

라고 불리는 수덕자 집단에 속했다. 언약의 자녀들은 거주 세계나 교회를 떠나 광야나 산에서 은둔하거나 공동생활을 했던 수도자들과 달리, 가정이나 작은 공동체에서 수덕의 삶을 살며 교회를 섬겼다. 이들은 일반 교인과 교직자와도 구분되며, "엘리트 교회" "교회 안의 교회"로 이해되기도 한다.[15]

에프렘과 동시대에 살았던 아프라핫은 『가르침』이라는 저작에서 "언약의 자녀"의 삶과 경건에 대한 정보를 제공한다.[16] 우선 언약의 자녀들은 세례와 관련된다는 것을 기억해야 한다. 시리아 교회는 수덕주의가 특징이고, 초기에는 미혼자에게는 동정, 기혼자에게는 절제를 전제로 세례를 주었다고 여겨진다. 아프라핫의 다음 권면은 초기 시리아 교회의 세례 신학과 관행을 반영한다.

결혼에 마음을 둔 이는
세례 전에 결혼하도록 하라,
경주에 져서 죽임을 당하지 않도록.

투쟁의 운명을 두려워하는 이는
돌아가도록 하라,
자기 마음처럼 다른 형제들의 마음을 무너뜨리지 않도록.

---

15   Edmund Beck, "Askentum und Mönchtum bei Ephräm," in *Il Monachesimo Orientale*, Orientalia Christiana Analecta 153 (Rome: Pontificium Institutum Orientalium Studiorum, 1958), 354-55.

16   Aphrahat, 『가르침』 제6장; Kuriakose Valavanolickal, *Aphrahat Demonstrations*, 2 vols. Kottayam: St. Ephrem Eucmenical Research Institute, 2005.

소유물을 사랑하는 이는

군대로부터 돌아가도록 하라.

전투가 심해지면

자신의 소유물을 기억하고 소유물로 돌아가네.

싸움에서 물러나는 이는 비난을 받으리라.

서약하지 않아 무기로 무장하지 않은 이는

돌아서더라도 비난을 받지 않으리.

하지만 서약하고 무기로 무장한 이는

경주에서 물러나면 웃음거리가 된다네.[17]

이 권면은 초기 시리아 교회 세례예식에 사용되었다고 보인다. 아프라핫은 신명기의 전쟁에 관한 법신 20:2-9과 물가에서의 기드온의 300용사의 선택삿 7:4-8을 언급하면서 이 권면을 다룬다. 이것은 초기 시리아 교회가 종말론적인 거룩한 전쟁의 정황에서 세례를 이해했으며, 동정과 절제를 전제로 세례를 베풀었다는 것을 잘 보여준다.

동정과 절제와 관련되어 시리아 교회에서 사용한 또 다른 용어는 '이히다야'복수는 '이히다예'이다. '이히다야'는 '하나'에서 파생된 말로, 나중에는 은둔자를 뜻하는 단어가 되었지만, 에프렘 시대에는 수덕운동의 맥락에서 이해할 필요가 있다. 초기 시리아 교회에서 '이히다야'는 '홀로 있는' '한마음' '홀로 나신 분그리스도'이라는 세 가지 의미를 지닌다. 에프렘에 따르면, 세례조에 내려가고 세례받은 자들은 또한 홀로 나신

---

17 Aphrahat, 『가르침』, VII. 20; Valavanolickal, *Aphrahat Demonstrations I*, 175-76.

분^{이히다야}을 입은 이들이다.[18] 아프라핫은 "아버지의 품에 있는 홀로 나신 분^{이히다야}가 모든 홀로 있는 이들^{이히다예}에게 기쁨을 주신다"라고 말한다.[19] 또 홀로 있는 동정의 삶은 그리스도와의 정혼과 직접적으로 연결된다. 아프라핫에 따르면, 그리스도와 정혼한 자들은 율법의 저주에서 해방되어 출산의 고통과 죽음에서 벗어나 신랑이신 그리스도와 함께 신방으로 들어간다^{마 25:7-10}.[20]

에프렘과 아프라핫은 모두 언약의 자녀에 속하며 교회와 사회 안에 거주하면서 동정과 절제를 실천했다. 특히 에프렘은 감독을 보좌하며, 찬양을 작곡하여 보급하고, 성경을 주해하고 가르치며, 이단을 반박하고 정통신앙을 수호하고, 로마-페르시아 전쟁 상황에서 회개를 촉구하며 설교하고 기근이 들 땐 구빈활동을 주도했던 사역자의 삶을 살았다.

3. 소통 형식: 찬양과 시

에프렘의 가장 특징적인 사역은 찬양 작시와 작곡이며, 이러한 소통의 방법은 오늘날에도 많은 시사점을 준다. 찬양^{마드라샤}은 에프렘이 즐겨 사용했던 문학형식이다. 교회사가 테오도레토스에 따르면, 에프렘은 에데사의 영지주의자 바르다이산의 아들 하르모니오스가 노래를 작

18　Ephrem, 『주현절 찬양』, 8.16; Beck, *Des Heiligen Ephraem des Syrers Hymnen de Nativitate (Epiphania)*, CSCO 186/187, Syr. 82/83 (Louvain: Peeters, 1958).

19　Aphrahat, 『가르침』, VI.6; Kuriakose Valavanolickal, *Aphrahat Demonstrations I*, 141.

20　위의 책, 141.

곡해서 자신의 불경한 가르침을 곡조와 결합하여 청중을 매혹한다는 것을 알았다. 에프렘은 하르모니오스의 곡조를 가져와 정통 교의와 결합하여 청중에게 흥겨우면서도 치유적인 해독제를 주었다.[21] 또 삼위일체 논쟁이 일어났을 때 그리스 교부들은 엄밀하고 치밀한 논변을 통해 삼위일체 신앙을 확립하고자 했다면, 에프렘은 삼위일체 신앙의 신비를 다룬 찬양을 작곡하여 보급했으며, 그 이후 에데사에선 아리우스파가 발을 붙이지 못했다고 알려져 있다. 에프렘은 찬양이 지닌 호소력과 대중성을 잘 알고 활용했다.

또한 세룩의 야콥은 에프렘이 언약의 딸들로 구성된 여성 성가대를 조직하여 자신이 작곡한 찬양을 예배 시간에 부르도록 했다고 전한다. 야콥에 따르면 모세가 처녀들에게 소고를 주었듯이, 에프렘은 제2의 모세가 되어 여인들에게 아름다운 노래로 찬양하도록 가르쳤다. 야콥은 이브는 여인들의 입에 침묵의 재갈을 물렸지만, 마리아는 호산나로 닫힌 문을 열었다고 설교한다.[22] 에프렘은 언약의 딸들에게 교의적 찬양을 가르쳤고, 그들은 아침과 저녁 예배 전에, 또는 순교자 축일에 모였다.[23]

언약의 딸들이 예배 시간에 정기적으로 에프렘이 작곡한 찬양을 불렀다는 것은 여성주의 관점에서 중요한 의미를 지닌다. 에프렘의 찬양은 이단을 반박하고 성경을 해설하고 성육신과 삼위일체 등 신앙의 신비를 드러내고 성례와 절기의 의미를 고찰하고 그리스도를 따르고

---

21 Theodoret, 『교회사』, 4. 26; L. Parmentier and F. Scheidweiler, *Theodoret. Kirchengeschichte*, 2nd ed. Die griechischen christlichen Schriftsteller 44 (Berlin: Akademie Verlag, 1954).

22 Joseph P. Amar, *A Metrical Homily on Holy Mar Ephrem by Mar Jacob of Serug*, 40-41.

23 Joseph P. Amar, "The Syriac 'Vita' Tradition of Ephrem the Syrian," 296.

닮는 경건의 삶을 제시하는 등 다양한 주제를 다룬다. 따라서 언약의 딸들은 예배 시간에 찬양을 매개로 전 교인에게 선포와 가르침의 기능을 수행했으며, 그 결과 '여교사'*말파나타*라고 불렸다.[24] 이것은 여성 부제의 가르침이나 선포를 금지한 시리아어 『사도들의 가르침』과는 대조적이다.[25]

에프렘의 찬양은 시리아 교회에 큰 영향을 주어 예배 시간에 계속해서 불렸다. 에프렘의 찬양을 수록한 필사본에는 일반적으로 특정한 마드라샤의 한 연의 첫 단어들로 이루어진 곡조의 제목*칼라*을 제시하지만, 시리아 교회는 기보법을 사용하지 않았기 때문에 마드라샤의 곡조는 전해지지 않는다. 하지만 그의 찬양의 가사들은 그가 얼마나 위대한 시인이었는지를 잘 보여준다.

4. 모형과 상징: 성경과 자연에 나타난 신앙의 신비 발굴

에프렘은 시리아 교회에서 성경주해자로 이름이 높다. 에프렘의 성경주해서로는 『창세기 해설』 『출애굽기 해설』 『4복음조화서 해설』이 남아있다. 하지만 에프렘의 독특한 성경 이해와 해석은 주해서보다는 찬양시로 표현되었다. 그는 자연과 성경에서 수많은 예형과 상징을 발견하고 구속사 전체를 긴밀하게 연결하는 '상징신학'을 발전시켰다. 이

---

24 Joseph P. Amar, *A Metrical Homily on Holy Mar Ephrem by Mar Jacob of Serug*, 41.

25 『사도들의 가르침』(*Didascalia Apostolorum*), 15장; Susan Harvey, "Revisiting the Daughters of the Covenant: Women's Choirs and Sacred Song in Ancient Syriac Christianity," *Hugoye: Journal of Syriac Studies* 8 (July 2005), 134, https://hugoye.bethmardutho.org/article/hv8n2harvey, [2023. 2. 23 접속].

것은 에프렘의 계시 이해와도 연결된다. 예를 들면 그는 창세기 2장에 묘사된 낙원 이야기는 하나님이 자신의 "감추어진 신비의 모상을 표현"하기 위해 "세상의 어휘로 그분의 위대하심에 옷 입히시"고 "높은 곳에서 철부지 아이로 낮추"셔서 우리에게 친숙한 "연약한 색깔"로 "천상 아름다움의 광채를" 보여주셨다고 노래한다.[26] 이러한 점에서 에프렘은 하나님이 빌려 입은 낱말들을 문자적으로만 해석하여 그분의 아름다움과 위대하심을 모독하는 자를 비판한다.

에프렘에게 성경은 이 세계와 그 역사의 일부이면서 이 세계 역사의 해석자다. 성경에서 발견되는 예형과 자연에서 발견되는 상징은 모두 우리를 진리로 이끈다.

> 모세는 책 속에 자연의 피조물을 묘사하였네.
> 자연과 책이 창조주를 증언하게 하기 위함이네.
> 자연은 그것이 사용될 때, 성경은 그것을 읽을 때
> 이들의 증거는 모든 곳에 이르고
> 모든 때에 현존하고, 모든 시간에 믿어지고
> 창조주를 거부하는 배은망덕한 자를 힐책하네.[27]

『동정 찬양』에서 에프렘은 더 간결하게 말한다. "그대가 어디를 보든지 하나님의 상징이 있네 / 그대가 어디를 읽든지 그분의 예형을

---

26 Ephrem, 『낙원 찬양』, 11.5-8; Beck, *Des Heiligen Ephraem des Syrers Hymnen de Paradiso und Contra Julianum*, CSCO 174/175, Syr. 78/79 (Louvain: Peeters, 1957). 국역본은 이수민, 『마르 에프렘의 낙원의 찬가』(의정부: 한님성서연구소, 2010).

27 위의 책, 5.2.

발견하리."[28] 에프렘은 자연과 두 언약은 신성한 음악가가 연주하는 세 개의 수금이라고 묘사한다.

> 우리의 손가락으로 튕기네, 모세의 수금과
> 우리 구주의 수금과 자연의 수금을.
> 우리 신앙은 셋을 연주하네.
> 세 이름이 세례를 주었기 때문이네
> 너희는 한 이름으로는 세례를 받을 수 없네.
> 한 수금으로는 연주할 수 없네.[29]

만물은 하나님에 의해 지어졌으며, 창조될 때 하나님의 상징들로 새겨졌다. 하나님이 세상을 창조하셨기 때문에, 이 예형과 상징은 어디서나 발견되며, 만물은 하나님의 존재와 창조적 활동을 가리킨다. 이러한 맥락에서 에프렘은 하나님을 자화상 화가로 묘사한다.

> 흩어진 상징을 당신은 모으셨네, 토라로부터 주의 아름다움을 위해.
> 주는 제시하셨네, 원형들을 주의 복음에서, 능력과 표상을 자연 속에서.
> 주의 모습에 따라 물감을 주는 섞으셨네. 주는 스스로 관찰하고 자신을 그리시네.
> 오, 화가여, 주를 통해 주의 아버지를 그리니, 둘은 서로를 그려주네.[30]

28 Ephrem, 『동정 찬양』, 20.12; Beck, *Des Heiligen Ephraem des Syrers Hymnen de Virginitate*, CSCO 223/224, Syr. 94/95 (Louvain: Peeters, 1962).
29 위의 책, 27.4.
30 위의 책, 28.2.

에프렘은 예형론과 상징주의를 발전시키고 세련화하여 기쁜 소식을 선포하는 통로로 삼았다. 에프렘에게 모든 예형과 상징은 그리스도 안에서 성취된다. 그는 그리스도가 예형과 상징과 직유와 말씀을 완성하셨다고 노래한다. "그분의 능력은 예형을 완성했네. 그분의 진리는 상징을, 그분의 해석은 비유를, 그분의 설명은 말씀을, 그분의 확신은 어려움을 (완성했네)."[31] 또한 그리스도는 상징의 참된 의미를 계시한 자로 에프렘은 그리스도를 종종 "상징의 주님"이라고 부른다.[32] 에프렘에게 이 상징들은 너무도 많아 그 전체를 파악할 수 없다. 에프렘은 삼손이 사자의 주검에서 꿀을 발견한 것을 묵상하면서 외친다. "이 예수는 우리를 위해 상징들을 늘렸네. / 그의 상징들의 파도 한가운데로 나는 떨어졌네. / 우리를 위해 죽은 이들의 부활을 온갖 상징과 온갖 모형으로 그려주셨네."[33]

자연과 성경에서 나온 상징과 예형은 신약과 구약의 수평적 차원과 세계와 낙원의 수직적인 차원, 두 가지 차원으로 활용되었다. 에프렘은 아담과 그리스도, 이브와 마리아, 옛 창조와 새 창조의 대비를 통해 타락과 회복을 병렬시킨다.

니산월에 우리 주님이 갚았네,

첫째 아담의 빚을.

니산월에 아담의 땀 대신 땀을 흘리셨네.

---

31 위의 책, 8.8.

32 위의 책, 6.7; 『누룩 없는 빵 찬양』, 3; Beck, *Des Heiligen Ephraem des Syrers Paschahymnen*, CSCO 248/249, Syr. 108/109 (Louvain: Peeters, 1964).

33 에프렘, 『니시비스 찬양』, 39.17; Beck, *Des Heiligen Ephraem des Syrers Carmina Nisibena I, II*, CSCO 218/219, 240/241, Syr. 92/93, 102/103 (Louvain: Peeters, 1961, 1963).

그의 나무 대신 십자가를,

(창조의) 금요일 대신 (성)금요일을.

날이 돌아올 때[34] 강도를 에덴으로 돌려보내셨네.[35]

또한 에프렘은 예수의 옆구리에서 나온 피와 물요 19:34을 창세기
와 연결하여 해석한다. 아담의 옆구리에서 나온 이브는 둘째 아담의 옆
구리에서 나온 교회와 대비된다.[36] "그리스도를 찌른 창은 낙원을 지키
는 칼을 없앴다."[37] 그리하여 인류는 낙원에 들어갈 수 있게 되었다.

자비로운 분은 복되도다. 칼을 보셨네,

낙원 곁에 있는. 가로막았네,

생명나무로 가는 길을. 오셔서 입었네,

상처 입은 몸을.

옆구리의 구멍으로

낙원 가는 길 여시도록.[38]

---

34 창세기 3:8에 나오는 표현으로 '날이 바뀔 때'라는 뜻으로 보인다. 여기서 에프렘은 같은 어근의
어휘를 사용하여 대비한다.

35 Ephrem, 『교회 찬양』, 51.8; Beck, *Des Heiligen Ephraem des Syrers Hymnen de Ecclesia*, CSCO
198/199, Syr. 84/85 (Louvain: Peeters, 1960).

36 Ephrem, 『4복음조화서 해설』, 21,11; Carmel McCarthy, *Saint Ephrem's Commentary on Tatian's
Diatessaron: An English Translation of* Chester Beatty *Syriac MS 709 with Introduction and Notes*,
Journal of Semitic Studies Supplement 2 (Oxford: Oxford University Press, 1993).

37 Ephrem, 『십자가 찬양』, 9.2; Beck, *Des Heiligen Ephraem des Syrers Paschahymnen*, CSCO
248/249, Syr. 108/109 (Louvain: Peeters, 1964).

38 Ephrem, 『성탄 찬양』, 8.4; Beck, *Des Heiligen Ephraem des Syrers Hymnen de Nativitate (Epipha-
nia)*, CSCO 186/187, Syr. 82/83 (Louvain: Peeters, 1958).

에프렘은 상징과 예형을 사용하여 자연과 성경과 성례를 하나로 엮었다. 가장 대표적인 상징 중 하나가 기름이다. 에프렘에 따르면, 기름은 "상징의 숨겨진 보고의 열쇠"이며 "인간이 되신 하나님의 모습을 우리에게 제시한다."[39] 에프렘은 『동정 찬양』의 네 찬양을 기름의 상징적이고 예형적인 의미를 탐구하는데 사용했다.[40] 여기서 그는 기름 부음 받은 자인 그리스도/메시아의 개념을 이용하여, 자연과 성경과 성례 안에 현존하시는 그리스도를 기름이란 상징으로 제시했다.

예를 들어 『동정 찬양』 제4편에서는 기름의 치유 효능과 치유자 그리스도를 중점적으로 다룬다. 메시아가 하나이며 홀로 나신 분이지만 많은 이름을 지니고 있듯이, 기름도 하나이지만 온갖 질병의 치유를 위한 모든 약초와 혼합된 많은 이름을 얻는다(5). 기름의 이름은 상징과 같으며, 그 안에는 메시아의 이름이 그려져 있다(7). 제자들이 기름으로 바르고 치유할 때 메시아가 은밀하게 그려졌다(8). 나그네가 지닌 기름이 노상에서 피곤할 때 휴식을 주듯, 주님은 곤경을 당한 자들을 어디서나 기운 나게 한다. 잘 때 기름이 잠자는 몸의 피로를 훔치듯 세례에서 기름은 죄를 훔친다. 기름은 "잠자는 몸의 피곤을 훔치고 깨어있는 몸의 죄를 훔친다"(9). 기름은 제단에겐 성유를 제공하고 화해의 예물을 지니며, 선한 자처럼 악한 자에게도 이르며, 의로운 자처럼 억압받는 자를 달랜다(10).

기름으로 메시아는 발에 기름을 부은 죄인의 죄를 용서했다. 기름과 함께 마리아는 주님의 머리에 자기 죄를 부었다(11). 여기서 에프

---

39 Ephrem, 『동정 찬양』, 5.16.

40 이 네 찬양은 『동정 찬양』, 4-7을 말한다.

렘은 향유를 부은 마리아의 이야기를 요약하여 제시한다.

> 향기를 풍겼네. 풀무불에서와 같이 기댄 자를 시험했네.
>
> 가난한 자의 돌봄을 걸친 도둑질을 폭로했네,
>
> 마리아를 기념하는 다리가 되었네. 그녀의 영예를 세대에서 세대로 전해
>
> 주네.[41]

기름은 얼굴을 기쁘게 하고, 죽음의 어두운 얼굴은 매장을 위해 준비된다(12). 기름의 힘은 메시아처럼 몸에 있는 냉기를 쫓아낸다. 질병에 대한 기름의 힘은 강하여 몸을 달래고 귀신들을 징벌하는 주님과 같다. 주님은 그 사람을 불쌍히 여기고 군대 귀신을 누르고, 사나운 귀신을 쫓아냈다(13). 에덴의 강은 네 이름을 지니며, 기름은 세 이름, 곧 세례의 나팔들을 지닌다(14).

또한 에프렘은 상징과 예형을 사용하여 구속사 전체를 아울렀다. 옷을 벗고 입는 상징을 예시할 수 있다.[42] 『성탄 찬양』에서 에프렘은 성육신에 대해 다음과 같이 노래한다.

> 이 모든 변화를 자비로운 분이 만드셨네
>
> 영광을 벗으시고 몸을 입으셨네.
>
> 길을 내셔서 다시 입히셨네, 아담을
>
> 영광으로. 아담은 (이전엔) 벗겨졌었네.[43]

---

41 Ephrem, 『동정 찬양』, 4.11.

42 Sebastian Brock, *The Luminous Eye: The Spiritual World Vision of Saint Ephrem the Syrian* (Kalamazoo: Cistercian Publications, 1992), 85-98을 참조하라.

여기선 옷을 입고 벗는 이미지를 통해 성육신과 아담의 회복이 선명하게 표현된다. 아담은 타락으로 영광이 벗겨졌다. 그리스도는 영광을 벗고 인간의 몸을 입고 오셔서 아담을 다시 영광으로 입히셨다. 에프렘은 마리아와 이브의 대비를 통해 성육신의 신비를 말한다.

> 이브는 동정에서 수치의 나뭇잎을 입었네.
>
> 주님, 주의 어머니는 동정에서
>
> 영광의 옷을 입었네,
>
> 모든 백성을 뒤덮는.
>
> 만물을 덮은 그분에겐
>
> 몸을 주네, 작은 옷으로.[44]

아담은 원래 영광을 입었다. 아담과 이브가 벌거벗어도 부끄러워하지 않은 것은[창 2:25] 아담과 이브가 영광을 입고 있기 때문이다. 죄를 지어 영광을 잃자 그들은 벌거벗은 것을 부끄러워하여 무화과 나뭇잎으로 몸을 가렸다. 성육신의 목적은 아담을 다시 영광의 옷으로 입히기 위한 것이었다. "복되도다, 아담의 나뭇잎을 불쌍히 여기시고, 영광의 옷을 벗은 몸을 덮도록 보내신 분은."[45]

더 나아가서 에프렘은 옷을 입고 벗는 이미지를 세례와 연결한다. 에프렘은 그리스도께서 요단강에 들어간 것을 마리아의 태 안에서

---

43   Ephrem, 『성탄 찬양』, 23. 13.

44   위의 책, 17. 4.

45   Ephrem, 『금식 찬양』, 3. 2.

잉태와 연결하고 요단강도 그리스도를 밴 태라고 묘사한다. 그리스도
께서 둘 안에 있으므로 둘은 빛을 입었다.

> 모세가 입은 빛은
> 밖에서 그를 둘러쌌네.
> 그리스도가 세례 받은 강은
> 안에서 빛을 입었네.
> 마리아의 몸은 그분이 거주하였기에
> 안에서 빛났네.[46]

에프렘에 따르면 그리스도께서 세례를 받을 때 요단강에 영광의
옷을 두셨으며, 세례를 받는 자는 물에 내려가서 이 옷을 집어 입는다.

> 세례에서 아담은 발견했네,
> (낙원의) 나무 가운데 소유한 영광을.
> 내려가서 물에서 꺼내
> 입고 올라와 그 덕분에 영예를 누리네.

또한 에프렘은 성령의 옷을 언급하며, 예수께서 요한에게 세례를
받으신 것은 보이는 물에 볼 수 없는 영을 섞어 몸으로 물기를 느끼는
자들이 마음으로 영의 주어짐을 느끼게 하기 위해서라고 해설한다.[47]

---

46   Ephrem, 『교회 찬양』, 36.6.
47   Ephrem, 『우리 주님에 대한 설교』, 55; Beck, *Des Heiligen Ephraem des Syrers Sermo de Domino
     nostro*, CSCO 270/271, Syr. 116/117 (Louvain: Peeters, 1966).

에프렘에 따르면 "우리 몸은 주의 의복, 주의 영은 우리의 옷"이다.[48]

세례받고 입는 흰옷은 이 영광의 옷, 성령의 옷을 예식적으로 가리킨다고 볼 수 있다. 에프렘은 신자는 이 영광의 옷을 보전해야 한다고 강조한다.

> 오, 세례조의 자녀들아, 흠 없이 불과 영을 입은 아기들아,
>
> 영광스러운 옷을 보전하라. 너희들이 물에서 입은 옷을.[49]

여기에는 결혼잔치의 비유[마 22:1-14]가 암시되며 세례와 종말의 긴장이 표현된다. 세례에서 입은 영광의 옷은 종말의 하나님 나라 잔치까지 잘 간직해야 한다. 예복을 입지 않은 자는 쫓겨날 것이다. 에프렘은 이 잔치에 참여할 사람들을 묘사하며 세례와 연결한다.

> 그들 가운데는 알몸이 없으니 영광을 입었음이로다.
>
> 나뭇잎을 두르고 부끄럽게 서 있는 이 없으니
>
> 우리 주님에게서 아담의 긴 옷을 받았음이로다.
>
> 뱀의 말을 듣고 부정하게 된 그 귀를
>
> 교회가 정결하게 할 때 그들은 잃어버린 옷을 되찾고
>
> 그것들을 새롭게 희게 하였네.[50]

48 Ephrem, 『성탄 찬양』, 22.39.

49 Ephrem, 『주현 찬양』, 4.19.

50 Ephrem, 『낙원 찬양』, 6.9.

에프렘의 찬양시의 전체적인 목적은 우주의 체계를 설명하거나 그리스도교 복음에 대한 자신의 엄밀한 사상을 다른 사람에게 전달하는 것이 아니라, 만물을 통해 창조주에 대한 참된 예배를 일으키며, 하나님의 인류에 대한 사랑의 신비대로 살려는 소원을 불러일으키는 것이다. 하나님의 경륜을 깊이 이해할수록, 그 선하심 앞에 놀라고 탄복하며, 이러한 경탄은 찬양으로 이어진다. 에프렘에게는 인간 행동의 절정은 사랑과 경이 속에서 하나님과 함께 사는 것이며, 궁극적으로는 그분에게 찬양을 드리는 것이다.

5. 성례 해설

에프렘은 찬양을 작곡하고 여성 성가대를 인도하며 교회의 신앙과 삶을 형성하는 것을 도왔다. 김정에 따르면, 에프렘은 찬양을 작곡하여 여성 성가대가 부르게 함으로써 세례 신앙의 내용과 세례와 성찬의 의미를 가르치는 신비전수교육mystagogy을 지속적으로 시행했다.[51] 일반적으로 신비전수교육은 부활절 직후 일주일 동안 세례받은 자들을 위해 설교 형식으로 이루어졌지만, 에프렘은 찬양을 통해 예배 때에 모든 교인에게 정기적으로 시행했다는 점이 다르다.

에프렘의 찬양은 시리아 교회의 세례교육과 신비전수교육과 세례예식에 대한 정보를 알려준다. 당시 시리아 교회에서 세례는 부활절

---

[51] 신비전수교육은 미스타고지(Mystagogy)를 번역한 말인데, 현재 미스타고지, 세례 후 신앙교육 등으로도 번역되고 있다. Jung Kim, *Catechesis and Mystagogy in St. Ephrem the Syrian: The Liturgy of Baptism and the Madrashe* (Unpublished Th. D. dissertation, Boston University in Boston, 2013).

철야 예배에 시행되었으며, 기름 부음, 성령 임재 청원 기도^{에피클레시스}, 침수, 흰옷 착의로 이루어지며, 성찬으로 연결된다. 『동정 찬양』에서 에프렘은 세례예식을 요약적으로 알려준다. "4월은 금식하는 자를 살리고 기름을 붓고, 적시고, 희게 한다."[52]

세례 받을 자에겐 먼저 기름이 부어졌다. 침수 이전에 기름 부음을 받고 침수 이후에는 기름 부음이 시행되지 않은 것은 시리아 교회 세례예식의 독특한 특징이다. 세례 예식의 정황에서 기름은 기름 부음 받은 자, 그리스도를 묘사하며 메시아 통치로 들어가고 메시아-왕과의 연합을 나타낸다.

> 기름은 본성으론 가라앉지 않으나, 가라앉는 몸에 참여자가 되었네.
> 몸은 잠수하여 깊은 곳에서 보물을 건져 올렸네.
> 기름 부음 받은 자는 본성으론 죽지 않으나 죽을 몸을 입었네.
> 그는 잠수하여 물로부터 아담의 집의 살아있는 보물을 건져 올렸네.[53]

또한 에프렘은 세례 전 기름 부음을 성령의 인침과 연결한다. 기름으로 성령은 사제를 날인하고 왕에게 기름을 부으셨다. 마치 도장이 새겨진 반지로 밀랍 위에 자국을 내듯 영의 감춰진 날인이 세례에서 기름 부음 받은 자들의 몸에 새겨진다.[54]

에프렘은 성령 임재 청원 기도의 정확한 내용을 알려주진 않지만, 창조에서 물 위에 운행하는 하나님의 영을 암시하며 세례수 위에

---

52   Ephrem, 『동정 찬양』, 7.2.
53   위의 책, 7.10.
54   위의 책, 7.6.

임재하는 성령을 노래한다.

> 높은 곳에서 영은 내려왔네.
> 영의 움직임으로 물을 축성했네.
> 요한의 세례에서
> 영은 나머지 사람들을 지나쳤으나, 한 분 위에 머물렀네.
> 지금은 내려와서 머무시네,
> 물에서 태어난 모든 이들 위에.[55]

세례는 침수로 행해졌으며, 에프렘은 종종 수세자를 물속으로 잠수하여 진주, 곧 그리스도를 가져오는 잠수부에 비유한다.

> 상징과 실재로 레비아단은 짓밟혔네,
> 죽을 자들에 의해. 잠수부들은 옷을 벗었네.
> 메시아의 상징으로 기름을 입었네.
> 벗은 자들은 너를 빼앗아 올라왔네. 영혼들을
> 그의 입에서 탈취했네, 노여워하는 동안.[56]

여기서 에프렘은 수세자가 벌거벗고 세례수에 들어간다고 알려준다. 그는 진주를 의인화하고, 사도들을 벌거벗고 잠수하며 진주를 캐는 잠수부에 비유했다.

---

55 Ephrem, 『주현절 찬양』, 6.1.
56 Ephrem, 『신앙 찬양』, 82.10; Beck, *Des Heiligen Ephraem des Syrers Hymnen de Fide*, CSCO 154/155, Syr. 73/74 (Louvain: Peeters, 1955).

사람들이 벌거벗고 잠수하여 너를 끌어올리네,

진주여. 왕이 아니었네.

처음 너를 인류에게 드린 이는.

벌거벗은 이들, 곧 가난한 이들

갈릴리 어부들의 상징이었네.

옷을 걸친 몸으로는 가능하지 않네,

네게 이르기는. 벗은 이들은 다가가네,

(갓난)아이들처럼.

자기 몸을 묻고 네게로 내려갔네. 너는 환호하며 맞이했네.

그들에게 피했네, 그들이 너를 매우 사랑했기 때문이네.[57]

이렇게 볼 때 에프렘 당시의 시리아 교회의 세례 예식에선 갓난
아이와 같이 옷을 벗고 기름을 바르고 세례수에 들어가는 순서로 진행
되었다고 추정할 수 있다.

또한 에프렘은 성부, 성자, 성령의 이름으로 세례를 받았다는 것
을 보여준다.

방주는 그 떠다님으로 보호자의 표식을 가리켰네.

키잡이의 십자가와 선원의 나무를.

오셔서 우리를 위해 교회를 물 가운데서 세우시네.

그 안에 거하는 이들을 세 분의 이름으로 건져주시네.

57   위의 책, 85.6-7.

영은 비둘기 대신 행하시네, 기름 부음과

구원의 상징을. 구세주에게 찬양이 있으리라.[58]

에프렘은 세례수에서 올라오면 수세자들은 흰옷을 입고 교인들이 그들을 맞이하는 모습을 양무리가 새로운 양들을 맞이하는 모습으로 그린다.

옛 양무리는 안에서 입 맞추려고 달려오네,

더해진 새 양들에게. 흰 사람들이 흰옷을 입었네.

너희 몸은 너희 옷처럼 안도 밖도 희네.

여기서는 수세자들이 세례를 통해 안으로 죄의 용서를 받고 밖으로는 흰옷을 입어 안팎으로 희다고 묘사한다.

세례 예식 다음에는 성찬 예식이 이어졌다. 에프렘은 기름 부음, 침수, 성찬의 순서로 세례 예식이 이루어졌으며, 그 핵심은 그리스도와의 연합이라고 알려준다.

기름으로 너희는 그를 발랐고 물에서 그를 입었고

빵에서 그를 먹었고, 포도주로는 그를 마셨고

소리로는 그를 들었고, 영의 눈으로 그를 보았다.[59]

58　위의 책, 49.4.
59　Ephrem, 『동정 찬양』, 8.21.

에프렘은 그리스도의 성육신과 성찬을 긴밀하게 연결했다.

> 그분이 우리의 육체를 입지 않았더라면
> 어떻게 우리의 죽음을 맛볼 수 있었겠나?
> 그분의 육체가 죽지 않았다면
> 그는 가짜로 빵을 떼었을 것이네.[60]

에프렘은 자주 신성을 불로 묘사했다. 성육신 때에는 "불이 마리아의 태에 들어가 몸을 입고 나왔다."[61] 또한 에프렘에게 불/온기는 영의 상징이며, 세례와 성찬에서 성령의 임재를 표현한다.

> 동정녀의 태에서 불과 영을 보라.
> 네가 세례받은 물에서 불과 영을 보라.
> 불과 영이 우리의 세례에,
> 빵 안에 잔 안에는 불과 성령이.[62]

6. 역사의식과 예언적 설교[63]

시리아 교회는 로마제국과 페르시아제국에 걸쳐서 존재했으며

---

60 Ephrem, 『니시비스 찬양』, 49. 2.
61 Ephrem, 『신앙 찬양』, 4. 2.
62 위의 책, 10. 17.
63 이에 대한 자세한 논의는 서원모, "예언자적 역사해석 - 시리아 교부 에프렘을 중심으로," 『한국교회사학회지』 11 (2002), 125-49를 참조하라.

두 제국의 전쟁으로 고난의 길을 걸어갔다. 특히 에프렘이 사역했던 니시비스는 337년 이후 새롭게 시작된 로마-페르시아 전쟁의 주요한 격전지였다. 페르시아의 샤푸르 2세는 338년, 346년, 350년 니시비스를 세 번이나 포위했지만, 점령하지 못했다. 358년 샤푸르는 네 번째로 니시비스를 공격하지만 배교자 율리아누스 황제가 샤푸르 2세에게 패배하고 전쟁터에서 사망하자, 후계자로 세워진 요비아누스 황제는 363년 페르시아와 강화조약을 맺고 니시비스를 페르시아에게 양도했다. 샤푸르 2세는 페르시아 군대에 맞서 싸웠던 니시비스 주민들이 자유로이 성을 빠져나가도록 허용했다. 에프렘은 니시비스를 두고 벌어진 로마-페르시아 전쟁의 목격자였고, 니시비스가 할양되었을 때 도시를 빠져나왔다.

에프렘은 로마 영토인 니시비스에서 샤푸르 2세의 공격을 겪었고, 역사적 사건들을 묘사하면서 하나님의 섭리를 고백했다. 또한 그는 니시비스의 위기 속에서 하나님의 진노와 심판을 선포하고 회개를 촉구했다. 에프렘의 섭리사관과 예언자적 설교는 사역자의 지평을 잘 보여준다.

에프렘은 샤푸르 2세의 3번의 포위 공격을 하나로 묶어 이해했는데, 니시비스를 의인화해서 그 교훈을 정리한다.

> 너의 고난은 기억을 위한 책
> 세 번의 포위, 네게는 책이 되어
> 그 내용을 매시간 되새겨야 하리.
> 두 언약에서 네 구원 읽기를
> 비웃었으니, 세 가혹한 책을

네게 기록하셨다. 네 채찍[맞음]을 읽도록.[64]

여기서 에프렘은 3번의 포위 공격은 기억을 위한 책이라고 해석한다. 이 곤경과 고난은 구약과 신약을 비웃어 내리는 하나님의 매이며, 지나간 일을 기억해서 앞으로 올 일을 막고자 함이라고 가르친다.[65]

이 세 번의 침략 중에서 350년 세 번째 공격은 몹시 치열했다. 샤푸르 2세는 니시비스 성 주위에 둑을 쌓아 강물을 끌어들여 배에 공성 기구를 실어 공격했으며, 코끼리까지 동원되었다. 페르시아군은 성벽 일부를 허물었지만, 니시비스 주민은 신속히 성벽을 보수하고 완강히 저항했다. 에프렘은 페르시아의 수공으로 함락 위기에 몰린 니시비스 성을 노아의 방주에 비유하며, 니시비스를 의인화하여 노래한다.

보라, 온갖 성난 파도가 나를 흔들었다.
나는 오히려 [노아의] 방주를 칭송했다.
오직 파도만이 방주를 에워쌌으나
파도 외에 토담과 화살이 나를 에워쌌으므로.
방주는 당신께는 보물 창고였지만
나는 죄악의 창고다.
주의 사랑으로 방주는 파도를 굴복시켰지만
주의 진노로
나는 [쏟아지는] 화살 속에서 눈이 멀 지경이었다.

---

64 Ephrem, 『니시비스 찬양』, 3.11.
65 위의 책, 3.12.

홍수는 방주를 운반했지만, 강물은 나를 흔들었다.

오 방주의 키잡이여,

육지에서도 나의 선장이 되소서.

방주에게 멧부리 피난처에서 쉼을 주셨으니

내게도 내 성벽의 피난처에서 쉼을 주소서.[66]

여기서 에프렘은 노아의 방주와 니시비스의 상황을 비교하고 대비한다. 방주는 파도로 에워싸였지만, 니시비스 성은 파도뿐만 아니라 토담과 화살로 공격당했다. 노아의 방주는 보물창고, 곧 의인들이 모여 있었지만, 니시비스는 죄악의 창고이며, 방주는 홍수에서 구원하는 하나님의 사랑을 보여주지만, 니시비스는 강물로, 화살로 공격을 당한다. 하지만 니시비스는 하나님이 방주에서처럼 선장이 되고, 방주가 아라랏 산에서 쉼을 얻었듯이 니시비스도 성벽의 피난처에서 쉼을 얻도록 간구한다.

358년에는 대지진이 일어났고, 359년에는 제4차 로마-페르시아 전쟁이 다시 시작되었다. 샤푸르는 니시비스를 통과하여 아미다를 함락시켰고, 360년에는 싱가라, 베자브데를 점령했다. 이런 상황에서 에프렘은 니시비스의 타락을 비판하고 철저한 회개를 촉구하였다. 에프렘의 비판은 정치, 경제, 사회, 종교 등 모든 영역을 포괄했다.

에프렘에 따르면, 전쟁 상황을 이용해서 중개상이 농간을 부려 생산자나 소비자가 모두 손해를 보고 있다고 개탄한다. 상인들의 부정행위에 대해서 다음과 같이 비판한다.

---

66 위의 책, 1.3.

술도 속이고 기름도 속이는구나.

[상인은 기름을] 벌컥벌컥 부어 되를 거품으로 채운다.

되를 흔들어서 비워, 안에 찌끼가 [조금이라도] 들어붙게 한다.

이중으로 손실을 입혀 과부의 마음을 상하게 하는구나.

감량을 해서 이익을 얻으니 두 가지 해를 입힌다.

감량 때문에 악은 늘어나고 이익 때문에 진실은 줄어든다.

됫박의 감량으로 악의 됫박은 넘치고

됫박에 남은 이익으로 진실의 됫박은 모자란다.[67]

에프렘은 당시 사회 현실을 신랄하게 비판했지만, 구체적인 회개
행위에 대해서는 매우 실용적이고 실천적이다. 갑자기 삶을 완전히 변
화시키기보다는 작은 일을 꾸준히 개선할 필요가 있다. 또 기도와 금식
뿐만 아니라 자선과 구제 등 사회적인 차원을 동시에 강조한다.

작지만 꾸준한 달리기가 하루 동안 많이 달리는 것보다 낫다.

물방울로부터 홍수가 나듯 이전의 습관에서 조금씩 벗어나자.

금식의 사람의 될 수 없다면 탐식가는 되지 말라.

탐식에서 조금만 벗어나면, 보라 네 식탁에는 금식이 있다.

네 배에서 빼낼 수 있는 것을 내일을 위해 아끼지 말라.

매일 가난한 자에게 주면, 보라 금식의 자리가 채워진다.

술을 자제할 수 없는가? 네가 마시는 술이 너를 마시지 않도록 하라! [중략]

고아들을 너와 함께 마시게 하면, 너는 많은 사람들로 술을 이길 수 있다.

---

67 Ephrem, 『질책 2』, 389-404; Beck, *Des Heiligen Ephraem des Syrers Sermones I*, CSCO 305/306,
Syr. 130/131 (Louvain: Peeters, 1969).

적더라도 술은 마시는 자보다 세면 이기지만, 마시는 자가 많으면 힘을 낼

수 없다.

가난한 자들을 초청해서 많은 사람들을 통해 [술을] 이겨낼 수 있도록 하라.

… [중략] …

중간의 옷, 사치스럽지도 않고 천하지도 않은 옷을 입어라.

비하도 교만도 떠나서 중간을 택하라.[68]

이러한 에프렘의 실용적이고 실천적인 요구는 사역자로서의 에
프렘의 현실 감각을 잘 보여준다. 에프렘은 교회와 사회 속에서 하나님
의 요구와 현실의 삶 사이에 접점을 찾으려고 했다.

에프렘이 찬양을 통해 자신이 겪은 역사적 사건을 생생하게 묘
사한 것은 매우 특이하다. 에프렘은 니시비스 포위와 율리아누스의 죽
음과 니시비스 양도에 이르는 일련의 사건들의 신학적인 의미와 교훈
을 예배에서 선포하고 가르치고 회중의 마음속에 각인하기를 원했다.
또한 에프렘의 설교는 그가 얼마나 투철한 역사의식과 예리한 사회의
식을 지니고 있었는지, 또 위기 상황에서 어떻게 청중을 하나님에게 돌
이키기 위해 노력했는지를 잘 보여준다.

---

68   Ephrem, 『질책 1』, 151-202; Beck, *Des Heiligen Ephraem des Syrers Sermones I*, CSCO 305/306,
Syr. 130/131 (Louvain: Peeters, 1969).

7. 이단 반박

에프렘의 주요한 사역 중에 하나는 이단을 반박하는 것이었다.
그가 마드라샤라는 문학 형식을 택한 이유도 이단을 물리치고 정통신
앙을 수호하기 위해서였다. 니시비스에서의 이단 반박 저작으로는 『이
단 반박 찬양』과 『신앙에 대한 설교』가 있다. 『이단 반박 찬양』이 마니,
마르키온, 바르데사네스를 논박한다면, 『신앙에 대한 설교』는 아리우스
주의를 공격한다. 에데사에서는 삼위일체 신앙을 노래한 『신앙 찬양』
이 대표적이다.

에프렘이 이단을 반박하는 주요한 근거는 세례 신앙이었다. 그는
세례교육과 세례의 관행을 암시하며, 삼위일체 하나님이 자신의 신앙
의 기초라고 밝힌다.

> 주께서 존재에서 하나라고 나는 배우고 주를 믿었네.
> 주의 홀로 나신 분 안에서 주께서 아버지라고 나는 듣고 주를 확증하네.
> 주의 성령의 이름으로도 나는 세 번 잠겼네.
> 나는 이 모든 것이 참이라고 배웠네.[69]

에프렘은 마르키온파가 낯선 분이라고 불리는 선한 신, 창조주로
서 정의로운 신, 악의 원리로서 물질 등 세 신을 언급한다고 비판하고
한 하나님을 강조했다. 에프렘은 하나님에게는 은혜와 정의가 나눠지
지 않는다고 노래한다.

---

69   Ephrem, 『이단 반박 찬양』, 3. 13.

주의 저울은 은혜와 정의라네.

어떻게 언제 균형이 맞춰지는지는 주만이 아시네

균형이 맞춰지지 않는 듯해도 항상 균형이 맞춰지네

만유의 한 주님에 대해 나눠지지 않네.[70]

에프렘은 아리우스주의에 맞서 삼위일체 신앙을 수호하고 해설하기 위해 노력했고, 특히 설교와 찬양을 통해 이단자들을 물리쳤다. 『신앙에 대한 설교』에서 에프렘은 삼위일체 신앙에서 계시된 것과 감춰진 것을 분명하게 구분한다.

아버지와 아들과 성령은 오직 이름으로만 도달될 수 있다.

그들의 인격(크노메) 이상에 주목하지 말고,

오직 그들의 이름만 묵상하시오.

그대가 하나님의 인격들을 탐구하면 멸망하지만

그 이름을 믿으면, 살 것이오.

아버지의 이름이 그대에게 경계가 되게 하시오.

그것을 넘어서서 그분의 본성을 탐구하지 마시오.

아들의 이름이 그대에게 벽이 되게 하시오.

그것을 넘어서서 아버지로부터의 출생을 탐구하지 마시오.

영의 이름이 그대를 위한 울타리가 되게 하시오.

그분에 대한 탐구에 들어가지 마시오.[71]

---

70   Ephrem, 『신앙 찬양』, 12.4.

더 나아가서 에프렘은 자연계의 상징을 통해 삼위일체를 설명한다. 그는 삼위일체를 새의 성장 단계나 인간의 삼중적인 요소와 나무에 비유한다.[72] 하지만 삼위일체의 가장 중요한 상징은 태양과 빛과 열^{온기}로, 이 상징은 『신앙 찬양』에서 일관적으로 사용된다.

> 닮음을 보라, 태양과 아버지,
>
> 빛과 아들, 온기와
>
> 성령 사이의 (닮음을).
>
> 태양은 하나지만, 셋이
>
> 그 안에서 분명하네. 이해할 수 없고,
>
> 누가 설명하랴.
>
> 하나가 여럿이네, 하나는 셋이고
>
> 셋은 하나이니, 굉장한 놀라움이요
>
> 분명한 이적이네.[73]

에프렘은 태양과 빛과 열의 상징을 통해 구속사를 설명한다. 태양은 위에 있는 것들 곁에 있지만, 열과 빛은 아래 있는 것들 곁에 있다. 에프렘은 빛과 눈의 관계를 성육신과 죽음과 부활과 연결한다. 빛은 땅에 내려와 눈에 머물고 빛은 몸을 입듯이 눈을 입는다. 눈이 잠자느라

---

71 Ephrem, 『신앙에 대한 설교 4』, 129-40; Beck, *Des Heiligen Ephraem des Syrers Sermones de Fide*, CSCO 212/213, Syr. 88/89 (Louvain: Peeters, 1961).

72 Ephrem, 『신앙 찬양』, 18. 2, 4-5.

73 위의 책, 73. 1-3.

닫히면, 빛은 죽은 자처럼 다시 벗으며 다시 일어나야 한다. 어떻게 빛이 눈을 뚫고 들어오는지는 누구도 이해할 수 없다. 빛이 눈 안에서 시력을 입고 나아가서 모든 창조물을 찾아가는 것은 우리 구주와 닮았다. 그분은 이 가련한 몸을 입고 나아가서 모든 창조물을 찾아다니셨다.[74]

또 성령은 열에 비유된다. 빛이 그 원천으로 떠나갈 때 열을 남겼다. 열은 온 세계에 퍼져 있지만, 각자가 능력에 따라 그 열기를 받아들인다. 벗은 자가 열로 온기를 얻듯이, 벌거벗은 아담은 열을 입는다. 열로 만물이 익듯이 영으로 만물이 거룩하게 된다. 열이 몸의 냉기를 이기듯, 더러움도 성령이 이긴다. 열로 추위에 묶인 손가락이 풀리듯, 악한 자가 묶은 영혼도 풀려난다. 열로 열매와 새순에 씌웠던 겨울의 굴레가 벗어지듯, 은혜를 막았던 모든 악의 굴레가 벗겨진다. 열이 고요한 땅의 태를 깨우듯, 성령은 교회를 깨운다.[75]

태양과 빛과 열의 상징으로 삼위일체를 설명하는 것은 고대교회의 다른 문헌에서는 발견되지 않는다.[76] 그리스 신학자들에게 상징은 철학 개념에 종속되어 있지만, 에프렘은 상징과 유비를 자신의 신학 중심에 두었다. 그리스 교부들은 개념적이고 철학적인 방식으로 삼위일체 신학을 발전시켜, 4세기 중엽에 이르면 본질우시아/퓌시스와 위격히포스타시스을 구분했다. 하지만 에프렘에게서는 이러한 철학적 시도나 개념화 작업이 나타나지 않는다. 그는 이름들을 사용해서 세 위격을 표현하며 그 너머로 나아갈 수 없다고 주장한다. 에프렘의 삼위일체 신학의 궁극

---

74 위의 책, 73.12-17.
75 위의 책, 74.6-15.
76 에프렘 이외에 태양과 빛과 열의 상징에 대한 언급은 4세기의 에피파니오스에게서 나타난다(에피파니오스, 『약상자』, 62.1). 에피파니오스는 사벨리오스주의 이단과 관련되어 이 상징을 소개한다.

적인 목표는 삼위일체 신비에 대한 정밀한 설명이 아니라 그 역설과 모
순을 보전하는 것이었다.[77]

V. 나가는 말

이 연구에서는 시리아 교회, 에프렘, 사역자의 경건, 세 가지를
제시하고자 하였다. 에프렘을 통해 시리아 교회의 유산을 소개하고 사
역자의 경건이란 개념을 강조하는 것이 이 연구의 목적이다. 필자는 언
약의 자녀들에 속하여 독신을 지키며, 찬양을 작곡하고, 성경을 해설하
고 예형과 상징을 사용하여 자연과 성경에 나타난 신비를 탐구하고, 세
례와 성찬의 의미를 밝히고, 페르시아-로마 전쟁에서 하나님의 섭리를
탐구하고 회개를 촉구하며, 이단의 위협에 대해 교회를 수호한 '사역자'
로서의 에프렘의 모습을 강조했다.

필자는 아시아 그리스도교의 역사는 아랍/시리아 그리스도교로
부터 시작했고, 에프렘은 최초의 대표적인 아시아 신학자라고 생각한
다. 아시아 신학의 역사는 에프렘으로부터 출발할 수 있으며, 에프렘은
여러 가지 면에서 오늘날 우리에게도 새로운 도전을 줄 수 있는 사역자
와 신학자라고 확신한다. 우선 에프렘은 교회를 위해 시와 찬양을 소통

---

[77] Edmund Beck, *Ephrem's Trinitätslehre im Bild von Sonne/Feur, Light und Wärme*, CSCO 425,
subs. 62 (Louvain: Secrétaroat du CorpusSCO, 1984).

의 수단으로 삼았다. 가무를 좋아하는 우리 민족과 "경배와 찬양"이 보편화된 한국교회에게 에프렘은 매력적인 고대 교부로 인식될 수 있다. 에프렘처럼 우리는 찬양의 호소력과 힘을 잘 알고 있다. 하지만 에프렘은 찬양시를 신학적 차원까지 승화시키고 시가를 매개로 고도의 신학을 전개했다면, 한국교회에서는 찬양과 신학의 간극이 크다고 여겨진다. 에프렘에서 나타나듯 신학자가 시인이 되고 작곡자가 되며, 음악가가 신학자가 될 때, 신학이 시가라는 소통 방식을 발견할 때, 한국 신학이 새로운 차원으로 발전할 수 있을 것이다.

둘째, 에프렘은 자연과 성경과 성례를 하나로 엮는 상징신학을 전개했다. 예형과 상징으로 하나님의 신비를 탐구하는 그의 방법론은 상징적 언어가 재조명을 받는 포스트모던 혹은 탈근대를 주장하는 시대적 흐름과 맞아떨어진다. 지금 이 시대에선 논리적이고 합리적인 방식으로 무미건조하게 사상을 전달하기보다는 예형과 상징, 역설과 대비 등 다채로운 수사학적 방법을 사용하여 마치 마음속에 그림을 그려주듯 진리를 소통하는 방식이 효과적이라고 생각한다. 또한 에프렘처럼 자연과 성경과 성례, 구속사 전체를 통합적으로 제시할 때 더욱더 풍성하게 그리스도교 신앙을 이해할 수 있게 될 것이다.

셋째, 에프렘은 세례 신앙과 예식을 가르치고 성례의 의미를 해설하는 신비전수교육의 역할을 탁월하게 수행했다. 정통신앙을 담은 찬양을 작곡하고 성가대를 통해 예배 시간에 정기적으로 세례교육과 신비전수교육을 제공함으로써 에프렘은 교회의 신앙을 성경적으로, 예식적으로, 영적으로 형성하도록 도왔다. 한국 교회는 성례전이 약화되어 있고, 신앙의 초점이 불분명하다고 느껴진다. 필자는 세례 안에 그리스도인의 모든 신앙과 삶이 녹아 있고, 세례의 의미와 세례 언약의 갱신이 예배에서 지속적이고 정기적으로 이루어져야 한다고 생각한다. 더 나아가 성례에 대한 관심은 물질세계와 일상을 종말론적 실재와 연결하도록 도와줄 수 있다.

넷째, 에프렘은 날카로운 역사인식으로 역사적 사건 속에서 하나님의 섭리를 발견하려고 했다. 에프렘이 로마-페르시아 전쟁에서 자신이 겪은 역사적 사건을 신학적 주제로 삼고 찬양을 작곡했다는 것은 매우 놀라운 일이다. 또한 위기의 순간에 예언자적 설교를 통해 하나님께 돌아가도록 회개를 촉구한 일도 우리 마음속에 깊이 새겨야 한다. 에프렘은 신학의 의미가 무엇이고, 지금 이 시점에서 하나님의 뜻이 무엇인지 분별하고, 또 예언자와 같은 뜨거운 열정으로 하나님의 부르심에 응답해야 한다는 것을 잘 보여준다.

다섯째, 오늘날 한국에서 이단의 심각성은 주지의 사실이다. 에프렘도 수많은 이단에 둘러싸이고 정통파가 다수를 점하지 못하고 소수파인 상황에서 사역했다. 에프렘은 이단자들이 사용하는 찬양의 형식을 가져와 정통신앙을 담아 보급했다. 에프렘의 활동은 당시 이단자들을 물리치는 데 매우 효과적이었다고 보인다. 요즘은 신천지와 같은 이단이 적극적으로 선전 공세를 하고 신학 논쟁을 요구하는 상황이 되었다. 신학자들도 한국 교회 이단 문제에 대해 더욱 깊은 관심을 가지고 교회를 이단으로부터 보호하고, 이단에 빼앗긴 교인들을 다시 찾아오도록 힘써야 한다.

에프렘의 신학과 사역이 오늘날 한국 교회의 목회와 선교를 새롭게 하고 사역자의 신학, 사역자의 경건을 발전시키는 토대가 되길 간절히 바란다.

참고문헌

1. 1차 자료

이수민. 『마르 에프렘의 낙원의 찬가』. 의정부: 한님성서연구소, 2010.

Amar, Joseph Philip. "The Syriac Vita Tradition of Ephrem the Syrian." Unpublished Ph. D. dissertation, Catholic University of America in Washington, D. C., 1988.

_____. *A Metrical Homily on Holy Mar Ephrem by Mar Jacob of Serug: Critical Edition of the Syrian Text, Translation and Introduction.* Patrologia orientalis 47. Turnhout: Brepols, 1995.

Beck, Edmund, ed. *Des Heiligen Ephraem des Syrers Hymnen de Fide.* CSCO 154/155, Syr. 73/74. Louvain: Peeters, 1955.

_____. *Des Heiligen Ephraem des Syrers Hymnen contra Haereses.* CSCO 169/170, Syr. 76/77. Louvain: Peeters, 1957.

_____. *Des Heiligen Ephraem des Syrers Hymnen de Paradiso und Contra Julianum.* CSCO 174/175, Syr. 78/79. Louvain: Peeters, 1957.

_____. *Des Heiligen Ephraem des Syrers Hymnen de Nativitate (Epiphania).* CSCO 186/187, Syr. 82/83. Louvain: Peeters, 1958.

_____. *Des Heiligen Ephraem des Syrers Hymnen de Ecclesia.* CSCO 198/199, Syr. 84/85. Louvain: Peeters, 1960.

_____. *Des Heiligen Ephraem des Syrers Sermones de Fide.* CSCO 212/213, Syr. 88/89. Louvain: Peeters, 1961.

_____. *Des Heiligen Ephraem des Syrers Carmina Nisibena I.* CSCO 218/219, Syr. 92/93. Louvain: Peeters, 1961.

_____. *Des Heiligen Ephraem des Syrers Hymnen de Virginitate.* CSCO 223/224, Syr. 94/95. Louvain: Peeters, 1962.

_____. *Des Heiligen Ephraem des Syrers Carmina Nisibena II.* CSCO 240/241, Syr. 102/103. Louvain: Peeters, 1963.

_____. *Des Heiligen Ephraem des Syrers Hymnen de Jejunino.* CSCO 246/247, Syr. 106/107. Louvain: Peeters, 1964.

_____. *Des Heiligen Ephraem des Syrers Paschahymnen.* CSCO 248/249, Syr. 108/109. Louvain: Peeters, 1964.

_____. *Des Heiligen Ephraem des Syrers Sermo de Domino nostro*. CSCO 270/271, Syr. 116/117. Louvain: Peeters, 1966.

_____. *Des Heiligen Ephraem des Syrers Sermones I*. CSCO 305/306, Syr. 130/131. Louvain: Peeters, 1969.

_____. *Des Heiligen Ephraem des Syrers Sermones II*. CSCO 311/312, Syr. 134/135. Louvain: Peeters, 1970.

_____. *Des Heiligen Ephraem des Syrers Sermones III*. CSCO 320/321, Syr. 138/139. Louvain: Peeters, 1972.

_____. *Des Heiligen Ephraem des Syrers Hymnen auf Abraham Kidunaya und Julianos Saba*. CSCO 322/323, Syr. 140/141. Louvain: Peeters, 1972.

_____. *Des Heiligen Ephraem des Syrers Sermones IV*. CSCO 334/345, Syr. 148/149. Louvain: Peeters, 1973.

_____. *Nachträge zu Ephraem Syrus*. CSCO 363/364, Syr. 159/160. Louvain: Peeters, 1975.

_____. *Ephraem Syrus. Sermones in Hebdomadam Sanctam*. CSCO 412/413, Syr. 181/182. Louvain: Peeters, 1979.

McCarthy, Carmel. *Saint Ephrem's Commentary on Tatian's Diatessaron: An English Translation of Chester Beatty Syriac MS 709 with Introduction and Notes*. Journal of Semitic Studies Supplement 2. Oxford: Oxford University Press, 1993.

McVey, Katherine. *Ephrem the Syrian: Hymns*. New York: Paulist Press, 1989.

_____. ed. *St. Ephrem the Syrian: Selected Prose Works*. Translated by Edward G. Mathews, Jr. and Joseph P. Amar. Fathers of the Church 91. Washington, DC: The Catholic University of America Press, 1994.

Parmentier, L. and F. Scheidweiler. *Theodoret. Kirchengeschichte*. 2nd ed. Die griechischen christlichen Schriftsteller 44. Berlin: Akademie Verlag, 1954.

Valavanolickal, Kuriakose. *Aphrahat Demonstrations*. 2 vols. Kottayam: St. Ephrem Eucmenical Research Institute, 2005.

2. 2차 자료

곽계일. 『동방수도사 서유기 + 그리스도교 동유기』. 서울: 감은사, 2021.

김규동. 『장안의 봄: 기독교동전사』. 서울: 쿰란출판사, 2019.

_____. 『선의경교(善醫景敎): 대진경교(大秦景敎)의 의료선교 고찰』. 서울: 러빙터치, 2022.

김호동. 『동방 기독교와 동서문명』. 서울: 까치, 2002.

서원모 · 김효숙 · 임성은. "목회역량 강화를 위한 신학교육의 융합모델." 제22회 장로
회신학대학교 개교기념학술대회. 2022년 5월 11일, 장로회신학대학교, 세계
협력센터.

서원모. "아시아교회사의 첫 장으로서 시리아교회-역사서술의 쟁점." 『장신논단』 46/4
(2014), 89-116.

_____. "예언자적 역사해석 - 시리아 교부 에프렘을 중심으로." 『한국교회사학회지』
11 (2002), 125-149.

윙샤오췐. 임영택 옮김. 『중국어 경교 전적 해석』. 서울: 민속원, 2019.

황정욱. 『예루살렘에서 長安까지: 그리스도교의 唐 전래와 景教 문헌과 유물에 나타
난 중국 종교의 영향에 대한 연구』. 오산: 한신대학교 출판부, 2005.

Baumer, Christoph. *Fruhes Christentum zwischen Euphrat und Jangtse.* 안경덕 옮김.
『실크로드 기독교: 동방교회의 역사』. 서울: 일조각, 2016.

Beck, Edmund. "Askentum und Mönchtum bei Ephräm." In *Il Monachesimo Orien-
tale. Orientalia Christiana Analecta 153.* Rome: Pontificium Institutum Orien-
talium Studiorum, 1958.

_____. *Ephrem's Trinitätslehre im Bild von Sonne/Feur, Light und Wärme.* CSCO 425,
subs. 62. Louvain: Secrétaroat du CorpusSCO, 1984.

Brock, Sebastian. *An Introduction to Syriac Studies.* Third Edition. Gorgias Hand-
books. Piscataway: Gorgias Press, 2017.

_____. *The Luminous Eye: The Spiritual World Vision of Saint Ephrem the Syrian.* Ka-
lamazoo: Cistercian Publications, 1992.

Browning, Don. *A Fundamental Practical Theology: Descriptive and Strategic Proposals.*
Minneapolis: Fortress Press, 1991.

Griffith, Sidney H. *The church in the shadow of the mosque.* 서원모 옮김. 『이슬람 세계
속 기독교: 초기 아랍 그리스도교 변증가들의 역사 이야기』. 서울: 새물결플러
스, 2019.

_____. "Images of Ephrem: The Syrian Holy Man and His Church." *Traditio* 45
(1989), 7-33.

_____. "Ephraem, the Deacon of Edessa, and the Church of the Empire." In *Diako-
nia: Studies in Honor of Robert T. Meyer,* edited by Thomas Halton and Joseph
Willman, 22-52. Washington, D.C.: Catholic University Press, 1986.

Gutas, Dimitri. *Greek thought, Arabic culture : the Graeco-Arabic translation movement
in Baghdad and early °Abbaasid society (2nd-4th/8th-10th c.).* 정영목 옮김. 『그리

스 사상과 아랍 문명: 번역운동과 이슬람의 지적 혁신』. 파주: 글항아리, 2013.

Harvey, Susan. "Revisiting the Daughters of the Covenant: Women's Choirs and Sacred Song in Ancient Syriac Christianity." *Hugoye: Journal of Syriac Studies 8* (July 2005), 125-49. https://hugoye.bethmardutho.org/article/ hv8n2harvey, [2023. 2. 23 접속].

Kim, Jung. *Catechesis and Mystagogy in St. Ephrem the Syrian: The Liturgy of Baptism and the Madrashe.* Unpublished Th. D. dissertation, Boston University in Boston, 2013.

Koshorke, Klaus. "Christianity as an Asian Religion: The Nestorian East Syriac Church of the East along the Silk Road." 장로회신학대학교 특강 (2016년 11월 10일).

McKee, Elsie Ann. *John Calvin: Writings on Pastoral Piety.* The Classics of Western Spirituality. New York: Paulist Press, 2001.

Moffett, Samuel H. *A History of Christianity in Asia.* 김인수 옮김. 『아시아 기독교회 사』. 제1권. 서울: 장로회신학대학교출판사, 2004.

Whitehead, James D. & Evelyn Eaton Whitehead. *Method in Ministry: Theological Reflection and Christian Ministry.* New York: The Seabury Press, 1980.

제 4 장

대(大)그레고리우스의 자선
:『편지』를 중심으로

최형근 _ 장로회신학대학교 조교수, 역사신학/중세교회사

─────────────────────
이 논문은 『한국교회사학회지』 63집 (2022. 05)에 게재한
글이다.

I. 들어가는 말

본고의 목적은 중세 유럽교회의 토대를 놓은 그레고리우스 대제 Gregorii Magni, 재위 590-604가 로마의 교황으로 재직 중에 작성한 편지들에 나타난 자선 charity[1]을 연구하는 것이다.[2] 590년 로마교회의 수장으로 등극한 그레고리우스 I 세는 가난한 자들과 사회적 약자들을 돕기 위해 직간접적으로 상당한 구제활동을 했음에도 불구하고, 아쉽게도 그 동안 국내외적으로 많은 주목을 받지 못했다. 이런 상황에서 제프리 리처즈 Jeffrey Richards의 그레고리우스 I 세에 대한 연구는 본고를 위한 적절한 출발점으로 보인다. 그는 그의 저서 『하나님의 집정관: 대大그레고리우스의 시대와 생애』 Consul of God: The Life and Times of Gregory the Great에서 중세 초기 서로마제국 지역에서 그레고리우스 대종의 위치와 그의 영향력을 잘 분석하였다.[3] 특히, 그는 그레고리우스를 단지 로마교회의 종교적인 지도자일 뿐 아니라 유력한 정치가이자 행정가로 묘사하며 그가 위기의 로마와 그 주변세계를 재건하기 위한 노력들을 자세히 연구하였다.

---

1 본고에서 '자선(charity)'은 그리스어의 ἐλεημοσύνη가 지칭하는 것처럼 단지 가난한 이들에게 돈과 생필품을 제공하는 것을 넘어서 그들을 궁휼이 여겨 자비를 베푸는 행위를 포괄하는 의미한다. ἐλεημοσύνη에 대해서는 다음을 참고하라. W. H. Lampe, *A Patristic Greek Lexicon* (Oxford: The Clarendon Press, 1961), s.v. ἐλεημοσύνη, 447-48.

2 그레고리우스의 편지 라틴어: Gregorius I, *Gregorii I Papae Registrum Epistolarum: Tomus I (Libri I-Vii)*, ed. Paul Ewald and Ludo Moritz Hartmann (Munich: Monumenta Germaniae Historica, 1887). 영어번역: Gregory the Great, *The Letters of Gregory the Great 1-14*, 3 volumes, trans. John R. C. Martyn (Toronto: Pontifical Institute of Medieval Studies, 2004). 이하에서 그레고리우스의 편지는 *Ep*로 표기한다. 라틴어 원문과 영어 번역본이 차이가 있을 경우에는 영어번역본 장절을 따로 기록하고, *Letters*로 표시한다.

3 Jeffrey Richards, *Consul of God: The Life and Times of Gregory the Great* (New York: Routledge, 2014, 1980).

특히 리처즈는 그의 책 6장에서 교황의 서신들과 부제 요한[John the Deacon]의 『대大그레고리우스의 생애』[Vita Gregorii Magni]를 바탕으로 그레고리우스를 연구한 결과 그는 자신을 "가난한 이들의 재산 청지기"로 인식하여 로마 교회의 재산으로 사회적인 약자들을 돕는 일을 당연하게 여겼다고 말한다.[4] 즉, 그레고리우스는 그의 이런 인식을 바탕으로 오랜 전쟁을 비롯한 전염병과 자연재해로 피폐해진 6세기말의 이탈리아와 그 주변 지역들을 향한 다양한 자선활동[charitable activities]을 펼쳤다는 것이다.[5] 그러면서 리처즈는 그레고리우스가 이런 자선 활동을 체계화한 첫 번째 교황이라고 언급했지만,[6] 그 구체적인 내용에 대해서는 침묵하였다.

이 리처즈의 연구는 이후 마일스 돌레악[Miles Doleac]을 통해 보완되었다. 돌레악은 그의 박사논문에서 고대 그레코-로만세계에서 중세세계로 이행하는 과정에서 "그레고리우스가 무엇을 "했고"[what Gregory did], 그가 로마교회의 수장으로써 "무엇을 할 수 있었는지"[what he was capable of doing]를 조사하였다.[7] 특히 돌레악은 그레고리우스 I세 이전에는 대부분 개인, 교회 그리고 수도원이 개별적인 구제활동을 하였다고 전제한 후, 그레고리우스가 그런 개별적인 그리스도교 자선들을 로마제국의 안노나[annona][8]나 희사[euergetism]들과 병합하여 거대한 복지 시스템으로 체계화하였다고 주장하였다.[9] 그리고 이런 복지시스템을 바탕으로 그레

---

4   Jeffrey Richards, *Consul of God*, 95-96.

5   그의 자선활동에 대해서는 다음을 보라. 위의 책, 85-107.

6   위의 책, 96.

7   Miles Doleac, "Tricinium Pauperum: Poverty, Charity and the Papacy in the Time of Gregory the Great," (Unpublished Ph. D. dissertation, Tulane University in New Orleans, 2013), 11.

8   다음을 참고하라. Peter Brown, *Through the Eye of a Needle: Wealth, the Fall of Rome, and the Making of Christianity in the West, 350-550 AD* (Princeton: Princeton University Press, 2014), 69-73.

9   Miles Doleac, "Tricinium Pauperum," 262.

고리우스는 다양한 형태의 자선을 베풀었고, 그 과정에서 중세 초기의 로마교회를 넘어서 서로마 세계까지 돌보고 보호하는 역할까지 획득했다고 주장하였다.[10]

이렇게 돌레악은 방대한 자료를 바탕으로 '그레고리우스가 행했던 자선'과 '그 결과'에 집중한 반면, 그레고리우스의 자선이 이전의 그리스도교 자선전통과 가지는 (불)연속성 측면을 놓치고 있다. 하여 본고는 그레고리우스 대종이 그의 편지대담자들interlocutors에게 보낸 편지를 바탕으로 그의 자선활동과 그 이전의 기독교 자선전통을 비교하면서 살펴보려고 한다. 이를 위해 먼저 그레고리우스가 살았던 6세기의 서로마의 역사적 상황과, 그가 가난한 자들과 관련된 문제들을 처리하기 위해 보냈던 편지들을 살펴볼 것이다. 그 이후 그레고리우스 편지에 나타난 자선에 대한 특징들 — 차등적인 자선, 주교와 자선의 관계, 노예제에 대한 입장 — 을 차례대로 살펴보면서 그가 고대 그리스도교의 자선전통을 얼마나 수용하고 변용 혹은 발전시켰는지 확인하고자 한다. 이런 과정을 통해 결과적으로 본고는 그레고리우스 1세는 기본적으로 고대 후기 기독교 자선전통을 충실히 이어받았고 있지만, 필요에 따라 그것을 넘어서려고 하였음을 증명하고자 한다.

---

10   위의 논문, 11, 200.

II. 역사적인 배경

이미 3세기부터 서로마제국 변경에 있는 게르만족들이 제국 안으로 유입되었다. 서로마제국으로 유입된 이민족들은 시간이 지나면서 로마 군대의 대부분을 차지하였고, 그 중에 어떤 이들은 군대의 지휘관이 되기도 하였다.[11] 그 중에 한 명이 게르만족 출신의 군사령관이었던 플라비우스 오도아케르 Flavius Odoacer, 재위 476-493 였다. 그는 476년에 서로마의 마지막 황제인 로물루스 아우구스툴루스 Romulus Augustulus, 재위 475-476 를 폐위시키고 스스로 왕위에 올랐다. 이로써 로마를 포함한 이탈리아 반도가 게르만족의 영향력 아래 놓이게 되었다.[12] 이런 상황은 유스티니아누스 황제 재위 527-565 의 이탈리아 재정복 때까지 지속되었다.

다른 한편, 406년경 로마제국으로 들어온 반달족은 스페인으로 건너가 반달왕국 Regnum Vandalum 을 세우려고 했지만, 서고트족의 공격으로 북아프리카로 쫓겨나 그곳에 왕국을 세웠다. 그 이후 그들은 가이세릭 Gaiseric 을 필두로 로마를 침략하여 로마일대를 초토화 시켰다 455년경.[13] 비슷한 시기에 서고트족 Visigoth 은 갈리아 일대에 정착하려 했지만, 프랑크 왕국의 클로비스 1세 Clovis I 에게 패하여 이베리아 반도에 왕국을 세웠다.[14] 또한 5세기 이후에, 로마군이 브리타니아 Britania 에서 철수하자,

---

11 Brian Tierney and Sidney Painter, *Western Europe in the Middle Ages, 300-1475*, 이연규 옮김, 『서양 중세사: 유럽의 형성과 발전』 2판 (서울: 집문당, 2021), 56-57.

12 이형우, "해제," 『베네딕도 전기』(왜관: 분도출판사, 2017), 22.

13 Brian Tierney and Sidney Painter, 『서양 중세사』, 58-59.

덴마크와 브리튼의 해안가 일대를 약탈해오던 앵글로색슨족이 브리타니아에 정착하였다. 이로써 500년경에는 모든 서로마제국은 이민족들의 지배를 받게 되었다.[15]

이 무렵 동로마 제국의 황제로 등극한 유스티니아누스 황제는 얼마 지나지 않아 이방 민족들에게 빼앗긴 로마제국의 옛 영토를 되찾기 위해 군대를 파병하기 시작하였다[533년]. 황제가 파견한 벨리사리우스 장군은 먼저 북아프리카에서 반달왕국을 점령한 후, 동고트족이 차지하고 있던 시칠리아와 로마로 눈을 돌려 차례대로 점령하였다[535년]. 그 결과 유스티니아누스는 540년에는 이탈리아 반도의 많은 부분을 되찾았지만, 이탈리아 전역을 정복하지 못했다. 그 이후 그는 12년 동안이나 동고트족과의 전쟁을 계속해야만 했다.[16] 브라이언 타이어니Brain Tierney와 시드니 페인터Sidney Painter는 당시의 상황을 이렇게 묘사하고 있다.

전 이탈리아 반도는 수없는 전투의 싸움터가 되었다. 주요 도시는 대부분 양측의 반복된 포위 공격에 시달렸고, 로마시 자체도 전쟁 중 여러 차례 점령군이 바뀌었다. 이 시대는 사실상 지중해 세계의 위대한 중심지로서 영광을 누렸던 옛 로마의 종말을 고하는 시대였다. 주민들은 뿔뿔이 흩어졌고, 거창한 규모의 수도는 파괴되었으며, 궁정들은 무너져 내렸다. 이때까지 희미한 존재로나마 명맥을 유지하고 있던 로마 원로원도 마침내 사라져 버렸다. … 전쟁이 끝났을 때, 원래의 주민 가운데 극소수

14   Robert A. Markus, *Gregory the Great and His World* (Cambridge: Cambridge University Press, 1997), 164; Brian Tierney and Sidney Painter, 『서양 중세사』, 70.
15   Brian Tierney and Sidney Painter, 『서양 중세사』, 61.
16   위의 책, 69. 이형우는 동고트족과 전쟁이 553년에 끝났다고 한다. 다음을 참고하라. 이형우, "해제," 22.

만이 그 위대한 도시의 폐허 속에서 삶을 꾸려가고 있었다.[17]

565년 유스티니아누스 황제 사후死後 이탈리아 수비가 약해지자, 스칸디나비아 반도에서 발원한 롬바르드족이 이탈리아 북부를 침략하여 파비아Pavia에 수도를 세웠다. 이후 롬바르드족은 그레고리우스 1세가 로마의 집정관이 된 572년에는 로마에서 동북쪽으로 100km정도 떨어진 스폴레토Spoleto까지 진출하였다.[18] 이 롬바르드족의 이탈리아 침략은 과거 어떤 침입보다 이탈리아 반도를 피폐하게 만들었다.

이민족의 침입과 전쟁 외에도 반복적으로 발생하였던 자연재해들은 서로마제국에서 살아가는 이들을 더욱 어렵게 만들었다. 특히 541년 7월 나일강 삼각주Nile's delta의 동쪽 끝에 위치한 펠리시움Pelusium에서 발발한 전염병은 지중해의 동서로 급속히 전파되었다. 동쪽으로는 팔레스타인의 가자541년 8월와 예루살렘을 거쳐서 안티오크와 콘스탄티노플542년 3-4월까지 이르렀고, 서쪽으로는 해로를 통해 시칠리아542년 12월를 거쳐서 로마와 이탈리아 북부지역543-544년, 골Gaul과 스페인까지 퍼져나갔다.[19] 로버트 마르쿠스Robert A. Markus는 당시 서로마제국 인구의 3분의 1정도가 이 전염병의 영향을 받았을 것이라고 추정하고 있다.[20] 그 이후에도 몇 차례 더 각종 질병들이 이탈리아를 비롯한 서유럽을 휩쓸었는데,[21] 이런 자연재해들은 그레고리우스가 로마교회의 최고 지도

---

17   위의 책, 69.

18   이형우, "해제," 22-23.

19   Peregrine Horden, "Mediterranean Plagues in the Age of Justinian," in *The Cambridge Companion to the Age of Justinian*, ed. Michael Mass (Cambridge: Cambridge University Press, 2005), 138.

20   Robert A. Markus, *Gregory the Great and His World*, 4. 당시의 전염병의 전파에 대한 좀 더 자세한 내용은 다음을 참고하라. Peregrine Horden, "Mediterranean Plagues in the Age of Justinian," in *The Cambridge Companinon to the Age of Justinian*, ed. Michael Mass (Cambridge: Cambridge University Press, 2005), 135-38.

자인 교황이 된 이후에도 발생한 것으로 보인다.[22]

　　반복되는 전쟁과 자연재해들은 곧 이탈리아의 인구감소와 황폐화로 이어졌고, 이는 곧 로마의 정치와 사회경제를 불안하게 만들었다. 이렇게 정치적, 경제적, 군사적으로 불안정한 시기에 그레고리우스는 로마의 경건한 집안에서 태어나 로마의 집정관[572년]을 비롯한 교황 사절단[578-580년]과 로마의 주교[580년]를 거쳐 590년에 로마교회의 교황으로 임명되었다.

Ⅲ. 그레고리우스의 『편지』

　　그레고리우스 Ⅰ세는 로마의 교황이 된 이후 그의 생애를 마감하는 순간까지 그에게 맡겨진 일들을 처리하기 위해 직간접적으로 수천 통의 편지를 기록했을 것이다.[23] 하지만 그가 얼마나 많은 편지를 기록했는지는 알 수가 없다. 왜냐하면 교황청의 서신교환내역을 기재하였던 '원목록일지' Liber diumus 가 9세기에 소실되었기 때문이다. 하지만 그 일이 있기 한 세기 전에 필사한 그레고리우스 편지들이 전해져 오는데, 그 편지들을 정리해 보면 854개이다[이하, Ep 로 표시한다].[24] 독일의 교부학자

---

21   Peregrine Horden, "Mediterranean Plagues in the Age of Justinian," 138.
22   John R. C. Martyn, "Introduction," in The Letters of Gregory the Great 1: Books 1-4, 96-97.
23   피터 브라운은 그레고리우스가 재위 기간 동안 최소한 2,000통의 편지를 작성했을 것이라고 한다. Peter Brown, The rise of West Christendom, 이종경 옮김, 『기독교 세계의 등장』(서울: 새물결, 2004), 222.

인 휴베르투스 드롭너^{Hubertus R. Drobner}는 이 편지들 중에서 10개에 대해서 그 진정성을 의심하고 있다.[25] 이와 관련해서 그레고리우스의 편지를 오랫동안 연구한 다그 노베르그^{Dag Norberg}와 요한 말틴^{John R.C. Martyn}은 다음과 같이 제안한다. 우선 그들은 *Ep*를 크게 세가지 — 1) 그레고리우스가 직접 작성한 편지들, 2) 그레고리우스의 대리자들이 이전 교황들의 편지들에서 사용했던 형식적인 표현법들을 차용해서 기록한 행정편지들, 3) 대리자들이 상투적인 문구를 사용하지 않고 기록한 행정편지들 — 로 구분한다. 그 후 그 서신들의 형식이 어떠하든지 간에 그것들이 그레고리우스의 이름으로 기록된 공식 서신인지 아닌지만 확인하여, 만약 그 서신들이 그레고리우스의 이름으로 발송된 것이라면, 우선 그 서신들의 진정성을 받아들여야 한다고 하였다.[26] 물론 다른 방법이 없는 상황에서 노베르그와 말틴의 제안은 상당히 일리가 있어 보이지만, 필자는 '원목록일지'가 소실된 현 상황에서 그레고리우스 1세의 이름으로 보내진 서신들을 모두 그의 작품으로 볼 수 있는지가 여전히 의심스럽다. 왜냐하면 8세기에 그레고리우스의 편지들을 필사하는 과정에서 필사자들^{scribers}이 얼마나 원본에 충실했는지에 대해서는 알 수 없기 때문이다.[27]

그럼에도 불구하고 현존하는 그레고리우스의 편지 중 상당수[844]개가 여전히 그의 편지로 받아들여지고 있다는 사실과, 편지라는 장르

---

24 브라운은 866통으로 보았다. Peter Brown, 『기독교 세계의 등장』, 221.

25 Hubertus R. Drobner, *Lehrbuch der patrologie*, 하성수 옮김, 『교부학』(왜관: 분도출판사, 2001), 653.

26 John R. C. Martyn, "Introduction," 13-14.

27 고대후기 세계에서 편지작성에 필사자들의 역할에 대해서는 다음을 참고하라. Choi Hyung-Guen, *Between Ideals and Reality: Charity and the Letters of Barsanuphius and John of Gaza*, ECS 21 (Sydney: SCD Press, 2020), 24-26.

가 그 속성상 성인전 hagiography 이나 설교 homily 보다 훨씬 저자의 실제입장을 잘 반영한다는 것을 고려할 때,[28] Ep가 자선에 대한 그레고리우스의 입장을 가장 현실적으로 보여주는 자료라고 볼 수 있을 것이다.

IV. 그레고리우스 I 세의 『편지』와 자선

1. 자선에 대한 근거

Ep는 그레고리우스가 자선의 당위성을 강조하기 위해 가난한 자에 대한 새로운 이해를 부여하는 모습을 보여준다. 사실, 고대 후기 기독교세계에서는 상당수가 '가난한 자'를 '변장한 그리스도'로 이해하였는데,[29] Ep에서 이러한 인식은 발견되지 않는다. 대신 그레고리우스는 가난한 자를 가족 구성원으로 보았다. 그가 사르디니아 Sardinia 의 칼리아리 Cagliari 대주교인 야누아리우스 Januarius 에게 보낸 편지를 보면, 그는 먼저 주님께서 친히 자신을 '과부들의 남편이요, 고아들이 아버지라'고 말씀하신 사실을 언급한 후, 우리는 그리스도를 머리로 한 가족의 일원으로써 주님을 본받아 고아와 과부들을 돌보는 것이 당연하다고 하였다

---

28   역사적 자료로서 '편지'에 대해서는 다음을 참고하라. Choi Hyung-Guen, *Between Ideals and Reality*, 14-27.

29   Pauline Allen, Bronwen Neil, and Wendy Mayer, *Preaching Poverty in Late Antiquity: Perceptions and Realities* (Leipzig: Evangelische Verlagsanstalt, 2009), 228; 서원모, "6세기 가자 수도원과 가난 담론," 『한국기독교신학논총』 82 (2012), 225.

Ep 1.60. 그 후 그는 야누아리우스 대주교에게 그의 관할교구에서 어려움을 겪고 있는 경건한 과부인 카텔라^{Catella}를 가리키면서 그녀를 도와줄 것을 명하였다. 이렇게 가난한 자를 가족 구성원으로 보는 관점은 이미 니사의 그레고리오스^{Gregory of Nyssa}의 글에서도 확인된다. "가난한 자들에 대한 사랑과 자선에 대하여" Περί Φιλοπτωχίας και Ευποιΐας라는 설교에서 그레고리오스는 자신이 가진 재물을 가난한 자들과 나눌 것을 권면하면서 다음과 같이 말하였다.

> 여러분의 필요를 제한하십시오. 모든 것을 여러분 자신을 위해서 간직하지 말고, 하느님께서 선호하시는 그 가난한 자들과 함께 나누십시오. 모든 것이 우리 모두의 아버지이신 하느님의 것입니다. 우리 모두는 단 하나의 가족이요 형제입니다. 그래서 우리 모두는 유산을 평등하게 나눠 받게 되었습니다.[30]

그레고리우스 대종이 칼리아리의 주교에게 명한 내용이 잘 실천되지 않았는지, 이후에 그레고리우스는 그에게 한 번 더 편지를 보낸다 *Ep* 1.62. 이 편지에서는 앞에서 언급한 카텔라를 다시 상기시키면서 목회적 차원에서도 고아와 과부를 다른 가난한 이들보다 더 많은 관심을 가지고 돌보아야 하고, 그렇게 약자를 보호하는 것이 곧 하나님께 꾸어 주는 것이라고 하였다.

여기에 더해, 그레고리우스 1세는 재물을 하나님이 인간에게 허

---

30 니사의 그레고리오스, "가난한 자들에 대한 사랑과 자선에 대하여," Jean-Marie Salamito ed., *Riches et pauvres dans l'Eglise ancienne*, 박노양 옮김, 『부와 가난: 부와 가난에 대한 거룩한 교부들의 설교』(서울: 정교회 출판사, 2018), 214.

락하신 공공재公共財로 이해하였다. 이는 이미 카르타고의 감독인 키프리아누스Cyprianus의 『선행과 자선』에도 등장하는 개념이다.[31] 그는 『선행과 자선』 25장에서 사도행전에 등장하는 초대교회의 모습을 언급하면서 이 세상 양식들을 하나님이 우리 모두에게 주신 '공공의 선물'이라고 하였다. 그레고리우스도 키프리아누스처럼 재물을 공공재로 인식했기에, 그는 『사목규범』Regulae Pastoralis Liber에서 부유한 자들이 가난한 이들에게 자선을 베푸는 것은 그들에게 선물을 주는 것giving gift이 아니라 오히려 그들의 것을 되돌려주는 것이요, 정의의 빚을 갚는 것이라고 하였다.[32] 여기서 한 걸음 더 나아가, 그는 누가복음 16장에 나오는 "부자와 나사로"이야기를 설명하면서 부자가 사후死後에 지옥에 간 것은 그가 어떤 불법을 행했기 때문이 아니라 자신의 재물을 헛되이 사용했기 때문이라고 지적하였다. 그러면서 그는 부자처럼 자신의 재물을 무절제하게 사용하거나 자선을 베푸는 것에 인색한 자들은 앞으로 일어날 일을 알지 못하는 무지한 사람이라고 경고하였다.[33] 즉, 그레고리우스는 가난한 자들을 돕는 일과 종말을 연결시킴으로 자선을 종말의 때를 준비하는 도구로도 보았던 것이다.

---

[31] St. Cyprian, "Works and Almsgiving," in *Treatises, The Fathers of the Church, Volume 36* (Washington D.C.: Catholic University of America Press, 2007), 25.

[32] Gregory the Great, *The Book of Pastoral Rule*, trans. George E. Demacopoulos (Crestwood, NY: St. Vladimirs Seminary Press, 2007), part 3, chapter 21.

[33] 위의 책.

2. 차등적인 자선

이미 앞에서 설명했듯이, 그레고리우스가 로마교회의 수장이 되었던 6세기말에는 이미 다양한 재난들로 사회경제체계가 무너져 지위고하를 막론하고 많은 이들이 어려움을 겪던 시대였다. *Ep*는 곳곳에서 당시의 이런 상황뿐 아니라 그레고리우스가 어려움을 겪는 이들을 어떻게 돌보았는지도 잘 보여준다. *Ep* 7.23에 따르면, 그레고리우스는 롬바르드족을 피해 로마로 피신 온 수많은 난민 수녀들에게 침구를 제공하였다. 특히 그 중에서도 로마교회의 교인명부에 기록된 3천명에게는 매년 80 리브라스libras, 즉 금화 5670닢solidi [34]을 제공해 주었다. 이 편지를 기준으로 계산해 보면, 당시 로마교회에 등록된 난민 수녀들은 매년 약 금화 2닢 정도를 받은 것으로 추정할 수 있는데, 이는 로마시대 일반 서민들plebs이 매년 국가로부터 받는 금액과 별반 다르지 않다.[35]

그레고리우스는 그의 자선활동의 범위를 로마에만 제한하지 않았다. *Ep*에 따르면, 그는 이사우리아Isauria [36]에 있는 어느 가난한 수도원에 금화 72닢solidi을 지원하였고*Ep* 5.35, 시나이산Sinai에서 어렵게 생활하는 수도사들에게도 많은 돈을 비롯한 의복과 침구류를 보내주었다*Ep* 11.2. 또한 *Ep* 14.15를 보면, 그레고리우스가 로마의 북쪽에 위치한 페루기아Perugia의 주교인 베난티우스Venantius에게도 편지와 함께 털로 된 튜닉amphimallum을 보내면서 이것을 추운 겨울에 옷이 없어 고생하는 엑

---

34 Gregorius I, *Gregorii I Papae Registrum Epistolarum: Tomus I (Libri I-VII)*, 468, 각주 3.

35 Peter Brown, *Poverty and leadership in the later Roman Empire*, 서원모 · 이은혜 옮김, 『고대 후기 로마제국의 가난과 리더십』(파주: 태학사, 2012), 125.

36 시대에 따라 차이가 나지만, 보통은 현재 보즈키르(Bozkır) 지역과 그 주변 지역을 가리킨다.

셀리우스Ecclesius 주교에게 전달하고, 그를 기꺼이 도울 것도 간곡히 부탁하였다. 심지어 그레고리우스는 개종한 가난한 유대인들을 위해 세례복 구입비 명목으로 금화 50닢을 보내기도 하였다Ep 8.1.

그레고리우스 1세는 당대의 성직자를 넘어서서 몰락한 귀족이나 시민들까지도 적극적으로 돌보았다. 대표적인 경우가 시칠리아에 있는 차부제인 페트로스에게 보내는 Ep 1.44일 것이다. 그레고리우스는 이 편지 서두에서 '네 이웃들을 내 자신처럼 사랑하라'마 22:39는 성서의 말씀을 인용하면서 어려움 당하는 이들을 돕는 것이 당연한 것이라고 하였다. 이후 그는 페트로스에게 자신이 시칠리아의 귀족출신이지만 시각장애로 경제적 어려움을 겪고 있는 필리무트Filimuth에 대한 소식을 들었다고 전한 후, 그에게 매년 밀 24모디아modia,[37] 콩 20모디아modia, 와인 20데키마따스decimattas[38]를 제공하라고 하였다. 이외에도, 그레고리우스는 마티니의 아들로 시력을 상실한 알비노Albino에게 금화 2/3닢을 매년 제공할 것을 명하였다Ep 4.28.

그런데 여기서 흥미로운 사실은, 그레고리우스가 특정인들에게는 이례적으로 많은 구호품을 제공하고 있다는 것이다. 591년 그레고리우스는 시칠리아의 차부제subdiacon인 페트루스에게 편지를 보내면서 경제적 어려움을 당하는 '파스토르'Pastor를 언급하며 다음과 같이 기록하였다.

---

37 밀 1모디우스(modidus)는 6.75kg에 해당한다. 자세한 내용은 다음을 참고하라. Bruce W. Frier, ed., *The Codex of Justinian, Volume 3: Books VIII-XII*, trans. Justice Fred H. Blume (Cambridge: Cambridge University Press, 2016), 3072.

38 와인 1데키마타는 60파운드(27.2kg)에 해당한다. Gregory the Great, *The Letters of Gregory the Great 1: Books 1-4*, 170, 각주 270.

만약 우리가 이웃들의 필요에 대해 동정심과 관심을 가지고 [그들을] 맞이한다면, 의심할 여지없이 우리는 주님께서 우리의 요구들에 대해서도 자비를 베푸시는 것을 발견하게 될 것이다. 우리는 이전에 유명한 군대 지휘관(magistro militum)인 조나터(Ionathe)를 섬겼던 '파스토르' ― 그는 아내와 종들이 있었다 ― 가 매우 심각한 시력약화로 어려움을 당하고 있다는 것을 알고 있다. 이런 이유로 우리는 네가 이 지시사항이 있는 편지를 가지고 그가 잘 지낼 수 있도록 매년 많은 밀(annuos tritici modios tot)과 콩(fabarum modios tot)을 제공해 줄 것을 명한다.(Ep 1.65)

여기서 그레고리우스가 페트루스에게 언급한 '많은 밀과 콩'이 어느 정도인지는 명확하지 않지만, 편지의 내용으로 볼 때 최소한 파스토르가 그의 가솔※※들을 돌볼 수 있을 정도의 구호품을 제공한 것으로 보인다. Ep 1.37과 9.109도 그레고리우스 교황이 경제적으로 어려움을 당한 귀족이나 관리들을 어떻게 도왔는지를 명확히 보여준다. Ep 1.37을 보면, 그레고리우스가 어려움에 처해 있는 그의 이모인 팔라티나Palatina를 위해 금화 20닢solidi과 밀 300모디modii, 그녀의 자녀들을 위해 매년 금화 40닢과 밀 400모디, 그리고 유명인사의 과부인 비비아나Viviana를 위해서도 금화 20닢과 밀 300모디를 제공해 주었다. 그리고 후자에서는 그가 전前 시실리의 보호관defensor[39]이였던 가우디오수스Gaodiosus가 극심한 가난으로 생활이 궁핍해졌다는 소식을 듣고서, 현 시실리의 보호관인 로마누스Romanus에게 가우디오수스가 편안한 노후를 보낼

---

39 고대후기 로마세계에서 지방도시의 보호관(defensor)은 지방정부의 통치자들이 관리자들로부터 시민들을 보호하는 역할을 감당하였다. Bruce W. Frier, ed., *The Codex of Justinian, Volume I: A New Annotated Translation, with Parallel Latin and Greek Text*, trans. Fred H. Blume (Cambridge: Cambridge University Press, 2016), I. 55.

수 있도록 지체 없이 매년 금화 6닢 solidi 제공할 것을 요청한다.

　　사실, 중세 초기 금화 1닢의 가치는 시기와 장소에 따라 많은 차이를 보이기에 당시 팔라티나와 가우디오수스가 제공받은 구호품의 가치를 정확히 확인하는 것은 어렵다. 다만, 동시대의 사료들을 바탕으로 대략적인 그 가치를 유치해 볼 수 있을 뿐이다. 먼저 발렌티니아누스 3세 Valentinius III, 재위 419-455년 가 445년에 누미디아 Numidia 와 마우레타니아 Mauretania 지역의 군인들의 생계수당 subsistence allowance 과 관련해 법을 제정하였다. 그 법에 따르면, 군인 한 명은 매년 금화 4닢을 제공받는데, 그 돈은 곡물 160모디 modii, 고기 1,080파운드에 해당하는 금액이다. 이와 같은 금화의 가치는 6세기 이집트에서 동일하게 적용되었던 것으로 보인다.[40] 또한 『교황연대표』 Liber Pontificalis 에 보면, 그레고리우스 대종의 후임인 사비니안 Sabinian, 재위 604-606년 이 기근일 때 교회 창고를 열어서 밀을 판매한 이야기가 나온다. 그 이야기에서는 당시 곡물 30모디 modii 를 금화 1닢 solidus 에 팔았다고 한다.[41] 발렌티니아누스와 『교황연대표』를 볼 때, 당시 경제적 위기에 내몰린 가우디오스가 그레고리우스에게 받은 구호품은 서민들과 군인들의 생계비보다 조금 더 많은 금액이지만, 팔라티나와 그녀의 자녀들, 그리고 비비아나가 받은 것은 당대의 일반인들의 생계비와 비교도 되지 않을 정도로 많은 금액이었음을 알 수 있다.

　　여기서 우리는 그레고리우스가 모든 이들에게 일률적인 시혜施惠를 베풀기 보다는 상황에 따라 차등적인 시혜를 제공하고 있음을 알 수

40　Clyde Pharr, trans., "The Novel of Theodosius," in *The Theodosian Code and Novels and the Sirmondian Constitutions* (Princeton, NJ: Princeton University Press, 1952), Xiii.3-4; A.H.M Jones, *The Later Roman Empire 284-602: Volume One* (Baltimore: Johns Hopkins University Press, 1986), 446.

41　Raymond Davis, ed., *The Book of Pontiffs (Liber Pontificalis): The Ancient Biographies of First Nine Roman Bishop to Ad 715* (Liverpool: Liverpool University Press, 1989), 67.1.

있다. 여기에 대한 그레고리우스의 입장을 확인하기 위해 우리는 그의 『사목규범』을 확인할 필요가 있다. 그는 『사목규범』 3부에서 목회자들이 자신의 회중들에게 어떻게 훈계하고 설교를 감당해야 하는지를 말한다.

> 모든 사람을 똑같은 특질로 묶을 수 없는 만큼, 어떤 한 훈계를 모든 사람에게 동일하게 적용하면 안 됩니다. … 그러므로 청중 각 개인의 수준에 따라 교사들은 설교를 달리해야 합니다. 그래야 그들 각각의 필요를 충족시킬 수 있습니다. 하지만 일반적인 훈계기술에서도 절대로 벗어나서는 안 됩니다.[42]

그레고리우스는 회중들의 상황과 수준을 고려한 설교와 훈계를 강조하였다. 회중의 입장을 고려한 그레고리우스의 자세는 그의 자선 활동에도 그대로 적용된다. 이는 그가 서기관인 판탈레오니 Pantaleoni 에게 보낸 편지에서 잘 드러난다. 그는 그 서기관에게 먼저 시실리 지역의 존경받는 교회 주교이자 하드리안의 개인 비서관이었던 요한의 조언을 받아들일 것을 강조하면서 다음과 같이 이어간다. "먼저, 내가 이미 말했듯이, 마을 공공기금의 목록을 작성하십시오. 그 후 경제적으로 궁핍해진 소작농들의 가난한 정도에 따라 마을 공공기금을 분배하도록 노력하십시오" Ep 13.35.

이렇게 볼 때, 그레고리우스가 수혜자의 신분과 형편, 그리고 가난의 정도에 따라 차등적인 자선을 베푼 것은 단지 가난한 자들에 대한

---

42   Gregory the Great, *The Book of Pastoral Rule*, III. prologue.

차별이나 홀대가 아니라 오히려 넉넉하지 않은 교회의 재정으로 가능한 한 많은 이들을 돌봐야 하는 상황에서 그가 제시한 현실적인 목회전략으로 보인다. 사실, 이런 수혜자의 상황에 따른 차등 지급은 기독교 자선전통에서 전혀 새로운 것이 아니다. 예를 들면, 6세기 가자 Gaza 지역의 영적지도자요 수도사였던 바르사누피우스 Barsanuphius 와 가자의 요한 John of Gaza 의 편지 이하, 『바르사누피우스와 요한의 편지』 630번에는 자신에게 오는 가난한 자들을 어떻게 구제할지를 고민하는 한 평신도가 나온다. 그 편지에 따르면, 그를 찾아오는 이들 중에는 구제금 받기를 부끄러워하지 않는 걸인들도 있고, 공개적으로 도움받기를 거절하는 몰락한 귀족들과 질병으로 경제적인 어려움을 겪는 이들도 있다고 말하면서 그들을 어떻게 돕는 것이 좋은지를 질문하였다. 그러자 가자의 요한은 첫 번째 그룹에게는 그들이 요구하는 것보다 적게 구제금을 주는 반면, 뒤의 두 그룹에게는 그들이 요구하거나 필요로 하는 양보다 더 많은 구제금을 주는 것이 좋다고 답변해 주었다.[43] 즉, 요한은 수혜자의 심리적이고 신체적 상황을 고려하여 차등적으로 자선을 제공할 것을 권하였다. 이 『바르사누피우스와 요한의 편지』를 연구한 필자는 먼저 차등적 자선은 고대 그레코-로만과 유대교 전통에 깊은 뿌리를 내리고 있다고 전제한 후, 그런 심리적이고 사회경제적인 상황을 고려한 차등적 구제와 환대 almsgiving and hospitality 는 고대 후기 혹은 중세 초기 동지중해 기독교 세계 전역에 영향을 미쳤다고 하였다.[44] 이런 형태의 자선은 다니엘 캐너 Daniel Caner 의 연구에서도 발견된다. 그에 따르면, 6세기 예루살렘 주변에서

---

43   Barsanuphus and John of Gaza, *Barsanuphius and John: Questions and Responses*, trans. John Chryssavgis (Washington, D.C.: Catholic University of America Press, 2006), 630.

44   Choi Hyung-Guen, *Between Ideals and Reality: Charity and the Letters of Barsanuphius and John of Gaza*, 149-53.

수도생활을 하였던 수도사 테오도시우스Theodosius도 가난한 수혜자가 누구인지에 따라 다르게 식탁을 제공하였다고 한다. 즉 테오도시우스는 매일 2종류의 식탁을 제공했는데, 그 하나는 일반적인 걸인이나 시민들이 참여할 수 있는 식탁이고, 다른 하나는 수도사나 환자처럼 특별한 돌봄과 필요가 있는 이들을 위한 식탁이다.[45]

3. 주교와 자선

그레고리우스는 그 자신이 직접적으로 자선을 베풀기도 했지만, 서로마제국 각 지역에 있는 주교들을 통해 자선을 강조하기도 했다. 특히, 이는 그가 주교와 부제들의 행동강령에 대해 기록해 놓은 『사목규범』에 잘 나타난다. 『사목규범』 3권 2장에서 그는 성직자들이 가난한 자들과 부유한 자들을 어떻게 훈계할 것인지를 다룬다. 그곳에서 그는 '가난'을 '훈련의 도가니'에 비유면서 어려움 당하는 이들에게는 위로해야 하고, 부유한 자들에게는 그들의 재물이 일시적인 것을 알려주면서 그들이 결코 교만해지지 않도록 훈계해야 한다고 하였다. 그 이후 같은 책 3권 20장에서는 자선을 통해 재물을 재분배하는 자들즉, 사제들의 자세에 대해 설명하는데, 그 내용을 정리하면 다음과 같다: 이 세상의 주인이신 하나님께서 먼저 당신의 종들에게 자신의 지위와 사역을 위임하셔서 그들로 하여금 필요한 것들을 다른 사람에게 제공하게 하셨

---

45 Daniel Caner, "Charitable Ministrations (Diakoniai), Monasticism, and the Social Aesthetic of Sixth-Century Byzantium," in *Charity and Giving in Monotheistic Religions* (Berlin: De Gruyter, 2009), 57.

다. 그러므로 소유물을 나누어 주는 자들은 하나님께서 자신을 하나님의 재물을 나누어 주는 자로 세우셨다는 것을 깨닫고 겸손히 재물들을 나누어야 한다. 또한 하나님의 위탁을 받은 이들은 재물을 나누어 줄 때 심사숙고해서 낭비되는 것이 없도록 해야 한다. 즉 주지 말아야 할 사람에게 주거나, 주어야 할 사람에 주지 않는 일이 없어야 하고, 조금 주어야 할 이에게 많이 주거나, 많이 주어야 할 사람에게 조금 주는 일이 없도록 해야 한다.[46]

여기에 더하여, 그레고리우스 1세는 주교들에게 경제적 어려움에 처해 있는 이들에게는 물질적인 도움을 주는 것을 넘어서서 그들을 보호할 것도 요청하였다. 이는 598년에 그레고리우스가 차부제subdeaconus인 안테미우스Anthemius에게 보낸 서신에서 확인할 수 있다. 사니누스Saninus의 과부인 테오도라Theodora는 자신의 아들이 결혼한 후 아들내외와 사돈이 힘을 합쳐 그녀의 재산과 그녀를 돕는 여종을 빼앗아 가려고 하자, 그레고리우스에게 도움을 요청하였다. 여기에 대해 그레고리우스는 안테미우스에게 '만약 이것이 사실이라면 매우 심각하고 경건치 못한 일이다'고 하면서 가능한 범위 내에서 그녀를 돕고 보호하라고 하였다Ep 9.36. 그는 다른 편지에서도 동일한 차부제에게 그가 관할하는 지역에서 물리적인 폭력으로 어려움을 당하는 도나투스Donatus가 자신에 맡겨진 일을 할 수 있게끔 보호해줄 것을 명하였다.[47] 여기서 우리는 그레고리우스가 서로마 교회의 사제들을 가난한 자들과 교회 성도들의 보호자defensor로 인식하였음을 알 수 있다.

---

46   Gregory the Great, *The Book of Pastoral Rule*, Part 3, Chapter 20.

47   *Ep*, IX.193; *Letters*, 9.194.

그런데 이런 인식은 이미 그레고리우스 이전자료에서도 발견되어진다. 6세기 초 팔레스타인의 자료인 『바르사누피우스와 요한의 편지』 828에서 익명의 주교 bishop가 교회의 회계 τὰ λογάρια τῆς Ἐκκλησίας를 관리하는 것에 대해 문의하자, 바르사누피우스는 그에게 먼저 교회의 회계하는 것이 하나님의 회계를 하는 것임을 언급한 후, 교회 회계의 관리자로써 최선으로 가난한 자와 사회적 약자를 위한 부분을 남겨 그들을 돌볼 것을 조언하였다. 또 다른 편지에서 바르사누피우스가 동일한 수신자에게 로마제국 행정관들이 부당하게 교회가 가난한 자들을 위해 남겨놓은 물질을 요구하는 상황에서 약자들을 위한 구제금을 관리들에게 넘겨주면 안 된다고 하였다.[48] 사실, 고대 후기 로마제국의 감독들의 자선을 연구한 피터 브라운은 그의 책 『고대 후기 로마제국의 가난과 리더십』에서 감독들을 "가난한 자를 사랑하는 자"와 "가난한 자의 관리자"로 지칭하면서 감독과 사제들이 "공식적인 돌봄의 대상인 극빈자뿐만 아니라 후기 로마제국의 도시 전체의 "보다 연약한" 계층 tenuiores의 보호"에 적극 개입하였다고 하였다.[49]

4. 노예제

다음은 고대 사회에서 가장 취약한 계층이었던 노예에 대한 입장을 살펴보도록 하자. 흥미롭게도 그레고리우스는 농경사회의 노예제

---

48 Barsanuphus and John of Gaza, *Barsanuphius and John: Questions and Responses*, 830.
49 Peter Brown, 『고대 후기 로마제국의 가난과 리더십』, 159.

도를 신적인 섭리가 아니라 사회적인 우연의 부산물로 보았다.[50] 이런 그의 입장은 로마교회의 소유였던 몬타나Montana와 토마Thoma에게 보내진 *Ep* 6.12에 잘 나타난다. 그는 먼저 모든 창조의 근원인 우리의 구세주께서는 그의 은혜로 우리의 육체가 노예의 속박에서 진정으로 벗어나길 원하신다고 말한 후, 만약 자유롭게 태어났다가 인간사회의 계약이나 법률에 의해 노예가 된 이들이 있다면 그들은 노예해방의 선물을 통해 다시 원래의 상태로 돌아가야 한다고 강조하였다. 그 이후 그는 몬타나와 토마를 면천免賤시켜주는 동시에 시민권을 주어 자유민으로 로마 교회를 섬기게 하였다. 이런 그의 입장은 『사목규범』 3권 5장에서도 재확인할 수 있다. 그는 먼저 종들에게 신분상 항상 겸손할 것을 당부한 반면, 주인들에게는 자신들과 그들의 종들이 본질적으로 동등하게 창조되었음을 기억할 것을 당부하였다. 이어서 그는 만약 주인들이 자신들과 자신의 수하에 있는 종들이 본질적으로 동일하다는 점을 인정하지 않는다면, 그것은 하나님의 은혜를 저버리는 교만이라고 하였다. 그레고리우스는 분명히 농경사회 유지를 위한 기능적인 측면에서 노예제의 존재는 인정하지만, 본질적이고 태생적인 신분이 다른 노예제에 대해서는 부정하는 것임을 밝히고 있다.

이런 그레고리우스였기에 캄파니아에 있는 베드로 세습령partono-my 관리자이자 차부제subdeaconus인 안테미우스가 이미 면천된 가우디오수스Gaudiosus와 시리카Sirica를 잘 돌보지 못한 소식을 듣고 그를 매우 꾸짖었다. 『편지』 1.53에 따르면, 그는 먼저 면천된 이들을 다시 노예로 전락시키는 것을 금지하는 로마법을 언급하면서 거룩한 교회가 그렇게

---

50   John R. C. Martyn, "Introduction," 95.

하면 안 된다고 하였다. 여기서 우리는 6세기 말에 일부 성직자들이 여러 가지 이유로 이미 면천된 이들을 다시 교회의 노예로 환원시키려는 움직임이 있었고, 그레고리우스는 그것을 반대했음을 알 수 있다. 그 밖에도 그는 아드리아해 연안the Adriatic coast에 위치한 파눔Fanum, 현 Fano 지역에 있는 포로들과 시폰티노Sipontino, 현 Siponto의 성직자인 트리부누스를 해방시키기 위해서도 많은 노력을 기울였다Ep 2.38; 4.17. 심지어 그는 캄파니아에서 롬바르드족에게 잡혀간 포로들을 위해서는 그 자신이 직접 몸값과 함께 대표자들을 보내면서 그들을 되찾아오려고 하였다Ep 6.32.

『편지』에서 보여주는 노예에 대한 그레고리우스의 입장은 고대 후기 서로마세계의 감독들과 차이를 보인다. 기본적으로 고대후기 로마제국에서 노예는 상거래가 가능한 '상품'에 지나지 않았다. 물론 고대 후기 노예들과 주인들의 상황이 다양해 한마디로 말하기는 쉽지 않지만, 모든 계층의 노예들이 공유하는 가장 기본적인 경험은 그들이 인간 상품human property으로 취급되었다는 것이다.[51] 그래서 브라운은 고대후기 감독과 노예제의 관계에 대해 다음과 같이 평가하였다.

감독의 "가난한 자의 돌봄"에서 한 계층이 놀랍게도 빠져 있다. 여기에는 노예가 없다. "가난한 자의 돌봄"에 대한 그리스도교의 실천과 설교는 오직 자유민에 의해서, 자유민을 위해서 이루어졌다. 그리스도교의 자선은 궁핍에 처한 자유민을 위로하고 자유민을 빈곤으로부터 보호하기 위해 행해졌다. 노예는 이러한 과정의 위로나 보호에서 어떤 몫도 없

---

51 다음을 참고하라. Kyle Harper, *Slavery in the Late Roman World, AD 275-425* (Cambridge: Cambridge University Press, 2011), 35.

었다.[52]

　　한 걸음 더 나아가 그는 후기 로마제국에서 "노예는 그리스도인에 의해서 동정의 대상으로 보였지만, 감독과 성직자가 책임져야 한다고 고려할 만한 자유민과 같은 운명 destiny"을 가지지 않았다고 하였다.[53] 이는 수도문헌인 『바르사누피우스와 요한의 편지』에서도 잘 나타난다. 여러 문제를 일으킨 노예 때문에 고민하는 무명의 그리스도인 주인이 요한에게 문의하자, 요한은 주인에게 노예를 처벌하거나 분노로 다스리기 보다는 하나님을 두려워하는 마음으로 지도할 것을 강조하였다.[54] 물론 『바르사누피우스와 요한의 편지』에 나오는 가자의 요한이 그의 영적인 제자들에게 노예들을 인격적으로 다룰 것을 조언하였지만, 그것이 곧 노예제에 대해 동정적인 입장을 보이거나 노예제 폐지를 주장하는 것은 아니었다.[55] 위의 내용을 볼 때 고대후기 교회 감독들과 같이 수도 전통에 서있는 『바르사누피우스와 요한의 편지』에서도 노예들을 동정과 돌봄의 대상으로 본 것을 분명해 보이지만, 그레고리우스처럼 돌봄을 넘어서서 책임져야 할 대상으로 인식하거나 해방시킬 대상으로 본 것은 아니었다. 이 점에서 그레고리우스의 자선이 그의 이전의 전임자들과 확연히 구분된다.

52　Peter Brown, 『고대 후기 로마제국의 가난과 리더십』, 127.

53　위의 책, 128.

54　Barsanuphus and John of Gaza, *Barsanuphius and John: Questions and Responses*, 654-657.

55　다음을 참고하라. Choi Hyung-Guen, *Between Ideals and Reality: Charity and the Letters of Barsa-nuphius and John of Gaza*, 197-201.

V. 결론

이제까지 우리는 고대와 중세의 가교 역할을 하였던 그레고리우스 1세의 편지에 나타난 자선활동을 그리스도교의 자선전통의 맥락에서 살펴보았다. 먼저 본고는 그레고리우스가 자선의 근거로 삼았던 '가족 구성원으로써 가난한 자'과 '공공재로서 재물'을 살펴보았다. 그리고 이어서 *Ep*에서 보여지는 다양한 형태의 구제들, 수혜자에 따라 차별적으로 주어지는 자선, 사회적 약자들을 구제하고 보호하는 주교와 노예제에 대한 인식도 살펴보았다. 이렇게 볼 때 그레고리우스는 기본적으로 가난한 이들을 돕고 구제하는 자선에 대해 긍정적인 입장을 가지고는 있지만, 교회나 수혜자의 입장과 상황에 따라 차등적인 자선을 제안하기도 하였다. 그러나 이런 차등적 자선은, 고대 후기 감독들과 수도사들과 마찬가지로, 결코 사회적 약자들에 대한 차별이나 홀대가 아니라 오히려 교회와 지역사회를 보호하고 유지하기 위한 고뇌의 산물로 보여진다. 반면에, 노예제에 있어서 그레고리우스는 그 이전의 교회지도자들과 다른 입장을 취하였다. 그는 노예제에 대해 필연적인 신의 섭리라는 입장을 부정하고 우연의 산물로 보았다. 그렇기에 그는 당연히 노예들도 면천이 가능하고 면천을 해주려고 하였다. 비록 그레고리우스가 노예제 폐지를 주장한 것은 아니지만, 그 이전의 감독들과 달리 노예들도 단지 동정의 대상을 넘어 교회의 주교나 감독들의 보호해야할 대상으로 인식하였다. 이것으로 우리는 그 동안 기독교자선에서 제외된 노예들에까지 자선을 실천한 그레고리우스 대종을 진정한 자선가

benefactor로 평가할 수 있을 것이다.

앞에서 언급했듯이, 본고는 그레고리우스의 모든 자료가 아니라, *Ep*에 한정해서 자선을 살펴보았다. 한정적인 자료로 인해 본고에서 살펴본 그레고리우스 자선의 특징이 그의 모든 자선을 대표한다고 할 수 없을 것이다. 그러므로 앞으로 본 연구를 바탕으로 그레고리우스의 다른 작품들에 나타난 자선을 연구한다면, 자선에 대한 그의 이해를 더 포괄적인 동시에 더 정확히 이해할 수 있을 것이다.

참고문헌

1. 1차 자료

Barsanuphus and John of Gaza. *Barsanuphius and John: Questions and Responses.* Translated by John Chryssavgis. 2 Volumes. Washington D.C.: Catholic University of America Press, 2006.

Gregorius I. *Gregorii I Papae Registrum Epistolarum: Tomus I (Libri I-VII).* Edited by Paul Ewald and Ludo Moritz Hartmann. Munich: Monumenta Germaniae Historica, 1887. 영어 번역: Gregory the Great. *The Letters of Gregory the Great: Books 1-14.* 3 Volumes. Translated by John R. C. Martyn. Toronto: Pontifical Institute of Medieval Studies, 2004.

_____. *The Book of Pastoral Rule.* Translated by George E. Demacopoulos. Crestwood, NY: St. Vladimirs Seminary Press, 2007.

Gregory of Nyssa. Jean-Marie Salamito ed., *Riches et pauvres dans l`Eglise ancienne*, 박노양 옮김, 『부와 가난: 부와 가난에 대한 거룩한 교부들의 설교』. 서울: 정교회 출판사, 2018.

St. Cyprian. "Works and Almsgiving." In Treatises, *The Fathers of the Church, Volume 36.* Washington D.C.: Catholic University of America Press, 2007.

2. 2차 자료

서원모. "6세기 가자 수도원과 가난 담론." 『한국기독교신학논총』 82 (2012), 203-30.

이형우. "해제." 『베네딕도 전기』. 왜관: 분도출판사, 2017.

Allen, Pauline, Bronwen Neil, and Wendy Mayer. *Preaching Poverty in Late Antiquity: Perceptions and Realities.* Leipzig: Evangelische Verlagsanstalt, 2009.

Brown, Peter. *Poverty and leadership in the later Roman Empire.* 서원모 · 이은혜 옮김. 『고대후기 로마제국의 가난과 리더십』. 파주: 태학사, 2012.

_____. *Through the Eye of a Needle: Wealth, the Fall of Rome, and the Making of Christianity in the West, 350-550 AD.* Princeton, NJ: Princeton University Press, 2014.

_____. *The rise of West Christendom.* 이종경 옮김. 『기독교 세계의 등장』. 서울: 새물결, 2004.

Caner, Daniel. "Charitable Ministrations (Diakoniai), Monasticism, and the Social Aesthetic of Sixth-Century Byzantium." In *Charity and Giving in Monotheistic Religions*. Berlin: De Gruyter, 2009.

Choi, Hyung-Guen. *Between Ideals and Reality: Charity and the Letters of Barsanuphius and John of Gaza*. ECS 21. Sydney: SCD Press, 2020.

Davis, Raymond, ed. *The Book of Pontiffs (Liber Pontificalis): The Ancient Biographies of First Nine Roman Bishop to Ad 715*. Liverpool: Liverpool University Press, 1989.

Doleac, Miles. "Tricinium Pauperum: Poverty, Charity and the Papacy in the Time of Gregory the Great." Unpublished Ph. D. dissertation, Tulane University in New Orleans, 2013.

Drobner, Hubertus R. *Lehrbuch der patrologie*. 하성수 옮김. 『교부학』. 왜관: 분도출판사, 2001.

Frier, Bruce W. ed. *The Codex of Justinian, Volume 3: Books VIII-XII*. Translated by Justice Fred H. Blume. Cambridge: Cambridge University Press, 2016.

_____. *The Codex of Justinian, Volume 1: A New Annotated Translation, with Parallel Latin and Greek Text*. Translated by Justice Fred H. Blume. Cambridge: Cambridge University Press, 2016.

Horden, Peregrine. "Mediterranean Plagues in the Age of Justinian." In *The Cambridge Companion to the Age of Justinian*. Edited by Michael Mass. Cambridge: Cambridge University Press, 2005.

Jones, A. H. M. *The Later Roman Empire 284-602: Volume One*. Baltimore: Johns Hopkins University Press, 1986.

Markus, Robert A. *Gregory the Great and His World*. Cambridge: Cambridge University Press, 1997.

Martyn, John R. C. "Introduction." In *The Letters of Gregory the Great 1: Books 1-4*. Toronto: Pontifical Institute of Medieval Studies, 2004.

Pharr, Clyde, trans. "The Novel of Theodosius." In *The Theodosian Code and Novels and the Sirmondian Constitutions*. Princeton, NJ: Princeton University Press, 1952.

Richards, Jeffrey. *Consul of God: The Life and Times of Gregory the Great*. New York: Routledge, 2014.

Tierney, Brian and Sidney Painter. *Western Europe in the Middle Ages, 300-1475*. 이연규 옮김. 『서양 중세사: 유럽의 형성과 발전』. 2판. 서울: 집문당, 2021.

제 5 장

중세의 목회
: 성녀와 고백신부의 영적 동반자
관계를 중심으로

양정호 _ 장로회신학대학교 조교수, 역사신학/중세교회사

I. 들어가는 말

개신교인들이 떠올리는 중세에 대한 이미지는 그리 긍정적이지
만은 않을 것이다. 그 이유는 이른바 루터에 의한 복음의 재발견이라는
관점에서 보면, 중세는 복음이 빛을 발하지 못하였던 시기로 인식될 수
있기 때문이다. 그러나 중세에 복음이 빛을 발하지 못하였다는 의미가
그 시대에 복음이 존재하지 않았다거나 복음이 초대교회에서 중세를
건너뛰고 종교개혁 시대로 곧바로 이동했다는 뜻으로 오해해서는 안
된다. 그럼에도 불구하고, 종교개혁자들과 종교개혁 시대에 스포트라이
트를 비추어 보면, 주변에 해당되는 중세는 어둡게 보이기 마련이다.

종교개혁자들의 업적과 복음의 재발견이라는 위대한 사건의 의
미를 퇴색시키지 않으면서도 복음의 연속성을 염두에 두고서 스포트라
이트의 크기를 넓혀서 중세까지도 함께 환하게 비추어 보면 무엇이 어
떻게 보일까? 자세히 들여다보면 그 안에도 복음이 존재했다는 것과 복
음의 능력에 의지해서 그리스도인답게 살아가려했던 사람들의 발자취
를 찾아볼 수 있을 것이다. 교구에 속한 교회에서, 수도회 소속 수도원
에서, 예배당 겸 독거수도처에서, 7성사라는 제도에 얽매인 것 같은 일
상에서도 그리스도인답게 살아가려고 몸부림쳤던 사람들을 찾아볼 수
있다. 로마 가톨릭 교회는 이러한 그리스도인들을 성인이라고 칭하며
그들의 신앙과 삶을 기억하고자 축일을 정하고 기념하는 것이리라.

눈에 보이지 않는다고 존재하지 않는 것이 아니듯이, 위대한 업
적을 남기지 못했다고 존재가치가 없는 것은 아니듯이, 말하여지지 않

았다고 존재가 가벼운 것은 아니다. 지금까지 말해진 것보다 더 많이 말해져야 하는 사람들, 존재에 대해서 알림으로써 비로소 존재했었다는 사실 뿐만 아니라 존재가치가 충분했으며 존재의 무게를 비로소 실감하게 되는 사람들이 있다. 그러한 사람들을 발굴해 내고, 그 사람들에 대해서 말하고, 그 사람들의 존재를 각인시키는 것이 역사가의 임무가 아닐까? 여기, 지금까지 ─ 개신교 교회사와 역사신학 안에서 ─ 말해진 것보다 더 많이 말해져야 하는 사람들이 있다. 그들은 "그리스도를 그리스도 되게 한 그리스도인" 곧 여성 성인들 및 그 성녀를 성녀되게 한 그들의 고백신부들이다. 왜냐하면 이들이야말로 복음의 연속성을 말해줄 증인들이기 때문이다.

　　이 글에서는 예수 그리스도부터 시작된 복음이 2,000년이 지난 지금까지 중세시대를 통과하여 거치면서도 중단 없이 이어져왔다는 복음의 연속성을 염두에 두면서, 기독교신학에서 별다른 주목을 하지 않았던 중세시대와 그 시대에 복음에 순종했던 사람들의 이야기들에 초점을 맞추어, 성녀와 그들의 고백신부의 관계를 "중세의 목회"라는 관점에서 살펴보고자 한다. 첫째로 중세의 목회에 대해서, 둘째로 성녀와 고백신부의 영적 동반자 관계에 대해서, 마지막에는 구체적인 사례로 노르위치의 줄리안과 아담 이스턴, 시에나의 카타리나와 카푸아의 라이문도의 이야기를 소개할 것이다.

Ⅱ. 중세의 목회

서론에서 언급한 '그리스도를 그리스도 되게 한 그리스도인'이라는 표현은 마가복음 14장에 기록된 예수 그리스도의 머리에 향유를 부은 여인의 이야기에서 가져온 것이다. 이 여인은 "온 천하에 복음이 전파되는 곳에 이 여자가 행한 일도 말하여 그를 기억하리라"는 칭찬을 받았다. '그리스도를 그리스도 되게 하는 그리스도인'은 복음과 함께 기억되는 그리스도인이라는 의미이다. 복음이 빛을 발하지 못한 것으로 여겨졌던 중세 시대에 복음의 능력을 의지하면서 살려고 몸부림쳤던 그리스도인, 그래서 '성인 saints'이라는 칭호를 부여받은 사람들이라면 '그리스도를 그리스도 되게 한 그리스도인'이라고 할 수 있지 않을까?

이러한 '성인'들 가운데 특별히 여성들, 곧 성녀들에게는 영적여정을 함께 했던 특별한 사람들이 있었다. 거룩한 삶을 살았던 그 여인들이 훗날 '성녀'로 인정받을 수 있도록 역할을 했던 거룩한 남성들이다. 그 남성들은 목회자로서, '성녀'들의 고해성사를 들어주고 성만찬의 떡을 나누어주고, 영적체험을 글로 써보라고 격려해주고, 교회정치와 마녀재판에 휘둘리지 않도록 겸손과 순종을 가르쳐 준 사람들이다. 뿐만 아니라 교회 내에서 유력한 주교들 추기경들 때로는 교황들과 네트워크를 형성하여 후원자를 만들어준 사람들이다. 고백신부라고 알려진 이 목회자들이 없었다면 '성녀'로 인정받은 성녀들이 오히려 '마녀'로 몰려 화형당할 수도 있었다는 점에서 '성녀'를 '성녀'되게 한 '성인'라고 할 수 있을 것이다.

만약 누군가 "중세에도 '목회'라는 개념이 존재했을까?" "중세에도 진실한 '목회자'들이 존재했을까?"를 질문한다면 성녀와 고백신부의 관계를 살펴보면서 목회자의 역할에 대해 생각해 보자고, 종교개혁 시대 뿐만 아니라 중세에도 진실되게 목회하는 사람들이 적어도 몇 사람은 있지 않았겠냐고 말해야하지 않을까? 어쩌면 성녀들보다도 덜 알려진 고백신부들의 활동을 중세의 목회라는 관점에서 본다면, 성녀들의 고백신부 역할을 했던 사제들은 다른 성직자보다도 '목회'라는 본질에 충실했던 목회자라 할 수 있을 것이다.

1. 중세의 목회에 대한 일반적인 오해

그런데 중세 시대의 교구 사제 및 수도사들의 목회활동에 대한 이미지는 부정적으로 보인다. 여러 가지 이유가 있겠지만, 대략 3가지로 요약할 수 있을 것이다. 첫째, 종교개혁 전통에 서 있는 그리스도인의 입장은 종교개혁의 정당성을 확보하기 위해서 이전 세대인 중세의 교회와 목회 그리고 신학을 바라보는 시각을 비판적인 방향으로 고정하게 되었다. 둘째, 중세의 사회상을 풍자하는 문학작품들 가운데 최고봉으로 인정받는 보카치오의 『데카메론』은 중세의 목회에 대한 부정적인 이미지를 각인시키는 역할을 하였다. 셋째, 실제로 중세의 목회자들 가운데 상당수의 사람들이 자신들의 직무에 충실하지 않았다. 이와 같은 세 가지 요인들이 서로 얽혀서 더 단단하게 중세의 목회에 대해 부정적 이미지를 형성한 것으로 판단된다.

이는 마치 21세기 대한민국 사회에서 그리스도인에 대한 부정적인 이미지가 형성되고 고착화된 것과도 크게 다르지 않아 보인다. 모든 교회나 모든 그리스도인들이 비난의 대상은 아니겠으나, 팬데믹을 시기를 거치면서 "혐오방역"[1] 및 미디어의 부정적인 보도를 포함한 여러 가지 사회적인 요인으로 인해 교회는 혐오의 대상으로 인식되었다. 팬데믹의 여파로 인한 어려움뿐만 아니라 기독교혐오와 탈기독교현상을 마주하고 있는 현장의 목회자들에게는 이중의 과제가 부여된 셈이다. 따라서 21세기의 대한민국의 목회적 상황 — 이 목회적 상황이라는 것이 지역마다, 교회의 규모마다, 담임목회자의 목회 철학, 회중들의 요구에 따라 다양하게 나타나기에 — 을 기준으로 중세의 목회에 대해서 비판하는 것은 잠시 보류하고, 오히려 과제를 해결하기 위해서 중세의 목회에 대해서 관심을 갖는 것도 좋을 듯하다.

만약 중세의 목회에 대해 관심을 갖는다면, COVID-19를 중세 흑사병에 비견하여 중세에 흑사병이 창궐한 상황에서 교회는 어떤 활동을 펼쳤고 목회자들은 어떻게 목회를 하였는지 호기심이 생길 것이다. 사실 팬데믹 이전에는 중세의 목회가 실제로 어떠하였는지에 대해서 별 관심도 없었으며, 또 지적 호기심이나 관심이 있었다고 하더라고 자료접근이 용이하지 않았다. 연구주제로 관심을 받지 못하였기에 관련 지식을 습득하는 것이 제한되어 있었다. 이러한 상황들을 고려하여 조금은 다른 관점으로 중세의 목회에 접근해 보면 어떨까?

중세의 목회가 부정적인 이미지로 각인되어 있다고 하더라도 그 가운데 목회직에 충실하기 위해 몸부림쳤던 사람들의 모습도 찾아볼

---

1   혐오감정은 감정을 느끼는 주체가 혐오대상을 상대로 거리두기를 한다는 점에서 방역을 효과적으로 시행하기 위해서 필요한 것이고, 팬데믹 상황에서 사회적 거리두기를 시행하면서 한국의 방역이 혐오 감정에 기대어 작동해 왔다는 분석이 있다. 강양구, "혐오를 이해하기, 바이러스를 이겨내기," 『인문학연구』 46 (2021), 287-317.

수 있다. 그 가운데 대표적인 사람이 존 위클리프다. 종교개혁의 선구자라고 할 수 있는 존 위클리프는 자신의 『목회직론』*Being a Pastor: Pastoral Treatises of John Wycliffe*에서 목회가 무엇인지를 분명하게 표현한다. 이 책에서 위클리프는 목회가 무엇인지, 목회자의 두 가지 직무가 무엇인지를 다음과 같이 제시한다.

두 가지 직무가 목회자의 직분에 부여됩니다: 거룩함 삶과 건전한 가르침입니다. 목회자는 항상 신선한 진리인 하나님의 말씀을 사람들에게 전해야 하는데, 그 이유는 목회자가 자신의 양떼를 좋은 목초지로 인도할 때, 그 양육은 결코 사라지지 않을 것이기 때문입니다. 그의 거룩한 삶은 분명한 모범을 통해 보통 사람들을 가르치기 때문에, 목자와 그의 양떼 모두를 위해서 목자가 거룩하게 사는 것은 필수적입니다. 이 점에 대해 교회의 거룩한 박사들은 목자의 삶이 보통 사람들에게 (보여지는) 책이며, 목자가 사람들을 이끄는데 사용해야 할 지침이라고 말합니다. 그리스도는 최고의 목자이시며 그의 직무에서 실패할 수 없기 때문에, 어떤 그리스도인도 그리스도를 본받는 경우를 제외하고는 사제를 본받아서는 안 됩니다(고전 11:1). 그러므로 목자는 마치 목자가 양을 인도하는 것처럼 덕성에 있어서 자기 양떼를 능가해야 하는데, 이는 그가 덕성 안에서 그리고 목자장을 본받는 가운데 확고히 세워져야 하기 때문이며, 탐욕이나 교만이나 죽음에 대한 두려움이 그를 흔들리지 않게 해야 하기 때문입니다. 목자의 이 직분은 그리스도께서 누군가에게 주신 가장 높은 직분입니다. 그러므로 그들은 사랑의 기술을 배워야 하고, 다른 모든 사람들보다 그리스도를 사랑해야 합니다. 이 경우 사람은 자신이 받은 명령을 충실히 지킴으로써 그리스도를 사랑합니다. 그렇지 않으면 복음서가 말하는 것처럼, 그리스도를 주인으로 모실 자격이 없습니다(마 10:37). 그러므로 목자는 믿음과 소망과 사랑을 알아야 합니다. 이 중 하나라도 실패하면 양 떼를 잘 가르치지 못하고, 자신의 의무가 요구하는 대로 양을 위해 목숨을 버리지 않습니다(요 10:11-12).[2]

위클리프가 제시한 목회자의 두 가지 직무를 제대로 이행하지 않는 이른바 '타락한' 목회자의 모습 또는 성직자들이 부패한 모습을 신랄하게 비판하고 있기는 하지만, 실제적인 목회사역을 담당하던 성직자들 모두가 거룩한 삶과 건전한 가르침이라는 두 가지 직무에서 실패한 것은 아니다. 이 시대에도 하나님의 뜻에 따라 목회직을 성실하게 수행하고 또 수행해야할 것을 역설한 이들이 있었다. 이 사실을 강조하는 것은 상당히 중요한데, 그 이유는 바로 종교개혁자들 대부분이 중세교회의 목회자였다는 점이다. 존 위클리프는 루터워스의 성 메리 교구 성당에서 목회하면서 성경을 영어로 번역했으며, 얀 후스는 체코 프라하의 베들레헴 교회에서 사역한 목회자였다. 마르틴 루터는 비텐베르크에서, 츠빙글리는 취리히에서 사역하였다. 이들은 중세 로마가톨릭교회의 안수받은 사제들이고 목회자였다.

중세교회 안에서 신실하게 목회했던 이들이 종교개혁의 기치를 들어올리기 이전에, 그리고 위클리프가 목회자들의 위한 지침서를 작성하기 이전에 이미 중세교회의 목회자들을 위한 지침서가 작성되어 널리 사용되고 있었다. 1330년대 초반 스페인의 테루엘 Teruel 에서 몬테

---

2   John Wycliffe, *Being a Pastor: Pastoral Treatises of John Wycliffe*, trans. Benjamin L. Fischer (Lees-burg, VA: The Davenant Press, 2021), 2.

로첸의 귀도 Guido of Monte Rochen 는 보좌신부들이 어떻게 목회를 해야 하는 지 알려주기 위해서 매뉴얼을 작성하였다. 『보좌신부를 위한 핸드북』 Manipulus curatorum, Handbook of Curates 이라고 알려진 이 지침서에서 귀도는 보 좌신부들이 그들에게 주어진 직무를 잘 해내기 위해서 무엇을 알아야 하고, 실행해야 하고, 말해야 하고, 가르쳐야 하는지에 대해서 다루고 있다.

『보좌신부를 위한 핸드북』이 위클리프의 『목회직론』 이전에 존 재했다는 사실만이 아니라, 말하자면 '존재 여부'가 아니라, '사용 여부' 를 강조를 해야 할 필요가 있는데, 그 이유는 핸드북을 사용하여 목회 를 제대로 하고자 노력했던 사람들의 존재 여부와 연결시킬 수 있기 때 문이다. 정확하게 몇 명이 사용했는지에 대한 통계는 없으나, 적어도 인 쇄술이 유럽에 보급되기 이전에 존재했던 필사본의 숫자와 인쇄된 판 본의 숫자는 확인할 수 있기에, 이 숫자를 통해서 보좌신부를 위한 핸 드북의 광범위한 사용여부를 가늠해 볼 수 있을 것이다. 『보좌신부를 위한 핸드북』의 편집자인 캐서린 잭슨 루알디 Katharine Jackson Lualdi 와 앤 태 이어 Anne T. Thayer 는 이 책이 얼마나 인기가 대단했고 광범위하게 사용되 었는지를 피력하기 위해 다음과 같이 설명한다:

『보좌신부를 위한 핸드북』은 250개 이상의 필사본이 현재까지 전해지 고 있는데, 인쇄술의 출현과 함께 비로소 자기 자리를 찾고 가치를 인정 받았습니다. 1468년경에서 1501년 사이에 122종의 인쇄본이 유럽의 크고 작은 인쇄기에서 인쇄되고 유통되어 이 기간 동안 11번째로 많이 인쇄된 책이 되었습니다. 살아남은 활판인쇄본(1,400부 이상)의 숫자와 유럽과 미국을 잇는 광범위한 보관소의 위치들은 이 책이 널리 배포되

어 읽혔음을 더욱 분명하게 입증합니다.[3]

『보좌신부를 위한 핸드북』*Manipulus curatorum, Handbook of Curates* 이 널리 배포되어 사용되었다는 사실을 본다면, 이 책이 다루고 있는 내용은 중세 목회의 실제적인 활동이 무엇이었는지를 미루어 짐작할 수 있다. 따라서 이 책의 목차와 구조를 통해서 중세의 목회를 살펴보고자 한다.

2. 『보좌신부를 위한 핸드북』에 나타나는 중세의 목회구조

『보좌신부를 위한 핸드북』은 크게 세 부분으로 나누어져 있다. 첫 번째 부분은 성례에 대해서, 두 번째 부분은 참회에 대해서, 세 번째 부분은 사람들에게 가르쳐야하는 신앙의 내용인 신조에 대해서 다룬다. 성례에 대해서 다루고 있는 첫 번째 부분은 또 다시 7개의 소책자로 나누어져 있다. 소책자 1은 성례의 일반적인 내용을 다루고, 소책자 2는 세례성사에 관한 내용을 다루고 있으며, 소책자 3은 견진성사^{또는 입교}에 관한 내용이다. 소책자 4는 성체성사^{또는 성만찬}에 관한 내용이며, 소책자 5는 신품성사에 관한 내용이고, 소책자 6은 병자성사^{또는 종부성사}에 관해서, 소책자 7은 혼인성사에 관한 내용을 다루고 있다.

서방 교회의 7성사 가운데 고백성사를 제외한 6개의 성사를 첫 번째 부분에서 다루고 있고, 고백성사는 따로 떼어내어 두 번째 부분에

---

[3] Anne T. Thayer and Katharine J. Lualdi, "Introduction," in *Handbook for Curates: A Late Medieval Manual on Pastoral Ministry* (Washington, D.C.: Catholic University of America Press, 2011), xiii.

서 4개의 소책자로 나누어 다루고 있다는 사실을 주목해 본다면, 고백성사가 다른 6개의 성사를 모두 합친 것과 같은 무게감을 가지고 있는 것으로 보인다. 이러한 사실은 중세의 목회에서 고백성사가 차지하는 중요성을 짐작할 수 있게 한다. 그렇다면 고백성사를 제외한 6개의 성사 가운데 목회의 대상이었던 평신도들에게 가장 중요한 성사는 무엇일까? 성직자에게만 해당되는 신품성사를 제외하고, 태어날 때의 유아세례, 청소년기의 견진, 성인기의 결혼, 노년기의 병자, 그리고 일생에 걸친 성만찬 가운데 『보좌신부를 위한 핸드북』이 가장 비중있게 다루는 성사는 결혼성사이다. 목회나 신학의 관점에서 보면 세례나 성만찬이 가장 중요할 것 같은데, 평신도의 입장에서는 인생에서 결혼이 가장 중요한 것이었기에 결혼에 비중을 두고 가장 많은 지면을 할애한 것은 아닐까? 결혼에 관한 부분은 성체성사에 관한 부분과 비교해 보아도 그 분량에 있어서 2배가 넘는다. 결혼에 관한 내용은 다음과 같은 목차로 구성되어 있다.

제 1부의 소책자 7은 혼인성사에 관한 것으로 두 부분으로 구성되어 있다. 첫 번째는 약혼에 관한 5개 장으로 구성되어 있다.

제 1 장 : 약혼이란 무엇이며 왜 그렇게 불리는가.

제 2 장 : 약혼이 맺어지는 방법.

제 3 장 : 약혼을 맺을 수 있는 나이.

제 4 장 : 약혼의 효과는 무엇인가.

제 5 장 : 어떤 경우에 약혼이 파기되는지.

두 번째 부분은 결혼에 관한 것으로 8장으로 구성되어 있다.

제 1 장 : 결혼이란 무엇이며 왜 그렇게 불리는가.

제 2 장 : 결혼은 어떻게 맺어지는가.

제 3 장 : 언제, 어디서, 어떠한 말로 결혼이 제정되었는가.

제 4 장 : 결혼이 제정된 이유.

제 5 장 : 누가 결혼을 맺을 수 있는가.

제 6 장 : 얼마나 많은 종류의 결혼이 있는가?

제 7 장 : 얼마나 많은 결혼의 유익이 있는가?

제 8 장 : 결혼의 장애물들에 관하여. 그리고 이번 장은 16개의 장으로 더 세분화된다. 이 여덟 번째 장의 1장: 오류라는 장애물에 관하여. 2장: 신분이라는 장애물에 관하여. 3장: 서원이라는 장애물에 관하여. 4장: 육체적 친족 관계라는 장애물에 관하여. 5장: 영적인 친족 관계라는 장애물에 관하여. 6장: 법적 친족 관계라는 장애물에 관하여. 7장: 범죄라는 장애물에 관하여. 8장: 종교의 차이라는 장애물에 관하여. 9장: 폭력이라는 장애물에 관하여. 10장: 서품이라는 장애물에 관하여. 11장: 기혼이라는 장애물에 관하여. 12장: 공익을 위한 정의라는 장애물에 관하여 13장: 친화력이라는 장애물에 관하여. 14: 성교 불능이라는 장애물에 관하여. 15장: 축제기간이라는 장애물에 관하여. 16장: 교회에 의해 금지된 결혼공시 없이 혼인을 맺는 사람들에 대하여.[4]

흥미롭게도 결혼성사에 관하여 설명하는 소책자 7에서 16장에 걸쳐 결혼의 장애물이 되는 12개의 항목에 대해서 설명을 하고 있다.

4   Guido, *Handbook for Curates: A Late Medieval Manual on Pastoral Ministry*, edited by Anne T. Thayer and Katharine J. Lualdi (Washington, D.C.: Catholic University of America Press, 2011), 309-310.

"4장 결혼이 제정된 이유"에 언급된 것처럼, 중세인들의 결혼관에 의하면, 결혼이 제정된 두 가지 주된 이유가 자녀를 낳는 것과 간음을 피하는 것이었기에 성교불능은 결혼의 장애물에 해당되었다.[5] 12개 항목의 장애물에 해당되는 사안이 있으면 사실혼 관계있는 부부라 하더라도 법률혼으로 인정하지 않을 뿐만 아니라, 뒤이은 결혼생활을 무효화 한다는 점에서 중요한 내용들이다. 결혼의 장애물을 중요하게 다루는 하나의 이유는 법률혼으로 인정받느냐 그렇지 않느냐의 문제는 왕위를 포함한 지위 및 재산상속과 관련되어있기 때문이다. 또 다른 이유는 결혼을 합법적으로 맺어주고 풀어주는 역할을 통해서 그 법률혼 여부를 판단하는 것은 교회였기에 결혼을 성사로 정함으로써 교회의 권한을 강화할 수 있었다. 종교개혁 전통에서는 결혼을 성사로 인정하고 있지 않기 때문에 결혼이라는 인생의 중요한 국면에 교회가 개입하여 인간의 삶을 얽매고 있다는 비판을 할 수 있다. 그럼에도 불구하고 중세의 관점에서 본다면, 중세의 목회는 결혼이 한 축을 담당하고 있었다고 해도 과언이 아닐 것이다.

그러나 순결 서약을 하고 수도자로 살아가는 여성에게는 결혼성사가 의미가 없기에, 그들에게 중요한 성사는 성체성사였다. 결혼이 일생에 한번 뿐인 성례라면 성체성사는 계속 반복되는 성례이기에, 사제의 입장에서 본다면 결혼성사보다는 성체성사가 더 자주 집례되어야 하는 중요한 성사였다. 종교개혁 전통에서도 성례로 인정하는 중요한 성체성사성만찬에 관하여 『보좌신부를 위한 핸드북』 소책자 4는 다음과 같은 내용을 다루고 있다.

---

5 위의 책, 130.

제 1 장: 성체성사가 무엇이며 왜 그렇게 불리는가.

제 2 장: 성체성사의 집례자에 관하여.

제 3 장: 성체성사의 물질(빵과 포도주)에 관하여.

제 4 장: 성체성사와 피의 봉헌의 형태에 대하여.

제 5 장: 미사를 거행해야하는 장소.

제 6 장: 미사를 거행해야하는 시간.

제 7 장: 하루에 얼마나 자주 미사를 거행해야 하는가.

제 8 장: 사제가 미사에서 입어야하는 예복에 관하여.

제 9 장: 성체성사는 누구에게 주어져야 하는가.

제 10 장: 미사에서 말로 행해야하는 의식에 관하여.

제 11 장: 미사에서 발생할 수 있는 결함.[6]

11장에 걸쳐서 설명하고 있는 성체성사 가운데 "2장: 성체성사의 집례자에 관해서"에서 집례자의 자격에 대해서 다음과 같이 설명하고 있다: "성체성사의 집례자, 곧 미사를 집례할 수 있고 또 해야만 하는 사람은 정당하고 합법적으로 서품된 사제이며, 대죄mortal sin 상태에 있지 않고, 집례가 금지되지 않은 사람이어야 합니다."[7] 아우구스티누스와 도나투스의 논쟁 이후에 기독교 전통에서는 이른바 사효론이 정통교리로 인정을 받았음에도 불구하고, 성체성사를 집례하는 사람의 자격에 대해서도 언급하는 점은 주목할 만하다. 집례하는 사람에게서가 아니라 성삼위 하나님의 이름으로 행해지는 성사 자체에서 성만찬

---

6   위의 책, 308.

7   위의 책, 44.

의 효력이 있다면 집례자의 자격이 필요 없을 수도 있겠으나 '대죄 상태에 있지 않는' 것을 포함하는 3가지 조건은 단순히 성체성사를 집례하는 사람은 서품 받은 사제로 한정한다는 규정을 포괄하여 목회자의 삶과 관련된 부분으로 볼 수 있기 때문이다.

성찬을 집례하는 사람이 대죄 상태에 있지 않아야 하는 것처럼 깨끗하지 않은 죄인은 성찬을 받을 수 없었다. "9장: 성체성사는 누구에게 주어지는가"에서 성찬이 "개나 돼지에게, 말하자면 깨끗하지 않은 죄인에게 주어져서는 안 된다"[8]고 명시하는 한편, 성찬을 올바로 받기 위해서 요구되는 세 가지는 "대죄가 없는 상태, 마음을 높여 하나님께로 향하는 것, 육체의 순결"[9]이라고 밝히고 있다. 결국 성찬을 받기 위해서는 죄를 회개하고 용서 받아야 하기에 성체성사에 참여하기 위해서는 고백성사를 받는 것이 전제가 된다. 그러나 고백성사가 단순히 성체성사에 참여하기 위한 전제조건만은 아니었다. 1215년 라테란 공의회에서 모든 신자들이 양심에 따라 1년에 적어도 한 번은 의무적으로 이 성사를 받도록 규정하였다. 비록 금식, 자선, 기도 등의 보속을 대신하여 돈을 지불함으로써 후대에 본래의 의도와 제도가 왜곡되었으나, 고백성사가 갖는 중요한 역할이 있었는데, 그것은 바로 실제적인 목회적 돌봄을 제공했다는 점이다. 고백성사의 목적이 (면죄부 판매가 아니라) 치유였다는 것을 『보좌신부를 위한 핸드북』의 2부 "고백성사"를 통해서 알 수 있는데, 2부는 4개의 소책자로 구성되어 있는데, 소책자 1권에서는 고백성사 penance의 일반적인 내용에 대해서 다루고, 2권에서는

---

8   위의 책, 77.
9   위의 책, 78.

통회 contrition 에 대해서, 3권에서는 고백 confession 에 대해서, 그리고 4권에서는 보속 satisfaction 에 대해서 다루고 있다. 주목할 만한 것은 2부의 서문에서 '선한 사마리아인'의 비유를 통해서 고백성사의 목적이 치유라는 점을 밝히고 있는 부분이다.

> 예루살렘에서 여리고로 내려가는 강도들 사이에서 일어난 사건, 곧 부상 당한 사람의 상처에 포도주와 기름을 부어준 경건한 사마리아인, 사랑스러운 예수님이자 진정한 하나님은 이 비유에서 그 사람의 파멸과 죄의 상태 및 그것의 치유와 회복을 상징과 경이로움과 함께 선언했습니다.[10]

고백성사의 목적이 치유와 회복이라는 점은 오늘날 목회상담이 지향하고 있는 바와 다르지 않다. 목회상담의 역사를 다룰 때 중세의 고백성사를 언급하면서, 고백성사의 역기능을 지적하면서도 그것이 가지고 있는 목회적 돌봄의 기능을 강조하는 것과 연결되는 부분이다. 이는 코로나 블루 시대에 필요한 목회적 돌봄의 방향을 제시하는 실천신학 분야에서 공감적 경청을 강조하는 것과 통하는 부분이 있다.

이 책은 중세의 목회가 7성사 위주로 이루어졌다는 사실을 보여준다. 개신교 입장에서 7성사에 대해서 비판적으로 보면, 태어나면서 죽을 때까지 인간의 모든 삶의 중요한 국면에 교회가 간섭하고 통제하는 시스템으로 간주할 수도 있다. 반대로 중세의 목회자의 입장에서 보면, 요람에서 무덤까지 교회가 서비스를 제공해 주는 시스템이다. 사람을 만나야만 하는, 사람들에게 시간과 공간을 내어주어야 가능한 목회

---

10   위의 책, 157.

구조라고 볼 수 있다. 이러한 관점에서 본다면, 흑사병으로 인한 팬데믹 시기를 거치는 동안 병자성사를 집례하는 목회자들이 가장 많은 희생을 치루었다는 것은 쉽게 짐작할 수 있다. 이렇게 꽉 짜여진 목회구조 안에서 자신의 직분을 온전히 감당한다는 것은 쉬운 일이 아니었을 것이다. 사실 제도나 구조 및 시스템이 중요하기는 하지만, 어떤 목적을 가지고 운영하는지가 더 중요할 텐데, 결국 목회의 목적은 돌봄을 통한 치유와 회복이라는 것과, 목회자가 일방적으로 돌봄을 베푸는 것이 아니라 목회자도 돌봄을 통해서 치유와 회복을 경험하기에 상호적이며 공동체 안에서 동반성장해야 한다는 사실은 아무리 강조해도 지나치지 않을 것이다.

Ⅲ. 성녀와 신부의 영적 동반과 관계

성녀와 고백신부의 영적 동반자 관계에 대해서 존 코클리John W. Coakley는 『여성, 남성, 영적 능력: 여성 성인들과 그들의 남성 동료들』Women, Man, and Spiritual Power: Female Saints and their Male Collaborators에서 소개하고 있다. 존 코클리John Coakley에 의하면, 중세에 활동했던 성녀들의 삶에서 눈에 띄는 요소들 가운데 하나는 그들의 삶에서 남성들이 차지하는 위치이다. 코클리는 두 가지 측면에서 그 남성들의 위치를 설명하고 있다.

한편으로 남성은 여성에 대한 권위를 행사했습니다. 여성들은 남성 성직자들의 감독을 받았습니다. … 또한 거의 모든 경우에 성녀들의 전기를 쓴 사람은 일반적으로 남성 성직자였습니다. 따라서 성직자들인 그 남성들은 그 성녀들이 어떻게 기억될 것인지를 결정할 수 있는 권한을 가졌습니다. 그들은 성녀와 대중 사이에서 관심 있는 중재자로서 자신을 위치시킵니다. 성녀가 자신의 목소리를 담은 글을 쓸 때조차도, 남성들은 종종 편집자 또는 적어도 필사자로서 성녀와 독자들 사이에 위치해 있었습니다. 이러한 방식으로 성직자들은 권력과 통제의 역할을 담당했습니다. 그러나 다른 한편으로, 권력과 통제의 역할을 했던 바로 그 남성들이 자신을 성녀를 존경하는 추종자, 제자, 또는 친구라고 내세웠습니다. … 그들이 그렇게 표현한 것은 성녀들이 필수적인 영적 자질 또는 자신에게 없는 은사를 가지고 있다는 확신에 근거한 강렬한 매혹의 관점이었으며, 드물지 않게 그 성직자들은 성녀들에 대한 복종을 공언했는데, 이는 이 존경받는 여성들에 대한 자신의 권위를 약화시키는 것처럼 보일 수 있었습니다.[11]

코클리가 설명하는 것처럼 성녀에 대한 고백신부의 기본적인 역할은 감독과 통제였다. 그런데, 놀랍게도 고백신부들이 성녀들을 존경하면서 그 여성들에게 복종을 공언했다는 사실은 주목할 만하다. 왜냐하면 중세 여성의 이미지는 성녀와 마녀가 양 극단에 위치해 있고 성녀는 겸손과 순종을, 마녀는 교만과 불복종을 의미하는 이미지로 인식되

---

11 John W. Coakley, *Women, Man, and Spiritual Power: Female Saints and their Male Collaborators* (New York: Columbia University Press, 2006), 2.

어 있기에, 성녀와 고백신부의 관계를 조명하면서 남성과 여성이 관계가 역전되는 모습 곧 여성들에게 남성들이 겸손과 순종의 모습을 보여줌으로써 중세 여성에 대한 다양한 이미지를 드러낼 수 있기 때문이다. 성녀들에게 특별한 영적 자질과 은사가 있었기 때문에 고백신부들이 성녀들에게 존경과 복종이 동시에 보였다는 것도 일상적인 상황은 아니었기에 눈여겨보아야 한다. 왜냐하면 영적인 자질과 은사가 있었던 여성들을 보아도 그 사실을 알아차리지 못하거나, 알기는 알아도 인정하고 싶어 하지 않아서 오히려 마녀로 몰았던 성직자들도 있었기 때문이다. 예를 들어 마그리트 포레트를 마녀로 몰아서 화형에 처한 사람들과 같은 목회자와는 대조적인 모습니다.

고백신부들이 목회자로서 자질이 있었기 때문에 그 성녀들에게서 특별한 영적 자질과 은사를 알아볼 수 있었고, 그 성녀들과 함께 하시는 하나님을 느낄 수 있었던 것은 아닐까? 그러나 성녀들도 고백신부들을 존경하고 그들에게 순종했다는 것을 간과해서는 안 된다. 성녀와 고백신부와의 관계를 중세의 목회라는 관점에서 보면 권한과 통제 그리고 존경과 복종이 동시에 존재하는 동전의 양면과 같았다. 중세의 목회라는 관점에서 보면, 성녀와 고백신부와의 관계는 상호존중과 상호복종에 기반을 둔 영적 동반자 관계라고 정리할 수 있을 것이다.

앞 장에서 살펴본 것처럼 중세의 목회는 7성사와 직접적으로 연결되어 있으며, 그 가운데 성체성사와 고백성사는 목회적 돌봄의 중심에 있었다. 성녀와 고백신부의 관계도 성체성사와 고백성사로 연결되어 있었다. 성녀와 고백신부들과의 관계가 영적 동반자 관계라고 정리를 한 후에 고백신부의 역할을 살펴보면 단순히 고백성사와 성체성사를 집례하는 성직자 이상의 의미가 있었음을 알 수 있다. 고백성사는 단순히 죄의 고백과 보속이라는 영역에 머무는 것이 아니라, 적극적인 멘토링을 포함하고 있었고, 한걸음 더 나아가 교회정치라는 그물망 안에서 살아남아 소명에 따른 역할을 할 수 있도록 코칭의 기능도 담당하였다. 이러한 고백신부들의 역할이 무엇이었는지 줄리안의 고백신부였던 아담 이스턴과 카타리나의 고백신부였던 카푸아의 라이문도 목회활동을 통해서 확인하고자 한다.

1. 노르위치의 줄리안과 아담 이스턴

런던의 "리버풀 스트리트" Liverpool Street 역에서 이스트 앵글리아 선 East Anglia line 을 타고 약 2시간 쯤 북동쪽으로 가면 노퍽 주 Country of Norfolk 에 속한 도시 노르위치 Norwich 에 이르게 된다. 중세의 노르위치는 모직물 산업이 발달하고 항구가 가까운데다가 운하가 발달하여 런던 다음으로 큰 도시로 발전할 수 있었다.[12] 이 도시를 찾는 대부분의 순례자들은 거대한 노르위치 성이나 노르위치 대성당이 아니라 이 도시의 중심에서 조금 떨어져 있는 도보로 약 10분 거리의 조그마한 성 줄리안 교회 St. Julian's Church 에서 은수 생활을 하던 한 여인의 발자취를 찾아 나선다. 그러나 이 곳 성 줄리안 교회를 찾는 순례자들이 노르위치의 줄리안이 남긴 『사랑의 계시』를 꼼꼼하게 읽었다고 하더라도 그녀가 남긴 저술에서는 그녀의 생애에 대해서 알 수 있게 해주는 단서들이 별로 없기 때문

---

12 Richard Wilson, "Preface," in *Medieval Norwich*, ed. by Carole Rawclffe and Richard Wilson (London: Hambledon and London, 2004), xi.

에 오히려 그녀의 생애에 대해서 더 많은 궁금증을 갖게 될 수도 있다.

영미권에서 줄리안의 신학사상에 대해서는 많은 연구가 진행되어 왔지만, 생애에 대해서는 본격적인 연구서가 크게 눈에 띄지 않는다. 그 이유는 사료의 부족으로 정확한 생애를 재구성하기 힘들기 때문일 것이다. 다만 줄리아 볼튼 할러웨이 Julia Bolton Holloway 가 저술한 『여성 은수자와 추기경: 노르위치의 줄리안과 아담 이스턴』Anchoress and Cardinal: Julian of Norwich and Adam Easton O.S.B. 13은 줄리안의 텍스트를 인용하면서 아담 이스턴과의 연결성을 추적하고 있다.14 베로니카 메리 롤프Veronica Mary Rolf 가 저술한 『줄리안의 가스펠: 생애와 노르위치 줄리안의 계시에 대한 조명』Julian's Gospel: Illuminating the Life and Revelations of Julian of Norwich 15은 생애에 대해서 폭넓게 다루고 있는데, 이 역시 줄리안 당시의 교회와 사회를 폭넓게 다루면서 그 안에서 줄리안은 어떻게 살았을 것이라고 설명하는 방식을 취하고 있다.

미국 성공회 소속의 노르위치의 줄리안 수도회 Order of Julian of Norwich 의 설립자인 존-줄리안은 줄리안의 생애와 관련된 논쟁을 의식하면서 줄리안의 정체성에 대해서 자신의 책 『노르위치의 줄리안 완전정복』The Complete Julian of Norwich 에서 줄리안의 이름에 대해서 자세하게 다루고 있다. 이러한 논쟁이 발생하는 이유는 줄리안의 생애에 대해서 알 수 있는

---

13   Julia Bolton Holloway, *Anchoress and Cardinal: Julian of Norwich and Adam Easton OSB* (Salzburg, Austria: Institut für Anglistik und Amerikanistik., 2008).

14   이러한 작업은 할러웨이 자신이 다양한 사본들을 편집하는 과정에서 떠올리게 된 질문들에 대답하는 과정에서 시작된 것으로, 줄리안과 아담 이스턴의 직접적인 관련성이 있는 사료를 제시하기보다는 개연성을 가지고 추적하고 있다. 본문비평 방법과, 역사학적 상상력, 해석학적 상상력을 동원하여 재구성하고 있기에 사료를 통한 사실관계를 확인할 수 있는 증거를 요구하는 역사학자들에게는 답을 줄 수는 없겠으나, 사료의 제한이 있는 여성사 분야를 어떻게 연구할 수 있는지 보여준다는 점에서 중요한 연구라 할 수 있다.

15   Veronica Mary Rolf, *Julian's Gospel: Illuminating the Life & Revelations of Julian of Norwich* (Maryknoll: Orbis Books, 2014).

전기나 기록이 많지 않기 때문이다.[16] 그러나 줄리안의 생애와 관련하여 교구사제가 줄리안에게 병자성사를 베푼 모습이 『사랑의 계시』 3장에 다음과 같이 기록되어 있다.

> 내가 30살 되는 해 겨울, 하나님께서는 나에게 육체의 질병을 주셔서 사흘 밤낮을 앓아누워 있었습니다. 그리고 나흘 째 되는 날 밤에 거룩한 교회로부터 성사들을 받았고, 아침까지 살아있을 수 없을거라 생각했습니다. 그리고 그 이후에도 이틀 밤낮을 더하여 사경을 헤맸습니다. 그리고 삼일 째 밤에 나와 내 주변의 사람들은 젊은 나이에 세상을 떠날 때가 되었다고 믿었습니다. … 나와 함께 있던 사람들은 나의 임종을 위해 교구사제(Parson), 곧 나의 고백신부(my Curate)를 부르러 사람을 보냈습니다. 사제가 도착했을 때에 나의 두 눈은 굳어졌고 말을 할 수가 없었습니다. 그는 한 어린 아이와 함께 십자가를 가지고 왔습니다. 그 교구사제는 내 얼굴 앞에 십자가를 들고서 다음과 같이 말했습니다. "딸아, 내가 당신의 구주이신 분의 형상을 가져왔다. 그분은 나와 당신을 위해서 죽으신 분이니 흠숭의 마음으로 그것을 보고 위로를 받으라."라고 말했습니다.[17]

---

16 상황이 이렇다 보니, 줄리안의 생애와 관련해서 많은 논쟁이 있다는 것을 언급해야할 것 같다. 줄리안이라는 이름조차도 본명인지 아닌지의 문제로 논쟁이 있었는데, 그 이유는 줄리안이라는 이름이 남성의 이름으로서 그녀가 머물던 곳이 성 줄리안 교회(St. Julian Chuch)였기 때문에 독거수도사로서의 삶을 시작하면서 붙여진 이름이라는 주장과 그에 대한 반박이다. Julian이 라틴어 이름의 남성형이라는 것과 르망의 줄리안에게 헌정된 성 줄리안 성당이 독거수도처라는 사실이 중첩되는 동시에 여성은수자의 이름이 줄리안이다보니, 여성이름이 Julian이 될 리가 없다는 주장이 있다. 그러나 영어식 여성이름에 -an으로 끝나는 Joan과 같은 이름이 있으며, 줄리안과 동시대 여성으로 직접 노르위치의 줄리안을 방문했던 린의 마저리 켐프는 줄리안을 라틴식 표현인 domina Juliana가 아닌 Dame Julian이라고 적고 다 [Fr. John-Julian, OJN, The Complete Julian of Norwich (Brewster, MA: Paraclete press), 21-23; Margery Kempe, The Book of Margery Kempe (New York: Image Books, 1998), 72].

17 Julian of Norwich, *Showing of Love*, trans. by Julia Bolton Holloway (Collegeville, MN: Liturgical Press, 2003), 5-6.

줄리안이 임종을 맞이하였을 때 고백신부가 병자성사를 하기 위해 방문하여 십자가에 달리신 그리스도의 모습을 보여주며 위로를 얻으라고 말한 장면에는 고백신부가 한 번 등장한다. 이와 같이 임종을 맞이하는 이들을 찾아가서 기도해주고 위로해주는 것이 교구사제들의 역할이었다. 물론 이 고백신부가 아담 이스턴이라는 본문내적 그리고 외적인 증거는 없으나, 줄리안이 계시를 받았던 해가 1373년이라고 명시되어 있으므로 당시 교구사제가 누구였는지를 추적해 볼 수는 있을 것이다.[18]

아담 이스턴과 줄리안의 연관성이 직접적으로 드러나는 부분은 고백신부의 역할보다는 학문적 여정에서 멘토 역할을 하는 부분에 있다. 이에 대해 줄리아 볼튼 할러웨이는 다음과 같이 말한다.

저는 성가신 질문에 대한 답을 찾으려 했습니다: 중세의 노르위치에서 겨우 스물다섯 살의 여성이 어떻게 웨스트민스터 사본에 표현된 것과 같은 위대한 신학 작품을 기록할 수 있었을까, 만약 그 필사본에 명시된 날짜대로 '1368년'[19]에 원래 쓰여졌다면? … 제 질문에 대한 답은 줄리안의 베네딕토주의에 있는 것처럼 보였습니다. 베네딕토회는 남성과 여

---

18 이와 같은 추측이 무슨 의미가 있겠냐고 할 수 있으나 다음 연구자를 위해 또는 다음 연구를 위한 과제를 던진다는 점에서 전혀 의미가 없는 것은 아닐 수도 있다.

19 줄리안이 환시를 본 때는 병상에서 임종을 맞이하던 1373으로 알려져 있다. 이 년도는 파리 사본과 슬로안 사본에 공통적으로 기록된 "30살 되던 해"를 기준으로 삼은 년도이다. 그래서 노르위치의 줄리안 수도회(OJN)는 올해를 줄리안의 환시체험 650주년으로 기념하고 있다 "The 650th Anniversary year of Julian's Shewings," (https://julianofnorwich.org/pages/friends-of-julian). 3장을 인용한 것처럼 줄리안은 30살 되던 해 겨울에 죽음의 문턱에서 이르렀고, 그 때에 환시를 보았던 경험을 기록으로 남긴 것이 이른바 단문 텍스트(Short Text)로 웨스트민스터 사본이다. 웨스트민스터 사본의 1368년이라는 기록은 장문 텍스트(Long Text) 파리사본 및 슬로안사본에 언급된 줄리안이 30살 되던 해, 곧 1373과 5년의 차이가 생긴다. 웨스트민스터 사본의 1368이라는 년도는 1373의 오기 또는 오독으로 보인다. 그 이유는 라틴어로 숫자를 표시하게 되면 1368은 MC-CCLXVIII이고, 1373은 MCCCLXXIII인데 두 번째 X를 V로 오기 또는 오독할 가능성이 있기 때문이다.

성이 함께 성경을 작업한 기억을 보존하고 있습니다. 특별히 추기경 제롬, 파울라, 그리고 그녀의 딸 에우스토키움이 히브리어와 그리스어에서 라틴어 벌게이트로 번역한 기억을 보존하고 있습니다. 베네딕토회 문화는 시간을 초월하고, 영원에 참여하며, 오래 되고 새로운 것들 중에서 가장 좋은 것을 소중히 합니다. 구체적으로 이 책은 스웨덴의 비르기티네와 그녀의 딸인 스웨덴의 캐서린(성스러운 구세주 브리짓 기사단의 창립자)의 친구이자 시에나의 카타리나와 잘 알고 있었던 노르위치 대성당 참사회 소속 추기경과 관련된 줄리안의 컨텍스트와 베네딕토회 전통을 추적합니다.[20]

할러웨이는 줄리안과 아담 이스턴의 관계가 영적이고 신학적인 멘토-멘티이며, 줄리안이 『사랑의 계시』를 작성하고 편집하는데 도움을 주었을 것이라고 주장한다. 아담 이스턴이 노르위치에서 사목활동을 하였으며, 두 사람 모두 같은 시기에 노르위치의 베네딕토회 소속이었으며, 후에는 옥스퍼드에서 공부하고 추기경까지 된 학자이자 목회자였기에 그의 영향을 받았다고 보는 것이 타당하다. 14세기 당시 여성 은수자가 도움을 주는 사람 없이 책을 구해서 읽고 독학으로 신학적 지식을 축적하고 그 결과를 책으로 묶어내는 것은 불가능하기 때문이다. 아담 이스턴에 대한 추가적인 연구는 노르위치의 줄리안이 어떻게 폭넓은 신학 지식을 습득할 수 있었는지에 대한 배경에 대한 설명이 될 수 있을 것이다.

---

20 Julia Bolton Holloway, *Anchoress and Cardinal: Julian of Norwich and Adam Easton OSB*, i.

2. 시에나의 카타리나와 카푸아의 라이문도

시에나의 카타리나는 1347년 아버지 자코모 베닌카사와 어머니 라파 페아첸티 사이에 태어난 25명의 자녀들 가운데 24째로 태어났는데, 그녀의 집안은 부유한 염색업자였다. 그녀가 태어나서 활동한 시기는 노르위치의 줄리안과 동시대로, 이 시기에의 유럽은 흑사병이 창궐하였을 뿐만 아니라, 교회의 바벨론 포로라고 알려진 이른바 '아비뇽 유수(1309-1377)'에서 '서방교회의 대분열(1378-1417)'로 이어지는 대 혼란의 시기였다. 그녀의 저술인 『대화』의 서언에는 그녀가 하나님께 올린 네 가지 청원 가운데 두 번째가 거룩한 교회의 개혁을 기원하는 것이었음이 언급되어 있다. 실제로 그녀의 교회 개혁을 위한 움직임이 효과를 거두었고, 이를 인정받아 1970년 10월 4일에 교황 바오로 6세는 시에나의 카타리나를 교회 박사이자 이탈리아의 수호성인으로 선포했다.

카타리나는 '일치의 박사'라는 호칭으로도 알려져 있는데, 그녀가 '일치의 박사'라고 불리는 이유 가운데 하나는 '아비뇽 유수' 기간 중의 마지막 교황인 그레고리 11세에게 편지를 보내어 로마의 주교좌를 아비뇽에서 다시 로마로 옮기도록 호소했기 때문이다. 또 다른 하나의 이유는 '서방 교회의 대분열'이 시작될 때 아비뇽에서 선출된 대립 교황을 반대하고 그레고리 11세의 후임자이며 로마에서 선출된 이탈리아 나폴리 출신의 우르반 6세를 지지한 것 때문이다. 이에 카타리나를 교회의 박사로 선포한 교황 바오로 6세는 1969년 4월 30일 성녀 카타리나 축일에 있었던 수요 일반 알현 General Audience 에서 다음과 같이 카타리나의 업적에 대해 치하했다.

(아직 40대이던) 프랑스 출신의 젊은 교황 그레고리 11세, 건강이 좋지 않고 마음이 약한 그를 설득해서 아비뇽을 떠나게 한 사람은 바로 카타리나라는 사실을 우리는 반드시 기억해야 합니다. … 그레고리 11세의 갑작스런 죽음 이후에 대립 교황 클레멘트 7세의 선출로 시작된 '서방교회의 대분열'의 첫 번째 중대한 사건에서 그레고리 11세의 후임자였던 우르반 6세를 지지한 것도 카타리나입니다.[21]

바오로 6세의 말을 통해서 확인할 수 있는 것처럼, 카타리나의 편지글이 교황을 움직여 '아비뇽 유수'를 끝냈다는 점에서 일치의 박사로, 서방교회의 대분열 기간에 이탈리아 출신의 교황을 지지했다는 점에서 이탈리아의 수호성인으로 시성된 것을 알 수 있다. 그런데 흥미로운 것은 카타리나가 그레고리 11세에게 편지를 보냈을 때, 그녀의 나이가 아직 30세가 채 되지 않았던 시기라는 점이다. '어떻게 20대의 젊은 여성이 교황에게 영향력을 발휘할 수 있었을까? 이 질문에 대한 대답이 바로 그녀의 고백신부 카푸아의 라이문도라고 할 수 있다.

카푸아의 라이문도 카타리나의 고백신부가 된 것은 1374년 플로렌시아에서 열린 도미니코 총회에서 수도회 총장이었던 툴루즈의 엘리아스가 분명하게 라이문도를 카타리나의 고백신부로 지명했기 때문인데, 라이문도는 카타리나보다 17살이 많았고, 교회와 정치계에서 존경을 받고 명성을 얻은 학자이며 성직자였다.[22] 1385년에서 1395년 사

---

21 Pope Paul VI, "General Audience on Saint Catherine," in *L'Osservatore Romano Weekly Edition in English* (8 May 1969), 5; https://www.ewtn.com/catholicism/library/general-audience-on-saint-c atherine-8978 [2023. 3. 20 접속].

22 Mary Ann Fatula, *Catherine of Siena's Way*, 성 도미니꼬 선교 수녀회 옮김, 『시에나의 성녀 가타리나의 가르침』(왜관: 분도출판사, 2014), 27.

이에 카푸아의 라이문도는 이른바, "레전다 마이오르" Legenda Maior 라고도 불리는 기념비적인 『카타리나의 전기』[23]를 썼다. 그 무렵 라이문도는 로마의 도미니코 수도회 총장이었으며, 그녀를 시성하려는 도미니코 수도회의 입장에서 이 작품을 기록했다. 『카타리나의 전기』에서 라이 문도는 카타리나와의 관계를 최대한 활용하고 있는데, 그는 가급적 자 신을 그녀의 곁에 있는 관찰자로 설정하고, 그녀의 삶에서 일어난 사건 들과 자신을 연결하는 동시에 독자들에게 두 사람이 교류하면서 어떤 생각을 나누었는지를 이야기하면서, 이야기 속 등장인물로 끊임없이 자신을 드러낸다.[24]

라이문도는 성직자들의 제도적인 힘과 성녀들의 비공식적인 힘 사이의 차이를 예리하게 인식하고 있었고, 다른 전기 작가들처럼 개인 적인 경험을 바탕으로 두 사람 사이의 관계를 탐구하지만, 표면적으로 는 지금까지 논의된 다른 어떤 성인전보다 더 정확하고 치밀하게 계산 된 방식으로 그녀의 생애에 관한 탐구를 하고 있다. 특히 이러한 관심에 바탕을 둔 탐구를 통해 라이문도 이후의 성인전 작가들은 미래의 성인 전을 향해 가는 길을 찾을 수 있었다. "성녀와 고백신부"의 관계에 대해 알 수 있는 『카타리나의 전기』는 그러한 고백신부의 역할이 얼마나 중 요한지 알려주는 중요한 모델이 되었다.[25]

---

23 Raymond of Capua, *The Life of St. Catherine of Siena*, trans. by Harvill Press and P. J. Kenedy & Sons (Charlotte, NC: TAN Books, 2001).

24 위의 책, 49-71.

25 John W. Coakley, *Women, Man, and Spiritual Power*, 170.

Ⅳ. 나가는 말

2020-2023년까지 코로나19로 인한 팬데믹 시기를 거치면서 온라인과 언택트, 거리두기와 비접촉이 일상화된 시대를 경험했고, 사람들은 자연스럽게 흑사병이 유행했던 14세기의 팬데믹 상황을 떠올렸다. 아무리 교회가 문을 닫고 온라인으로 예배를 진행했다고 하더라도, 교회의 본질적 역할과 그리스도인됨의 의미는 변하지 않는다. 오히려 교회가 자신에게 주어진 본질적 역할에 더 충실해야 하는 시대가 되었고, 그리스도인들은 그리스도인으로서의 정체성을 잃지 않으면서 새로운 일상, 곧 뉴노멀 시대를 살아가야 하는 과제를 부여받았다. 오늘날 뉴노멀 시대를 살아가는 신학자들에게도 주어진 도전은, 초대 교부들이 목회현장에서 주어진 과제들을 해결하는 과정에서 얻은 소중한 기독교의 유산, 곧 교회를 위한 신학 및 교회의 현안 문제를 해결하는 신학이라는 전통에서 도움을 받을 수 있다. 뿐만 아니라, 교구 안에 새로운 생명이 태어날 때부터 그들이 세상을 떠날 때까지 인생의 모든 국면에 참여하여 인간의 삶을 거룩한 일로 만들고자 했던 중세의 목회에서도 도움을 받을 수 있다.

특별히 성녀들의 고백신부로서 그들에게 성체성사와 고백성사를 집례하는 것으로 목회자로서의 역할을 충실히 했을 뿐만 아니라, 그들의 이야기를 들어주고 멘토가 되어주고 코치가 되어주어서 은사를 활용하여 사명을 충실히 감당할 수 있도록 도와주었던 사람들의 이야기는 목회가 무엇이어야 하는지 보여준다. 그 고백신부들은 7성사라는 제도와 규정 안에서 자신이 해야하는 직무를 수행하는 것으로 만족하거나, 자신의 역할을 '성사의 집례자'로 한정시키지는 않았다. 오히려 삶을 이끌어주고 영적체험을 글로 적어보라고 격려해 주며, 교회 정치의 한 복판에서 혼자 있다는 생각이 들지 않도록 함께 해 주었던 영적 여정의 동반자였다. 그들 덕분에 성녀들이 영적체험이 기록으로 남아서 오늘까지 전해질 수 있었다.

오늘날 개신교인들이 중세의 목회와 목회자를 떠올릴 때 복음에 충실하지 못하며 타락하고 부패한 『데카메론』의 이야기를 떠올리는 것처럼, 교회 밖 한국인들이 21세기 한국교회의 목회와 목회자를 떠올릴 때 같은 이미지를 그리고 있는 것은 아닐까? 코로나19로 인한 팬데믹 시기를 거치면서 한국교회를 향한 혐오와 비판은 더욱 심화되었고, 그러한 혐오와 비판이 오해의 결과라고 말하기 힘든 것도 사실이다. 그러나, 교회 밖의 사람들이 오히려 혐오와 비판이 오해의 결과라고 인정할 수 있을만큼, 충분히 그 이름에 걸맞는 역할을 해야하는 과제가 교회와 그리스도인들에게 주어진 것으로 보아야 할 것이다. 혐오와 비판의 대상이 되었던 중세 시대의 교회 안에도 자신의 역할에 충실하였던 목회자들의 활동이 오늘날 21세기 한국 교회의 목회자들에게 도전과 위로를 줄 수 있지 않을까?

참고문헌

강양구. "혐오를 이해하기, 바이러스를 이겨내기." 『인문학연구』 46 (2021), 287-317.

양정호. "노르위치의 줄리안의 「사랑의 계시」에 나타나는 고난의 영성." 『장신논단』 47/2 (2015. 06), 69-90.

Catherine of Siena. *Dialogue.* 성찬성 옮김. 『대화』. 서울: 바오로딸, 2023.

Coakley, John W. *Women, Man, and Spiritual Power: Female Saints and their Male Collaborators.* New York: Columbia University Press, 2006.

Fatula, Mary Ann. *Catherine of Siena's Way.* 성 도미니꼬 선교 수녀회 옮김. 『시에나의 성녀 가타리나의 가르침』. 왜관: 분도출판사, 2014.

Guido. *Handbook for Curates: A Late Medieval Manual on Pastoral Ministry.* Edited by Anne T. Thayer and Katharine J. Lualdi. Washington, D.C.: Catholic University of America Press, 2011.

Holloway, Julia Bolton. *Anchoress and Cardinal: Julian of Norwich and Adam Easton OSB* Salzburg, Austria: Institut für Anglistik und Amerikanistik, 2008.

_____. *Julian Among the Books: Julian of Norwich's Theological Library.* New Castle, UK: Cambridge Scholar Publishing, 2016.

Julian of Norwich. *Showing of Love.* Edited by Julia Bolton Holloway. Collegeville, MN: Litergical Press, 2003.

Raymond of Capua. *The Life of St. Catherine of Siena.* Translated by Harvill Press and P. J. Kenedy & Sons. Charlotte, NC: TAN Books, 2001.

Rolf, Veronica Mary. *Julian's Gospel: Illuminating the Life & Revelations of Julian of Norwich.* Maryknoll: Orbis Books, 2014.

Thayer, Anne T. and Katharine J. Lualdi. "Introduction." In *Handbook for Curates: A Late Medieval Manual on Pastoral Ministry, xiii-xliv.* Washington, D.C.: Catholic University of America Press, 2011.

Wycliffe, John. *Being a Pastor: Pastoral Treatises of John Wycliffe.* Translated by Benjamin L. Fischer. Leesburg, VA: The Davenant Press, 2021.

제 6 장

16세기 제네바 교회의
목회자 선발과 훈련에 관한 연구
: 한국교회의 목회자 위기 극복을 위한
모색

박경수 _ 장로회신학대학교 교수, 역사신학/종교개혁사

본 글은 『장신논단』 44/2 (2012)에 게재된 글임을 밝힙니다.

Ⅰ. 들어가는 말

한국교회의 위기를 말하는 목소리가 높아지고 있다. 그리고 그 위기론은 이제 단순한 이론이 아니라 피부로 체감할 수 있는 현상으로 드러나고 있다. 한국 교회사에서 오늘날만큼 어려운 시기가 있었던가 싶을 정도로 위기론은 심각하게 다가온다. 도대체 왜 이런 위기가 온 것일까? 어디에서부터 이 위기가 연원된 것일까? 그리고 이 위기를 어떻게 극복해야 할 것인가? 아마도 이 위기의 이유에 대해서는 각자가 나름대로의 진단을 제시할 수 있을 것이다. 교회의 제도와 조직, 교회의 사회를 향한 자세와 태도, 뿌리 깊은 개교회주의와 분파주의, 타종교에 대한 배타주의, 신학적 엄격주의나 혼합주의나 자유주의, 예배 예전의 빈곤이나 부재 등 다양한 이유를 위기의 원인으로 꼽을 수 있을 것이다. 그러나 위기의 근원을 깊이 들여다보며 성찰해 볼 때, 오늘날 한국 교회의 위기는 제도나 신학이나 의식의 문제라기보다는 사람의 문제, 특별히 교회에서 가장 중요한 위치를 차지하고 있는 목회자의 위기에서 비롯된 것이라고 생각된다.

일찍이 로버트 킹든Robert M. Kingdon은 학자들이 개신교 종교개혁 운동에 있어서 가장 큰 영향력을 행사한 집단인 목사들을 연구하는 데 충분한 시간을 할애하지 않았다는 사실에 의아함을 표시한 바 있다.[1]

---

[1]   Robert M. Kingdon, "Calvin and the Government of Geneva," *Calvinus Ecclesiae Genevensis Custos*, ed. Wilhelm Neuser (New York: Peter Lang, 1984), 51.

이런 상황은 오늘날 한국의 신학계에서도 크게 다르지 않다. 교회에서 목회자에게 지나치게 모든 권한이나 의사결정이 집중되는 것이 잘못이긴 하지만, 동시에 교회에서 목회자가 다른 구성원들에 비해 보다 중요한 역할과 기능을 맡고 있는 것 또한 분명한 사실이다. 따라서 목회자의 수준은 곧 그 교회의 수준을 결정하는 가장 중요한 요인 중 하나가 된다. 그러므로 한국교회는 누가, 어떤 자격을 지닌 사람을, 어떤 절차와 방법을 통해 목회자로 선발해야 하는지에 대해서 심각하게 고민하며 연구해야 한다. 또한 목회자의 교육과 훈련은 어떻게 이루어져야 하는지에 대한 구체적이고도 실질적인 지침이 있어야 한다.

필자는 이러한 지침을 세우는 데 도움을 주기 위해서 개신교회가 처음 출발했던 16세기, 특별히 개혁주의 전통의 요람이었던 제네바에서 어떻게 목회자를 선발하고, 목회자들이 어떤 교육과 훈련을 받았는지를 살펴봄으로써 오늘날 한국교회의 목회자의 선발과 훈련에 대한 통찰력을 얻고자 한다. 올바른 목회자상을 정립함으로써 오늘 한국교회의 목회자들이 겪고 있는 자기 정체성의 위기를 극복하고 이를 통해 한국교회가 참된 교회로 회복되는 계기가 되기를 바라는 마음이다.

Ⅱ. 목회자의 선발

교회에서 목회자가 얼마나 중요한가에 대해서 16세기 제네바 교회의 목회자요 개혁자였던 칼뱅Jean Calvin, 1509-64은 자신의 주저인 『기독교강요』에서 "현세의 생명을 유지하고 자라게 하기 위해서 태양의 빛과 열이 필요하고 음식과 물이 필요하듯이, 이 땅 위에서 교회를 보존하기 위해서 사도적이며 목회적인 직분이 필수적이다."[2] 라고 말한다. 여기에서 강조되는 바는 '사도적이며 목회적인 직분' apostolic and pastoral office 이 교회에 필수적이라는 사실이다. 목회자의 직무는 교회의 안전과 일치를 지키기 위해 하나님이 정하시고 세우신 방편이다. 칼뱅은 계속하여 에베소서 4장에 나오는 다섯 직분들을 언급하면서 '사도', '선지자', '복음 전하는 자'는 그 당시의 필요에 따라 세운 임시적인 temporary 직분이며, '목사'와 '교사'는 시대의 변화와 상관없이 항상 존재하는 항존적인 permanent 직분이라고 구분한다. 그러므로 목사와 교사만이 지금도 여전히 교회에서 유의미한 직분이라는 것이다. 칼뱅은 목사와 교사의 직무를 다음과 같이 구분한다. "교사들은 치리나 성례집행이나 경고나 권면의 책임을 맡지 않고 단지 성도들 가운데서 교리를 온전하고 순수하게 지키기 위해서 성서를 해석하는 책임을 진다. 반면에 목사는 위에서 언급한 모든 역할들을 다 감당해야 한다."[3] 그러면서 굳이 과거의 사도와 선지자를 오늘날의 직무에 비교한다면, "교사는 과거의 선지자에 해당하며, 목사는 사도에 해당한다."[4]고 말한다. 이는 칼뱅이 사도를 목회자의 모델로 여겼음을 의미한다.

이처럼 교회의 존재를 위해 필수불가결한 직분이 목사직이기 때문에 어떤 목회자를 어떻게 선발해야 할 것인지는 이제 막 시작한 제네

---

2 John Calvin, *Institutes of the Christian Religion* (1559), ed. John T. McNeill, trans. Ford L. Battles (Philadelphia: The Westminster Press, 1960), IV권, 3장, 2절(이후로는 IV,3,2.와 같은 방식으로 표기한다).

3 IV,3,4.

4 IV,3,5.

바의 프로테스탄트 교회에게는 대단히 중요한 문제였다. 칼뱅은 목회자를 언급할 때 빈번하게 "참되고 신실한true and faithful 목회자"라고 말한다. 참되다는 것은 합법적이고 정당한 방법으로 소명을 받아야 함을 뜻하고, 신실하다는 것은 자신에게 주어진 임무를 맡아 잘 수행해야함을 의미한다.[5] 이처럼 소명과 책임수행은 목회자가 반드시 지녀야 할 두 가지 표지라고 말할 수 있을 것이다. 칼뱅은 고린도전서 주석에서도 "목회자는 하나님에 의해 그 직무로 부르심을 받아야만 하며, 그 의무를 수행하는 데 있어서 신실해야만 한다."[6]고 말하고 있다. 그러면 먼저 16세기 제네바에서는 누가, 어떤 사람을, 어떤 방식에 따라 목회자로 선발했는지를 살펴본 후에, 목회자들의 훈련을 어떻게 했는지를 살펴보기로 하자.

1. 목회자의 자격

무엇보다도 목회자는 소명을 받은 사람이어야 한다. 소명은 내적 소명과 외적 소명으로 나눌 수 있는데, 내적 소명이란 자신만이 아는 비밀한 하나님의 부르심이다. 자신의 어떤 야심이나 탐욕이나 이기적인 욕망 때문에 목사가 되려고 하는 것인지, 아니면 진심으로 하나님을 경외하고 교회의 덕을 세우고자 하는 소원 때문에 목사가 되고자 하는 것인지는 각자의 양심이 잘 알고 있다.[7] 이러한 내적 소명은 다른 사람

---

5   IV,3,10.
6   Comm. 1 Cor. 1:1. 본 논문에서 칼뱅의 주석은 John Calvin, *Calvin's Commentaries*, 22 vols. (Grand Rapids: Baker Books, 1974)에서 인용하였다.

들은 알 수가 없고 오직 자신만이 알고 있다. 목회자는 내적 소명과 더불어 외적인 소명도 필요로 하는데 이것은 교회의 공적인 부름을 뜻한다.

　　그러면 교회는 어떤 사람을 목회자로 불러 세워야 하는가? 칼뱅이 1541년 제네바로 돌아오면서 제네바 의회에 제시한『교회법령』*Ecclesiastical Ordinances*은 교회의 네 가지 직분, 즉 목사, 교사, 장로, 집사에 대해 규정하고 있다. 여기서 칼뱅은 목회자의 자격 조건으로 건전한 교리를 믿는 것과 거룩한 생활을 꼽는다. 칼뱅은 목회자가 되기 위해서는 두 가지 시험을 통과해야 한다고 말한다.[8] 첫째는 교리에 관한 시험이다. 목회자가 되려는 후보생이 성서에 대한 올바르고 건전한 지식을 가지고 있는지, 그리고 사람들을 교화시키기 위해 그 지식을 잘 전달할 수 있는 적합한 능력을 갖추었는지를 검증하는 시험인 것이다. 뿐만 아니라 교회가 승인한 가르침을 잘 수용하고 견지하는지, 잘못된 견해를 가지고 있지는 않은지를 점검하는 시험인 것이다. 이를 알아보기 위해서 필요하면 목회자 후보생에게 질문을 하고, 주님의 가르침에 대한 자신의 견해를 피력하도록 하여 그가 말하는 바를 들어보는 것도 필요할 것이다. 둘째는 생활에 관한 시험이다. 이것은 목회자 후보생이 좋은 습관을 가지고 있는지, 책망 받을 일이 없이 행동하는지를 검증하는 시험이다. 생활이 거룩하지 못하다면 목회자로서의 권위를 가질 수 없을 뿐만 아니라 목회 사역 자체가 망신거리가 되기 때문이다. 목회자는 회중들의 좋은 모범이 되어야 하기 때문에 거룩한 생활은 대단히 중요하다. 칼

7　　IV,3,11.

8　　John Calvin, "Draft Ecclesiastical Ordinances(1541)," *Calvin Theological Treatises*, trans. J.K.S. Reid (London: SCM Press, 1954), 59.

뱅은 목회자의 가르침과 목회자의 생활이 일치되어야 한다는 사실을 매우 강조하였다.

　　오늘날 목회자들의 성적 추문, 물질적 부정행위, 명예욕과 야망으로 인해 겪는 한국교회의 고통을 생각해 볼 때, 16세기 제네바 교회에서 목회자의 자격 조건으로 거룩한 생활을 강조했다는 구절이 유난히 눈에 띈다. 칼뱅은 제네바의 목회자들에게 높은 도덕 수준을 요구하였다. 특히 그는 목회자들에게 야망을 버리라고 충고한다. 칼뱅은 고린도전서 주석에서 "만일 누군가가 야망에 사로잡힌다면 그는 추종자를 얻게 될 것이다. 그리스도를 따르는 추종자가 아니라 자신의 추종자를 얻게 될 것이다. 그러므로 목회자가 그리스도의 유익보다 자신의 이익에 탐닉한다면, 이것이야말로 모든 악의 뿌리이며, 모든 질병 중에 가장 해로운 것이며, 온 교회를 죽이는 독"[9]이라고 선언한다. 고린도 교회가 바울파, 베드로파, 아볼로파로 나뉘었던 것처럼, 회중들이 어떤 특정한 목사를 선호하기 시작하면 자기를 추구하는 야망이 교회 안에 슬금슬금 들어오게 된다. 이때 목회자의 도덕성이 교회를 지키는 안전장치가 되어야 한다. 야망은 결코 하나의 작은 문제가 아니라 모든 문제의 근원이다. 모든 목사들의 목표는 회중들의 박수갈채를 추구하는 것이 아니라 주님을 기쁘시게 하는 것이다. 따라서 "이익을 위해서 목회자의 직무를 얻고자 하는 것은 나쁜 일이다. 그러나 더욱 나쁜 것은 성도들의 충성심을 개인의 야망을 위해 자신에게로 돌리는 것이다."[10] 오늘날의 교회에서 특정한 개인에 대한 예찬을 조장하려는 시도는 대단히 위험

9　　Comm. 1 Cor. 1:12.

10　　Comm. 2 Cor. 12:14.

한 행위이며 은밀한 죄이다.

물질에 대한 탐욕 또한 목회자들에게는 치명적인 위험이다. 칼뱅은 물질이 목회자와 목회자 후보생에게 어떤 영향력을 행사하는지 잘 알고 있었다. "물질에 대한 탐욕은 인간에게 보편적인 것인데 이것이 점차 교회의 목회자들에게서도 현저하게 나타나고 있다. 목사들이 탐욕에 완전히 사로잡혀서 은이나 금의 반짝임에 눈이 현혹되어서 어떤 일도 서슴지 않고 있다니 이 얼마나 어리석은 일인가!"[11] 따라서 칼뱅은 목회자의 야망과 탐욕의 죄를 강도 높게 비판하였다. 목회자의 생활이 야망과 탐욕으로 얼룩진다면 그의 메시지 또한 힘을 얻지 못할 것이며, 목회 사역 자체가 불신임을 받게 될 것이고, 결국 교회가 모욕을 당하고 하나님이 수치를 당하게 될 것이다. 따라서 "설교자에게 가장 중요한 것은 그의 입으로만이 아니라 생활로 설교해야 한다는 사실이다. 삶의 정직성과 청렴함으로 그의 가르침이 권위를 획득해야 한다."[12]

칼뱅은 고린도후서 7장 2절, "우리는 아무에게도 불의를 행하지 않고, 아무에게도 해롭게 하지 않고, 아무에게서도 속여 빼앗은 일이 없노라"는 말씀을 주석하면서 사람들이 목회자로부터 멀어지는 세 가지 이유를 들고 있다. 그것은 권위의 부당한 사용, 사람들을 오류로 이끄는 것, 그리고 탐욕이다.[13] 목회자들이 비상식적으로 행동하거나 자신의 권위를 전제적 억압을 위한 구실로 사용할 때 사람들은 목회자를 경원시할 수밖에 없게 된다. 그리고 목회자가 사람들을 잘못된 가르침으로 인도하게 되면 그 목회자는 신뢰를 받을 수가 없다. 또한 목회자가 무절

11　Comm. 1 Tim. 6:9.
12　Comm. Phil. 4:9.
13　Comm. 2 Cor. 7:2.

제한 욕심을 내보이거나 다른 사람의 것을 시기한다면 사람들은 그를 따르지 않을 것이다. 목회자가 자신에게 주어진 힘을 남용하거나, 교리에 관한 지식에 있어서 정확하지 못하거나, 과도한 욕심에 빠진다면 그것은 스스로의 위신과 권위를 떨어뜨리는 행위이다. 목회자라면 성서와 교리에 관한 전문적이며 올바르고 건전한 지식이 있어야 하며, 그 지식에 걸맞은 거룩한 삶이 뒤따라야 한다.

2. 목회자의 선발 방법과 예식

칼뱅은 목회자를 세우는 일이 대단히 엄숙한 일이기 때문에 무엇보다도 경외심을 가져야 한다고 말한다. 따라서 목회자를 세우는 일에 있어서 우리는 기도를 통하여 하나님께 지혜와 분별의 영을 허락해 주시기를 간구해야만 한다. 예수도 열두 제자를 택하기 전에 기도하셨고, 안디옥 교회도 바울과 바나바를 택할 때에 기도했기 때문에, 오늘날도 목회자를 선택할 때에는 경외심을 지닌 기도가 동반되어야 한다. 제네바 목사회의 기록에서도 우리는 종종 "하나님께 진심으로 기도한 후에 몇몇 좋은 후보자들을 지명하였다."[14]는 식의 표현을 발견하게 된다.

전통적으로 목회자를 임명하는 예식은 손을 머리에 얹어 안수하는 방식이었다. 칼뱅은 안수는 사도들이 사용한 예식이므로 이론상으로 이 방식을 준수하는 것이 가장 좋다고 생각하였다.[15] 그러나 실제는

---

14 *The Register of the Company of Pastors of Geneva in the Time of Calvin*, ed. and trans. Philip E. Hughes (Grand Rapids: William B. Eerdmans Publishing Company, 1966), 324.

15 IV,3,16. 칼뱅은 백성들의 의견에 따라 목사를 선출해야 한다고 생각했지만, 안수 예식에 참여하는 것은 목사들이어야 한다고 말한다.

다소 차이가 난다. 제네바의 『교회법령』에서는 고대 교회에서부터 지켜져 온 안수 예식이 중세를 거치면서 너무나 많은 미신에 의해 왜곡되었고 수많은 스캔들이 야기되었기 때문에 오히려 안수를 하지 않는 것이 나은 지경이 되었다고 지적한다. 그렇기 때문에 칼뱅은 안수를 대신하여 목회자들 가운데 한 사람이 목사의 임무에 대해 선언하고, 주님께서 은혜를 주셔서 그 임무를 감당할 수 있도록 해달라는 기도와 기원을 하는 것으로 대체할 수 있다고 주장한다.[16] 안수 예식을 폐지할 수 있다고 생각했던 제네바의 입장은 고대 교회의 관습에서 벗어난 경우 중 하나라고 할 수 있을 것이다. 이것은 칼뱅이 고대 교회의 관습을 무조건적으로 추종한 것이 아니라 16세기 제네바의 상황에 맞추어서 적절히 변용하여 받아들였음을 의미한다.

3. 목회자의 선발 주체

그렇다면 16세기 제네바에서는 누가 목사를 선발하는 권위를 가졌었는가? 책임을 지닌 어떤 한 사람인가, 목사회인가, 장로들인가, 아니면 전체 회중인가? 칼뱅은 사도행전 14장 23절의 말씀을 주석하면서 "각 교회에서 장로들을 택하여"라는 구절에서 '택했다'는 단어를 백성들의 투표 혹은 거수에 의한 것으로 해석하였다. 칼뱅은 교회정치에서든지 세속정치에서든지 개인보다 다수가 권위를 지녀야 한다는 입장을 항상 유지하였다. 그는 목회자를 선발하는 일에 있어서도 한 사람이

---

16   John Calvin, "Draft Ecclesiastical Ordinances(1541)," 59.

무제한적인 권위를 갖기 보다는 모든 사람들의 투표에 의해 결정이 이루어지기를 원했다.[17] 칼뱅은 고대 교회에서도 백성들의 찬성이 없이는 아무라도 성직자들의 회集에 들어갈 수가 없었다고 주장한다.[18]

실제로 16세기 제네바에서는 다음과 같은 방법으로 목회자를 선발하였다. 1541년의 『교회법령』에 따르면 먼저 목사회가 질문이나 성서를 해설하는 것을 청취함으로써 후보자들의 교리와 생활을 검증한 후에 적절하다고 판단되는 사람을 선택한다. 그런 다음 의회에 그 사람에 대한 승인을 요청한다. 의회의 승인이 이루어지면 설교를 통해 시민들에게 소개한다.[19] 1561년 『교회법령』에는 주일 설교를 통해 목회자 후보가 시민들에게 소개될 때 만일 시민들 중에 반대가 있으면 한 주간 이내에 이견異見을 제시하도록 규정하고 있다. 시민들이 특별한 반대 없이 침묵하면 승인한 것으로 간주하였다. 마지막으로 선택된 사람은 의회 앞에서 목회자로서 선서를 함으로써 선발 절차가 마무리된다. 이것은 이론적으로는 백성들이 투표나 거수를 통해 목회자를 선발하도록 되어 있지만, 실제로 16세기 제네바에서는 목사회와 의회가 선발 과정에서 중요한 역할을 하며 백성들은 침묵으로 받아들이는 것이 보통의 관례였음을 뜻하는 것이다. 목사회의 기록을 통해서 볼 때 당시 제네바에서 목회자를 임명하고 해임하는 최종적인 권한은 시의회가 가지고 있었지만, 대부분의 경우에 시의회는 목사회의 권고에 따라 결정하였음을 알 수 있다.

---

17 IV,3,15.
18 IV,4,10.
19 John Calvin, "Draft Ecclesiastical Ordinances(1541)," 59.

III. 목회자의 훈련

일찍이 로버트 킹든은 제네바 종교개혁의 두 가지 산물인 목사회와 컨시스토리에 대해서 다음과 같이 말한 바 있다.

이전에는 감독에 의해 전통적으로 행사되던 권한들이 칼뱅의 제네바에서는 이제 두 개의 새로운 기관에 의해 행사되었다. 목사회와 컨시스토리가 바로 그것이다. 목사회는 감독 개인이 가졌던 성례전적 권한을 집단적으로 행사하였는데, 특히 새로운 목회자를 임명하는 권한에 있어서 그랬다. 또한 감독이 가졌던 사법권의 일부, 특히 교리를 감찰하는 권한도 목사회가 행사하였다. 컨시스토리는 감독의 사법권 중 다른 측면의 권한을 행사했는데, 특히 가족 문제와 부부 사이의 온갖 논쟁들을 해결하는 치리권을 행사하였다. 컨시스토리는 그 결정들을 시행하기 위해 종종 출교의 권한을 사용하였다. 목사회는 제네바의 도시와 시골 마을에서 설교하는 모든 목회자들과 지역 아카데미에서 가르치는 교사들로 구성되어 있었다. 컨시스토리는 의회에서 선출된 평신도 장로들과 직권상 참여하는 목사들로 이루어졌다. 목사회의 의장은 흔히 조정자(moderator)로 불리는 목사였으며, 컨시스토리의 의장은 네 명의 행정장관 중 한 명인 평신도였다.[20]

---

20 Robert M. Kingdon, "The Episcopal Function in Protestant Churches in the Sixteenth and Seventeenth Centuries," *Miscellanea Historiae ecclesiasticae* VIII, ed. Bernard Vogler (Brussels: Ed. Nauwelaerts, 1987), 207-20를 참조하라.

이처럼 목사회는 컨시스토리와 함께 제네바 종교개혁을 이끌어 가는 핵심 기관이었다. 목사회는 제네바의 모든 목사들과 교사들의 모임으로서 새로운 목회자의 검증과 안수와 교육과 복음전파를 책임졌고, 컨시스토리는 교회의 질서와 치리를 책임졌다. 칼뱅은 20년 이상을 목사회의 조정자로서 제네바 종교개혁의 방향을 주도하였다.

칼뱅이 활동하던 16세기 당시 제네바는 10,000-12,000명이 거주하고 있었으며, 제네바 도심과 주변 시골지역을 포함하여 적을 때는 5명, 많을 때는 20여명 정도의 목회자들이 있었다. 제네바 종교개혁의 초창기인 1536-1540년 사이에는 제네바의 목회자는 5명 내외에 불과했다. 하지만 칼뱅이 1541년 제네바로 돌아온 후에는 교회가 점차 자리를 잡아가면서 1541년 『교회법령』에서는 8명, 즉 5명의 목회자와 3명의 목사보좌인을 두도록 규정하고 있다.[21] 목회자와 목사보좌인은 모두 제네바 목사회에 소속된 동일한 회원이었다. 목사회의 기록은 목회자의 수를 어느 정도 유지할 것인가를 두고 목사회와 시의회 사이에 갈등이 있었음을 말해준다. 예를 들면 1549년 목사 장 페롱Jean Ferron이 해임을 당하게 되자 목사회는 그를 대신하여 장 파브리Jean Fabri를 목사로 세우고자 했으나 시의회는 "제네바 교회는 6명만 있으면 충분히 잘 돌볼 수 있다."고 주장하면서 그 자리에 새로운 목사를 임명하는 데 반대하였다.[22] 하지만 시간이 지날수록 제네바 교회에 점점 할 일이 늘어났고 따라서 목회자의 수가 부족하였다. 특히 1540년대와 1550년대에

---

21   John Calvin, "Draft Ecclesiastical Ordinances(1541)," 62.
22   *The Register of the Company of Pastors of Geneva in the Time of Calvin*, 113.

프랑스를 위시한 여러 나라들에서 종교적 이유로 피난을 온 사람들이 급격히 늘어나면서 목회자가 더 필요한 상황이 되었다. 윌리엄 내피[William Naphy]는 1538년부터 1554년까지 제네바에서 일했던 목회자들의 이름과 숫자를 밝히고 있는데 〈표1〉과 같다.[23]

〈표1〉 제네바의 목회자들 1538-1554

인물	년도																
	1538	39	40	41	42	43	44	45	46	47	48	49	50	51	52	53	54
Farel	dep																
Corault	dep																
Calvin	dep			G	G	G	G	G	G	G	G	G	G	G	G	G	G
Mare	G	G	G	G	G	R	R	R	dep								
Bernard	G	G	G	G	R	R	R	R	R	R	R	R	R	R	R	R	R
A. Rabier	R	R	R	res													
P. Denise	R	res															
Fr. du Pont	R	R	R	R	res												
Morand	G	G	res														
Marcourt	G	G	res														
Champereau		G	G	G	G	G	G	dep									
Viret				T	T												
Vandert				R	dep												
Blanchet					G	dec											
Geneston					G	G	G	dec									
Treppereaux					G	G	R	R	R	R	R	R	R	R	R	R	res
Ecclesia					G	G	R	R	R	R	R	R	R	R	R	R	dep
Baud					dep												
Poupin						G	G	G	G	G	G	G	G	G	G	G	G
Regalis							R	dec									
Ninaud							G	R	R	R	R	R	R	R	R	R	R
Cugniez							R	R	R	R	R	R	R	R	dec		
Moreau							R	dep									
Megret							R	R	dep								
des Gallars							G	G	G	G	G	G	G	G	G	R	R
Ferron							G	G	G	G	G	dep					
Delecluse							R	dep									
Petit							R	R	R	R	R	R	R	R	R	R	R

Chauvet	G	G	G	G	G	G	G	G	G	G
Bourgoing	G	G	G	G	G	G	G	R	R	R
Perier	R	R	R	R	R	R	R	R	R	R
Cop	G	G	G	G	G	G	G	G	G	G
St-André		R	R	R	R	R	R	G	G	G
Balduin		R	R	R	R	R	R	R	R	R
Chappuis		R	R	R	R	R	R	R	R	R
Macar			G	G	G	G	G	R	R	
Fabri				G	G	G	G	G	G	
Colladon									G	G

G=도시 목회자, R=지방 목회자, T=임시, res=사임, dep=해임, dec=사망

그렇다면 제네바 교회개혁에 있어서 중추적인 역할을 감당했던 목회자들은 어떤 교육과정과 훈련을 받아야 했을까? 제네바에서 목회자를 양성하기 위한 교육기관으로 세워진 것은 제네바아카데미였다. 제네바아카데미는 우여곡절을 겪은 후 1559년 6월 5일 생 피에르 교회에서 "참된 경건에 대한 지식과 과학으로 잘 준비되어서, 하나님의 영광을 최고로 높이기 위해"[24] 출범하였다. 제네바아카데미는 목회자 양성의 요람으로서 제네바 종교개혁에 심대한 영향을 미쳤다. 하지만 필자가 다른 논문에서 이미 제네바아카데미의 역사적 배경에서부터 설립과정, 교육이념, 교과과정, 그리고 초기역사에 이르기까지 자세하게 다루었기 때문에 여기에서는 다시 논하지 않겠다.[25] 대신에 본 논문에

23   William Naphy, *Calvin and the Consolidation of the Genevan Reformation* (Louisville: Westminster John Knox Press, 1994), 58.

24   *Discours du Recteur Th. de Bèze prononcé à l'inauguration de l'académie dans le temple de Saint Pierre à Genève le 5 juin 1559* (Originally published Geneva 1559, reprinted Geneva 1959), 19. Karin Maag, *Seminary or University?: The Genevan Academy and Reformed Higher Education, 1560-1620* (Scolar Press, 1995), 15-16에서 재인용.

25   박경수, "개혁교회의 요람 제네바아카데미에 관한 연구," 『교회의 신학자 칼뱅』(서울: 대한기독교서회, 2009), 311-35.

서는 이미 목회자가 된 사람들과 목회자 후보생들에게 더욱 중요한 훈련의 장을 제공했던 '성서연구모임'congrégation에 대해 자세하게 살펴보고자 한다.[26]

16세기 제네바에서 실시되었던 성서연구모임은 일종의 목회자 훈련과 재교육 제도였다.[27] 칼뱅이 작성한 1541년 제네바 『교회법령』에서는 이 모임의 목적을 "목회자들 사이에서 교리에 있어서 순수성과 일치를 유지하기 위함"[28]이라고 밝히고 있다. 이를 위해서 제네바의 목회자들은 매주 금요일 오전에 모여서 성서를 읽고, 주석하고, 연구하는 모임을 가진 것이다. 처음에는 성서연구모임이 목회에서의 실제적 문제들을 논의하기 위한 제네바 교회의 목회자들만의 모임이었지만, 1541년 이후에는 점차로 평신도들도 함께 참여하는 모임으로 확대되었다. 단지 목회자들에게는 참여가 의무였고, 평신도들은 자원하는 사람들이 참여하게 되어 있었다. 이전에 로마 교황청의 대사이자 감독이었던 베르게리오Pietro Paolo Vergerio는 1550년 제네바를 방문한 후 작성한 편지에서 성서연구모임에 참석했던 소감을 이렇게 피력하고 있다.

---

26 성서연구모임에 대해서는 Erik A. de Boer, "The Congrégation: An In-Service Theological Training Center for Preachers to the People of Geneva," *Calvin and the Company of Pastors* (Grand Rapids: Calvin Studies Society, 2004), 57-87에 많은 빚을 졌다.

27 우리가 제네바의 '성서연구모임'에 대해 보다 상세하게 알게 된 것은 1960년대에 출판된 두 가지 사료의 덕택이다. 첫째는 칼뱅 당시 제네바 목사회의 기록이 출판되었기 때문이다. *Registres de la Compagnie des Pasteurs de Genève au Temps de Calvin*, vol. I(1546-1553), ed. Jean-François Bergier (Genève: Librairie Droz, 1964); vol. II(1553-1564), ed. Jean-François Bergier and Robert M. Kingdon (1962). 이 두 권은 합쳐져 한 권의 영어책으로 번역되었다: *The Register of the Company of Pastors of Geneva in the Time of Calvin*, ed. and trans. Philip E. Hughes (Grand Rapids: William B. Eerdmans Publishing Company, 1966). 둘째는 칼뱅이 직접 쓴 *Deux congrégations et exposition du Catéchisme*, ed. Rodolphe Peter (Paris: Presses Universitaires de France, 1964)의 출판 때문이다.

28 John Calvin, "Draft Ecclesiastical Ordinances(1541)," 60. "모든 목회자들이 그들 사이에서 교리에 있어서 순수성과 일치를 유지하기 위해서 매주 어떤 날을 정하여 함께 모여 성서에 관해 토론하는 것이 좋을 것이다. 정당한 이유가 없는 한 누구든지 이 모임에 빠져서는 안 된다. 만일 모임에 소홀하다면 훈계를 받아야 한다."

매주 금요일 제네바에서 가장 큰 교회인 생 피에르 교회에서 모이는 모임에는 모든 목회자와 많은 평신도들이 참여한다. 이 모임에서는 한 사람이 성서의 한 구절을 읽고 그것에 대해 간략하게 설명하면, 다른 사람이 성령의 인도하심에 따라 그것에 관해 생각하는 바를 말한다. 그 후 세번째 사람이 자신의 의견을 개진하고 네 번째 사람이 그 문제에 대한 자신의 견해를 덧붙인다. 목회자들뿐만 아니라 모든 사람들이 그렇게 한다. 이것은 바울이 고린도 교회에 말한 바를 따르고 있다. 형제들이 모였을 때 그들 중 누구든지 성령이 자신에게 계시한 바를 말하였다. 잠시 후 그가 잠잠하여 자리에 앉으면 다른 사람이 말하기 시작했다.[29]

제네바의 성서연구모임은 사실상 취리히의 '예언모임'Prophezei과 일정 정도 연속성을 가진다. 츠빙글리가 취리히의 종교개혁을 추진하면서 1525년 6월에 시작된 예언모임은 기본적으로 성서연구모임이었다. 취리히의 목회자들은 일주일에 다섯 차례나 모여 원어로 성서를 연구하고 토론하는 예언모임을 통해 개혁교회 전통에서 말씀의 중심성을 분명하게 표명하였고, 목회자들의 교육과 동질성 확보의 기회로 삼았다. 본래 이 예언모임은 중세 가톨릭교회의 성무일과聖務日課를 대체하기 위해 시작되었으나 점차 개혁교회의 독특한 제도로 자리를 잡았다. 따라서 개혁교회가 전파되는 곳에서는 이름은 다를지라도 예언모임과 유사한 성서연구모임이 생겨났다. 취리히의 Prophezei, 스트라스부르의 Christliche Übung, 로잔의 Classis, 제네바의 Congrégation, 나아가

---

29 Pietro Paolo Vergerio, *Epistola del Vergerio, nella quale sono descritté molte cose della Citâ, è della Chiesa di Geneva*, 15 July 1550. Erik A. de Boer, "The Congrégation," 59에서 재인용.

잉글랜드 청교도들의 Prophesying이 모두 성서연구를 위한 모임이었다. 취리히의 예언모임이 보다 학문적 성격을 지녔다면, 제네바의 성서연구모임은 보다 목회적이며 실제적인 성격을 띠었다.

제네바의 성서연구모임은 매주 금요일 아침 예배가 끝난 후에 열렸다. 16세기 제네바에서는 주중 아침 예배가 여름에는 6시, 겨울에는 7시에 있었기 때문에 아마도 금요일 성서연구모임은 여름에는 8시경에, 겨울에는 9시 경에 열렸을 것이다. 성서연구모임이 마치면 목회자들은 따로 목회적인 문제들을 논의하기 위해 정기적으로 목사회 모임을 가졌다. 따라서 제네바의 목회자들은 금요일에는 아침 예배, 성서연구모임, 목회자 모임으로 하루를 보내야했다. 모임의 장소는 처음에는 학교인 콜레주 드 라 리브Collège de la Rive에서 모였지만, 1541년 이후에는 대체로 생 피에르 교회에서 모였다.

성서연구모임에서 칼뱅의 역할은 어떠했을까? 당시 출판업자이면서 성서연구모임에 참석했던 바디우스Conrad Badius는 이렇게 증언하고 있다. "주중의 한 날에 이루어지는 교회의 어떤 모임에서는 목회자들 중 한 사람이 성서의 한 구절을 설교라기보다는 강의식으로 설명한다. 그 후 다른 목회자 중 어떤 사람이 이미 설명한 것을 보다 분명하게 이해하는 데 도움이 될 만한 어떤 것을 성령께서 조명해 주시면 자유롭게 그것을 이야기 한다."[30] 바디우스는 목회자들이 성서연구모임에서 돌아가면서 말해야 하는 동등한 의무를 지고 있는 것으로 말하고 있다. 그렇지만 남아 있는 기록의 대부분이 칼뱅의 것임을 고려할 때, 성서연구모

---

[30] *Ioannis Calvini Opera Omnia Quae Supersunt*, ed. G. Baum, E. Cunitz and E. Reuss, 59 vols. (Brunsvigae: C. A. Schwetschke, 1863-1900). XXXV, 591(이후로는 CO,XXXV,591.과 같은 방식으로 표기한다).

임에서 제네바 목사회의 조정자였던 그의 역할이 지배적이었던 것으로 보인다. 베즈는 『칼뱅의 생애』*Vita Calvini*에서 "칼뱅은 우리가 'congrégation'이라 부르는 성서연구모임에서 매주 금요일마다 거의 완전한 강의를 제공했다. 그는 엄청나게 아팠을 때 한 번을 제외하고는 죽을 때까지 끊임없이 이러한 일과를 지켰다."[31]고 회고한다. 1550년에 제네바에 와서 이후 목회자가 된 콜라동^{Nicolas Colladon}도 칼뱅은 성서연구모임에서 자신이 말씀을 설명할 차례가 아닌 때조차도 마치 강의를 하는 것처럼 압도적인 역할을 했다고 진술하고 있다. 이렇게 보면 성서연구모임에서 모든 목회자들이 돌아가면서 성서를 설명하고 토론해야 할 의무를 지니고 있었지만, 칼뱅이 토론 과정에서나 전체 과정에서 보다 핵심적이며 중심적인 역할을 했다고 볼 수 있을 것이다.

성서연구모임에서 다루어진 내용에 관한 기록은 그리 많이 남아 있지는 않다. 제네바에서 칼뱅의 설교를 기록하기 위해 라구에니어^{Denis Raguenier}를 속기사로 임명한 1549년부터 칼뱅이 죽은 1564년까지 15년 동안 성서연구모임에 관해 남아있는 기록은 모두 28개이다. 4개_{요 1장에 관한 것 1개, 갈 2장에 관한 것 2개, 선택에 관한 것 1개}는 16세기 당시에 이미 출판되었으며, 5개의 설명_{4개는 칼뱅의 것으로 출 1:1-8, 수 1:1-5, 수 11, 사 1:1-3에 관한 것이며, 1개는 미셸 콥의 것으로 수 1:6-11에 관한 것이다}은 필사본 형태로 남아 있으며, 19개는 칼뱅과 베즈가 여호수아서에 대해 덧붙인 논평들이다. 15년 동안 대략 780회의 성서연구모임이 열렸으니 28개의 기록만 남아 있는 것은 매우 적은 숫자라 할 것이다. 이것만으로 성서연구모임에 대한 전체적인 윤곽을 그리기는 쉽지 않다.

---

31 CO, XXI, 33.

그런데 다행스럽게도 칼뱅이 성서연구모임의 전체 윤곽에 대해 자세하게 기록하고 있는 편지가 있다. 로잔에서는 매주 수요일 목회자와 평신도들이 모이는 성서연구모임 classis 이 있었는데 1549년 후반기에 로잔의 목회자들과 베른 의회의 갈등으로 말미암아 이 모임이 1년에 4번으로 축소되고 말았다. 이러한 갈등의 와중에 칼뱅은 목회자들의 성서연구모임에 대한 메모를 베른 의회 앞으로 보냈다. 칼뱅의 육필로 작성된 이것은 쓴 날짜가 기록되어 있지는 않지만 1549년 9월경의 것으로 추정된다. 이것은 성서연구모임에 대한 칼뱅의 생각을 잘 보여주는 사료이다. 칼뱅이 베른에 속한 도시인 로잔을 위해 제시한 조언은 다음과 같은 것들이다.[32]

먼저 실제적인 규칙들을 조언한다. 1. 로잔의 경우 지역의 크기를 고려할 때 3개의 성서연구모임이 있어야 한다. 2. 각 성서연구모임에서는 성서 중 한 권을 택하여 토론하는 것이 좋을 것이다. 3. 다루어질 성서 구절은 서로 합의하여 한 주 전에 정해져야 한다. 4. 목회자와 신학교수들은 자신에게 배정된 구절을 순서에 따라 설명해야 할 의무가 있다. 5. 설명을 제시한 사람이 실수를 범했다면 그는 자신의 실수에 대해 형제들로부터 개인적으로 훈계를 받을 수 있다.

다음으로 형식적인 규칙들에 관해 조언한다. 1. 논쟁이나 이견이 발생했을 때 무엇이 그 구절을 바르게 이해하는 것인지를 서로 간에 평화적으로 토론해야 한다. 2. 잘 확립된 개혁에 반하는 주제를 제기해서

---

32   CO, XIII, 435-36.

는 안 된다. 3. 누구든지 성서 구절의 교리적 결과에 대해 문제를 제기하고자 한다면, 하나님께서 이 문제에 대해 자신에게 주신 것이 무엇인지를 겸손하게 말하거나 권위를 지닌 사람이 이 문제에 대해 말할 때까지 기다려야 한다.

마지막으로 몇 가지 일반적인 의견을 제시한다. 1. 모든 목회자들은 정당한 이유 없이 성서연구모임에 빠져서는 안 된다. 2. 모든 것은 성서에 대한 순수하고 단순한 이해에 도달하는 것을 목표로 해야 하며, 현학적인 교묘함이나 논쟁이 아니라 최선의 유익을 이끌어 내기 위한 것이어야 한다.

칼뱅은 이 문제와 관련하여 무스쿨루스Wolfgang Musculus에게도 수차례 편지1549년 10월 22일, 11월 28일, 12월 7일를 보내 매주 성서연구모임을 다시할 것을 강하게 촉구했는데, 이 모임을 통해 모든 설교자들이 교육되고, 자극을 받고, 교정이 됨으로써 사람들에게 성서를 잘 가르칠 수 있도록 준비되기 때문이었다.[33]

그러면 제네바의 성서연구모임은 어떤 순서로 진행되었는가? 먼저 다음과 같은 기도로 시작한다.

우리들의 선하신 하나님 아버지께 기도드립니다. 우리의 모든 죄와 허물을 용서하여 주시고 거룩한 성령으로 우리를 조명해 주셔서 우리로 하여금 당신의 거룩한 말씀을 온전히 이해하게 하시며, 우리에게 은혜를

---

[33] 1549년 11월 28일 무스쿨루스에게 보낸 편지. John Calvin, *Letters of John Calvin*, ed. Jules Bonnet (New York: Burt Franklin, 1972), Vol. II, 251-53.

더하셔서 우리가 당신의 말씀을 순수하고 신실하게 연구하게 하셔서, 하나님의 이름을 영화롭게 하며, 하나님의 교회를 바르게 세우고, 우리가 구원에 이르게 하소서. 이 모든 것을 당신의 유일하시며 사랑하는 아들 우리 주 예수 그리스도 안에서 간절히 기도하옵나이다. 아멘.[34]

취리히의 예언모임에서 드렸던 기도는 다음과 같다.

전능하시고 영원하며 자비로우신 하나님, 당신의 말씀은 우리 발의 등이요 우리 길의 빛이십니다. 우리의 마음을 열어주시고 조명해 주셔서 순전하고 거룩한 당신의 말씀을 깨닫게 하시고, 우리가 올바르게 깨달은 그 말씀대로 변화되게 하셔서 당신의 위엄을 조금이라도 손상시키지 않도록 하옵소서. 우리 주 예수 그리스도 이름으로 기도드립니다. 아멘.[35]

기도 후에는 그날 주어진 성서의 구절을 읽는다. 프랑스어로 읽은 것은 분명하지만, 히브리어나 그리스어로도 읽었는지는 분명하지 않다. 취리히에서는 독일어로 뿐만 아니라 히브리어와 그리스어로도 성서를 읽었다. 성서를 읽은 후에는 그날 지정된 목회자가 그 구절을 설명한다. 이것은 설교라기보다는 강의의 성격을 띤 상세한 해설이었다. 설명이 끝날 즈음 그는 동료들에게 논평을 요청한다. 예를 들면 칼뱅의 경우 이렇게 말하고 있다. "저는 이 문제에 관해서 마땅히 해야 할 정도로 충분히 말하지 못했습니다. 그러니 하나님께 더 좋은 은사를 받은 형

---

34   CO, VIII, 93.
35   *Huldreich Zwinglis Sämtliche Werke*, IV (Berlin, Leipzig, Zürich, 1905-), 365(이후로는 Z, IV, 365. 과 같은 방식으로 표기한다).

제들께서 전체 교회의 유익을 위해서 깨달은 바에 따라 제 설명에 의견을 더해주시기를 바랍니다."[36] 이것은 성서연구모임이 일종의 공동체적 토론과 연구의 장이라는 사실을 보여준다.

성서구절에 대한 설명 후에는 토론이 시작된다. 토론은 한 사람이 독점하는 형태가 아니라 서로 돌아가면서 자신의 의견을 덧붙이면서 성서의 의미를 풍성하게 만드는 방식으로 진행된다. 그리고 마지막에는 요약 혹은 결론에 해당하는 진술을 도출한다. 그리고 마치는 기도를 드린다. 이 기도는 말씀을 깨닫도록 은혜를 주신 하나님께 감사를 드리고, 또한 프랑스의 박해받는 교회를 위한 중보기도를 포함한다. 성서연구모임의 핵심은 성서에 대한 해설과 토론이었다. 따라서 이 모임의 가장 중요한 목적은 목회자들을 계속하여 훈련시키고 교육시키는 데 있었다.

제네바의 성서연구모임은 다양한 기능을 하였다. 무엇보다 이 모임은 칼뱅의 주석이 태어난 자궁의 역할을 하였다. 1549년부터 1564년까지 성서연구모임에서 다루었던 책들을 보면 히브리서[1549], 공동서신[1549-1550], 요한복음[1550-1553], 공관복음[1553-1555], 시편[1555-1559], 출애굽기-신명기[1559-1562], 갈라디아서[1562-1563], 여호수아[1563-1564], 이사야[1564]이다. 그런데 성서연구모임에서 함께 공부한 책들이 연이어서 칼뱅의 주석으로 출판되었다는 점은 주목할 만하다. 예외가 있다면 갈라디아서이다. 칼뱅의 갈라디아서 주석은 성서연구모임에서 다루어지기 전인 1548년에 출판되었다. 이처럼 성서연구모임의 열매가 곧 칼뱅의 주석서인 것이다. 이렇게 볼 때 칼뱅의 주석은 칼뱅의 것인 동시에 또한 제

---

36   Erik A. de Boer, "The Congrégation," 72.

네바 목사들의 공동작업의 결실이라고 할 수 있을 것이다.

또한 성서연구모임은 목회자들의 설교훈련의 장이었다. 성서연구모임에서 논의되어진 성서구절에 대한 다양한 설명과 논평들은 곧바로 목회자들의 설교의 자료가 되었다. 동시에 성서연구모임은 제네바의 목사들이 적어도 성서를 해석하는 데 있어서 동질감을 가질 수 있도록 해주었으며, 따라서 제네바 목사들의 설교도 공동체적 성격을 가질 수 있게 만들어 주었다. 뿐만 아니라 성서연구모임은 자연스럽게 목회자 후보자들의 자질과 능력을 검증하는 자리가 되었다. 이 모임을 통해 목회자 후보생들이 목사로서 적합한 사람인지 아닌지를 확인할 수 있었다.

성서연구모임은 평신도들의 교육을 위한 기회이기도 하였다. 성서연구모임의 초기[1536-1541]에는 목회자들만이 참석했지만, 1541년 이후에는 많은 평신도들도 이 모임에 참여하였다.[37] 적어도 두 곳에서 성서연구모임에 참석한 사람들의 숫자가 언급되고 있다. 1544년 5월 30일 금요일 성서연구모임에 관해 칼뱅이 파렐에게 보낸 편지를 보면 60명이 참석했다고 말하고 있다.[38] 그리고 1551년 10월 16일 성서연구모임에 참석한 31명의 평신도의 명단이 나온다.[39] 1551년 제네바 도시의 목회자는 8명이었고 외곽 지역의 목회자는 10명이었으니[40] 아마도 50여명이 참석했을 것으로 짐작할 수 있다. 따라서 성서연구모임의 인원

---

37 성서연구모임에 참석한 평신도들이 누구인지, 어떤 직업을 가진 사람들이었는지를 구체적으로 알기 위해서는 Erik A. de Boer, "The Presence and Participation of Laypeople in the Congréga-tion of the Company of Pastors in Geneva," *Sixteenth Century Journal* 35/3 (2004), 651-70을 참고하라.

38 1544년 5월 30일 파렐에게 보낸 편지. John Calvin, *Letters*, Vol. I, 418.

39 CO, VIII, 185.

40 William G. Naphy, *Calvin and the Consolidation of the Genevan Reformation*, 58.

구성으로 보면 목회자보다 평신도가 더 많았음을 알 수 있다. 칼뱅이 무스쿨루스에게 보낸 편지의 언급, 즉 "이와 같은 훈련은 목회자뿐만 아니라 성서를 이해하려는 뚜렷한 열심에 이끌린 많은 사람들도 그 유용성을 경험하고 있다."[41]는 것을 보면 성서연구모임이 목회자뿐만 아니라 평신도들의 교육에서도 매우 중요한 역할을 했음을 알 수 있다.

그리고 성서연구모임은 목회자 서로 간에 잘못을 교정하고 충고하는 역할을 하였다. 어떤 경우에는 상호 비판과 견책도 이루어졌다. 제네바 목사회는 목사들의 삶을 점검하기 위해 3개월에 한 번씩 모였는데, 그 이유는 "목회자들이 존경을 받기 위해서, 그리고 목회자들에 대한 나쁜 평판 때문에 하나님의 말씀이 수치를 당하거나 모욕을 당하지 않기 위해서"였다.[42] 그리하여 용납할 수 없는 죄의 경우에는 컨시스토리로 회부하여 판결하고 면직이 필요하다면 그 결과를 시의회에 통보한다. 당시 제네바에서 목회자를 최종적으로 승인하고 해임하는 권한은 의회에 있었기 때문이다. 하지만 훈계로써 교정할 수 있는 보다 경미한 허물일 경우에는 주님께서 명하신 바에 따라 조처를 취하고 교회의 판단에 맡긴다.[43] 필립 데클레시아^{Philippe d'Ecclesia}의 경우가 성서연구모임에서 이러한 교정과 견책이 이루어진 경우이다. 1549년 2월 15일 금요

---

41   1549년 10월 22일 무스쿨루스에게 편지. CO, XIII, 433.

42   John Calvin, "Draft Ecclesiastical Ordinances(1541)," 60.

43   『교회법령』은 용납할 수 없는 죄와 교정할 수 있는 허물을 구체적으로 밝히고 있다. 전자에 속한 것으로는 이단, 분파, 교회질서에 대한 반역, 신성모독, 성직매매와 부패, 다른 사람의 자리를 차지하려는 술책, 합법적인 절차에 따른 부르심이 없이 자신의 교회를 이탈하는 행위, 표리부동, 위증, 음란, 절도, 술취함, 폭행, 고리대금, 금지된 불쾌한 유희, 방탕한 춤, 시민권을 상실할 만한 범죄, 출교당할 만한 위법 등이다. 후자에 속한 것으로는 낯선 성서해석, 어리석은 호기심, 교회에서 받아들이지 않는 가르침이나 행동방식, 성서연구모임에 소홀한 행위, 악행을 질책하지 않는 행위, 직무에 대해 게으름, 욕설, 거짓말, 중상, 문란한 말, 모욕적인 말, 무모함과 악한 책략, 탐욕과 지나친 인색, 무절제한 분노, 다툼과 싸움, 목사로서 부적절한 태도나 행동 등이다. John Calvin, "Draft Ecclesiastical Ordinances (1541)," 60-61.

일 성서연구모임에서 필립이 교회에 덕이 되지 않는 많은 의견들을 고집하고 무익한 질문들을 제기하고 잘 입증된 것들을 모호하게 하거나 변질시켰을 때,[44] 그를 교정하기 위한 조처가 내려졌다. 필립에게는 3개월간 성서연구모임에서 성서를 해석하거나 토론하는 것이 금지되었다. 이러한 교정과 견책은 상호적인 것이었다. 또한 이것은 비난이라기보다는 계속적인 교육의 한 과정이었다.

제네바의 목회자들은 성서연구모임의 내용과 결정을 "제네바의 합의"Consensus Genevenis 로 받아들이고 간주하였다. 이렇게 하여 성서연구모임은 제네바의 목회자들을 위한 계속적인 신학연구와 설교훈련의 요람 역할을 하였다. 또한 성서연구모임은 성서 주석들을 저술하고, 새로운 목회자를 선발하고, 목회자들의 신학과 생활을 검증하고, 평신도를 교육시키고, 개혁교회의 공통된 신앙을 촉진시키고 계승시키는 중요한 역할을 하였다.

Ⅳ. 나가는 말

왜 21세기 한국에서 16세기 제네바에 대해 관심을 가지는가? 그것은 16세기 제네바가 개신교의 목회자 상像에 대한 하나의 원형을 제공해주기 때문이다. 개신교가 처음 출발했던 그 당시에 개신교의 중

---

[44] *The Register of the Company of Pastors of Geneva in the Time of Calvin*, 92.

심지였던 제네바에서는 어떻게 목사를 선발하고, 무슨 훈련을 시켰는지를 연구함으로써 오늘날 한국교회의 목회자 선발과 훈련을 위한 통찰을 얻고자 함이다. 물론 시간과 공간이 완전히 다르기 때문에 16세기 제네바의 것을 우리의 현장에 그대로 가져오는 것은 가능하지도 않고 적절하지도 않다. 단지 그들이 당시의 역사적 정황 속에서 어떤 정신을 가지고 어떤 원칙을 지키려고 했는지를 살펴봄으로써 오늘날 우리의 모습을 진단하고 우리가 나아가야 할 방향을 찾는데 길잡이로 삼고자 하는 것이다. 본 연구는 제네바의 경우에서 발견한 좋은 의도와 원리를 우리의 시대적 상황과 교회적 상황 안에 새롭게 적용하기 위한 하나의 몸부림이다.

먼저 우리 스스로에게 반성적 질문을 던져보자. 과연 한국교회는 어떤 사람을 목회자로 선발하고 있는가? 어떤 면을 가장 중시하면서 목회자를 선택하는가? 어떤 방식으로 목회자를 세우는가? 혹시 목회자를 선발하는 기준이나 원칙 자체가 아예 없는 것은 아닌가? 칼뱅의 제네바는 목회자를 선발하는 분명한 기준과 방식과 절차를 가지고 있었다. 제네바에서 목회자가 되려면 성서에 대한 충분한 지식을 갖추고 있어야 할뿐만 아니라 그 생활이 거룩하고 순전해야 했다. 하나님으로부터 내적 소명을 받은 사람 중에서 교리와 생활의 외적 검증을 거친 사람만이 목회자가 될 수 있었다. 목회자를 세울 때에는 제네바 목사회와 시의회와 전체 성도들의 인정을 받아야만 했고, 기도와 안수와 선서를 통해 비로소 적법한 목회자로 선발될 수 있었다. 제네바의 목회자 선발 기준과 방식에 현재 우리의 실상을 비춰볼 때, 한국교회에서 목회자가 되는 길이 너무 쉽고 넓고 편안한 길은 아닌지, 목회자 후보생의 영성, 인성, 지성을 검증할 수 있는 제도적 장치가 아예 없는 것은 아닌지, 목회자를 안수하는 예식이 너무 형식적이거나 무미건조한 것은 아닌지 되묻지 않을 수 없다.

특별히 필자에게 매우 인상적이었던 것은 제네바의 '성서연구모임'이었다. 제네바의 목사들은 매주 금요일 함께 모여 성서를 연구하고, 서로를 격려하며, 상호 비판하는 공동체 모임을 가졌다. 때문에 제네바의 목사들은 서로 간에 깊은 유대감을 가지고 있었고, 자기 점검과 통제의 수단을 지니고 있었고, 교회가 요구하는 최소한의 질적 수준을 유지할 수 있었다. 따라서 그들의 주석과 설교와 저술들은 어떤 한 개인의 것이라기보다는 공동체적 성격을 띠었다. 오늘날 한국교회의 고질병인 개인주의와 개교회주의에 대한 대안으로서 제네바의 성서연구모임은 암시하는 바가 크다고 할 것이다. 현재의 한국교회에서는 목회자들도 한 개인일 뿐이다. 목회자 개인에 따라 능력도, 수준도, 생각도 제각각이고, 목회자에 따라 교회의 목회방향이나 목회계획도 제각각이다. 한국교회가 덩치는 크지만 개인으로, 개교회로 파편화되어 있기 때문에 세상을 향한 교회의 사명을 감당하기에 역부족이다. 목회자 사이의 상호 교육, 상호 격려, 상호 비판, 상호 견책은 찾아보기가 어렵다. 목회는 홀로 잘 할 수가 없다. 이것은 마치 베토벤의 합창을 혼자 연주하거나 부를 수 없는 것과 마찬가지이다. 지금은 한국교회 안에 공동체성의 회복이 절실하게 필요한 때이다.

오늘날 한국교회에서 목회자들의 매주 모임은 거의 생각할 수가 없다. 그러나 만일 제네바에서처럼 목회자들이 규칙적으로 자주 만나 함께 성서를 연구하고 목양에 관한 진솔한 대화를 나눌 수만 있다면 그 유익은 대단할 것이다. 이와 같은 모임은 목회자들이 계속하여 성서를 연구하고 토론하는 재교육의 훈련장이 될 것이며, 목회자의 외로움과 고립을 막아주어 탈선을 예방하는 방지책이 될 것이며, 서로 격려하고 기도함으로써 정신적 스트레스를 해소하고 건강한 목회를 해가는 데 일조할 것이다. 미국 장로교PCUSA의 경우 약 15년 전에 제네바 목사회와 똑같은 이름의 목사회 Company of Pastors를 만들었다.[45] 목사회는 자원하여 가입하는 회원들을 대상으로 목회에 도움이 되는 다양한 자료들을 제공한다. 2년 주기의 성구집을 만들어서 매일 성서를 읽고 기도하게 도우며, 목회자에게 꼭 필요한 신학서적과 직접 만든 잡지를 1년에 4회 제공하여 함께 읽도록 한다. 그리고 지역 모임을 가져 회원들이 실제로 서로 만나 함께 연구하고 같이 기도하는 모임을 가지고 있다.

한국교회의 경우 시찰회 모임을 성서연구, 기도, 독서, 상호 권면의 기능을 하는 모임으로 발전시킬 수 있으리라 생각한다. 시찰회는 지역 단위로 구성되기 때문에 교회들이 해당 지역사회를 위해 함께 연대하여 활동할 수 있는 계기도 자연스레 마련될 것이다. 총회와 신학교도 함께 연대하여 현장 목회자들이 일정 시간 동안 목회한 후에는 반드시 재충전과 재교육의 기회를 갖도록 제도적 장치를 마련하는 것이 필요할 것이다. 예를 들면 목회자가 6년을 목회한 후에는 자신이 가장 필요하다고 생각하는 연구를 가까운 지역 신학교에서 1학기 동안 할 수 있도록 후원하며, 다른 목회자들과 목회경험을 나누면서 자신의 목회 방향을 재설정할 수 있는 기회를 제공하는 제도를 마련하는 것이 좋을 것이다.

이제 칼뱅의 유언을 들어보자. 그는 죽기 한 달 전쯤인 1564년 4월 25일에 마지막 유언을 남겼다. 그는 유언장에서 이렇게 말하고 있다.

---

45 미국 목사회의 홈페이지 주소는 http://gamc.pcusa.org/ministries/companyofpastors/ 이다.

나는 선언합니다. 주님께서 내게 베푸신 은혜와 선하심의 분량을 좇아서, 나는 설교하는 일이나 저술과 주석 작업 모두를 통해 그분의 말씀을 순전하고 정결하게 전하고, 거룩한 성서를 충실하게 해석하고자 노력했습니다. 나는 또 증언하고 선포합니다. 내가 복음의 대적자들과 벌인 모든 신앙의 투쟁과 논쟁 중에 나는 어떠한 속임수도 쓰지 않았고, 사악하고 현학적인 기교도 부리지 않았으며, 오직 진리를 수호하는 일에 정직하고 성실하게 임했다는 것입니다.[46]

　　지금의 한국교회와 사회는 자신의 정체성이 분명하고 철저한 목회자를 요구하고 있다. 자신의 역할과 책임을 제대로 수행할 수 있는 믿을 만한 목회자를 양성할 때 비로소 교회가 교회다움을 회복하게 될 것이다. 참되고 신실한 그리고 건강한 목회자는 교회 갱신에 필수적이고 본질적이다.

46　Théodore Bèze, *Vita Calvini*, in CO,XXI,162. Philip Schaff, *History of the Christian Church*, Vol. VIII, 박경수 옮김, 『스위스종교개혁』(고양: 크리스챤다이제스트, 2004), 709에서 재인용.

참고문헌

박경수. "개혁교회의 요람 제네바아카데미에 관한 연구." 『교회의 신학자 칼뱅』. 서울: 대한기독교서회, 2009.

Calvin, Jean. *Deux congrégations et exposition du Catéchisme*. Edited by Rodolphe Peter. Paris: Presses Universitaires de France, 1964.

_____. "Draft Ecclesiastical Ordinances (1541)." *Calvin Theological Treatises*. Translated by J. K. S. Reid. London: SCM Press, 1954.

_____. *Calvin's Commentaries*. 22 vols. Grand Rapids: Baker Books, 1974.

_____. *Institutes of the Christian Religion* (1559). Edited by John T. McNeill and translated by Ford L. Battles. Philadelphia: The Westminster Press, 1960.

_____. *Letters of John Calvin*. 4 vols. Edited by Jules Bonnet. New York: Burt Franklin, 1972.

De Boer, Erik A. "The Congrégation: An In-Service Theological Training Center for Preachers to the People of Geneva." In *Calvin and the Company of Pastors* (Papers Presented at the Calvin Studies Society, May 22-24), Edited by David Foxgrover, 57-88. Grand Rapid: Calvin Studies Society, 2004.

_____. "The Presence and Participation of Laypeople in the Congrégation of the Company of Pastors in Geneva." *Sixteenth Century Journal* 35/3 (2004), 651-70.

Hughes, Philip E. *The Register of the Company of Pastors of Geneva in the Times of Calvin*. Grand Rapid: William B. Eerdmans Publishing Company, 1966.

Ioannis Calvini Opera Omnia Quae Supersunt. 59 vols. Edited by G. Baum, E. Cunitz and E. Reuss. Brunsvigae: C. A. Schwetschke, 1863-1900.

Kingdon, Robert M. "Calvin and the Government of Geneva." In Calvinus Ecclesiae Genevensis Custos, edited by Wilhelm Neuser, 49-67. New York: Peter Lang, 1984.

_____. "The Episcopal Function in Protestant Churches in the Sixteenth and Seventeenth Centuries." *Miscellanea Historiae ecclesiasticae* VIII. ed. Bernard Vogler. Brussels: Ed. Nauwelaerts, 1987.

Maag, Karin. *Seminary or University?: The Genevan Academy and Reformed Higher Education, 1560-1620*. Brookfield, VT: Scolar Press, 1995.

Naphy, William. *Calvin and the Consolidation of the Genevan Reformation.* Louisville: Westminster John Knox Press, 1994.

Schaff, Philip. *History of the Christian Church,* Vol. VIII. 박경수 옮김. 『스위스종교개혁』. 고양: 크리스챤다이제스트, 2004.

제 7 장

만인 제사장직과 개신교의 성직 이해의 역사적 변천 :마르틴 루터에서 필립 야콥 슈페너까지

이상조 _ 장로회신학대학교 조교수, 역사신학/근대교회사

이 논문은 『선교와 신학』 56 (2022.02)에 게재한 글이다.

I. 들어가는 말

루터의 만인 제사장직은 복음의 은혜를 통해 믿음으로 세례 받은 모든 그리스도인이라면 사제의 중재 없이 모두가 직접적으로 하나님 앞에 나아갈 수 있는 제사장임을 천명한 사상이다. 중세시대에 교회의 사제는 구약시대의 제사장처럼 하나님과 신자를 중재하는 존재로서 사죄권, 축성권, 성서해석권을 가지고 있었다.[1] 신자는 사제를 통해서만 죄를 용서받을 수 있었고, 축복을 받을 수 있었다. 또한 사제만이 오직 성서를 해석하고 깨달을 수 있었으며, 성만찬 중심의 미사를 집전할 수 있었다. 천상의 모형으로서 지상에 존재하는 교회에서 거행되는 성만찬 중심의 예배에서 하나님과 신자를 중재하는 존재가 바로 사제였다. 사제는 교회 안에서 그리스도의 현존을 증언하는 표지였다. 그러기에 사제를 서품敍品하는 행위는 '다시는 지울 수 없는 그리스도의 인장'을 받는 것이었다.[2] 오늘날에도 로마가톨릭교회에서 사제는 서품을 통해 영원히 지워지지 않는 영적 인호印號, 성사로 받은 표징를 받는다고 믿는다. 서품을 통해 영원히 지워지지 않을 그리스도의 인장을 새김 받는 사제는 평신도와는 차이가 있다. "사제는 성례의 희생 제사를 진행하는 자로서, 그리고 평신도는 떡과 잔을 받으며 참여하는 자로서 '그리스도의 사제되심'에 함께 참여하게 되는 것"이다.[3]

로마가톨릭교회의 이러한 성직주의를 근본적으로 거부한 것이

---

[1] 류장현, "만인사제론에 관한 신학적 고찰," 『신학연구』 72 (2018. 6), 10.
[2] 홍지훈, "마르틴 루터의 만인사제직과 루터교 직제의 성격," 『신학이해』 51 (2017. 12), 407.
[3] 위의 글, 407.

바로 16세기 마르틴 루터가 주장한 만인 제사장직 사상이었다. 루터의 종교개혁 이후 개신교회는 목회자와 세례 받은 신자 사이의 질적 구별을 거부해왔다. 하나님 앞에서 목회자와 세례 받은 신자는 모두 동등하게 부름을 받은 사제요, 안수 받은 목사는 단지 공적으로 말씀과 성만찬을 섬기는 임무를 가진 자로 이해되었다. 그래서 개신교회에서 시행되는 목사안수식 Ordination 은 로마가톨릭의 경우처럼 '다시는 지울 수 없는 그리스도의 인장'을 받는 축성 Weihe 예식이 아니라, 공적으로 목회자로 소명 Berufungsakt 받는 예식일 뿐이다.[4]

루터의 만인 제사장직은 '오직 사제에게만 고해할 수 있고, 사제만이 용서할 수 있다'는 사제의 중재를 거부하고, 죄 용서에 관한 천국 열쇠의 직무를 사제에서 세례 받은 모든 그리스도인에게 넘겨준 것을 의미한다. 동시에 하나님 앞에서 세례 받은 모든 그리스도인은 서로에게 사제로 서 있기에 본질상 목회자와 세례 받은 신자 사이의 구별을 없앴다. 그런데 이러한 루터의 만인 제사장직 사상은 개신교회특히, 루터교회가 성립되고 발전하는 과정에서 교회 직제 속에서 이해되기 시작하여 목회직무의 '분업과 권한위임'이라는 의미를 강조하는 방향으로 나아가게 되었고, 목회직은 전문직으로 이해되기 시작했다. 본 논문에서는 만인 제사장직의 이러한 의미 변화를 역사적으로 추적하고, 그러한 의미 변화가 함의하는 바를 고찰하고자 한다.

4　위의 글, 408.

Ⅱ. 만인 제사장직에 관한 연구사

국내의 만인 제사장직에 관한 최근의 연구는 주로 마르틴 루터에게 집중되었다. 정홍열은 자신의 논문 "루터의 만인 제사장직"에서 만인 제사장직의 신학적 근거와 동기 및 목회직과의 관계를 서술하면서 만인 제사장직에 대한 로마가톨릭과 급진주의자들의 견해를 비교하였다.[5] 우병훈은 "루터의 만인 제사장직 교리의 의미와 현대적 의의"에서 만인 제사장직에 대한 초기 루터와 후기 루터의 태도 변화를 설득력 있게 논증하였다.[6] 홍지훈은 "마르틴 루터의 만인 사제직과 루터교 직제의 성격"에서 루터의 만인 제사장직이 오늘날 루터교회에서 어떤 방식으로 수용되었는지를 논하였다.[7] 류장현은 "만인사제론에 관한 신학적 고찰"에서 만인 제사장직의 역사적·신학적 의미를 분석한 후, 그 한계를 다섯 가지 측면에서 비평적으로 서술하였다.[8] 그런데 이러한 연구는 대체로 루터의 작품 속에 나타난 만인 제사장직 사상에만 집중하고 있다. 루터 이후 만인 제사장직 개념이 루터교회 안에서 어떻게 수용되어 발전되었는지는 다루고 있지 않다.

루터의 만인 제사장직 개념의 역사적 발전 혹은 변화 과정을 주목하여 본격적으로 연구한 사람은 독일 마르부르크 대학교의 조직신학

---

5   정홍열, "루터의 만인 제사장직," 『ACTS 신학과 선교』 9 (2005), 178-93.
6   우병훈, "루터의 만인 제사장직 교리의 의미와 현대적 의의," 『신학논단』 87 (2017. 3), 209-35.
7   홍지훈, "마르틴 루터의 만인사제직과 루터교 직제의 성격," 『신학이해』 51 (2017. 12), 406-23.
8   류장현, "만인사제론에 관한 신학적 고찰," 『신학연구』 72 (2018. 6), 7-35.

자 한스 마르틴 바르트 Hans-Martin Barth 이다.[9] 바르트는 에큐메니컬 관점에서 종교개혁자 루터로부터 시작된 만인 제사장직이 경건주의자 슈페너 Philipp Jakob Spener 의 '영적 제사장직' Geistliches Priestertum 속에서 어떻게 수용되고 발현되었는지, 19세기 독일 디아코니아 선구자인 비헤른 Johann Hinrich Wichern 에게 어떻게 적용되었는지, 그리고 제2차 바티칸 공의회 이후 로마가톨릭교회에서 나타난 '공동제사장직' Gemeinsames Priestertum 과 정교회의 '공동의 왕적 제사장직' Gemeinsames königliches Priestertum 개념 형성에 어떤 영향을 주었는지를 설득력 있게 서술하였다. 이러한 바르트의 연구 결과를 하랄드 괴르츠 Harald Goertz 와 빈프리드 헬레 Wilfred Härle 가 그대로 이어받아 전문신학사전 Theologische Realenzyklopädie: TRE 에서 요약적으로 서술하였다.[10] 영어권에서는 미국의 루터교 신학자인 티모시 웽거트 Timothy Wengert 가 루터의 만인 제사장직이 슈페너에게서 어떻게 변형되었는지를 분석하였다.[11] 최근에는 스테판 스콰이어스 Stephen Squires 가 루터에게서 비롯된 만인 제사장직이 사죄 Absolution 개념과 연동되면서 루터교 정통주의와 슈페너에 이르기까지 어떻게 이해되고 수용되어왔는지를 일차 자료에 근거하여 역사적으로 자세히 분석하였다.[12] 국내에서는 김문기가 "평신도 리더십으로서 슈페너의 영적 제사장직에 대한 이해"에서 루터의 만인 제사장직 사상을 이어받은 슈페너의 '영적 제사장직'을 분석 및 요약하였다.[13]

---

9 Hans-Martin Barth, *Einander Priester sein: Allgemeines Priestertum in ökumenischer Perspektive* (Göttingen: Vandenhoeck & Ruprecht, 1990).

10 Harald Goertz/Wilfred Härle, "Priester/Priestertum II/1" *TRE* 27 (1997), 402-10.

11 Timothy J. Wengert, "The Priesthood of All Believers and Other Pious Myths," *Institute of Liturgical Studies Occasional Papers* (2006), 92-115.

12 Stephen Squires, *Absolution and the Universal Priesthood: From Luther to Spener* (Unpublished Th. D. dissertation, Boston University in Boston, 2013).

루터의 만인 제사장직 사상의 역사적 발전과 변화 과정에 관한 본격적인 연구가 없는 국내의 연구 상황에서 본 논문은 바르트와 스콰이어스의 연구 결과를 수용하면서도 그들이 주목하지 않은 부분 곧, 루터의 만인 제사장직의 의미 변화가 목회직에 끼친 영향에 주목하여 글을 전개하고자 한다. 그렇지만 본 논문은 교회의 전ᇁ 역사에 나타난 루터의 만인 제사장직 사상의 발전과 변화 과정을 다루지는 않을 것이다. 연구의 범위와 시기를 만인 제사장직의 의미 변화가 시작된 시점, 곧 루터로부터 시작해서 경건주의자 필립 야콥 슈페너까지로 제한할 것이다. 또한 본 논문은 한 인물의 사상에 집중하기보다는 개념의 변천사에 주목하기에 시대별 중요 인물의 작품 속에 등장하는 만인 제사장직과 목회직 사이의 관계에만 집중할 것이다. 왜냐하면 루터 이후 루터교회가 성립되고 발전하면서 만인 제사장직 Allgemeines Priestertum 과 목회직 Das geistliche Amt 을 별개로 구분해서 생각하느냐 아니면 하나로 엮어 생각하느냐에 따라 만인 제사장직에 의미 변화가 있었기 때문이다. 이를 위해 본 논문에서는 루터, 멜란히톤, 마르틴 켐니츠 그리고 필립 야콥 슈페너의 저서를 선별적으로 분석하여 그 속에 나타나는 만인 제사장직의 의미를 분석할 것이다. 이 과정에서 루터 이후 루터교 정통주의와 경건주의자 필립 야콥 슈페너에 이르면서 루터의 만인 제사장직이 '목회직무의 역할 분담'이라는 의미로 변화하였음을 밝히고자 한다.

---

13 김문기, "평신도 리더십으로서 슈페너의 영적 제사장직에 대한 이해," 『복음과 신학』 8 (2005), 34-49.

Ⅲ. 만인 제사장직의 의미와 역사적 변화 과정

1. 마르틴 루터의 만인 제사장직

마르틴 루터가 직면했던 여러 논쟁 속에서 형성된 만인 제사장직과 목회직의 관계는 루터 전문가인 로제 Bernhard Lohse 의 입장을 따라 네 시기로 나누어서 고찰할 수도 있지만[14], 크게 보아 1517-1523년까지는 만인 제사장직을 강조한 시기로, 1523년 이후부터는 목회직을 강조한 시기로 구분할 수 있다.

루터의 종교개혁이 시작된 1517년부터 1523년까지는 만인 제사장직 사상이 형성되고 발전한 시기이다. 먼저 루터는 『신약성서에 관한 설교, 거룩한 미사에 대하여』*Ein Sermon von dem Neuen Testament, das ist von der heiligen Messe, 1520.7.*에서 미사는 제사장 혼자 드리는 것이 아니라 각자가 가지고 있는 믿음으로 드리는 것이라고 말하면서 그의 만인 제사장직 사상을 명시적으로 드러냈다.

> 미사의 희생은 각자가 가지고 있는 믿음이다. 이것이 참된 제사장의 직무(das rechtt priesterlich ampt)이며, 그리스도는 이 직임을 통해 하나님께 드려진 바 되었다. 제사장은 외적인 미사 의식으로 이 직임을 단순히 대변하는 것이다. 그러므로 각각의 사람들은 모두가 똑같이 하나님 앞에

---

14 Bernhard Lohse, *Luthers Theologie in ihrer historischen Entwicklung und in ihrem systematischen Zusammenhang* (Göttingen: Vandenhoeck & Ruprecht, 1995), 307.

서 동일한 영적 제사장들(alsampt gleych geystliche priester)이다.[15]

한마디로 믿음만이 하나님 앞에서 그 사람을 참된 제사장으로 만들며, 하나님 앞에서 어느 사람도 차별 없이 모두가 다 제사장이라는 말이다. 따라서 루터에 의하면 믿음만이 참된 제사장적 직임을 가능케 하며 그것을 대체할 수 있는 것은 어떤 것도 용납되지 않는다. 세례 받은 모든 신자는 젊은이건, 노인이건, 주인이건, 종이건, 남자건, 여자건, 지식인이건, 무식자건 간에 제사장이며 믿음이 있으면 모든 여인도 여자 제사장이다. "믿음이 다르지 않다면 거기에는 아무런 차이가 없다."Die ist kein unterscheidt, es sey denn der glaub ungleych[16] 하나님 앞에서 믿는 모든 인간은 신분과 지위를 막론하고 동등한 존재라고 천명한 셈이다.

믿음을 가진 사람이라면 모두가 제사장이라는 루터의 생각은 연이어 발표된 『독일 민족의 그리스도인 귀족에게 보내는 글』An den christlichen Adel deutscher Nation von des christlichen Standes Besserung, 1520. 8.에서 보다 명확히 드러난다. 이 글에서 루터는 교황 중심의 위계질서를 부수기 위해 신약성경 베드로전서 2장 9절"그러나 너희는 택하신 족속이요 왕 같은 제사장들이요 거룩한 나라요 그의 소유가 된 백성이니"과 요한계시록 5장 10절"그들로 우리 하나님 앞에서 나라와 제사장들을 삼으셨으니"에 근거하여 믿음을 통해 세례 받은 신자라면 모두가 제사장이라고 말하며 세속적 계급과 영적 계급으로 나누던 로마가톨릭교회의 위계질서를 신랄하게 비판했다.[17]

---

15 Martin Luther, *Weimarer Ausgabe* (이후로는 WA로 표기함) 6, 370, 7-11. 현대어 독일어 번역본으로는 다음의 루터 선집을 참조하였다. *Martin Luther. Ausgewählte Schriften*, Bd. II, (hgg.) Karin Bornkamm und Gerhard Ebeling (Frankfurt am Main: Insel Verlag, 1983), 102.

16 Martin Luther, *WA* 6, 370, 27-28.

교황, 주교, 사제와 수도승을 영적 계급이라고 부르고, 제후, 영주, 장인, 농부를 세속적 계급이라고 부르는 것은 완전히 날조된 것이며 꾸며낸 것이다. 이것으로 인해 아무도 놀라서는 안 되는데 그럴만한 이유가 있다. 왜냐하면 모든 신자는 참으로 영적 계급에 속하며 그들이 서로 다른 일을 하고 있다는 것을 제외하고는 그들 사이에는 아무런 차이도 없기 때문이다. 이것은 사도 바울이 고린도전서 12장에서 말한 바와 같이, 우리는 다 한 몸이나 각각의 지체는 다른 지체들을 섬기기 위해 자신의 고유한 일을 하고 있다는 의미이다. 이 말씀은 우리 모두에게 적용된다. 우리는 하나의 세례, 하나의 복음, 하나의 신앙고백을 가지고 있다. 그런 까닭에 하나의 세례, 하나의 복음, 하나의 신앙고백만이 사람들을 영적으로 만들고 그리스도인 되게 만든다.[18]

루터는 영주나 제후로 대표되는 세속적인 신분Stand과 사제와 주교 및 교황으로 대표되는 영적인 신분 사이에는 실제로 직무Amt의 차이 이외에 아무 차이도 없다고 보았다. 예수 그리스도를 믿어 세례받고 신자가 되었다면 신자들 사이에서 그리스도인의 신분Stand에는 차이가 없고 모두가 다 영적인 신분을 갖고 있으며 모두가 다 진정으로 사제요, 주교요, 교황이라고 보았다.[19] 하나님 앞에 서 있는 그리스도인이라면 그 사람이 어떤 계급에 속하건 어떤 지위를 가지고 있든, 모두가 그리

---

17 Martin Luther, *WA* 6, 407, 10-15. 현대어 독일어 번역본으로는 다음의 루터 선집을 참조하였다. *Martin Luther. Ausgewählte Schriften*, Bd. I, (hgg.) Karin Bornkamm und Gerhard Ebeling (Frankfurt am Main: Insel Verlag, 1983), 155-56. 한국어 번역본으로는 다음의 번역본을 참조하였다. 황정욱 옮김, 『독일 민족의 그리스도인 귀족에게 고함』(서울: 도서출판 길, 2017), 28-29.

18 Martin Luther, *WA* 6, 407, 10-15; 『독일 민족의 그리스도인 귀족에게 고함』, 28-29.

19 Martin Luther, *WA* 6, 441, 24f; *Martin Luther. Ausgewählte Schriften*, Bd. I, 201; 『독일 민족의 그리스도인 귀족에게 고함』, 90.

스도의 이름으로 세례 받은 사람이라면 모두가 동일한 제사장의 신분 Stand 을 지녔다고 보았다. 한마디로 믿음으로 세례 받은 모든 인간은 사제의 중재를 통해 하나님께 나아가는 것이 아니라, 직접적으로 하나님께 나아갈 수 있는 제사장이라는 의미이다. 이는 존재론적으로 인간은 하나님과의 관계에 있어서 용서받은 죄인이면서 죄를 사할 수 있는 제사장이라는 관계적 존재임을 천명한 것이었다.

그렇다면 소위 '영적 계급'으로 불리는 사제의 직무Amt는 무엇인가? 이에 대한 루터의 대답은 명확하다. "단지 하나님의 말씀을 설교하고 성례를 거행하는 것을 그들의 의무로 가지고 있을 따름이다."[20] 그래서 루터는 『교회의 바벨론 포로』*De Captivitate Babylonica Ecclesiae Praeludium*, 1520. 10. 에서 다음과 같이 말한다.

만일 우리가 세례를 받았다면, 바로 그 사실로 인하여 우리 모두는 똑같이 제사장들이다. [교회의] 사제들이 유일하게 덧붙여 받은 것은 하나의 사역적 직무(ein dienendes Amt: 설교하는 직무)이고, 이것조차도 우리[신자들]의 동의를 받아 그렇게 되는 것이다. … 따라서 베드로전서 2장에서 '너희는 택하신 족속이요 왕 같은 제사장들이요, 제사장적인 나라요'라고 하는 것이다. 그런 까닭에 그리스도인인 우리 모두는 제사장이다. 우리가 제사장이라고 부르는 사람들은 실제로는 우리 중에서 선택된 사역자(Diener: 말씀 사역자)이다. 그들은 우리의 이름으로 모든 일을 행하는 것이다. 사제직(Priestertum)은 이 [말씀] 사역 이외에 아무것도 아니다. 이것은 고린도전서 4장에서 [사도 바울이] 말하고 있다. '사람이 마

---

20   Martin Luther, *WA* 6, 441, 24f; *Martin Luther. Ausgewählte Schriften*, Bd. I, 201; 『독일 민족의 그리스도인 귀족에게 고함』, 90.

땅히 우리를 그리스도의 일꾼이요 하나님의 비밀을 맡은 자로 여길지어다.' 그러므로 다음과 같은 결론이 나온다. 말씀을 전하라고 교회에 의해 부름을 받고도 말씀을 전하지 않는 자는 결코 제사장이 아니다. 서품 성례는 교회가 설교자를 선택하는 의식 이외에 아무것도 아니다.[21]

그래서 루터는 『그리스도인의 자유』*Von der Freiheit eines Christenmenschen*, 1520. 11. 에서 목회자란 교회에서 "설교하는 사환, 종, 그리고 청지기라 부르는 것을 제외하고는 [일반 신자들과 비교하여] 어떠한 다른 차이점도 제시해 주지 않으며" 그들이 목회직을 행사하는 이유는 신자 모두가 똑같이 제사장들이기는 하나 모두가 다 제사장의 직책을 맡아 섬기고, 직무를 수행하며, 설교할 수는 없기 때문이라고 분명히 구분하고 있다.[22]

나아가 루터에 따르면 진정한 그리스도인은 하나님과 이웃 사이에서 하나님의 일을 소개하고 하나님과 인간이 화해하도록 자기 자신을 내어드리는 존재이다. 그리스도인은 이러한 예수 그리스도의 제사장직에 동참하여 이웃과 타인을 위해 기도하고 중재하고, 자기 자신을 희생 제사로 드리며 서로에게 하나님의 말씀을 선포하는 존재이다. 바로 이러한 제사장의 직무가 모든 그리스도인에게 놓여 있음을 루터는 주장한다.

---

21 Martin Luther, *WA* 6, 564, 12-24; 현대어로 된 라틴어-독일어 번역본은 다음을 참조하였다. *Martin Luther: Lateinisch-Deutsche Studienausgabe, Bd. 3: Die Kirche und ihre Ämter*, (hgg.) Günther Wartenberg und Michael Beyer (Leipzig: Evangelische Verlagsanstalt, 2009), 351.

22 Martin Luther, *WA* 7, 29, 13-25; 한국어 번역본은 다음을 참조하였다. 한인수 옮김, 『그리스도인의 자유』(서울: 도서출판 경건, 1996), 162-64.

그리스도인은 자신 안에서 사는 것이 아니라 그리스도와 그의 이웃 안에서 산다. 그렇지 않을 때 그는 그리스도인이 아니다. 그는 믿음을 통하여는 그리스도 안에서 살며 사랑을 통하여는 이웃 안에서 산다. 믿음을 통해 위로는 자기 자신을 넘어서서 하나님께로 이끌려 가며 아래로는 사랑을 통해 이웃을 향해 내려간다. 그렇지만 그는 언제나 하나님과 하나님의 사랑 가운데 머물러 있다.[23]

그런데, 루터는 1523년 이후부터 종교개혁 초반에 강조하던 만인 제사장직 사상을 강조하기보다는 교회에서 목회자의 직임을 강조하기 시작했다. 특히 급진적인 종교개혁자들에 반대하여 교회 내의 제도화된 직임의 필요성을 주장하였다. 1523년, 『교회의 직임에 대하여』 *De instituendis ministris ecclesiae* 에서 루터는 "사제는 장로 또는 집사와 같은 것이 아니다. 사제는 물과 성령을 통한 세례로 태어나며, 장로와 집사는 직임에 대한 소명으로 되는 것이다"[24]라고 주장했다. 즉, 세례 받은 전 교인이 사제이고, 사제는 그런 의미에서 성직 임명을 통해서 나중에 세워지는 것이 아니고 믿음으로 태어나는 것이요, 장로와 집사는 필요시에 사역자로 임명되는 것임을 루터는 명확히 하였다.

1526-1530년 사이 마르틴 루터는 작센의 선제후에게 작센 지역의 교회들을 시찰할 것을 요청하면서 선제후에게 '임시 비상 감독권' Provisorium 을 요청하였다.[25] 종교개혁이 진행되는 과정에서 무엇보다

---

23 Martin Luther, *WA* 7, 38; 한국어 번역본은 다음을 참조하였다. 한인수 옮김, 『그리스도인의 자유』, 200-02.

24 Martin Luther, *WA* 12, 178, 9. "Sacerdotem non esse quod presbyterum vel ministrum, illum nasci, hunc fieri."

25 Johannes Wallmann, *Kirchengeschichte Deutschlands seit der Reformation* (Tübingen: Mohr Siebeck, ⁷2012), 63.

도 작센 지역의 교회가 무질서한 상황에 놓였기 때문이었다.[26] 그래서 교회의 질서를 세우고 성도들의 신앙 교육을 온전케 하는 과정에서 만인 제사장직보다는 목회직에 대한 강조가 두드러지기 시작했다. 1530년 이후로 루터교회가 성립되고 개신교 감독직이 도입되면서는 만인 제사장직보다는 목회직을 더 강조하였다. 1530년의 『시편 강해』*Psalmenauslegungen*에서 루터는 이렇게 주장한다. "모든 그리스도인이 제사장인 것은 사실이지만, 모두가 목사는 아니다. 목사가 된다는 것은 그가 그리스도인이요 목사일 뿐만 아니라 직임과 그에게 위임된 사역의 장이 있어야만 한다. 이런 소명과 명령이 목사와 설교자를 만드는 것이다."[27]

이상에서 살펴본 바, 만인 제사장직과 목회직에 대한 루터의 이해는 분명하다: 교회의 사명이 예수 그리스도의 복음을 증거하는 것이라면 그리스도인인 제사장의 직무도 동일하다. 복음을 선포하는 일이 곧 제사장의 유일한 사명이다. 하지만, 직무상 목회직의 위임은 안수*ordination*를 통해 이루어진다. 이 안수는 로마가톨릭교회의 서품 성사의 경우처럼 특별한 성례도 아니고 직무의 권한을 가진 자로부터 직무의 계승이나 분업 혹은 권한위임을 의미하는 것도 아니다. 이 직무의 권한은 공동체의 위임을 받아 공식적인 직무를 행사할 때만 유효한 것이지, 이 직무에 더 이상 봉사하지 않을 때는 이 직무의 권한, 즉 목회직은 중지된다. 그런 의미에서 루터의 목회직 이해는 철저하게 복음의 공동체적

---

26 Martin Brecht, *Martin Luther. Bd. 2: Ordnung und Abgrenzung der Reformation 1521-1532* (Stuttgart: Calwer Verlag, 1986), 255f.

27 Martin Luther, *WA* 31/I, 211, 17-20. "Es ist wahr, alle Christen sind priester, aber nicht alle Pfarrer. Denn über das, das er Christen und priester ist, mus er auch ein ampt und ein befolhen kirchspiel haben. Der beruff und befehl macht Pfarrer und Prediger."

사역과 연관되어 있고, 공적인 사역이 종료되면 그는 평신도가 되며 그리스도인이라는 의미에서 제사장일 뿐이다. 그런 의미에서 루터의 만인 제사장직은 근대적인 민주주의적 이해의 '분업과 권한위임'Arbeitstei-lung und Delegation을 의미하는 것은 아니었다.[28] 루터는 '모든 그리스도인이 제사장이긴 하나 모두가 목사는 아니다'라는 만인 제사장직과 목회직 사이의 구별과 균형 잡힌 신학적인 입장을 평생 고수했다.[29] 한마디로 루터에게 있어서 만인 제사장직에 대한 이해와 목회직에 대한 이해는 성격이 다른 별개의 사안이었다.

2. 필립 멜란히톤의 만인 제사장직

필립 멜란히톤Philipp Melanchthon, 1497-1560은 루터와 동시대의 인물이자, 루터의 종교개혁을 이어받아 루터교회를 신학적으로 체계화시키고 루터교회를 제도화시키는 데 커다란 영향을 준 인물이다. 이러한 멜란히톤의 공헌에도 불구하고, 그의 신학에는 루터와는 다른 강조점이 있다. 루터와 멜란히톤 사이에 신학적 긴장을 초래한 것 중 대표적인 것이 성만찬 교리이다. 처음에 멜란히톤은 전적으로 루터 편이었으나, 1531년부터는 스트라스부르Strasbourg의 마르틴 부처Martin Bucer의 입장을 받아들였다.[30] 그 외에도 크고 작은 신학적·정치적 문제를 해결하는 과정에

---

28 Hans-Martin Barth, *Einander Priester sein: Allgemeines Priestertum in ökumenischer Perspektive*, 42.

29 위의 책, 49; Wilhelm Brunotte, *Das geistliche Amt bei Luther* (Berlin: Lutherisches Verlagshaus, 1959), 112ff.

30 Christian Peters, "Luther und Melanchthon," in *Luther Handbuch*, (hg.) Albrecht Beutel (Tübingen: Mohr Siebeck, 2005), 166.

서 루터와 멜란히톤 사이에는 신학적 긴장이 감돌았는데, 그중의 하나
가 바로 만인 제사장직이었다.

멜란히톤은 『신학의 주요 개념들』_Loci Communes, 1521_ "VIII. 표징들
signis"에서는 루터와 같은 의미의 만인 제사장직을 서술하였다.

> 신품성사란 가르치고, 세례를 베풀며, 주님의 식탁을 축복하고, 가난한
> 사람들에게 구제를 베풀 사람을 교회에서 선출하는 것에 불과한 것인데
> 도 이를 은혜의 표에 포함시키는 사람들은 마음속에서 도대체 무슨 생
> 각이 떠올라서 그리했을까? 주교와 사제란 본디 가르치고, 세례를 베풀
> 며, 주님의 식탁을 축복하는 사람들을 지칭했고 집사란 가난한 사람들에
> 게 구제의 선물을 나눠주는 사람들을 지칭했다. … 성서의 주교나 사제
> 혹은 집사라는 말은 오늘날의 사제라는 말과는 일치하지 않는다. 즉 사
> 제는 성서에 나오는 제물과 대도(代禱) 때문에 그렇게 불리워진다. 우리
> 모두는 사제들이다. 우리는 우리의 몸을 제물로 드리기 때문이다. … 베
> 드로의 '(너희는) 거룩한 백성이요 왕 같은 제사장이니'란 말은 바로 이것
> 과 관계된다. … 우리는 제사장들이다. 왜냐하면 우리는 우리 자신을 하
> 나님께 제물로 바치며 우리 죄를 위해 대도를 올리기 때문이다. 히브리
> 서는 이에 대해 보다 상세히 가르쳐 준다. 주교, 사제 그리고 집사는 단
> 지 가르치고, 세례를 베풀며, 주님의 식탁을 축복하고, 구제의 사역을 담
> 당하는 사람들일 뿐이다.[31]

---

31 Philipp Melanchthon, *Loci Communes Rerum Theologicarum seu Hypotyposes Theologicae 1521*,
한인수 옮김, 『신학의 주요 개념들』, 223-24.

위에서 인용된 1521년의 문서에 나타난 멜란히톤의 만인 제사장직 이해는 내용상 루터가 말한 것과 같다. 그런데, 멜란히톤은 만인 제사장직을 논할 때 자신의 조직신학 저서인 『신학의 주요 개념들』 중 '교회의 표징들'이라는 교회론의 틀에서 언급하고 있다. 이는 루터와는 결이 다른 지점이다. 루터는 제사장직을 목회의 직무에 종속시키지도 않았을 뿐더러 제사장직을 목회적인 직무 위에 놓질 않았다. 반면 멜란히톤은 『신학의 주요 개념들』에서 교회론적인 목회직의 틀 속에서 만인 제사장직을 어떻게 사용해야 하는지를 서술하였다.[32] 이는 멜란히톤이 만인 제사장직과 목회직을 하나로 엮어 생각하고 있음을 보여주는 단적인 예이다. 내용상 루터와 멜란히톤의 만인 제사장직에 관한 생각은 같으나, 만인 제사장직을 논하고 있는 신학적 위치에 있어서 둘 사이에는 차이가 생겼다는 의미이다.

　　이러한 변화는 멜란히톤이 이제 막 시작된 루터교회를 제도적으로 정착시키는 상황에서 만인 제사장직을 목회직의 '역할 분담'으로 이해하는 단초가 되었다. 멜란히톤은 만인 제사장직이 로마가톨릭교회의 성직주의를 극복할 수 있는 긍정적 기능이 있음과 동시에 교회를 제도화하는 데 걸림돌로 작용할 수 있는 점도 동시에 느꼈던 것으로 보인다. 그러다 보니 10년이 지난 후에 멜란히톤은 만인 제사장직 자체를 부정적으로 바라보았다. 1530년, 아우크스부르크 의회에서 멜란히톤은 루터의 만인 제사장직을 "학교에서 일반적으로 논의되는 혐오스럽고 불필요한 조항"으로 격하시키면서 반대하기까지 했다. 그 결과 멜란히톤 주도로 작성된 「아우크스부르크 신앙고백」 *Augsburische Konfession*, 1530

32　Stephen Squires, *Absolution and the Universal Priesthood: From Luther to Spener*, 231.

에서는 만인 제사장직 개념이 아예 등장하지 않는다.[33] 오히려 교회 직제의 중요성과 목회자의 교역 기능만을 강조하고 있을 뿐이었다.

1530년에 작성된 「아우크스부르크 신앙고백」 '제5조 교회의 직무에 관하여' De Ministerio Ecclesiastico [34]에서는 교회 공동체 안에서 공적으로 이루어지는 말씀 선포와 성만찬 집행이라는 목회자의 직무가 강조되고 있을 뿐이었다: "우리가 이 믿음을 얻기 위해 복음을 가르치고 성례전을 집행하는 직분이 제정되었다. 말씀과 성례전이라는 도구를 통해서 하나님이 기뻐하시는 때와 장소에, 복음을 듣는 사람들 안에서 믿음으로 역사하는 성령이 주어진다."[35] '제7조 교회에 관하여' De Ecclesia 에서는 교회의 참된 표지로 올바른 복음 선포와 성례전 집행이 언급되었다: "우리는 하나의 거룩한 교회가 영원할 것이라고 가르친다. 그러나 교회는 모든 신자의 거룩한 모임 congregatio Sanctorum 으로서, 복음이 합당하게 recte 그리고 성례가 정당하게 recte 행해지는 곳이다."[36] '제14조 교회의 직임에 관하여' De Ordine Ecclesiastico 에서는 교회 직제가 서술되고 있는데, 정식으로 소명 받은 사람만이 교회에서 공적으로 가르칠 수 있고 성례를 집행할 수 있다고 강조함으로써 교회 직제 안에서 목사의 권위를 강조하고 있다: "어느 누구도 교회에서 정식으로 부름을 받지 않은 사람

---

33 Brian Albert Gerrish, "Priesthood and Ministry in the Theology of Luther," *Church History* 34/4 (1965. 12), 404.

34 Vgl. Harald Goertz/Wilfred Härle, "Priester/Priestertum II/1" *TRE* 27 (2010), 406. 「아우크스부르크 신앙고백」의 제5조가 암묵적으로 일반 사제직에 대한 교리를 포함하는지 아니면 오직 안수 받은 직무에 대해 말하고 이것을 하나님이 '기초하신' 것으로 가르치는지는 논란의 여지가 있다. 그러나 무엇보다도 안수사역이 주제화되어 있는 제14조(De ordine ecclesiastico)는 「아우크스부르크 신앙고백」이 모든 그리스도인에게 맡겨진 일반(사제) 직무와 안수 직무를 정확히 구분하고 있음을 증명하고 있다.

35 *Die Augsburgische Konfession, XIV,* in *Die Bekenntnisschriften der Evangelisch-Lutherischen Kirchen* (Göttingen: Vandenhoeck & Ruprecht, 1992), 58.

36 *Die Augsburgische Konfession, XIV,* 61.

이 아니면 아무도 교회에서 공적으로 가르치거나 성례전을 집행하지 못한다고 가르친다."[37]

멜란히톤은 「아우크스부르크 신앙고백」에서 목회직무의 제정을 하나님에 의해 갖춰진 제도로 인정하기보다는 하나님의 구원 수단으로, 계획된 질서로 이해했다. 목회직이 하나님의 뜻에 따라 세워진 것이긴 하지만, 이보다 더 우선적인 것은 복음의 선포 자체를 하나님께서 원하셨다는 점이고 이를 위해 직임이 등장했다고 보았다. 그리스도인이 이 역할을 공적으로 수행하기 위해 하나님께서 교회 안에 질서를 마련하셨는데, 그것이 바로 목회직임을 강조하였다.

이상에서 볼 수 있듯이 멜란히톤의 주도로 작성된 「아우크스부르크 신앙고백」에서는 더 이상 만인 제사장직이 언급되길 않고 교회의 직제와 목회직이 강조되면서 복음 선포와 성만찬 집행을 위해 공적으로 부름을 받은 목회자의 역할만이 서술되고 있을 뿐이다. 멜란히톤은 교회 직제의 중요성과 목회자의 교역 기능만을 강조하였으며, 만인 제사장직을 어떻게 사용해야 하는지를 언급할 때면 거의 목회직의 맥락 속에서 다루었다.[38] 이로써 루터가 주장한 만인 제사장직은 루터 이후 루터교회에서 서서히 후퇴하고 목회직에 대한 강조와 더불어 목회직무의 역할 분담으로 이해되기 시작했다.

---

37   위의 책, 69.

38   Stephen Squires, *Absolution and the Universal Priesthood: From Luther to Spener*, 231.

3. 마르틴 켐니츠의 만인 제사장직

마르틴 켐니츠Martin Chemnitz, 1522-1586는 루터교회에서 제2세대 종교개혁자이자 '제2의 마르틴 루터'로 여겨지는 인물이다. 1543년, 오데르에 있는 프랑크푸르트 대학교Universität Frankfurt an der Oder에서 공부하기 시작한 켐니츠는 1545년에 비텐베르크 대학교로 옮겨 노년의 마르틴 루터의 설교와 강의를 들으면서 종교개혁 신학에 눈을 뜨기 시작했다. 이후 일련의 학업 과정을 거쳐 1553년부터는 비텐베르크 대학교의 철학부에서 멜란히톤의 『신학의 주요 개념들』Loci communes rerum theologicarum에 대한 강의를 시작했다. 1554년에는 브라운슈바이크Braunschweig에서 요한네스 부겐하겐Johannes Bugenhagen에 의해 목사안수를 받았고, 1567년에는 브라운슈바이크의 감독으로 임명되어 생의 마지막까지 정력적으로 활동하였다.[39] 특히 켐니츠는 야콥 안드레에Jakob Andreae, 1528-1590와 다비드 키트레우스David Chytraeus, 1530-1600와 함께 루터교회의 교리를 체계화한 『일치신조』Konkordienformel를 공동으로 작성했을 만큼 신학적으로도, 교회 정치적으로도 영향력 있는 인물이었다.[40]

켐니츠의 만인 제사장직 사상은 그가 감독으로 활동하던 초기에 저술된 『목회, 말씀, 성례 지침서』Enchiridion, 1569에 등장한다. 『목회, 말씀, 성례 지침서』는 그가 브라운슈바이크 공국公國의 감독으로 활동할 당시인 1568년, 브라운슈바이크 공국의 교회 시찰Visitation 결과로 탄생하였다. 공국에 새로 즉위한 율리우스 공작은 브라운슈바이크의 교회개혁

---

39 Theodor Mahlmann, "Chemnitz, Martin," *TRE* 7 (1981), 714-18.

40 Ernst Koch, *Das konfessionelle Zeitalter: Katholizismus, Luthertum, Calvinismus (1563-1675)*, 이성덕·이상조 옮김, 『교파주의 시대: 가톨릭주의, 루터교, 칼빈주의 (1563-1675)』(천안: 호서대학교출판부, 2015), 326-27.

을 열망했고, 이에 감독이었던 켐니츠는 공국 내에 있는 교회를 시찰하였다. 시찰 결과 브라운슈바이크 공국 내에 있던 278명의 목회자 중 도시와 시골에서 사역하고 있던 목회자들 간의 차이가 드러났고, 시골 지역에서 사역하는 목회자들은 극심한 빈곤으로 어려움을 겪고 있음을 알게 되었다. 이에 목회 사역의 재정비와 목회자의 삶을 개선하고자 작성한 글이 『목회, 말씀, 성례 지침서』였다.

켐니츠는 『목회, 말씀, 성례 지침서』에서 만인 제사장직의 역할을 매우 제한적으로 서술하면서 공적인 목회직에로의 소명을 보다 강조하고 있다.[41]

그러나 모든 신자는 제사장이라 불린다. 그런 까닭에 모든 신자가 목회직에 부름을 받았는가? 모든 그리스도인은 제사장이다. 그들 모두가 말씀과 성례의 목회직에서 특별한 소명 없이, 아무런 차이 없이 동일한 기능을 가지고 있다는 의미가 아니라 영적 희생을 드려야만 한다는 의미에서 모두가 제사장이다. … 모든 그리스도인은 하나님의 말씀을 선포하도록 일반적인 부름(einen gemeinen Beruff)를 받았다. … 그러나 말씀의 공적인 사역과 교회의 성례에 대한 공적인 사역은 일반적으로 모든 그리스도인에게 맡겨진 것이 아니다. 이것은 특별히 부름을 받은 사람들을 위한 것이다.[42]

켐니츠에게 있어서 만인 제사장직은 사적인 영역에 속하는 것이

---

41   Stephen Squires, *Absolution and the Universal Priesthood: From Luther to Spener*, 241.

42   Martin Chemnitz, *Ministry, Word, and Sacraments: An Enchiridion*, trans. by Luther Poellot (St. Louis: Concordia Publishing House, 1981), 29.

었다: "모든 그리스도인이 가정에서 서로서로 하나님의 말씀에 관해 애기하며 하나님의 말씀으로 서로 권면하며 복음을 고백하는 것이 진짜 만인 제사장직이다. 그러나 말씀과 성례의 공적인 목회 사역과 관련된 모든 것들을 집행하는 것은 모든 그리스도인에게 요구된 것이 아닌 것이다."[43] 이로써 켐니츠는 사실상 만인 제사장직을 공적인 목회의 영역에서 사용하는 것에 대해 부정적으로 바라보았다. 그는 만인 제사장직의 역할을 사적인 영역인 가정에 제한하였다.

멜란히톤과 켐니츠가 이해한 만인 제사장직과 비교해 볼 때, 루터는 만인 제사장직을 목회직의 맥락에서 이해하질 않았다. 그러나 멜란히톤 이후 만인 제사장직은 목회직의 맥락에서 이해되기 시작했으며, 그러한 이해는 루터교회가 체계화되고 발전하기 시작한 루터교 정통주의에서 더욱 견고하게 되었다. 마르틴 켐니츠뿐만 아니라 이후 17세기 루터교 정통주의의 최고 전성기를 이끈 예나Jena 대학교의 요한 게르하르트Johann Gerhard, 1582-1637 도 그의 『신학 총론』Loci theologici, 1610-1622 의 '제23권 교회의 목회직무에 관하여' De Ministerio Ecclesiastica에서 만인 제사장직 사상을 언급하질 않고 목회직에 관해서만 서술하고 있다. 그에 따르면, "목회직은 교회의 공무를 다루기 위한 책임으로 공적인 직무에 부름을 받은 사람은 [말씀을] 가르치는 영재敎才성에 의해서 확인되며 그의 첫 번째 책임은 죄를 매고 풀어주는 것이다."[44] 이처럼 루터 이후 성립된 루터교회에서 만인 제사장직은 점점 사라지게 되었고, 그 대신 교회론의 맥락 속에서 목회의 공적 직임만이 강조되었다.

---

43 Stephen Squires, *Absolution and the Universal Priesthood: From Luther to Spener*, 245-46.
44 위의 책, 262.

4. 필립 야콥 슈페너의 만인 제사장직

루터의 만인 제사장직 사상은 루터 이후 멜란히톤을 시작으로 루터교 정통주의자들에 의해서 목회직 안으로 흡수되면서 사실상 그 개념의 독특성이 사라지게 되었고 루터교회 안에서 금방 잊혀진 개념이 되었다.[45] 그런데, 경건주의의 아버지라 일컬어지는 필립 야콥 슈페너[Philipp Jakob Spener, 1635-1705]는 루터교 정통주의자들에 의해서 잊혀진 루터의 만인 제사장직을 다시금 수면 위로 올려놓았다.

슈페너는 교리 논쟁으로 건조해지고 형식적인 신앙생활만을 하던 당시 루터교회의 모습을 비판하면서 루터교회가 16세기 루터의 종교개혁 정신으로 돌아가야 한다며 교회의 개혁을 주장했다. 교회개혁에 필요한 종교개혁 정신 중의 하나가 바로 루터의 만인 제사장직의 복원이었다.[46] 소위 '경건주의의 방향 제시서'[Programmschrift des Pietismus]라 일컬어지는 『경건한 열망』[Pia Desideria, 1675]에서 슈페너는 당시 루터교회를 개혁하기 위해 여섯 가지의 구체적인 교회개혁 프로그램을 제시하였는데, 그중에 두 번째 교회개혁의 방안이 영적 제사장직의 실천이었다.[47]

마르틴 루터는 앞의 제안과 관련이 있는 다른 두 번째 제안을 했는데, 영적 제사장의 확립과 부지런한 실천(die auffrichtung und fleissige übung

---

45 Johannes Wallmann, *Philipp Jakob Spener und die Anfänge des Pietismus* (Tübingen: J. C. B. Mohr, ²1986), 244.

46 김문기, "슈페너의 *Pia desideria*에 나타난 교회개혁을 위한 프로그램," 『한국교회사학회지』 12 (2003), 24.

47 Philipp Jakob Spener, *Pia Desideria*, hg. von Kurt Aland, 3 Auflage 1964 (Berlin: Verlag Walter de Gruyter & Co, 1964), 53-85. (이후 약어로 *PD*로 표기함) 한글 번역본으로는 다음의 번역서를 함께 참조하였음을 밝힌다. 이성덕 옮김, 『피아 데시데리아』(대전: 배재대학교출판부, 2017); 모수환 옮김, 『경건한 열망』(서울: 크리스챤다이제스트, 2002).

deß Geistlichen Priesterthums)이 바로 그것입니다. 루터의 저작을 열심히 읽은 사람 중 그가 얼마나 진지하게 이 영적인 제사장직을 다루었는지 알지 못하는 사람은 없을 것입니다. 설교자(목회자)뿐만 아니라 모든 그리스도인은 주님에 의해 성령으로 기름 부음을 받은 영적인 제사장으로 일하도록 부름을 받았습니다. 다음과 같은 베드로전서의 말씀은 단지 목회자들에게만 해당하는 것이 아닙니다. '그러나 너희는 택하신 족속이요 왕 같은 제사장들이요 거룩한 나라요 그의 소유된 백성이니 너희를 어두운 데서 불러내어 그의 기이한 빛에 들어가게 하신 이의 아름다운 덕을 선포하게 하려 하심이라.'(벧전 2:9)[48]

그런데 여기에서 슈페너는 '만인 제사장직' allgemeinen Priestertum 이라는 표현 대신에 '영적 제사장직' Das geistliche Priestertum 으로 표현하였다. 그는 '만인'이라는 용어 대신에 '영적'이라는 표현을 왜 선택했는지는 설명하지 않았으나 슈페너 당시 '영적' geistlich 이라는 용어는 헌신적인 그리스도인들 사이에서 널리 통용되던 용어였던 것으로 보인다.[49] 그러기에 그는 '영적 제사장직'이라는 표현을 루터의 만인 제사장직과 같은 의미로 사용하였다.

슈페너는 루터가 인용한 베드로전서 2장 9절과 같은 성경 말씀을 인용하며 모든 신자가 영적 제사장이 될 것과 그것을 "부지런히 실천/연습 fleissige übung deß Geistlichen Priesterthums"할 것을 제안하였다. 그런데 여기에서 슈페너는 루터의 만인 제사장직을 인간이 '노력하여 획득하고

48　Philipp Jakob Spener, *PD*, 58-59.
49　Hans-Martin Barth, *Einander Priester sein: Allgemeines Priestertum in ökumenischer Perspektive*, 56.

도달해야 할 기능적인 것'으로 이해하고 있다. 이는 '세례 받은 모든 인간이 하나님 앞에서 동등한 제사장'이라는 의미를 지니고 있던 루터의 만인 제사장직 개념과는 다른 의미를 지니고 있다. 그뿐만 아니라 슈페너는 제사장직을 이전 세대의 목회자나 신학자보다 더 명시적으로 '목회직무의 역할 분담'으로 이해하면서 구체적인 실천방안까지 언급하였다.

> 모든 성도는 꾸준히 자신과 자신에게 속한 자들을 위해서 기도, 감사, 선행, 자선사업 등에 헌신하여야 합니다. 그뿐만 아니라 그들은 하나님의 말씀을 부지런히 연구하며, 다른 사람들 특히 자신의 집안사람들과 종들을 자기에게 부여된 은혜로써 가르치고, 훈계와 책망을 하며, 회개케 하고, 경건에 이를 수 있도록 인도해야 합니다. 또한 그들 모두를 위해 기도하는 일과 그리고 영적 생활을 바로잡아 주는 일에 관심을 가져야 할 것입니다. … 이 만인 제사장직을 올바르게 수행한다고 해서 목회자에게는 아무런 해도 되지 않을 것입니다. 오히려 그 반대라고 생각합니다. 사실상, 목회직이 마땅히 해야 할 모든 것을 수행할 수 없는 중요한 이유 중의 하나는 만인 제사장직의 도움이 없이는 그 목회직이 너무도 취약하다는 것입니다. 한 사람이 목회적인 치유와 전체적으로 맡겨진 많은 사람의 경건을 위해 필요한 모든 것을 행할 수는 없는 것입니다. 그러나 모두가 제사장으로서 자기 임무를 수행한다면 목사가 홀로 직분을 감당키 어려울 때 공식적이고 특별한 임무 수행을 위해서 떳떳하게 도움을 청하는 것은 결코 무리한 일이 아닙니다.[50]

---

50   Philipp Jakob Spener, *PD*, 59-60.

위의 인용문에서 볼 수 있듯이 슈페너는 영적 제사장직을 위해 구체적으로 실천하고 적용해야 할 내용으로 기도, 감사, 선행, 자선사업을 실천하는 것과 더불어 성경 연구와 경건 생활의 실천을 꼽았고, 나아가 목회자를 도와 공적으로든 사적으로든 목회자의 짐을 덜어주는 실천을 수행하는 것이 바로 영적 제사장직의 임무라고 말하였다.

여기에서 슈페너가 말한 영적 제사장직은 루터가 말한 만인 제사장직과 비교할 때 다른 강조점을 지니고 있음이 분명히 드러난다. 슈페너는 영적 제사장직을 '목사가 모든 것을 할 수 없을 때, 목회직을 보조로 돕는 기능적 역할'로 이해하고 있는 것이다. 이 점에 있어서 슈페너는 루터에 의존해 있으면서도 루터를 넘어섰다. 슈페너는 영적 제사장직의 중요성을 강조하면서 목회직과 연결 짓고 있다. 루터는 그리스도인의 만인 제사장직의 책임성을 강조하였지만, 결코 목회직이나 목사에게 직접 연결하지는 않았다. 그러나 슈페너는 영적 제사장직의 역할은 목사를 도와 목사가 할 수 없는 것을 완성할 수 있다고 하는 쪽으로 나아갔다.[51] 슈페너는 영적 제사장직 개념을 교회 안에서 목회직무의 '분업과 권한위임'Arbeitsteilung und Delegation 의미로 이해하였다. 이러한 영적 제사장직에 대한 이해는 슈페너의 또 다른 문서인 『영적 제사장직』에서 더욱 자세히 나타난다.

『경건한 열망』에서 루터교회의 개혁과 영적 갱신을 위해 영적 제사장직을 부지런히 실천하고 연습할 것을 제안한 후, 슈페너는 2년 뒤인 1677년에 『영적 제사장직』이라는 글에서 자신이 말한 영적 제사

---

[51]   Stephen Squires, *Absolution and the Universal Priesthood: From Luther to Spener*, 295.

장직의 실천과 적용에 관한 내용을 보다 구체적으로 서술하였다.[52] 『영적 제사장직』은 총 70개의 질문과 답변 및 성경 구절을 포함한 교리문답 형식으로 구성되었다. 먼저 "영적 제사장직이란 무엇인가?" 라는 물음에 슈페너는 다음과 같이 정의한다.

> [영적 제사장직은] 우리 주 예수 그리스도께서 모든 사람에게 주신 권리이다. 그리스도께서는 그의 성령을 통하여 그를 믿는 자들에게 기름을 부으시고, 이로 인하여 그들은 하나님께 합당한 제사를 드릴 수 있으며, 자신과 다른 사람을 위하여 기도할 수 있으며, 자신과 이웃을 위하여 신앙심을 북돋을 수 있게 하셨고, 그렇게 해야만 한다.[53]

그러면서 슈페너는 루터의 만인 제사장직을 왜 '영적 제사장직'이라고 바꾸어 부르는지를 설명한다: "제사장은 육체적인 제물이 아닌 영적인 제물을 드리고, 그들의 직무에 순수한 영적인 일을 행하기 때문이다."[54] 슈페너에 의하면, 영적 제사장은 세례를 통하여 거듭난 사람에게 하나님의 자녀가 되는 권리와 더불어 영적 제사장직이 주어진다.[55] 그러기에 슈페너는 영적 제사장직은 단지 목회자들에게만 적용되는 개념이 아니라, 세례를 받은 신자에게 적용되는 것임을 밝히고 있다.

---

52 Philipp Jakob Spener, *Das Geistliche Priesterthum Auß Göttlichem Wort Kürtzlich beschrieben / und mit einstimmenden Zeugnüssen Gottseliger Lehrer bekräfftiget* (Frankfurt: Zunner, 1677), in *Hauptschriften Philipp Jakob Speners*, (hg.) Paul Grünberg (Gotha: Friedrich Andreas Perthes, 1889), 93-114.

53 위의 책, 93. (문답 1)

54 위의 책, 93. (문답 3)

55 위의 책, 94. (문답 5)

목회자들은 직무상으로 볼 때, 제사장이 아니요, 신약성경에서는 그들을 제사장이라고 부르지 않고 '그리스도의 종' '하나님의 청지기' '감독' '장로' '복음의 종' 등으로 불렀다. '제사장'이라는 명칭은 모든 신자를 지칭하는 일반적인 명칭이며, 일반 그리스도인이나 목회자에게 동일하게 적용된다.[56]

이러한 영적 제사장직은 세례 받은 모든 그리스도인이라면 다 가지고 있는 직무인데, 슈페너는 그 구체적인 직무를 세 가지로 거론한다: '제사를 드리는 직무'Amt des Opferns, '기도하고 축복하는 직무' Amt des Betens und Segnens, '말씀을 전하는 직무' Amt des göttlichen Worts.[57] 슈페너는 모든 그리스도인은 이 세 가지 직무를 가지고 있지만, 그렇다고 모든 그리스도인이 공적인 직임과 사적인 직임을 무분별하게 수행해서는 안 된다고 말한다. 따라서 "신자들이 모두 설교자Prediger이며, 설교의 직무Predig-tamt를 이행해야 하는가?"는 질문에 슈페너는 다음과 같이 답한다.

그렇지 않다. 공동체 안에서 회중들에게 공적으로(öffentlich) 말씀을 전파하는 것은 특별하게 소명 받은(ein besonderer Beruf) 사람에게 주어지는 직무이다. 그러므로 이 직무를 사칭하여 다른 사람들 위에 군립하려 하거나 목회자의 직무를 빼앗는 자는 죄를 범하는 자이다. 이런 까닭에 가르치는 자가 있고, 듣는 자가 있는 것이다.[58]

---

56 위의 책, 95. (문답 11)
57 위의 책, 95. (문답 13)
58 위의 책, 99. (문답 26)

이어서 슈페너는 언급하기를, 세례 받아 하나님의 거룩한 제사장이 된 그리스도인들이 하나님의 말씀을 공적으로든 사적으로든 적극적으로 말씀을 읽고 듣고 나누도록 권면한다. "그들은 하나님의 말씀을 자기 자신을 위해서, 다른 사람들 곁에서 [듣거나] 다른 사람들과 함께 하나님의 말씀을 다루어야 한다."[59] "교회에서 선포되는 말씀을 들을 뿐만 아니라, 부지런히 말씀을 읽고 또 읽어달라고 요청해야만 한다."[60] 슈페너는 이것을 연습하는 것이 곧 영적 제사장직을 부지런히 실천하는 것임을 분명히 하고 있다.

나아가 슈페너는 영적 제사장의 직무를 맡은 그리스도인은 하나님의 말씀을 설교자에게서 단순히 듣고 믿는 것에 그칠 것이 아니라 스스로 "성경을 연구하고, 설교자들의 가르침을 시험해 보아야 한다"sondern sie sollen auch die Schrift forschen, damit sie ihres Predigers Lehre danach prüfen고 말한다.[61] 이로써 슈페너는 영적 제사장인 평신도로 하여금 목회자가 하나님의 말씀을 제대로 전하는지를 관찰하고 평가하는 역할까지 하도록 인도하고 있는 셈이다.

심지어 슈페너는 세례 받은 그리스도인들이 교회 공동체 내에서 서로서로 하나님 말씀대로 살아가는지 교훈하고 위로하고 회심시키고 책망하는데 영적 제사장직을 사용하도록 권면하기까지 한다.[62] 그러면서 슈페너는 영적 제사장직의 권한을 지닌 "신자들은 슬퍼하는 자와 함께 있을 때 그들에게 거룩한 위로의 말을 하며, 할 수 있는 대로 그들을

---

59 위의 책, 99. (문답 27)
60 위의 책, 99. (문답 28)
61 위의 책, 100. (문답 30)
62 위의 책, 109. (문답 52)

유쾌하게 해 주어야" 하며 "어떤 사람이 곤경을 당하고 있는데, 마침 목회자가 없을 때는 신자들이 죄 사함의 위로를 줄 수" 있어야 한다고까지 말하고 있다.[63] 이런 의미에서 슈페너에게 있어서 "영적 제사장은 직무를 수행하는 것 Der geistlichen Priester ist Amt 을 의미한다. 그 직무란 모든 사람이 믿음 안에서 세워지고 경건한 생활 속에서 덕을 쌓게 되게 하도록 하나님의 말씀 안에서 노력하는 것"[64]으로 목회직의 일정부분을 동참하는 것을 말한다.

이상에서 살펴본바, 슈페너에게 있어서 영적 제사장직은 목회자의 직무를 일정부분 공동으로 수행하는 것을 의미한다. 영적 제사장직의 구체적인 실천내용을 살펴보면 슈페너는 일반 평신도의 영적 제사장직의 역할을 내용상事實上 목회자가 하는 직무의 영역에로까지 확대할 것을 주장하고 있는 셈이다. 설령 슈페너가 어떤 그리스도인이 영적 제사장의 직무를 다른 사람들 위에 있는 권력으로 여기거나, 또는 설교자의 공적인 직무를 침해하게 된다면 그러한 그리스도인은 죄를 범하는 것이라고 경고하고 있더라도[65], 슈페너에게 있어서 모든 그리스도인의 영적 제사장직의 실천이란 목회자가 교회에서 맡은 목회직무 일부분을 평신도가 공유하게 되는 목회직무의 '분업과 권한위임'을 의미한다.

이상에서 루터, 멜란히톤, 켐니츠, 슈페너 네 사람의 만인 제사장직의 의미를 분석해 보았다. 루터와 달리 멜란히톤, 켐니츠, 슈페너의 공통점은 만인 제사장직을 목회직의 맥락에서 다루고 있다는 점이다. 그러나 멜란히톤과 켐니츠가 만인 제사장직 자체에는 주목하질 않고

---

63 위의 책, 110. (문답 58)
64 위의 책, 112. (문답 65)
65 위의 책, 99. (문답 26)

교회론의 맥락에서 목회직의 공적인 직임만을 강조한 것에 비해, 슈페너는 목회직을 돕는 '역할 분담'으로 영적 제사장직을 목회에 적극적으로 활용할 것을 강조하였다. 이 점에 있어서 슈페너는 멜란히톤이나 켐니츠와는 결을 달리하고 있고, 만인 제사장직을 처음으로 주장한 마르틴 루터의 이해도 넘어섰다. 루터와 달리 슈페너는 일반 신자가 영적 제사장직을 통해 목사를 도와 목사가 할 수 없는 것을 완성할 수 있다고 생각했다. 슈페너가 교회 안에서 영적 제사장직을 활용하여 목회직무의 '분업과 권한위임'을 주장함으로써 만인 제사장직은 실천적인 맥락에서 목회의 보조 수단이라는 의미로 이해를 지니게 되었다.

IV. 만인 제사장직 의미의 변화에 대한 비평적 성찰

'오직 사제에게만 고해할 수 있고, 사제만이 용서할 수 있다'는 식의 사제 중재권을 거부하고, 죄 용서에 관한 천국 열쇠의 직무를 사제에서 세례 받은 모든 그리스도인에게 넘겨준 루터의 만인 제사장직 사상은 본질상 목회자와 세례 받은 신자 사이의 구별을 없애고 세례 받은 그리스도인 모두가 직접적으로 하나님 앞에 나아갈 수 있다는 제사장임을 천명한 것이었다. 하지만 루터 이후 루터교회에서 만인 제사장직은 교회의 직제 속에서 이해되기 시작하여 목회직무의 역할 분담이라는 의미로 변화되었다. 이러한 의미상의 변화가 주는 교회사적·신학적 함의는 무엇일까?

첫째, 만인 제사장직이 목회직무의 역할 분담이라는 의미로 변화하면서 교회 내에서 평신도가 교회와 목회 사역에 더 적극적·능동적으로 참여하기 시작했다. 목회자는 평신도들을 목회의 동역자로 생각하여 '평신도의 사역자화'를 강력히 추진하였고, 평신도들도 자발적으로 복음 전도와 선교 사역에 헌신하게 되었다.[66]

둘째, 목회직무의 역할 분담이라는 의미로 변화한 만인 제사장직 이해는 목회를 하나의 직업적인 전문직 개념으로 바꾸는 데 일조하였다. 원래 루터의 만인 제사장직은 '모든 직업이 거룩하다'는 직업 소명론에 신학적 근거를 제공하였다. 세속직업에 대한 목회직의 우위성이나 거룩성 보다는 본질적으로 모든 직업의 동등성을 강조하는데 루터의 만인 제사장직이 신학적 근거를 제공하였다. 그런데 이러한 만인 제사장직 개념이 '목회직무의 역할 분담'이라는 의미로 변화되면서 목회는 점점 하나의 직업적인 전문직으로 이해되기 시작했다. 대중에 의한 민주주의 의식이 발전하던 19세기, 교회 안에서는 기능 능력면에서 더 잘 준비된 목회자와 그렇지 못한 목회자에 대한 구별이 생기게 되면서 목회를 전문적으로 잘하는지 관찰하고 평가하는 평신도의 영향력이 증대되기 시작했다. 평신도의 영향력 증대는 국가교회 Staatskirche 나 국가교회에 준하는 기독교 사회 Societas Christiana 시스템으로 이루어진 유럽 대륙보다는 국가 설립 초창기부터 정교분리와 자본주의적인 경쟁체제가 꽃을 피운 다원주의 사회의 아메리카 대륙에서 두드러지게 나타났다.

셋째, 만인 제사장직이 교회 내에서 목회직무의 '분업과 권한위

---

66 Vgl. Hendrik Kraemer, *A Theology of The Laity*, 홍병룡 옮김, 『평신도 신학』(서울: 아바서원, 2014), 68ff. 이러한 '평신도의 사역자화'는 20세기에 '평신도 신학'의 등장으로까지 이어졌다. 만인 제사장직과 '평신도 신학'과의 관계는 본 연구의 범위를 넘어서기에 추후의 연구 과제로 남기고자 한다.

임'이라는 의미로 바뀌면서 만인 제사장직은 실제적인 의미에서 교회에서 민주주의의 문호를 연 신학적 개념으로 재해석되기에 이르렀다. 물론 영국의 복음주의 신학자 맥그라스Alister E. McGrath의 말처럼, 루터의 만인 제사장직은 '모든 신앙인 각자가 성서를 해석할 수 있는 권리를 갖고 있음'으로 여겨지는 '민주주의의 강령'임에는 틀림없다.[67] 맥그라스와 비슷하게 독일의 조직신학자 한스 마르틴 바르트Hans-Martin Barth도 루터의 만인 제사장직은 로마가톨릭의 성직 서품에 근거한 성직자와 평신도 사이의 근본적인 차별을 제거한 것으로 세례 받은 신앙인이라면 그리스도 안에서 새 삶을 살도록 자유케 한 사상이었다고 말한다. 바르트는 루터의 만인 제사장직이야말로 "미성숙하게 만드는 계층구조에서의 해방과 동시에 교회의 '민주화'를 의미"하는 "민주주의의 초기 역사"에 속한다고 평가했다.[68]

그럼에도 불구하고 우리가 분명히 알아야 할 사실은, 루터는 오늘날의 '민주주의', '민주화'라는 개념을 알지 못했다. 그리고 그런 의도도 없었다. 만일 그가 사회계층의 평등이나 오늘날의 민주주의적 개념을 주장했다면 그는 그가 살던 시대의 사회의 신분 계층도 거부했어야만 했다. 그러나 루터는 그런 일에는 별로 관심이 없었다. 루터의 만인 제사장직이 훗날 근대 민주주의에 '어느 정도' 공헌을 했다고는 말할 수 있겠으나, 만인 제사장직 개념 자체가 민주주의 사상 형성에 직접적인 영향을 주었다고 보기에는 다소 비약이 있어 보인다.[69] 오히려 교회 내에서 성직자와 평신도 사이의 역할 분담을 구체적으로 언급하면서

---

67   Alister E. McGrath, *Christian History*, 박규태 옮김, 『기독교의 역사』(서울: 포이에마, 2016), 336.

68   Hans-Martin Barth, *Die Theologie Martin Luthers. Eine kritische Würdigung*, 정병식·홍지훈 옮김, 『마르틴 루터의 신학: 비평적 평가』(서울: 대한기독교서회, 2015), 539-40.

목회직무의 '분업과 권한위임'이라는 의미를 가져온 경건주의자 슈페너의 이해 속에서 '교회의 민주화'에 영향을 준 만인 제사장직에 대한 실질적인 모습을 발견할 수 있다고 생각한다.

V. 나가는 말

오늘날 한국교회에서 만인 제사장직 개념은 다양한 상황 속에서 종종 상반되게 적용되곤 한다. 한편에서는 한국교회가 위기에 봉착한 원인 중 하나를 '담임목사 중심의 권력 집중화'로 거론하며 이를 극복하기 위해 교회 내에서 만인 제사장직을 실현하자는 목소리가 있다. 소위 중세시대 교황 중심의 성직주의가 오늘날 한국교회에도 재현되고 있다는 것이다. 한국교회의 위기를 극복하기 위해 루터가 주장했던 만인 제사장직을 한국교회에서 온전히 실현하여 교회 내에서 민주주의를 이루자는 것이다.[70] 한편, 교회 내에서 목회자는 만인 제사장직에 근거해 '평신도의 사역자화'를 강력히 추진하며 목회에 평신도를 동력화시키기도 한다. 이 과정에서 열심인 평신도들과 그렇지 못한 평신도들 사

---

69 종교개혁이 근대 민주주의 발전에 간접적인 원인(遠因)은 되지만 직접적인 원인(原因)은 아니다. '종교개혁과 민주주의' 사이의 연관성, 종교적 자유가 일반 인권으로 바뀌는 것에 관한 연구는 루터교회보다는 칼뱅에 의해 시작된 개혁교회에서 두드러지게 나타났다. [Vgl, John Witte Jr, *The Reformation of Rights: Law, Religion and Human Rights in Early Modern Calvinism*, 정두메 옮김, 『권리와 자유의 역사 : 칼뱅에서 애덤스까지 인권과 종교 자유를 향한 진보』(서울: IVP, 2015)].

70 백종국, "종교개혁 498주년 특집: 루터가 실패한 '만인제사장' 실현의 길, 교회 민주주의로 열자," 『들소리신문』 1577 (2015.11.8).

이에 소위 '믿음이 좋은 신자'와 '믿음이 연약한 신자'라는 '새로운 구별'이 생기기도 한다. 또 다른 한편으로 교회 내 지도그룹에 있는 평신도 중 일부는 만인 제사장직에 근거해 담임목사가 기능적·전문적으로 목회를 잘하는지 관찰하고 평가·비판·통제하기도 한다. 동시에 평신도들은 만인 제사장직 사상을 신학적 근거 삼아 사회 속에서 일반 직업을 '하나님 소명의 자리'로 여겨 자기 생계를 위한 것뿐만 아니라 이웃을 섬기고 공의와 사랑을 실천하기도 한다.

16세기 종교개혁자 마르틴 루터가 말한 만인 제사장직의 의미는 예수 그리스도의 십자가 사건으로 용서받고 구원 얻은 신자가 하나님께 직접 기도할 수 있고 직접 말씀을 읽고 묵상하며 죄에 대하여, 율법에 대하여 모든 구속과 억압에서 벗어날 수 있는 자유를 지닌 존재임을 깨닫게 하는 것이었다. 그리고 하나님 앞에서 이러한 자기 정체성을 확립하여 감격 속에서 이웃을 향하여 복음을 전하고 용서, 구제, 섬김, 나눔을 실천하도록 하는 것이었다. 이런 의미에서 만인 제사장직 개념은 목회직과 분리하여 생각할 필요가 있다.

개신교회에서 목회자는 '대중신자'에 의해서 말씀 선포와 성례를 집전하도록 '공적'으로 소명 받는 존재이다. '공적'이라는 말은 절차상 '공공의 합법성'과 공적으로 부름을 받을 수 있을 만큼의 '전문성'을 갖추고 있어야 함을 내포하고 있다. 공적으로 한 교회의 목회자로 부름을 받고 사역하기 위해서는 공적으로 합법적인 절차를 거쳐 임명되어야 한다. 또 그에 걸맞은 전문성을 갖추어야 할 존재가 개신교 목회자이다. 21세기에 목회자로서 '공적' 직임으로 부름을 받은 사역자가 잊지 말아야 할 부분이라 여겨진다.

참고문헌

김문기. "슈페너의 Pia desideria에 나타난 교회개혁을 위한 프로그램." 『한국교회사학회지』 12 (2003), 9-30.

_____. "평신도 리더십으로서 슈페너의 영적 제사장직에 대한 이해." 『복음과 신학』 8 (2005), 34-49.

류장현. "만인사제론에 관한 신학적 고찰." 『신학연구』 72 (2018. 6), 7-35.

백종국. "종교개혁 498주년 특집: 루터가 실패한 '만인제사장' 실현의 길, 교회 민주주의로 열자." 『들소리신문』 1577 (2015.11.8.).

우병훈. "루터의 만인 제사장직 교리의 의미와 현대적 의의." 『신학논단』 87 (2017. 3), 209-235.

정홍열. "루터의 만인 제사장직." 『ACTS 신학과 선교』 9 (2005), 177-93.

홍지훈. "마르틴 루터의 만인사제직과 루터교 직제의 성격." 『신학이해』 51 (2017. 12), 406-23.

Barth, Hans-Martin. *Die Theologie Martin Luthers. Eine kritische Würdigung.* 정병식 · 홍지훈 옮김. 『마르틴 루터의 신학: 비평적 평가』, 서울: 대한기독교서회, 2015.

_____. *Einander Priester sein: Allgemeines Priestertum in ökumenischer Perspektive.* Göttingen: Vandenhoeck & Ruprecht, 1990.

Brecht, Martin. *Martin Luther. Bd. 2: Ordnung und Abgrenzung der Reformation 1521-1532.* Stuttgart: Calwer Verlag, 1986.

Brunotte, Wilhelm. *Das geistliche Amt bei Luther.* Berlin: Lutherisches Verlagshaus, 1959.

Chemnitz, Martin. *Ministry, Word, and Sacraments: An Enchiridion.* Translated by Luther Poellot. St. Louis: Concordia Publishing House, 1981.

Die Bekenntnisschriften der Evangelisch-Lutherischen Kirchen. Göttingen: Vandenhoeck & Ruprecht, 1992.

Gerrish, Brian Albert. "Priesthood and Ministry in the Theology of Luther." *Church History* 34/4 (1965. 12), 404-22.

Goertz, Harald / Härle, Wilfred. "Priester/Priestertum II/1." *TRE* 27 (1997), 402-10.

_____. *Kirchengeschichte Deutschlands seit der Reformation.* Tübingen: Mohr Siebeck, 2012.

Jr, John Witte. *The Reformation of Rights: Law, Religion and Human Rights in Early Modern Calvinism*. 정두메 옮김. 『권리와 자유의 역사: 칼뱅에서 애덤스까지 인권과 종교 자유를 향한 진보』. 서울: IVP, 2015.

Koch, Ernst. *Das konfessionelle Zeitalter: Katholizismus, Luthertum, Calvinismus (1563-1675)*. 이성덕 · 이상조 옮김. 『교파주의 시대: 가톨릭주의, 루터교, 칼빈주의 (1563-1675)』. 천안: 호서대학교출판부, 2015.

Kraemer, Hendrik. *A Theology of The Laity*. 홍병룡 옮김. 『평신도 신학』. 서울: 아바서원, 2014.

Lohse, Bernhard. *Luthers Theologie in ihrer historischen Entwicklung und in ihrem systematischen Zusammenhang*. Göttingen: Vandenhoeck & Ruprecht, 1995.

Luther, Martin. *Von der Freiheit eines Christenmenschen*. 한인수 옮김. 『그리스도인의 자유』. 서울: 도서출판 경건, 1996.

_____. *An den christlichen Adel deutscher Nation von des christlichen Standes Besserung*. 황정욱 옮김. 『독일 민족의 그리스도인 귀족에게 고함』. 서울: 도서출판 길, 2017.

_____. *Ausgewählte Schriften*. Bd. I. (hgg.) Karin Bornkamm und Gerhard Ebeling. Frankfurt am Main: Insel Verlag, 1983.

_____. *Martin Luther. Ausgewählte Schriften*. Bd. II. (hgg.) Karin Bornkamm und Gerhard Ebeling. Frankfurt am Main: Insel Verlag, 1983.

_____. *Martin Luther: Lateinisch-Deutsche Studienausgabe*. Bd. 3: Die Kirche und ihre Ämter. (hgg.) Günther Wartenberg und Michael Beyer. Leipzig: Evangelische Verlagsanstalt, 2009.

_____. *WA* 12.

_____. *WA* 31/I.

_____. *WA* 6.

_____. *WA* 7.

Mahlmann, Theodor. "Chemnitz, Martin." *TRE* 7 (1981), 714-21.

McGrath, Alister E. *Christian History*. 박규태 옮김. 『기독교의 역사』. 서울: 포이에마, 2016.

Melanchthon, Philipp. *Loci Communes Rerum Theologicarum seu Hypotyposes Theologicae 1521*.

_____. *Loci Communes Rerum Theologicarum seu Hypotyposes Theologicae 1521*. 한인수 옮김. 『신학의 주요 개념들』. 서울: 도서출판 경건, 1998.

Peters, Christian. "Luther und Melanchthon." In *Luther Handbuch.* (hg.) Albrecht Beutel. Tübingen: Mohr Siebeck, 2005.

Spener, Philipp Jakob. *Das Geistliche Priesterthum Auß Göttlichem Wort Kürtzlich beschrieben / und mit einstimmenden Zeugnüssen Gottseliger Lehrer bekräfftiget.* Frankfurt: Zunner, 1677. In *Hauptschriften Philipp Jakob Speners.* (hg.) Paul Grünberg. Gotha: Friedrich Andreas Perthes, 1889, 93-114.

_____. *Pia Desideria.* hg. von Kurt Aland. 3 Auflage 1964. Berlin: Verlag Walter de Gruyter & Co, 1964.

_____. *Pia Desideria.* 모수환 옮김. 『경건한 열망』. 서울: 크리스챤다이제스트, 2002.

_____. *Pia Desideria.* 이성덕 옮김. 『피아 데시데리아』. 대전: 배재대학교출판부, 2017.

Squires, Stephen. *Absolution and the Universal Priesthood: From Luther to Spener.* Unpublished Th. D. dissertation, Boston University in Boston, 2013.

Wallmann, Johannes. *Philipp Jakob Spener und die Anfänge des Pietismus.* Tübingen: J. C. B. Mohr, 1986.

_____. *Kirchengeschichte Deutschlands seit der Reformation.* Tübingen: Mohr Siebeck, 2012.

Wengert, Timothy J. "The Priesthood of All Believers and Other Pious Myths." *Institute of Liturgical Studies Occasional Papers* (2006), 92-115.

제 3 부

한국교회와 여성목회

제 8 장

한국교회사에서 살펴본
'마을목회'

이치만 _ 장로회신학대학교 부교수, 역사신학/한국교회사

Ⅰ. 들어가는 말

대한예수교장로회^{통합} 총회는 102회기 주제를 '거룩한 교회, 다시 세상 속으로'라고 정하였다. 그런데 이 주제의 키워드로 부각되는 개념이 '마을목회' Village Ministry 이다. 교회가 세상 속으로 들어간다는 의미를 함축하기 위해 채용한 것이리라. 기존에도 비슷한 함의를 갖고 있는 '선교'·'봉사'·'섬김' 등이 쓰이고 있었다. 그런데 굳이 '마을목회'라는 새로운 표현이 거론되는 까닭이 있을 것이다. 그동안 한국교회는 우리 사회의 사회적·경제적 약자를 외면하고 성장 중심적인 목회에 매몰되었다. 그래서 마을목회는 개교회주의에 빠지지 않는 '거룩한 공교회',[1] 세상과 단절된 자기중심적인 교회에서 벗어나 '하나님의 선교'를 구현하는 교회,[2] 세상과 분리되지 않는 '공적 교회'[3]를 지향해야 한다는 것이다.

즉 1) 마을목회는 교회가 세상^{마을}을 '타자화'해 왔던 인식을 벗어야한다는 점이다. 지금까지 교회는 선교의 주체이고 세상^{마을}은 선교의 '대상'이라는 인식이 있었다. 이는 곧 교회는 '우리' christendom 가 되고 세상^{마을}은 '우리 바깥에 있는 그들'이라는 이분법적 인식을 갖게 하였다. 이런 인식하의 선교는 '우리 바깥에 있는 그들'이 '우리 안으로' 들어오는 것으로 귀결되었다. 이에 대해 마을목회는 그들도 우리와 마찬

---

[1] "교회의 거룩성 회복이 '개혁'이다," 『한국기독공보』 2017년 9월 16일자.
[2] "교회의 거룩함, 세상 속 선교의 '빛'으로," 『한국기독공보』 2017년 9월 23일자.
[3] "교회, 화해·일치의 사명 감당하라," 『한국기독공보』 2017년 9월 30일자.

가지로 '주님께 속한 세상'오이쿠메네에 살고 있음을 자각하고, 교회가 세상마을의 이웃들과 어떻게 더불어 살 수 있을까를 고민하는 목회라는 것이다. 그래서 2) 마을목회는 교회의 '공적 역할'을 강조하고 있다. 세상마을에는 사회적·경제적·문화적으로 소외된 약자들이 있다. 이들 또한 '주님께 속한 세상'에 살아가는 이웃이다. 마을목회는 교회가 '대가없이' 이웃들을 돌보는 일에 앞장서는 목회라는 것이다. 본 연구는 위에서 정리한 마을목회의 관점으로 한국교회사의 사례들을 살펴보고, 마을목회의 현재적 의미를 논하고자 한다.

II. 사무엘 무어와 백정해방운동

마을목회의 관점에서 살펴볼 첫 사례는 사무엘 무어Samuel F. Moore의 선교사역이다. 무어 선교사는 1860년 9월 15일 미국 일리노이주 그랜드리지Grand Ridge에서 목사의 아들로 태어났다. 무어 선교사는 미북장로회 선교사로 파송 받아, 부인 로즈 엘리Rose Ely Moore와 함께 1892년 9월 21일 양화진 나루에 도착했다. 임시로 제중원에 머물면서 한국어 공부에 착수했다. 동시에 사무엘 마펫Samuel A. Moffet 선교사가 주관하고 있던 '예수교학당'에서 성경공부 지도를 도왔다. 한국인 학생들에게 성경공부를 가르치는 보람도 있었지만, 이들과 접촉하면서 한국어와 한국문화를 빠르게 흡수할 수 있게 되었다. 6개월쯤 경과한 1893년 봄 즈음에는, "현지인 교인들과 제법 대화를 나눌 수 있는" 정도가 되었다.[4]

이윽고 1893년 6월에 제중원 개울 건너의 곤당골지금의 소공동 롯데호텔 부근에 2층집을 지어 터를 잡았다. 무어 선교사 부부는 집 구경하러 온 이웃주민들에게 집을 보여주기도 하고 새로 판 우물물을 제공하였다. 우물을 제공한 것이 이웃주민들로부터 많은 호응을 얻었다. 당시 평민 들 대부분은 집에서 멀리 떨어져 있는 시냇가까지 물동이를 머리에 이 고 물을 길어 나르는 수고를 해야 했다. 이웃들은 무어 선교사 덕분에 고된 수고로움을 조금이나마 덜 수 있었다. 물을 길으러 오는 아낙네들 은 보통 어린아이들을 데리고 다니기 마련이었다. 무어는 이 아이들을 대상으로 노래도 가르치고 성경이야기도 들려주었다. 아이들이 고정적 으로 모인다고 판단되었을 즈음, 평민집안 사내아이를 대상으로 학당 을 열고 체계적인 교육을 실시하였다. 학생들은 한국인 선생으로부터 한국역사 그리고 한문을 배웠고, 무어는 성경과 지리를 가르쳤다. 이 학 당은 1896년에 학생수가 20여 명에 이르렀다.[5] 이와 같은 노력은 곧 열매를 맺었다. 지금까지 개별적으로 친분을 쌓은 몇몇 교인들과 가정 예배를 드려왔는데, 학당의 학부모들이 교회에 출석하면서 첫 해 말에 교인수 43명으로 성장하게 되었다.[6] '서울에서 두 번째 장로교회'인 곤 당골교회승동교회의 전신의 시작이었다.[7]

무어의 사역 가운데, 가장 주목할 것은 백정白丁 해방운동이었다. 백정은 조선왕조 500년 동안 인간으로 대접받지 못한 천민계급이었다.

4   차재명 편, 『조선야소교장로회사기』 상 (경성: 기독교창문사, 1928), 20.

5   Martha Huntley, *To start a work : the foundations of Protestant mission in Korea (1884-1919)*, 차종 순 옮김, 『새로운 시작을 위하여』(서울: 쿰란출판사, 2009), 380.

6   Harry A. Rhodes, *History of the Korea Mission Presbyterian Church U.S.A.*, 최재건 옮김, 『미국 북 장로교 한국선교회사』 vol. 1(1884-1934) (서울: 연세대학교 출판부, 2009), 109.

7   Martha Huntley, 『새로운 시작을 위하여』, 380.

천민 중에서도 가장 천대받던 직업에 종사하던 칠천역七賤役, 즉 기생·무당·광대·포졸·갓바치 가죽신 장인·고리장 죽세품 장인·백정 그 가운데 최하위의 신분이었다. 백정은 관아나 민가의 크고 작은 제사 때 짐승을 도축하는 것으로 생업을 삼았다. 평민들과 다른 옷을 입어야 했고, 망건이나 갓을 쓸 수도 없었다. 걸을 때도 우스꽝스럽게 허리와 다리를 약간 구부리고 깡충깡충 뛰면서 걸어야 했다. 이를 어길 시에는 교수형을 면치 못했다. 1894년 제1차 갑오개혁에서 신분제가 폐지되긴 했지만, 백정들의 의관에 대한 규정은 그대로여서 백정들은 어디서라도 눈에 띨 수밖에 없었다. 제도상의 신분제는 폐지되었다고 하지만, 사회통념상의 차별은 여전히 남아 있었다. 무어가 백정문제에 관심을 갖게 된 것은 이즈음의 일이었다.

무어의 학당에는 '봉출'이라는 학생이 있었다. 봉출이는 백정의 아들이었지만 무어는 아랑곳 하지 않았다. 1894년 어느 날, 봉출이의 아버지 박씨가 장티푸스에 걸려 사경을 헤매자 봉출이는 급히 무어에게 도움을 요청했다. 무어는 지체 없이 제중원 원장이자 고종 임금의 시의侍醫 에비슨Oliver R. Avison에게 도움을 요청하여 박씨를 치료하였다. 박씨는 임금의 시의가 미천한 백정 집에 몸소 찾아와 극진하게 치료한 것에 크게 놀랐고 백정마을에 사는 다른 사람들도 마찬가지였다. 완쾌된 박씨는 무어와 에비슨의 태도에 감읍하여 기꺼이 복음을 받아들였고 가족 모두 곤당골교회로 출석하였다. 교회에 출석한지 처음 얼마동안, 박씨는 백정신분을 드러내지 않았다. 그러나 얼마 지나지 않아 박씨의 신분이 드러나면서, 곤당골교회 양반교인들은 반발하였다. 백정들이 다니는 교회에 양반들이 함께 다닐 수가 없다는 것이었다. 급기야 교인의 반이 교회에 출석하지 않는 사태가 발생했다. 그럼에도 무어는 그의 출신과 상관없이 박씨를 따뜻하게 환대하였다. 무어의 태도에 감복한 박씨는 동료 백정들을 열심히 전도하여 교회로 이끌었다.[8] 더욱이 이름도 없던 박씨는 무어로부터 '박성춘' 朴成春이라는 이름도 얻게 되었다. 박씨와 같은 백정이 기독교인이 된다는 것은 사람으로 대접받는다는 것을 의미했다.

결국 박성춘은 곤당골교회에 출석한 지 1년쯤 되던 1895년 4월 20일 무어에게 세례를 받았다. 곤당골교회의 정식 구성원이 된 것이다. 박성춘이 세례를 받자, 양반교인들의 항의와 반발이 잇따르게 되었다. 백정들의 교회출석으로 교회를 떠났던 몇몇 양반교인들이 다시 교회로 돌아오긴 했지만, 이번에는 백정들과 같은 자리에 앉을 수 없으니 좌석을 따로 배정해달라고 요구하였다. 이에 무어는 '한 하나님 아버지의 자녀들이 서로 차별을 해서는 안 된다'고 교인들을 타일렀다.[9] 이에 양반 교인들은 곤당골교회에서 떨어져 나가 홍문동교회를 따로 세우게 되었다.[10]

무어는 박성춘의 교회출석과 이를 통해 빚어진 교회내의 진통을 통해서 백정들이 조선왕조 500년 동안 얼마나 비참한 차별을 받아 왔는지 알게 되었다. 뿐만 아니라, 이와 같은 사회적 차별이 교회 안에서도 버젓이 일어나고 있다는 의견을 에비슨에게 전했다. 그래서 에비슨과 더불어 적극적으로 백정차별 혁파를 위해 노력하였다. 제2차 을미개

---

8 위의 책, 381-84.

9 위의 책, 385-87.

10 1895년 여름, 양반가 교인들이 분립하여 광통교 부근에 '홍문동교회'를 설립하였다. 그러나 이 교회는 곤당골교회가 화재로 인해 소실되자, 1898년 말(또는 1899년 초엽)에 곤당골교회 교인들을 받아들여 재결합하였다. 재결합한 교회는 1901년 홍문동교회의 해체로 잠시 동안 제중원교회에서 예배를 드리다가, 1904년 인사동에 '승동교회'를 설립하였다. 차재명 편, 『조선야소교장로회사기』상, 188 참조.

혁이 추진되던 1895년 4월 박성춘 등은 백정에 대한 차별대우를 개선해 달라고 하는 청원을 정부에 제출하였다. 무어와 에비슨이 물밑으로 노력한 끝에, 정부는 박성춘의 청원을 받아들였고 백정들도 평민들과 같은 의관을 착용할 수 있게 되었다.[11] 조선왕조 이래, 사람으로 대접받지 못한 백정들이 드디어 평민들과 동등한 대접을 받을 수 있게 된 것이다. 무어는 백정에 대한 차별대우가 철폐된 것을 기뻐하면서 다음과 같이 기록하고 있다.

> 아브라함 링컨 대통령의 노예해방선언을 들은 흑인 노예들의 기쁨은, 이곳 한국인 백정들이 초립을 쓸 수 있도록 허락을 받은 그것보다 더 큰 것은 아니었을 것이다.[12]

그러나 무어는 백정차별철폐를 위해 노력을 기울였던 것이 빌미가 되어 여러 곤란한 상황을 겪기도 했다. 무어가 시무하던 곤당골교회에 양반가문 교인들이 떨어져 나가기도 하고, 지방으로 전도여행을 떠났을 때 무어가 묵은 방으로 총격이 가해지는 위협을 받기도 했다.[13] 그럼에도 무어는 『Korea Repositary』 4월호에 "한국의 백정"The Butchers of Korea 이라는 논문을 발표하는 등 백정차별철폐에 대한 노력을 멈추지 않았다. 헐버트Homer B. Hulbert 선교사의 기록과 같이, "한국에 있는 외국인으로서 한국인의 영적인 평안을 위하여 그만큼 열심이었던 사람은 없었으니, 그의 선의는 여기에 그치지 않았다. 그는 눈에 보이는 수많은

11　Martha Huntley, 『새로운 시작을 위하여』, 386-87.

12　『Korea Repository』, vol. 5, April 1898, 131-32.

13　Martha Huntley, 『새로운 시작을 위하여』, 389.

잔인한 압박에 대하여 의분을 느꼈던" 몇 안 되는 선교사였다.[14]

무어는 그는 마을사람들을 개종의 대상으로만 보지 않았다. 즉 '우리 바깥에 있는 그들' 백정들을 타자화하지 않고, 사람으로 대접하고 하나님의 한 백성으로 맞아들였다. 기존 양반가문 교인들의 반발 그리고 사회적 편견을 무릅쓰고 꿋꿋하게 한 일이라 더욱 돋보인다. 나아가 무어는 백정에 대한 사회적 폐습을 불식하기 위해 사회적·문화적 규율과 제도를 바꾸려는 공적 역할에도 소홀히 하지 않았다. 무어 선교사의 사역은 마을목회의 주목할 만한 사례라고 여겨진다.

Ⅲ. 한국교회의 신식학교 설립운동

마을목회의 관점으로 살펴볼 두 번째 사례는 한국교회의 신식학교 설립운동이다. 을사늑약1905년 11월을 전후로 이른바 '애국계몽운동'이 전국적으로 펼쳐졌다. 청일전쟁을 거치면서 그리고 러일전쟁의 전황이 일본에게 유리하게 돌아가자, 일본이 우리의 국권을 침탈할 것이라는 위기감이 팽배해졌다. 기울어져가는 국권을 회복하기 위해서는 우리 스스로 힘을 길러야 하는데, 이를 위해서는 신식학교를 통한 신학문으로 청소년들을 교육해야 한다는 것이다. 한국교회의 신식학교 설립운동은 애국계몽운동의 발흥과 맞물리면서 더욱 크게 일어났다.

---

14 위의 책, 390.

먼저 기독교계의 애국계몽운동을 살펴보자. 그 출발은 연동교회 교인들이 주축이 되어 1904년 8월에 설립된 〈국민교육회〉였다. 국민 교육회는 신식교육을 일으키는 데 필수불가결 했으나 턱없이 모자랐던 교사를 양성하는 사범기관을 설립하고, 같은 형편이었던 교과서를 편 찬하는 사업에 착수하였다. 감리교의 경우, 상동교회의 상동청년회가 1904년 10월에 〈상동청년학원〉을 설립하였다. 상동청년학원은 교장 에 이승만, 교사로는 스크랜턴 대부인영어 · 주시경국어 · 헐버트역사 · 류일선 수학 · 김창환체육 · 이필주교련 등으로 진용을 갖추고 담임목사 전덕기가 성 경을 가르쳤다. 상동청년학원은 기독교인뿐만 아니라 일반인들에게도 문호를 개방하였다. 교과목의 구성은 당시로 볼 때 파격적인 것이었고, 교사진은 쟁쟁한 실력을 갖춘 애국지사들로 채워졌다. 그래서 상동청 년학원은 설립 이후 많은 우국청년들이 모여들면서 민족운동의 산실과 같은 곳이 되어갔다. 다음으로 1903년에 창립한 황성기독교청년회 YMCA를 꼽을 수 있다. 청년들의 덕 · 지 · 체의 훈련, 실업에 필요한 기술연 마, 도덕적 인격을 갖춘 각계의 지도자 양성, 독립국가 건설 등을 내세 우고 실천에 옮겼다. 즉 청년들을 근대적 시민으로 육성하고, 그를 통해 교육과 산업을 육성하여 국권회복의 목적을 달성한다는 훈련프로그램 이었다. 특히 덕 · 지 · 체의 인격훈련 중에서 그 중심은 덕육이었고, 덕육 은 곧 기독교 신앙을 의미했다.[15] 따라서 YMCA의 기독교 교육은 근대 적 시민으로서의 기본적인 소양을 함양하는 교육이었다. 즉 기독교 교 육과 시민교육이 서로 분리되지 않았음을 의미하는 것이었다.

애국계몽운동 이전부터 교회는 신식학교를 설립하여 신교육을

---

15   전택부, 『한국기독교청년회운동사』(서울: 범우사, 1994), 102-10.

실시하고 있었다. 한국교회사를 돌이켜보면, 초기 선교사들이 복음전도에 본격적으로 나서기에 앞서 병원과 학교를 설립하였다는 사실은 널리 알려져 있다. 교육과 의료에 역점을 둔 까닭은 기독교 전파를 엄격히 금지한 당시의 제약조건 때문이었다. 그러나 한국인 교인이 생기고 암암리에 교회가 형성되는 상황이 되었음에도, 즉 기독교 금지정책이 유명무실하게 되었음에도 선교사들은 복음전도와 더불어 교육과 의료사업에 꾸준히 힘을 쏟았다. 자유롭게 복음전도와 교회개척이 가능한 무렵에 가서는 아예 교육 사업을 선교정책의 주요 목표로 삼기도 했다. 장로교회만 한정해서 보면, 1893년 장로교선교부공의회가 10개항의 선교정책_{흔히 '네비우스 선교정책'으로 알려져 있음}을 채택하면서, '군소재지에 초등학교를 설립할 것'을 확정한 것이다. 초기 선교사들이 미션스쿨을 설립하였다면 이제는 한국인 교인이 스스로의 힘으로 학교를 세워야 할 차례였다.

그래서 먼저 1895년 새문안교회가 영신永信학당을 세웠다. 같은 해에 평북 용천군의 신창교회, 평북 정주군의 정주읍교회, 평북 박천군의 남호교회 등이 사숙私塾을 열었다. 이어서 1898년 서울의 연동교회가 연동소학교를 세웠다. 같은 해 평양의 장대현교회와 평북 의주군의 남산교회가 각각 사숙을 설립하였다. 1900년에는 평북 의주읍교회, 선천읍교회, 황해도 황주군 용연교회가 사숙을 열었고, 같은 해 대구의 첫 장로교회인 남문안교회_{현 대구제일교회}가 대남大南학교를 설립하였다. 1902년 평북 의주군의 관리교회, 용천군의 덕천교회, 용천군 덕흥교회와 사면교회 그리고 용천읍교회가 사숙을 열었다가 학교로 발전하여 설립인가를 받았다. 1903년 경북 선산군 죽원교회와 전북 익산군 고내리교회가 사숙을 열었고 학교로 발전하였다.[16] 여기서 사숙私塾이라 함은 교인들의 자녀들을 대상으로 신앙교육과 신식교육을 병행한 미인가 학당을 의미한다. 당시만 해도 신식교육은 상스러운 것이라 여겨 마을주민들의 거부감이 적지 않았다. 이때까지 대부분의 교회 사숙은 신문화에 거부감이 적은 교인들의 자녀들을 대상으로 하였고, 그 가운데 인가받은 일반학교로 성장하는 곳은 소수였다.

그러나 애국계몽운동, 즉 나라의 힘을 기르기 위해 청소년들에게 신식교육을 시켜야 한다는 분위기가 퍼지자 분위기는 일변하였다. 교회는 신식교육에 대한 경험과 인적 자원이 비교적 풍부했다. 이에 더하여 '기독교는 신문화의 상징'이라는 관념이 널리 퍼졌다. 따라서 마을주민들은 자연스럽게 교회의 신식학교를 주목하게 되었다. 하지만 교인들의 자녀를 대상으로 하는 교회 사숙은 곤란했다. 마을주민들의 자녀들도 거리낌 없이 다닐 수 있는 인가받은 학교여야 했다. 이제 교회가 마을주민들에게 답할 차례였다.

애국계몽운동이 확산되기 시작하는 1904년부터 교회들은 그야말로 '비 온 뒤에 대나무 자라듯' 학교를 세웠다. 이전과 같은 교회 사숙의 형태도 없지 않았지만, 인가받은 일반학교가 많은 수를 차지하였다. 다음은 차재명 목사가 1928년에 편찬한 『조선야소교장로회사기』에 기록한 것을 토대로 주요 학교만을 보기 쉽게 표로 작성한 것이다.[17]

〈표〉 장로교회 설립 주요학교[1904-1910]

설립년도	학교명	설립교회	설립인가
1904	유신(維新)학교	평남 안주군 안주읍교회	1909. 5
〃	배신(培信)학교	평북 초산군 초산읍교회	1910. 8

---

16 차재명 편, 『조선야소교장로회사기』 상, 174-77.

17 위의 책, 174-77.

1905	계동(啓東)학교	경북 경산군 사월교회	1909.3
"	덕림(德林)학교	평남 순천군 기탄교회	1909.5
"	양실(養実)학원	평북 의주군 의주읍교회	1909.8
"	승동(勝洞)학교	서울 승동교회	1909.8
"	숭신(崇信)학교	평북 선천군 가물남교회	1909.10
1906	영창(永昌)학교	경북 경산군 봉황동교회	1909.4
"	명신(命信)학교	평북 의주군 미산교회	1909.7
"	취신(就新)학교	평북 의주군 청전교회	1909.8
"	신명(新明)학교	경기 김포군 김포읍교회	1910.8
1907	신성(信成)학교	평북 의주군 체마교회	1909.8
"	신성(信成)학교	평북 박천군 구읍교회	1909.7
"	광동(光東)학교	평북 철산군 영동교회	1909.8
"	신흥(信興)학교	평북 철산군 수부교회	1910.9
1908	영성(永成)학교	평북 선천군 고부교회	1910.1
1909	득신(得信)여학교	평남 진남포군 비석리교회	1909.5
"	광산(光山)학교	평북 의주군 정심교회	1909.8
"	양성(養成)학교	황해 황주군 서리교회	1909.8
"	숙선(淑善)여학교	황해 황주군 서리교회	1909.8
"	영흥(永興)학교	전북 전주교회	1909.8
1910	영성(永成)학교	평북 선천군 고시교회	1910.1
"	경신(敬信)학교	평북 선천군 농건교회	1910.1

위의 표에서 보는 것처럼 교회설립 신식학교가 주로 서북지역, 즉 평안도와 황해도에 집중된 점은 흥미롭다. 이즈음 서북지역은 개신교가 상당한 위세로 퍼져나가고 있었고 그 만큼 새로 세워진 교회가 많았다. 다시 말해 개척한지 얼마 안 된 교회들이 신식학교 설립운동에 동참한 것으로 풀이된다.

일각에서는 한국교회의 교육운동을 '학교교육을 통한 복음화'라고 보기도 한다. 한국교회의 출발 즉 선교사 때부터 교육은 '복음화의 효과적인 수단'이었고, 그래서 이즈음에 나타난 신식학교 설립운동도 같은 맥락으로 보는 시각이다. 이런 시각이 성립하려면, 교회가 마을사람들과 그들의 자녀들을 개종의 대상으로 즉 '우리 바깥에 있는 그들'로 보았고 그들을 '우리 안으로' 포섭하려고 했다는 전제가 필요하다. 그러나 당시 지식인들의 한국교회에 대한 인식은 이와 사뭇 달랐다. 한국교회의 신식학교 설립 붐이 왕성할 즈음에 당시의 분위기를 전해주는 백범 김구의 증언을 아래에 인용한다.

> … 신교육의 풍조는 예수교로부터 계발되었다. 문을 걸어 잠그고 자신만 지키던(閉關自守) 자들이 예수교에 투신함으로써 겨우 서양 선교사들의 혀끝으로 바깥 사정을 알게 되어 신문화 발전을 도모하게 된 것이다. … 선교사의 숙달치 못한 반벙어리 말을 들은 자는 신앙심 이외에 애국사상도 가지게 되었다. 당시 애국사상을 지닌 대다수의 사람들이 예수교 신봉자임은 숨길 수 없는 사실이다.[18]

김구가 말하는 '애국사상'이란 애국계몽운동의 맥락에서 이해할 수 있다. 즉 신식교육을 통해 나라의 힘을 길러서 국권회복을 이루는 것이 애국이라는 말이다. '신교육은 곧 애국으로 이어진다'는 인식인 것이다. 기독교 바깥의 언론 논조에서도 한국교회의 '공적 역할'을 가늠해 볼 수 있다. 아래는 『대한매일신보』의 "신교자강"信敎自强이라는 논설을 현대어로 풀이한 것이다.

---

18   김구, 『백범일지』(파주: 돌베개, 2002), 185-86.

인류 가운데 자강력에 기초한 바를 고찰해보니, 무형의 자강과 유형의 자강이 있다. 유형의 자강은 재력과 무력이 그것이요, 무형의 자강은 신앙의 힘이 그것이다. 무릇 어떤 나라이건 그 출발에는 무형의 자강이 바로 세워지고 나서 유형의 자강을 이루어내는 법이다. 저들 미국의 독립과 그리스의 독립이 그 백성들의 신앙의 힘으로부터 나온 것이기 때문이다. … 지금 대한국에 예수교 신도가 수십만에 이른다고 하는데, 이들이 하나같이 죽기를 각오하고 국가의 자주독립을 잃지 않도록 하나님께 기도하고 동포에게 권유하는 것을 보니 그들은 대한의 독립에 뿌리가 되는 바이다.[19]

아래는 역시 『대한매일신보』에 실린 이원긍李源兢의 글을 현대어로 풀이한 것이다.

문명의 원래 뜻(原義)에 교육이 그 앞자리에 있고, 교육의 원래의 뜻에 예수교가 그 앞자리에 있으니, 오늘날 각국을 보노라면 모두 하나님으로서 영을 구원하고 내 몸처럼 사람들을 사랑하고… 관리에서 평민에 이르기까지 우리 동포는 기독교 신구약의 진리를 반드시 연구해야 할 것이라.[20]

을사늑약을 전후하여 국가존망의 위기가 전국적으로 엄습하였다. 지식인들은 신교육을 통해 우리 스스로의 힘을 길러야 한다고 목소

---

19 『대한매일신보』 1905년 12월 1일자.
20 『대한매일신보』 1905년 10월 3일자.

리를 높였다. 그러나 당시 지식인들 자신이 신교육을 받은 바 없었기에 신교육을 실시할 교사도 턱없이 부족했고 변변한 교과서도 없었다. 이때 한국교회는 이전부터 신교육을 실시한 덕분에 경험과 인적 자원이 비교적 풍부했다. '교회 바깥의 그들'이 교회의 '공적 역할'을 기대할 만한 상황이었다. 이즈음 한국교회는 신식학교 설립운동으로 화답하였다. '교회 바깥의 그들'을 '교회 안으로' 이끌 개종의 대상으로만 보지 않은 것이다. 그래서 한국교회의 신식학교 설립운동은 우리 사회가 처한 시대적인 요청에 교회가 '공적 역할'을 감당한 역사적 사례라고 보는 것이다.

Ⅳ. 기독교 농촌운동

마을목회의 관점에서 살펴볼 세 번째 사례는 기독교 농촌운동이다. 1910년 한일합방으로 일제의 식민지 수탈정책이 본격적으로 가동되었다. 특히 인구의 90% 가까이 거주하는 농촌에 대한 수탈이 집중되었다. 대표적인 것이 토지조사사업이었다. 이 조사사업은 그 이름에서 알 수 있듯이 토지의 소유권을 조사하고 토지 등기를 실시하는 것이었다. 그런데 당시에는 조선 말기부터 형성되어온 '도지권'賭地權 제도가 있었고 근대적 의미의 토지 소유권 개념은 없었다.[21] 그러니 도지권만 갖고 있던 농민들은 아무런 보상 없이 토지에서 배제되었고 그 토지를 일본인이 소유하게 되었다. 1926년 조사에서는 일본인의 한국 농토 소유

비율이 전체 농토의 약 20%에 이르렀다고 한다.[22] 조상 대대로 멀쩡히 농사짓던 땅이 어느 순간 일본인의 소유가 되고 농민들은 소작농으로 전락한 셈이었다.

소유권 문제만큼 심각한 것이 과다한 소작율과 조세부담이었다. 원래 지주들이 부담해야할 토지세와 공과금 그리고 수리조합비를 모두 소작농이 부담해야 했고, 1920년대에 이르러서는 소작료가 생산량의 50-70%에 이르렀다.[23] 가을에 수확을 하면 대부분의 수확물을 지주 및 관청에 바치고 봄이 되면 양식이 떨어져 기아에 시달려야 했다. 아사를 피하기 위해서는 고리대금을 얻는 수밖에 없었다. 악순환의 연속이었다. 농민들이 악순환을 벗어나는 방법은 고향을 등지고 화전민이 되거나 도시의 일용노동자로 전락하는 길이었다. 이도저도 안되면 간도나 시베리아로 떠돌 수밖에 없었다. 이렇게 농촌은 끝 모르게 피폐해져 갔다.

이즈음 1920년대 초부터 공산주의 사상이 침투하였다. 공산주의자들은 소작쟁의나 노동쟁의 등 과격한 방법으로 농촌 및 사회운동을 전개하였다. 극단의 상황에 내몰린 농민들은 공산주의자들의 주장에 급속히 빨려 들어갔다. 공산주의자들만이 농촌문제에 대응한 것은 아니었다. 당시 국내 최대의 교세를 갖고 있었던 천도교도 농촌문제에 대응하기 시작했다. 기독교도 예외일 수 없었다. 피폐해져만 가는 농촌을 어떻게 해서라도 되살려야했다. 다만 공산주의의 주장과 같이 과격

---

21 조선 후기 17세기경부터 농민들이 농민적 토지소유를 성립시켜 나가면서 획득한 소작지에서의 부분소유권. 영구 소작권과 그 권리의 양도, 매매, 저당, 상속권을 포함한다. '도지권' 항목, 『한국민족문화대백과사전』, http://encykorea.aks.ac.kr/.

22 서울 YMCA, 『서울 YMCA 운동사: 1903-1993』(서울: 종로출판사, 1993), 281.

23 김용섭, "일제강점기의 농업문제와 그 타개방책," 『한국근현대농업사연구』(서울: 일조각, 1992), 390-98.

하고 폭력적인 방법은 해결책이 될 수 없었다. 소작쟁의는 지주의 항복을 받아서 눈앞의 울분을 풀 수 있다 하더라도 일제의 또 다른 폭력을 부를 뿐이었다. 기독교만의 방법이 요청되는 상황이었다. 이와 같은 상황에서 기독교 농촌운동이 시작되었다.

기독교 농촌운동은 YMCA가 앞장섰다. YMCA 총무 신흥우는 1923년 약 3개월에 걸쳐서 농촌 실태를 조사하여 3개항의 강령을 발표하였다. '우리는 모든 농민들의 경제적 향상과 사회적 단결과 정신적 소생을 도모한다'는 것이었다. 2년 뒤 중앙 YMCA에서는 농촌부를 신설하고 전국 6개 도시에 농촌운동을 실시하기 시작하였다. 주된 사업 내용은 문맹 퇴치를 위해 야학을 설치하고, 선진농사법 다수확 농사법, 과수 재배, 축산 등 전수, 협동조합 조직 등 전 분야에 걸쳐서 농촌사업을 전개하였다.[24]

각 교단들도 농촌운동에 뛰어들었다. 1928년 예루살렘 국제선교대회 IMC에 장로교의 정인과, 사무엘 마펫 S. A. Moffett, 감리교의 신흥우, 양주삼, 김활란, 노블 W. A. Noble 등 6인이 한국대표로 참가하였다. 한국 참가단은 예루살렘으로 향하는 여정에서 덴마크 농촌을 시찰하고 크게 감명을 받았다. 이들이 귀국하여 제출한 보고서가 각 교단별 농촌운동이 전개되는 계기가 되었다. 장로교만 좁혀서 살펴보면 1928년 총회 제17회가 농촌부를 설치하였다. 예루살렘 대회를 참가하고 덴마크를 시찰한 정인과 목사가 농촌부의 필요성을 역설하여 설치된 것이다.[25] 교단 총회의 농촌부와는 별개로,[26] 이전부터 농촌운동에 뜻이 있던 숭실학교

---

24 전택부, 『인간 신흥우』(서울: 대한기독교서회, 1971), 179-220.
25 정인과, "예루살렘 대회에 참석하고," 『기독신보』 1928년 6월 20일자; 『조선예수교장로회총회 제17회 회의록』(1928). 당시 장로교회의 교세는 20개 노회, 3,658개 교회, 177,416명의 교인이었다.

졸업생들이 중심이 되어 〈기독교농촌연구회〉가 그 해 조직되었다. 조만식을 고문으로 삼고, 배민수·최문식·유재기 등의 목사 등이 연구회 결성을 주도했다.[27] 이 단체는 기존 YMCA 농촌운동에 대해 비판적 입장을 견지하면서 자신들의 '복음주의적 목표'에 부합하는 새로운 기독교 농촌운동을 전개하고자 했다.[28]

그러나 '복음주의적 목표'가 파탄에 처한 농민의 실생활과 동떨어진 내세의 구원을 의미하는 것은 아니었다. 개인주의적 구원·개종적 전도를 주장하는 보수적인 관점에서 벗어나서, 농민의 물질적 구원, 경제적 자립에 대한 교회의 책무를 강조하는 것이었다.[29] 그렇다고 해서 공산주의자들이 주장하는 경제주의에 매몰되는 것도 아니었다. 기독교농촌연구회가 추구하는 바는 물질적 구원, 경제적 자립과 더불어서 복음을 통한 '농촌교화' 또는 '의식개혁'을 의미하는 것이었다. 기독교농촌연구회에서 주도적인 역할을 했던 배민수는 다음과 같이 주장하고 있다.

> 내가 지적한 문제들은 비단 경제활동에 국한되지는 않았다. 경제적으로
> 못사는 것은 단지 기술의 문제만은 아니었던 것이다. 고사, 경읽기, 굿,
> 조상숭배 등으로 아까운 식량과 돈을 낭비한다던가, 술·담배·외도·도박
> 등 불건전한 개인생활로 가정을 파탄지경에 이르게 하는 것, 그리고 약

---

26 기독교농촌연구회가 교단 총회와 일정하게 거리를 둔 이유는, 총회와 관련하게 되면 간섭만 받을 뿐 실질적인 도움을 받을 수 없을 것이라는 우려 때문이었다. 배민수, 『배민수 자서전: 누가 그의 왕국에 들어갈 수 있을까?』(서울: 연세대학교 출판부, 1999), 256.

27 방기중, 『배민수의 농촌운동과 기독교사상』(서울: 연세대학교 출판부, 1999), 125, 129.

28 위의 책, 118-19.

29 위의 책, 120.

혼, 결혼, 장례식 같은 관혼상제를 과하게 치르느라 빚에 허덕이는 것 등 정신자세에서부터 비롯된 문제도 물질적인 것 못지않게 컸던 것이다.[30]

다시 말해 기독교인의 농촌운동은 새로운 농사기술을 전파하여 농촌의 경제적 형편이 나아지도록 하는 것뿐만 아니라, 바람직하지 않은 '한국의 인습'을 타파하는 것이 농촌운동의 급선무라는 것이다. 기독교인의 농촌운동은 '영과 육이 아울러 사망에 들어간 농민들을' 복음으로 구하는 것이라고 주장한다.[31]

기독교 농촌운동에서 마을목회의 관점으로 살펴볼 때 간과할 수 없는 사례가 있다. 심훈의 『상록수』의 실제 주인공인 감리교회 최용신 전도사이다.[32] 1920년대부터 전국적인 농촌계몽운동이 벌어지고 있었고, 학생들 사이에 '브나로드'민중 속으로를 외치면서 농촌에 들어가 야학과 문맹퇴치운동에 투신하는 분위기가 일었다. 최용신도 이즈음에 농촌운동에 헌신할 뜻을 품게 되었다. 이윽고 최용신은 1929년 경성에 있는 감리회 협성여자신학교에 입학했다. 협성여자신학교의 교수이자 독립운동가이며 농촌운동가인 황에스더는 최용신의 삶에 큰 영향을 미쳤다.

당시의 농촌계몽운동은 농한기에 마을사람들을 대상으로 한글도 가르치고 신농사법도 가르치는 방식이 주종을 이루었다. 특히 농촌여성들을 대상으로 수예나 재봉기술 등의 강습은 반응이 뜨거웠다. 기

---

30 배민수, 『배민수 자서전: 누가 그의 왕국에 들어갈 수 있을까?』, 258-59.
31 방기중, 『배민수의 농촌운동과 기독교사상』, 120.
32 아래의 내용은 다음의 참고도서에서 참조한 것이다. 유달영, 『농촌계몽운동의 선구여성 최용신 전』(경성: 성서조선사, 1940).

독교 농촌운동도 강습장소가 예배당이고 강습주최가 기독교 단체사람들이라는 것을 제외하면 별반 차이가 없었다. 수원지역 여성 선교를 관리하던 감리회 밀러^{L. A. Miller} 선교사가 1931년에 경기도 수원의 샘골_{泉谷}에 단기 농촌강습회를 실시하여 좋은 반응을 얻었다. 이 지역에 상주하면서 강습회를 주도할 교사가 필요했다. 밀러 선교사는 조선여자기독교청년회연합회^{YWCA}에 재정지원을 요청하였고, YWCA는 황에스더의 추천을 받아 최용신을 교사로 파견했다.

1931년 샘골에 정착한 최용신은 샘골의 감리교 천곡교회 예배당을 빌려서 상설 강습소를 열었다. 최용신은 한글은 물론이고 수예, 위생생활, 재봉틀 기술과 같은 실용적인 과목을 가르쳤다. 최용신의 강습소는 학생수가 60명을 넘을 정도로 반응이 좋았다. 가난과 무지 때문에 자녀들을 학교에 보내지 않고 농사일만 거들게 했던 마을주민들이 최용신의 헌신적인 교육을 지켜보면서 서서히 바뀌기 시작했다. 1932년 5월에 강습소인가도 받았다. 여세를 몰아 강습소 건물 신축에 착수했다. 교회 예배당으로는 학생들을 모두 수용할 수 없었기 때문이다. 마을주민들은 자녀들의 배움을 위해 어렵게 모은 돈 150원으로 1천 3백여 평의 땅에 건축을 시작했다. 1933년 1월 강습소가 완공되었다.

그러나 최용신에 대한 일제의 탄압이 날이 갈수록 심해졌고 YWCA의 보조도 삭감되었다. 힘겨운 상황과 더불어 지식의 부족함을 느낀 최용신은 1934년 3월 일본 유학을 결심하였다. 최용신에 대한 샘골 사람들의 신뢰는 깊었다. 최용신의 유학 결정을 존중했고 일본으로 떠난 뒤에도 지속적으로 연락을 주고받았다. 심지어 일본에서 각기병에 걸려 공부를 마치지 못한 채 귀국했을 때, 샘골 마을로 다시 초청했다. 학생들은 최용신이 학교에 돌아왔다는 사실만으로도 위로를 받았다. 마을주민들의 극진한 간호 덕분으로 최용신의 건강은 호전되고 있었다. 그러나 YWCA가 재정난으로 더 이상 천곡교회를 돕지 못한다는 것과 보조금을 보낼 수 없게 되었다고 통보했다. 이즈음 최용신의 병세는 다시 악화되었다. 결국 그녀는 병석에서 일어나지 못하고 과로와 장중첩증_{장이 꼬이는 병}으로 1935년 숨을 거두었다.

기독교 농촌운동은 일제하의 피폐해진 농촌의 소생蘇生을 도모하는 운동이었다. 특히 기독교 농촌운동 지도자들은 의식개혁운동이 가장 시급하다고 여겼다. 피폐할 대로 피폐해진 농촌상황에서 농민들은 의지할 곳도 없이 무너져갔다. 그럼에도 각종 폐습은 여전히 횡행하였다. 경제적으로 궁핍한 것은 단지 농사법의 문제나 농사 종류의 문제가 아니었다. 먹을 양식도 부족한 사람들이 고사 · 굿 · 관혼상제를 치르느라 빚에 허덕이는 것은 물론, 술 · 도박 · 외도 등 불건전한 생활로 가정을 파탄으로 이르게 하기도 하였다. 교회와 기독교 단체들은 쓰러져서 하늘만 쳐다보고 있는 농민들에게 당면한 문제들을 스스로 풀어가도록 그들의 손을 잡아주었다.

V. 한국교회의 산업선교

마을목회의 관점에서 살펴볼 네 번째 사례는 한국교회의 산업선교이다. 1960년대 이후 한국사회는 급격한 산업화와 도시화가 진행되었다. 그러나 급격한 사회변화는 많은 사회적 모순을 낳고 있었다. 이에 기독교는 도시의 그늘진 곳의 소외된 사람들에 대해 눈을 뜨고 있었다. 이와 같은 맥락에서 도시산업선교가 출발했다.[33]

한국에서 산업전도 활동은 1957년 3월 미국 연합장로교 해외선교부 아시아 산업전도 담당인 헨리 존스 목사가 한국을 방문한 것을 계기로, 1957년 4월 예장통합 총회 전도부 산하에 '산업전도위원회'이후 중앙 도시산업전도위원회로 전환가 설립되면서였다.[34] 이윽고 1958년에 가톨릭도 '노동사회의 구원을 목적으로 하는 가톨릭 노동자들의 전교활동'으로서의 '가톨릭 노동청년회'를 조직했다.[35] 이어 1961년에 기독교대한감리회가 인천에서 산업선교 활동을 개시하였다.[36] 같은 해 대한성공회가 강원도 황지의 탄광노동자를 중심으로 산업선교 활동을 시작했다. 이어 한국기독교장로회[1963], 구세군대한본영[1965], 기독교대한복음교회[1973]가 산업전도에 가담했다. 산업전도 초기에는 노동자들을 대상으로 하는 전통적인 형태의 전도에 머물러있었다. 예를 들어 평신도 신앙훈련, 산업인을 위한 예배, 성서연구, 문서전도, 여가선용 등의 활동이었다. 이는 교회에서 이루어지는 일반적인 프로그램이었다.

초기 산업전도는 노동자는 물론, 기업주 관리직 구분 없이 모두를 전도의 대상으로 삼았다. 복음전파의 대상에는 노동자나 기업주 모두가 해당한다는 생각이 전제되었기 때문이다. 하지만 이와 같은 초기의 전도활동에는 몇 가지 문제점이 있었다. 1) 기업주와 관리직을 위한 프로그램은 비효율적이었고 성과도 낮았다. 2) 노동전도는 기독교인

---

33 총회전도부 산업선교위원회, 『교회와 도시산업선교』(서울: 대한예수교장로회 총회교육부, 1981), 19.

34 조승혁, "산업선교의 조직 현황 및 특성," 『기독교사상』(1979. 11), 85.

35 위의 글, 85.

36 위의 글, 83.

노동자가 직장 내 예배에 참석으로 하는 것으로 국한되었다. 가장 심각한 것은 3) 산업전도회가 기업주의 양해와 협력을 구해서 전도활동을 해야 하는 형태는 노동자에게 산업전도회가 기업주의 편을 든다는 오해였다.[37]

1960년대 중반에 접어들면서 각 교단별로 산업전도에 관한 전문적인 실무자들이 배출되면서 내용과 형태가 변화하기 시작했다. 산업진도 실무자들은 짧게는 6개월에서 길게는 1년간 노동현장에 취업하여 공장노동자들 사이에서 노동을 체험했다. 산업전도 실무자들은 노동체험을 통해 교회와 산업사회 사이에 괴리감이 있다는 인식과, 선교는 삶의 현장에서 발생하는 사건과 문제를 과제로 삼아야 한다는 인식이 싹트기 시작했다. 그래서 노동자들의 삶의 현장에서 매우 중요한 문제, 즉 임금문제·작업환경·노동조합·산업평화·부당해고 등에 대한 문제를 토의하고 이를 성서적으로 해석하려는 시도를 하게 되었다. 활동내용도 전통적 전도방법과 달리, 노동조합 지도자 훈련, 노동조합 조직 지원과 같은 형태로 자리잡아갔다. 특히 노조지도자 훈련이 갖는 한계를 극복하고 평조합원을 대상으로 한 '노동학교'가 시작된 것은 중요한 진전 중의 하나였다.

1968년 1월 방콕에서 개최된 아시아교회협의회 도시산업선교위원회CCA-UIM는 기존의 산업전도와 확연히 다른 새로운 명칭과 개념을 제시하였다. 먼저 '산업전도' Industrial Evangelism 에서 '도시산업선교' Urban-Industrial Mission: UIM 로 명칭이 바뀌었다. 또한 아시아교회협의회 도시산업선교위원회는 산업사회문제에 교회에 참여하는 이유를 밝히고 있는데,

---

37 총회전도부 산업선교위원회, 『교회와 도시산업선교』, 96.

간략히 정리하면 다음과 같다.[38]

a. 하나님의 손길은 오늘날 우리 세계의 변화 속에서도 작용하시기 때문이다. 이스라엘 민족을 애굽으로부터 구출하시고 블레셋과 앗시리아를 물리치신 하나님은 오늘도 교회를 통해서 뿐만 아니라 여러 형태의 운동들과 사람들을 통해서 일하시고 말씀하시고 있기 때문이다.

b. 그리스도에게서 나타난 구원의 본질과 복음의 가르침을 우리는 선포하지 않을 수 없기 때문이다.

c. 교회와 교회의 목회에 대한 성서적 이해 때문에 교회는 하나님의 사업에 동참하도록 부름 받고 있다. 즉 교회는 산업사회 속에서 정의와 인간 존엄의 복잡하고 다양한 문제의 해결을 위해 참여하기를 요구받고 있는 것이다.

d. 오늘날의 사랑은 구조적이고 실제적이어야 하기 때문에 교회는 산업사회에 선교해야 한다.

다시 말해 '산업-전도'라는 것은 노동자 개인의 영적 구원(개종)에만 치중하는 것으로 보았다. 이에 대해 산업선교 실무자들은 '하나님의 선교'(missio dei)를 바탕으로 '도시산업선교 신학'을 공고히 했다. 즉 노동자 한 사람 한 사람의 삶 전체를 규정하는 사회구조적 악을 바로 잡을 때 비로소 '개인과 사회' '인간과 공동체' 모두 구원할 수 있다는 것이다.[39]

그러나 노동자의 현실은 녹록치 않았다. 정치권력은 저임금을 바

---

38 CCA-UIM, *Hand Book For Urban Industrial Mission* (CCA, 1969), 26; 조승혁, "산업사회에서 교회선교의 공헌," 『기독교사상』(1979. 7), 43에서 재인용.

39 인명진, 『성문밖 사람들 이야기: 1970년대 영등포산업선교회 역사를 중심으로』(서울: 대한기독교서회, 2013), 52.

당으로 수출주도형 경제개발을 강력히 추진했고, 기업은 이러한 정책으로부터 큰 수혜를 입었다. 노동자들은 열악한 노동환경, 비인간적인 대우 그리고 살인적인 저임금에 고통 받아야 했다. 노동자는 그야말로 '기계처럼' 일만 해야 했다. 이즈음 노동자들의 비인간적인 참상을 온몸으로 고발한 평화시장 노동자 전태일의 분신사건[1970. 11. 13]이 발생했다. 이 사건은 한국사회에 큰 충격을 주었고 노동문제에 관심을 불러일으키는 계기가 되었다.

하지만 정치권력은 노동현실을 개선하기는커녕, 경제개발이라는 명목으로 노동자들의 비명을 원천적으로 차단했다. 노동자들의 입장을 대변해야 할 노동자 연맹조직들도 정권 친화적인 입장에 서있었다. 심지어 노동자들의 입장에서 이를 대변하고 있던 산업선교단체를 비방하기 시작했다. 그렇기에 70년대에 들어서면서 단위사업장의 노동조합 지부나 분회가 실질적인 도움을 얻을 수 있는 곳은 산업선교단체가 거의 유일한 곳이 되어버렸다. 정부나 사회 그리고 노동자 연맹조직으로부터도 도움을 받지 못했던 노동자들, 특히 여성 노동자들을 교회가 산업선교를 통해 돌보았던 것은 마을목회의 관점에서 주목할 만한 일이다.

산업선교가 노동자를 대변하는 활동을 하면 할수록, 정부의 산업선교에 대한 비방과 탄압은 강도를 더해갔다. 정부는 산업선교 단체가 계급투쟁을 조장하는 공산주의자들이 노동계에 침투한 것이라고 몰아세워 기성교회와 사회로부터 고립되도록 했다. 1978년 인천도시산업선교회에 가입한 동일방직 노조사건이 발생했다. 이에 산업선교단체는 '산업선교 신학선언'을 발표하여, 산업선교는 비인간적인 노동환경을 사회구조적 악에서 비롯된 것으로 보고 이를 복음서에서 말하는 선한 사마리아인의 교훈에 따라 바로잡으려는 선교활동이라고 천명했다. 1979년 〈YH무역 사건〉이 발생하자, 정부는 사건의 책임을 산업선교단체에 전가하고 산업선교 관련자를 구속했다. 이에 예장^{통합} 총회는 "산업선교회는 선교활동과 더불어 가난한 이들과 약자들과 소외된 이들에게 희망의 복음을 전하는 행위로 세계에 있는 교회들과 함께 성장해왔다. 이러한 실천은 성서에 근거한 것이다. 우리는 이러한 선교가 하나님의 명령이라고 믿으며, 우리의 역사 속에 다가올 세대 속에서도 계속해서 이어나갈 것을 고백한다."고 선언했다.[40] 또한 한국기독교교회협의회 NCCK는 YH무역 사건을 통해 "한국교회들이 노동자들과 고통을 분담하고 민중들의 요구에 대답하는 것은 '이웃을 사랑하라'고 하는 하나님의 명령을 실천하고 있음을 보여줍니다. (중략) 산업선교회는 이렇게 심각한 사회적인 상황 속에서 멸시당하는 이들과 고통받는 이들의 편을 들며 그들과 함께 생활하며 예수님의 복음과 하나님의 정의를 전했습니다. 오늘날 한국교회는 노동자들의 권리와 이익을 보호하는 일이 하나님의 지엄한 계명을 지키는 것이며, 국가가 요청하는 것이며, 노동자들의 열망이라고 믿습니다."고 밝히면서, 산업선교가 교회에 부여된 하나님의 명령을 수행하는 것이며, 일하는 사람들에 대한 정당하고 인격적인 대우는 우리 사회의 정의를 바로 세우는 것이라고 일이라고 선언했다.[41] 80년대부터 노동자가 스스로 민주적인 노조를 건설하면서 산업선교의 기존 활동들은 위축되었지만, 산업선교는 사회적 관심에서 소외된 외국인노동자, 비정규직 노동자들을 대상으로 활동을 이어가고

40　위의 책, 111.
41　위의 책, 115.

있다.

1960년대의 산업화 속에서 노동자는 '기계처럼' 열심히 일하였지만, 그들은 가난했고 인간으로 대우받지 못했다. 우리 사회 어느 누구도 노동자의 편이 되어주지 않았고, 노동자의 목소리를 대변해주지 않았다. 오히려 노동자들을 '공돌이' · '공순이'로 비하했다. 그 때 교회는 산업선교를 통해서 그들의 옆에 있었고, 그들의 하소연을 듣고, 그들의 목소리를 대변하였다. 그래서 한 노동자는, "우리 노동지들에게 산업선교회는 진정한 삶, 즉 진정한 그리스도인의 삶을 보여주었습니다. 산업선교회는 귀가 들리지 않고, 말문이 막히고, 눈이 먼 노동자들에게 능력있는 눈과 귀를 더해 빛으로 인도해주며, 노동자들이 그리스도의 진리를 선포하도록 우리들과 함께합니다."고 고백하기도 하였다.[42] 이처럼 산업선교회는 '산업사회에서의 마을목회'의 전형적인 모습을 보인 것으로 생각된다.

VI. 나가는 말

언제나 그랬다고 단정할 수 없지만, 한국교회는 초기 역사에서부터 마을목회를 실천하고 있었음을 살펴보았다. 무어의 백정해방운동은 500년간 '우리 바깥에 있는 그들'을 사람으로 대접하고 하나님의 한 백

---

42 위의 책, 72.

성으로 맞아들였다. 그리고 을사늑약을 전후하여 국가존망의 위기가 덮쳤을 때, 한국교회는 시대적 요청에 응답하여 학교를 설립함으로써 '공적 역할'을 감당하였다. 또한 일제하의 피폐해진 농촌을 되살리기 위해 한국교회는 쓰러진 마을주민들이 다시 일어서도록 손을 잡기를 주저하지 않았다. 해방 이후 산업화의 급격한 사회변화 속에 도시의 그늘진 곳으로 내몰린 사람들이 의지할 곳 하나 없이 열악한 노동에 지쳐 힘겨워할 때, 한국교회 산업선교 실무자들은 그들을 외면하지 않고 '그들과 함께 외쳤고, 웃었고, 분노했다'.[43]

현재 한국교회는 마을을 잃어버렸다. 그동안 성장지향적 개종주의적 관념에 사로잡혀 있던 한국교회는 마을을 '타자화'해왔다. 이제는 거꾸로 그들이 한국교회를 '타자화'하고 있다. 한국교회가 마을을 잃어버리자 존재의 위기에 처하게 되었다. '목회자가 교회 안에만 머물러서는 이 위기를 타파할 수 없다', '교회 밖으로 마을 안으로 들어가야 한다'는 목소리가 여기저기서 들린다. 즉 교회가 세상^{마을}을 개종의 대상으로만 여겨서는, 그리고 교회가 자신의 성장에만 매몰되어서는 안 된다는 의미일 것이다.

교회는 '주님께 속한 세상'^{오이쿠메네}에 있어야 한다. 그 세상을 온전하게 하기 위해서 교회가 존재하는 게 아닌가. 세상^{마을}은 우리에게 그 역할^{공적 역할}을 기대하고 있다. 우리가 세상^{마을}에 들어가서 그곳이 온전하게 되도록 노력할 때 교회는 다시 거룩하게 될 것이다.

---

43 위의 책, 9.

참고문헌

1. 단행본 및 논문

김구. 『백범일지』. 파주: 돌베개, 2002.

김용섭. "일제강점기의 농업문제와 그 타개방책." 『한국근현대농업사연구』. 서울: 일조각, 1992.

방기중. 『배민수의 농촌운동과 기독교사상』. 서울: 연세대학교 출판부, 1999.

배민수. 『배민수 자서전: 누가 그의 왕국에 들어갈 수 있을까?』. 서울: 연세대학교 출판부, 1999.

서울 YMCA. 『서울 YMCA 운동사: 1903-1993』. 서울: 종로출판사, 1993.

유달영. 『농촌계몽운동의 선구여성 최용신 전』. 경성: 성서조선사, 1940.

인명진. 『성문밖 사람들 이야기: 1970년대 영등포산업선교회 역사를 중심으로』. 서울: 대한기독교서회, 2013.

전택부. 『인간 신흥우』. 서울: 대한기독교서회, 1971.

_____. 『한국기독교청년회운동사』. 서울: 범우사, 1994.

조선예수교장로회. 『조선예수교장로회총회 제17회 회의록』. 1928.

차재명 편. 『조선야소교장로회사기』 상. 경성: 기독교창문사, 1928.

총회전도부 산업선교위원회. 『교회와 도시산업선교』. 서울: 대한예수교장로회 총회교육부, 1981.

Huntley, Martha. *To Start a Work: the Foundation of Protestant Mission in Korea.* 차종순 옮김. 『새로운 시작을 위하여』. 서울: 쿰란출판사, 2009.

Rhodes, Harry A. *History of the Korea Mission Presbyterian Church U.S.A..* 최재건 옮김. 『미국 북장로교 한국선교회사』 Vol. 1(1884-1934). 서울: 연세대학교 출판부, 2009.

2. 신문 · 잡지 및 온라인 문서

『기독신보』

『대한매일신보』

『기독교사상』

『한국기독공보』

『한국민족문화대백과사전』(http://encykorea.aks.ac.kr/)

『*Korea Repository*』

제 9 장

목민목회와 마을목회
: 갈담리, 백운 목회를 중심으로

고성휘 _ 목민연구소, 성공회대학교 신학연구원 연구교수

이 글은 『다시, 목민』(서울: 동연출판사, 2021)의 2장, "고
영근의 목민목회"(81-152)를 수정·보완하였다.

Ⅰ. 들어가는 말
: 개별자에 대한 존중, 목민

1970년대에서 1980년대에 이르기까지 독재정권에 대한 한국 기독교의 예언자적 저항운동의 중심에 서 있던 목사 고영근 1933-2009 의 중심사역은 총 26회의 연행기록에서도 알 수 있듯이 하나님 정의의 선포로 인식되어 왔다. 하지만 잘 알려지지 않은 그의 초기 사역, 즉 1958 년부터 시작된 임실 강진교회, 1960년대 대전 백운교회, 1970년대 초 북아현교회[1] 목회는 현재 마을목회사역의 방향과 접근방법에 있어서 다양하고도 구체적인 깊은 통찰을 보여준다. 사회적 애도로서 신앙공동체, 마을공동체 구성원들의 삶의 특성에 기반한 다양하고 구체적이며 정책적 차원의 돌봄사역, 교육과 지역연대활동, 관계적 평등성에 기반한 평신도 동역, 그리고 전국적 네트워크 형성과정 등을 그의 목회실천에서 살펴볼 수 있다.

고영근의 50년 사역에서 드러나는 핵심적인 키워드는 '목민'이

---

1   그의 북아현 사역은 갈담리 교육사역, 백운 지역선교사역에 한 발 더 나아가 포괄적인 선교사역의 길을 열었다. 한 마을, 한 지역에서 성장하는 교회의 사역이 단지 소속되어 있는 지역에 국한되어 있는 사역이 아니라 교회라 한다면 교회 안의 목양목회 뿐 아니라 사회 전반에 걸친 사역에 교회가 그 역할을 감당해야 하는 필요성에 입각하여 그의 사역은 확장되어 가고 있었다. 예를 들면, 개교회 중심의 목회활동은 교회설교, 각 위원회 교육, 심방을 넘어 지역사회 실무자위원회, 교양강좌회, 구치소 전도후원, 공군사관학교 자매결연과 후원 등의 일들이 교회 내 목회와 함께 추진되었다. 서대문 지구 청소년 월동대책, 극빈자 구제, 각 연령별, 성별 강좌회 등 지역선교활동을 확대하였다. 현재로 보면 평생교육의 일환으로 진행된 지역선교사업이었다. 이촌향도의 영향으로 북아현 지역 역시 많은 이주민들이 모여살고 있었기 때문에 인구밀도가 높았으며 다양한 직종에 종사하는 교인들이 상당수였고 직업 및 생활교육이 필수적인 활동이었다. 북아현은 대부분의 서울지역이 그러하듯이 1960년대 말부터 70년대 초 빈민촌을 철거하고 아파트를 건축하여 중산층의 대거 유입이 된 지역이었다. 하지만 북아현 사역을 모두 다루기엔 그 시기가 너무 짧았고 지면상 서술하기에 무리가 있어 북아현 사역은 논외로 한다.

다. '목민'이란 용어를 사용하기 시작한 것은 70년대 중반[1974-1975년]이지
만 목민목회의 기초는 60년대 지역목회를 통해 다져졌다. 고영근의 목
민목회는 개별자에 대한 존중을 기반으로 한다.

그의 언어로 표현된 개인주의의 소중함[2], 개인이 누려야 할 자유
와 평등은 하나님으로부터 나온 인간의 권리임을 표명하였기에 그는
1970-1990년대 권력이 개인에 가하는 폭력에 강력한 저항을 하였다.
개인을 희생시키는 전체주의적 사고를 질다하고, 지각하고 자율하고
자치하고 자주하는 개인을 지향하였다.[3] 1958년 갈담리 사역에서는
'나 한사람의 존재의 가치'를, 1960년대 동원된 주체에 대한 저항으로
서 '자립하는 주체되기'[4]를, 순응적, 자기검열적 주체에 대한 저항으로
서 인간이 인간에게 복종을 강요할 수 없음을[5], 자기권리를 스스로 지
켜야 함을 강조하였다. 개인주의의 중요성과 아울러 연대하는 주체의
힘을 강조[6]하였던 그의 전반적인 목민사상은 그의 지역목회에서부터
출발하였다고 할 수 있다.

---

2   '개인주의는 이기주의의 승화요 극복이요 주체원리입니다. … 하나의 개인들이 강력한 자아의식
    을 가지고 저 다운 보람과 존재를 드러내는 개인이 되어야 합니다.' 고영근, 『민족의 나아갈 길』(서
    울: 일맥사, 1982), 41.
3   위의 책, 43.
4   '교회혁신방안 1. 교역자의 목회자세 2. 교인의 신앙자립운동 …' 고영근 자필기록문 「성경구절」
    (1967, 5), 49.
5   "인간은 누구나 나면서부터 조물주 하나님께로부터 자유와 권리를 부여받았기 때문에…" 「고영근
    상고이유서」, 1978, 3. "하나님께서 당신이 전능한 존재임에도 우리에게 자유를 주어 권리를 줬는
    데 하물며 오늘날 사람이 사람의 권리를 짓밟는 것은 하나님을 거스르는 일입니다." 고영근 목민
    연구소, 『긴급조치구속사료집: 목사 고영근의 시대를 향한 외침』 1 (서울: 새롬, 2012), 325. 광주고
    법재판녹취록 중.
6   '선이 악을 이기는 것이 원리지만 구조악 앞에 개인의 선이 아무 힘이 되지 못합니다. 구조악에는
    구조선인 집단선이 작용해야 그 구조악을 깨뜨리고 정의가 승리할 수 있는 것입니다.' 고영근, 『우
    리민족의 나아갈 길』 1 (서울: 한국목민선교회, 1984), 40.

II. 목민목회의 실천

1. 갈담리 강진교회

1) 무너진 마을공동체의 회복

갈담리 강진교회는 1922년 12월 미국 남장로회 소속 윈^{Winn Sam-}uel Dwight; 위인사 선교사가 김석조 장로를 파송하여 개척된 교회이다.[7] 1934년 5월, 갈담리 산 300번지를 매입하여 성도들의 헌금으로 목조 건물 8칸 한 채를 건축하였다. 일제 강점기 황국신민화 정책에 의해 신사참배를 강요당하자 1939년 9월 윈 선교사는 신사참배를 거부하여 미국으로 추방당하였고 교회는 폐쇄되었다. 1941년 교회종을 약탈당

---

7 「대한예수교장로회 강진교회 교회연혁 2」, 미발행 문서, 강진교회 내부에서 보관해 온 연혁.

하고 교회가 창고로 사용되면서 교인들은 뿔뿔이 흩어졌다. 해방 이후, 1949년 9월 일제강점기 때 철거당한 교회를 다시 8칸으로 재건하고 1950년 5월 헌당식을 하였으나 한국전쟁으로 인해 다시 예배가 중단되기에 이른다.

한국전쟁을 통과하면서 장년이 25명으로 줄고 교회 건물은 기울어져 무너질 위기에 있는 황폐한 교회가 되어버렸다. 한국전쟁은 한반도 마을 곳곳을 피폐하게 만들었는데 갈담리 교회 역시 이러한 역사적 상황에서 예외는 아니었으며 설상가상으로 교회 내부의 윤리적 문제들까지 발생하면서 교회는 자기생존능력을 잃어버렸다. 갈담리 지역 자체에 만연한 무기력함은 전쟁이 마을공동체를 어떻게 와해시켰는지를 알 수 있게 한다. 무너진 폐허의 땅에 상호질시와 무기력함은 절멸된 공동체라고 말할 수밖에 없었다.[8] 고영근이 갈담리로 첫 발을 들였던 때는 민간인 학살사건이 발생한지 7년 후인 1958년인데도 갈담리 주민들은 무기력함으로 술과 놀음에 하루하루 삶을 연명하고 있었다.

갈담리는 소설 남부군의 공간적 배경이 되는 곳이다. 마을 왼편으로는 빨치산의 전북도당 유격사령부가 있었던 회문산이 위치해 있는 곳으로, 1949년 12월-1949년 3월 좌익운동가 학살사건, 1950년 보도연맹과 요시찰인 학살사건, 1950년 9월 인민군의 우익인사 학살사건 등 4-6차례에 걸친 학살사건이 있었다. 또 오른편으로는 부흥광산 폐금광 대규모 민간인 학살사건이 있었다.[9] 공식적인 기록은 피학살자수가 370여 명이라 밝히고 있지만 유가족들의 주장으로는 700여 명이라고 밝히고 있다. 폐금광 학살사건 과정에서 군경은 한 마을의 주민들을 피

---

8   김옥선, "거대한 국가의 절멸된 공동체, 그리고 홀로 선 개인들," 『한국문학논총』 77 (2017), 328.

해자와 가해자로 대립하게 만들었다.[10] 한 마을에서 가해자와 피해자가 공존하는 상황에서 가족들의 억울한 죽음을 가슴 속에 묻어야 했던 마을 주민들에게는 때로는 자학으로 때로는 상호질시로 삶 자체가 고통이었다.[11]

그는 마을공동체를 살리는 일과 갈담리 교회 사역을 하나로 묶어 공동의 활동을 해 나갔다. 마을 어른들에게는 술과 놀음을 멀리하고 근면을 가르쳤고, '나 한사람의 존재의 가치'[12]가 얼마나 소중한지, '소수에게 내리시는 하나님의 은총'을 강조하면서 쇠약해진 교인들의 심

---

9   임실지역, 특히 회문산 등지에서 발생한 민간인 학살사건은 총 7차례이다.

구분	사건발생일	장소	피학살자수	가해조직	비고
전쟁 전	1948. 2. 26.	성수지서	7	경찰	287명 연행
전쟁 전	1948. 12.		40	임실경찰서	
보도연맹	1950. 7. 20.	말티재, 모래재		임실경찰서	
인공	1950. 9. 27.	방공호		임실내무서	
토벌	1950. 10. - 51. 4.	옥정리 배소고지	410	11사단	
토벌	1951. 3. 14-16.	강진면 부흥리 폐금광	370	임실경찰서	11사단 지휘
토벌	1951. 5. 1.	여시골		8사단	

그 중, 갈담리와 가장 가까운 부흥리 폐금광 사건은 갈담리 지역 주민과 밀접한 연관이 있으며 가장 큰 피해를 입은 사건이었다. 청웅면 남산리(강진면 부흥리) 폐금광에 피난하던 700여 명의 주민들이 희생당한 사건은 회문산에 근거를 둔 빨치산 사령부가 지리산으로 이동하는 과정에 발생하였다. 폐금광으로 피신한 빨치산을 소탕하는 작전에서 민간인 학살사건이 벌어졌다. 경찰은 토벌과정에서 연행한 부역주민 가족들을 시켜굴 입구에 마른 고춧대와 솔잎을 직접 태우게 했다. 경찰은 굴 안으로 들어가 질식사한 사람들은 버려두고 숨이 붙어있는 50여 명의 사람들을 밖으로 끌어내어 강진면 회진리 장동마을과 덕치면 회문리 망월마을의 경계부근인 속칭 멧골이라는 곳에서 총살하였다. 금정굴인권평화재단, 임실지역사건. http://www.gjpeace.or.kr/index.php?document_srl=1421&mid=honam [2023. 4. 20 접속].

10 주민들은 시커먼 연기가 동굴 천장을 타고 한없이 빨려 들어가는 모습을 지켜봤다. 어떤 이는 발을 동동 구르고, 또 어떤 이는 오열했다. 주민들은 울먹이며 가족의 이름을 불러댔다. 총부리를 겨눈 군인들은 이들에게 솔잎을 태우라고 지시했다. 우익 청년단도 함께 이를 거들었다. 안에 가족이 있는 것을 알면서도 어쩔 수 없이 불을 지폈다. 그저 내 가족이 저 안에 없기만을 바랄 뿐이었다. 정찬대, 『꽃 같던 청춘, 회문산 능선 따라 흩뿌려지다』(파주: 한울, 2017), 254-55.

11 한국청년단 대원이었던 한 씨는 "군경 지시로 좌익 청년들을 색출하고 빨치산이 끌려오면 심문하기도 했다"고 털어놨다. 이어 "그저 살기 위해 가입할 수밖에 없었다"고 말했다. 그는 자신의 친척이 동굴 안에 있는 것을 알면서도 아무 소리 못하고 불을 지폈다. 우익 청년단임에도 불구하고 군인들에게 바로 총살될 수 있었기 때문이다. "내가 뭔 힘이 있가니, 시키니깐 그냥 한 거제. 어디 친척이라고 얘기할 수 있어야지. 그래봤자 쫄짜인데 …" 고개를 떨군 그는 한참 동안 말을 잇지 못했다. 위의 책, 256.

12 고영근 자필기록문, 「설교집 1」(1958. 4), 17-18.

령을 위로하고 하나님은 다수보다 질과 중심을 보시며 소수를 축복하시는 하나님의 약속을 전하였다. 그는 갈담리 뿐 아니라 목회자가 없는 수동, 성수, 주천 등 인근 마을까지 돌보았다.[13]

> 아버지는 5시에 나가서 밤 10시에 들어오시고 … 파출소 가서 순경들이 화투를 하는 걸 책상을 두드리면서 본이 되어야 하는데 이렇게 하면 되냐 하면서 야단치고 … 파출소 소장도 아버지를 어려워하고 면장도 어려워하고 갑자기 학교를 찾아가면 교사들도 화투를 치고 있더래. 그래서 아버지한테 기관 기관마다 돌아가면서 혼나는 거야. 그렇게 하고 사랑방에 사람들 많이 모이면 새끼줄도 같이 꼬고 복음전도하고 … 갑자기 들어 닥치는 고전도사 땜에 다들 깜짝깜짝 놀랬대.[14]

> 그리고 어떻게 부지런하시던가 막 새벽기도 탁 마치면 삥 돌아서 탁~ 혼자 오셨자녀? 착~ 전도를 하셔. 한 번 어떤 집이던 들어가면 기어코 끌어내셔. 그리고 그 양반 바른 말씀을 하시자녀? 그 때도 바른 말씀을 잘 하셨어. 전도하고 집집마다 봉사하시고 … 모를 손으로 심었으니 모도 심고 어려운 할머니들 도와주시고 … 그랬었지.[15]

---

13 「설교집 1」, 52-54. (4-9월까지 설교목록표; 날짜, 교회명, 참석자수 등이 기록되어 있다. 주천, 갈담, 수동, 성수 네 지역을 순회하였다)

14 한완수 사모의 인터뷰 중에서 3. 위의 책, 19.

15 강진교회 박○○집사의 인터뷰 중에서 1. 2015. 7. 2. 오후 2시, (「민중을 위하여」 2, 19)

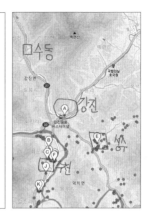

1. 인생들이 생각하는 다수자 요구; 소수와 다수의 싸움(다수
   가결제), 다수가 정의인줄 안다, 다수가 힘인 줄만 안다.
2. 소수에게 축복하는 역사; 하나님은 다수보다 질과
   중심을 보시기 때문에, 구원의 길은 소수라 하기에,
   다윗 인생을 통하여 엘리야를 통하여 적은 무리에
   게 격려하신 예수님.
3. 소수를 축복하시는 약속; 2-3인이라도 주님의 이름
   으로 集하하는 곳에 주 계신다, 생명길로 가는 자가
   적다고 하셨다, 小를 택해 多를 이루고 의인을 보호
   하시며 貧과 弱을 택하신 주님. 소수는 더욱 용기를
   내어라. 다수를 따름은 육신에 속한 것이다. 신앙에
   는 고독이 없으며 참되게 사는 자가 구원을 받는다'[16]

2) 마을을 향한 목양교육

갈담리는 논농사 중심의 지역이기는 하였으나 나무를 팔아서 생
활을 유지하는 경우가 많았고 경제적으로 궁핍한 지역이었다. 약 300
여 가구 중 30대 이하 어린이와 청년들의 비율이 전체 주민의 70% 정
도를 차지하고 있었는데[17] 이들이 대부분 초등졸업 이후 교육을 받지
못했다. 마을의 가장 시급한 문제인 교육문제를 우선적으로 해결하기
위해 야학[18] 1958년을 열고 성경구락부[19] 1959년를 열었다.

첨에 나는 공부가 하고 싶어서 … 강진교회 바로 뒷집이 친정집이에요.
그 뒷집에가 장로님이었어요. 교회가면 한글은 안 잊어버리겠지. 국민학
교 13살 먹어서. 5학년 때 6·25사변 나서 인민군 노래 부르다가 한 학

---

16   "적은 무리에게 주는 주님의 은사," 「설교집 5」(1959. 9), 45.
17   『전북통계연보』, 1963~1981, 12-13.

기 넘어가 버리고 또 군인들이 쳐들어 와갖구 한 학기 넘어가버리고 졸업이라고 한 것이. 졸업앨범도 없어요.[20] 그때는 교회에서 무언가 가르쳐 준다고 하니까 찾아갔어. 뭔가 배우고 싶어서. 아버지는 안 가르쳐 주시고 교회에도 못 가게 하셨지. 그래서 가르쳐주지도 않으면서 왜 교회도 못 가게 하냐고 하면서 강진교회를 열심히 다녔지.[21]

교육문제에 집중하여 교회 내, 그리고 마을의 청소년들이 소장하고 있는 서적을 최대한 동원하여 도서 빌려 읽기 운동[22]을 시작하였다. 교회 재정으로 서적 구입과 등사기 구입[23]이 가능해지면서 도서 읽기는 활성화되었고 마을 청년들의 배움의 열망은 더욱 확대되어 갈담리 뿐만 아니라 청웅, 강진, 덕치, 운암[24] 등으로 퍼져갔다. 주변 마을 청년들이 하나둘씩 모이기 시작하니 본격적인 마을 살리기 운동이 전개되었다. 피폐했던 마을에 생동감이 일게 되면서 사람들은 교회를 신뢰하게 되었고 교회에서 하는 행사에 자신들의 자녀들을 서둘러 보내는 일이

---

18 고영근 자필기록문, 「설교집 4, 강진광야」(1959. 4), 32. 위의 책, 188. 1958년에 야학을 시작하였던 것으로 보이는데 설교요약문의 광고란에 있는 바로는 1959년에 기재되어 있다. 1958년 설교요약문 자필기록문에는 교회광고를 기재하지 않았기 때문에 구체적으로 언제부터 야학을 시작했는지는 알 수 없다. 하지만 그의 회고록에는 갈담리교회 초반부에 행했던 우선적인 사역이 야학임을 밝히고 있다. 고영근, 『죽음의 고비를 넘어서』 1 (서울: 로고스, 1981), 163.

19 고영근 자필기록문, 「설교집 4, 강진광야」(1959. 4). 위의 책, 185. 그가 갈담리 사역에서 제일 많은 노력을 기울인 것은 목양교육이었다. 성경구락부는 전 교인을 대상으로 한 것이었으나 야학과 함께 교회 내 청년 뿐 아니라 지역 청년들의 지적 욕구를 해소시켜 주는 모임으로서 역할을 담당하였다. "성경 찾기 읽자나. 그러다가 틀리자녀? 그러면 딴 사람이 채서 읽고 … 그게 그렇게 재밌지 그냥. 그때는 재미가 있더라구. 그리고 웬간한 사람은 재미가 없다 해. 한글을 잘 못 읽으니까. 그런데 잘 읽는 사람이 틀린 것 찾아가며 읽는 거를 좋아했지 … 신앙이 없어도 가서 재밌으니까 또 가고 또 가고 … 그러다보면 신앙도 갖게 되고." 박○○ 집사 인터뷰 중에서, 위의 책, 24.

20 갈담리교회 서○○ 집사 인터뷰 중에서 1. 위의 책, 21.

21 강진교회 박○○ 집사, 갈담리교회 서○○ 집사 집단 인터뷰 중에서. 위의 책, 21.

22 고영근 자필기록문, 「목회현황」(1958. 5), 6-10.

23 고영근 자필기록문, 「설교집 4, 강진광야」(1959. 4), 44.

24 그의 설교목록표에 의하면 운암, 학암지역에도 말씀을 전했다. 「설교집 4, 강진광야」(1959. 4), 2-3.

빈번해졌다. 툭하면 교회에 술을 먹고 들어와 행패를 부리던 노인들이 허리 굽혀 인사를 했고 집 안 구석에 숨어 있던 마을 내 청년들은 배움을 위해 모이기를 힘썼다.

그 땐 술 먹은 사람들, 교회 밑에 술 먹은 사람이 살고 있었고, 고함지르고, 화투판, 도박 많았었지. 술 먹고 소리 질러 쌓고 … 너무나 힘들었지. 동네에선 모두 술이나 놀음하지 교회는 시끄럽지 … 동네가 흉흉했어. 먹을 건 없고 사람들은 많고 … 먹는 것 때문에 고생했던 시절이지. 글을 모르는 사람들 … 자존심이 있어 가지구 … 처음엔 말을 못하고 … 그래서 야학으로 시작했던가 … 우리가 서로 몰라도 모르는 사람끼리 모여서 시작했지… 집집마다 가지고 있는 책이란 책은 다 모아서 교회로 가져왔지. 돌려보기를 시작한거야.[25]

산이 많은 지역이기 때문에 청년들과 할 수 있는 사업으로 나무하기를 시작하여 자립생활을 강조하였고 주민들을 위한 농민강연[26], 직

---

25   강진교회 박○○집사 인터뷰 중에서 1.

업 광고[27], 각종 강습회를 개최하였다.

> 그 땐 우리가 청년이었거든. 그 때 연합회가 있었거든. 청웅, 강진, 덕치,
> 운암 그게 쫙 있어. 그 때 우리 청년들이 많이 있었고 … 클럽! 클럽이 너
> 무 좋았어. 그 클럽이 들어와서 정말 좋았어. 나두 우리 클럽이 있어서
> 맘 맞고 그러니까 일을 많이 했지. 위아래까지 다 합치니까 참 많았지 …
> 그 때 부흥회할 때는 각 처에서 엄청 많이 와. 여기는 중앙이고, 교회도
> 크고, 강진면에서는 여기서가 중앙이지. 임실군 안에서 몇 개 면 안에서
> 중심이라구. 천장은 청년들이 나서 갖고 교회 보수공사도 하고 … 짱짱
> 했어. 서로 얼굴 볼라고 서로 오기도 하고 일도 하고 재미도 있고 … 신
> 앙이 없어도 가서 재밌으니까 또 가고 또 가고 … 그러다보면 신앙도 갖
> 게 되고 …[28]

강진면 갈담리를 중심으로 사방에 뻗어있는 네 개의 면, 즉 강진,
운암, 청웅, 덕치의 청년 그룹들이 갈담리로 모여들었다.[29] 야학과 활발
한 활동은 청년들을 결집시켰다. 활동에 대한 자부심, 청년이라는 자부
심, 지역을 변화시킬 수 있는 힘이 있다는 자부심 등은 곧 자신에 대한
자부심으로 연결되었다. 1958-1959년 사이에 교회 활동이 오랜 기간
동안의 활동인 것처럼 여겨진다는 사실로도 확인할 수 있듯이 청년 시
절에 가졌던 지적인 경험과 내면화 과정들이 오랜 시간에도 자기 정체

---

26 고영근 자필기록문 「설교집 5」(1959. 8), 9.
27 「설교집 5」, 25.
28 박○○집사의 인터뷰 중에서 1.
29 고영근 자필기록문 「설교집 5」(1959. 8), 50(광고 내용 중 덕치, 운암, 청웅 등의 전도현황, 직업광고
    등).

〈고영근의 첫 사역 갈담리〉　〈목민목회와 함께 한 청년그룹
지역분포〉

성을 갖고 삶을 살아가는데 밑거름이 되었고 체험적인 신앙도 갖게 되었다.

> 박○○ 집사: 여기서? 일년 육개월? 아니지. 더 있었지. 아녀. 오래 있었지. 오래 계셨어. 다른 분들은 왔다 가셨어도 별로 안 남는데 고영근 목사님은 촥~ 우리도 많이 남지 그냥 ….
>
> 서○○ 집사: 그때는 야학이라는게 있었어. 그때 야학에서 영어를 배웠지. 가르쳐 준 사람이 나하고 동갑이야. 내 친구였지. 그렇지만 나는 국민학교만 졸업했고 걔는 중학교를 다녔으니 영어를 가르쳐 주는데 그래서 알파벳 대문자, 소문자 다 쓸 수 있어. 지금도. 야학에서 가르쳐준다고 하니 정말 열심히 다녔어.
>
> 박○○ 집사: 그때 영어를 가르쳤었나?
>
> 서○○ 집사: 그럼요. 가르쳤었죠. 영어도 가르치고 다른 것도 가르치고 …. 나는 아직도 자부심을 갖고 살아요. 이

나이에 영어를 읽을 수 있는 사람은 몇이나 되겠어요?[30] 그 때 고전도사님이 계실 때 배운 게 평생 자랑스러워요. 청년들이 함께 모여 일하고 했던 게 아직도 기억이 생생해요. 청년들이 많았거든요.서○○ 집사, 박○○ 집사 집단구술 중에서, 2015.

고영근의 복회운영에 권위적 요소가 전혀 없었다는 것은 위의 구술에서도 드러난다. 또래와의 협력관계로 팀티칭을 실행하였던 것이나 기초문해 및 수리교육평수재기, 도량형법 사용 등을 중심으로 청년들로 하여금 지역주민들을 위한 강좌회, 각종 강습회를 직접 구성하게 하는 일은 그의 실용주의적 사고와 탈권위적 목회방침에서 비롯된 교육실천이지 않았을까 생각된다.

또한 그가 새벽기도를 마치고 마을주민과 친해지기 위해 했던 일은 갈담리 300여 세대 가족 성명 모두 외우기, 술과 놀음 질책, 인사하기, 함께 모심기, 새끼줄 꼬며 이야기 듣기, 역사이야기 하기, 할머님들 이야기 듣기, 손주들 칭찬하기, 제초작업, 마을 청소, 화장실 횟가루 뿌리기 등이었다.[31] 주민들의 이야기를 듣는다는 것은 존중의 마음가짐이다. 열 마디의 설교보다 몸에 배인 상호존중이 더 큰 은혜의 나눔이다. 그가 하는 일에 청년들도 참여하니 마을환경이 질적으로 향상되어 마을주민들은 깊은 신뢰를 갖게 되었다. 그는 그 신뢰를 바탕으로 강습회, 농민강연[32], 직업광고[33], 마을 봉사그룹을 만들어 자치적 운영을 하

---

30   2015년 인터뷰 당시 그녀의 나이는 77세였다.
31   「설교집 4」, 54.

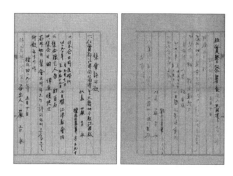

〈집회허가원〉

1. 임실군 강진면 갈담리 대한예수교
   강진교 대표 엄길영 (장로)
2. 집회일시 및 장소: 4292년 5월 11일 -
   5월 17일 7일간 강진교회 내
3. 집회목적: 전도부흥차

右와 如히 집회코저 하오니 허가하여
주시기를 仰願하나이다.
단기 4292년 5월 10일 임실경찰서장 귀하

게 하였고 동네 장터 한가운데 지역연합부흥회를 개최하는 등 교회가
마을이고 마을이 교회인 목양교육의 장을 열었다.

활발한 지역활동으로 교인의 숫자가 증가하면서 교회 내 조직도
확대되었다. 소년회, 청년회, 청년임원회, 청년반사회, 부인전도회, 봉사
회 등이 자치적 운영을 해 나갔다. 교회 제직회는 각 조직이 자치적으로
활동을 해 나가도록 야유회, 소모임 지원을 하고 하기학교 교사훈련을
위한 청년반사회 교육을 확대하여 지역연합교육을 실시하였다. 절기행
사, 각종 애경사, 하기학교, 어린이 하기학교, 수양회, 봉사회 등 교회 안
팎의 행사들이 활성화된 소모임을 통해 이뤄졌다. 이로써 갈담리 강진
교회는 1959년 하반기가 되면서 200여 명을 넘어섰다. 마을과 함께한
교회공동체 활동은 마을도 살리고 교회도 살리는 발전을 이끌었다. 교
회의 양적 성장도 괄목할 만하지만 갈담리를 위시한 주변 지역의 주민
들, 특히 청년들과의 연대활동은 갈담리라는 지역적 한계를 뛰어넘은

---

32 「설교집 4」, 33-54, 「설교집 5」, 18.
33 「설교집 5」, 50.

포괄적 선교였음을 보여준다.

2. 대전 백운교회

1) 지역조사

고영근 전도사는 갈담리 교회에서 사임되고 난 후[34] 여러 과정을
거쳐 괴정리 교회에 청빙되었다. 괴정리 교회[35]는 1953년 조그만 주막
을 개수하여 교회로 사용하였다. 1958년 전임자가 168.8평을 구입하
였고 1960년 4월 30일 고영근 전도사가 부임하면서 5월에 건축을 시
작하여 7월 4일 입당예배를 드렸다. 교회 명칭은 '백운교회'로 변경하

---

34 갈담리 교회의 괄목할만한 성과에 사심이 생긴 임실지역 담당 목회자의 일방적인 해임광고로 인
해 전도사였던 그는 갈담리를 떠나야 했다. 그가 떠난 후 강진교회는 통합, 합동 갈등에 휘말렸고
곧 강진, 갈담 두 개의 교회로 분리된다.

35 서대전교회(서대전 교회는 대전 중앙성결교회의 지교회로 1947년에 설립)는 1952년 3월 1일 백운성
결교회의 전신인 괴정리교회를 지교회로 설립하였다. 그러나 교세가 빈약하여 교역자가 자주 바
뀌었는데 신보현 전도사, 조종관 전도사, 이학봉 전도사의 뒤를 이어 고영근 전도사가 교회를 담
임하게 된다. (1960년 4월 30일-1969년 4월 23일) 백운교회 50년사 편찬위원회, 『백운교회 50년사』
(대전: 과학문화사, 2004), 74-79.

였다.[36] 백운교회 명칭변경에 대한 이유는 백운교회 50년사에서도, 고영근의 자필기록문에서도 기록되어 있지는 않지만 괴정리가 일제강점기에 지동, 하응리, 응기리, 백운리 일부를 병합한 지역으로서 백운리에 위치해 있었기 때문인 것으로 추측된다. 백운 지역은 서대전시에 위치한 지역으로서 현재는 도심부에 위치하지만 1960년대에는 외곽에 위치한 지역이다.[37] 고영근은 백운에 첫 발을 내딛으며 백운교회 주변 지역 현황을 조사하였다. 아래는 그의 시선으로 본 지역조사현황이다. 백운 주변의 4개 리, 즉 내동 · 괴정 1, 2리 · 탄방 1, 2리 · 둔산리의 현황이다.[38] 총 가구수 814에 인구는 4,820명으로 조사되었다.

〈표1〉 내동, 괴정리, 탄방리, 둔산리의 현황

里名	戸数	信徒数	男	女	人口	교회	불교	高考	읍	里長	老人	會	어부	病者	상인
内洞	70				420	32	0,		15	2	노영근	9			
槐亭1	120				670	40	20	2		7	박찬기	8	5	9	
槐亭2	117	117			6,00	42	8)	9			박래주 천용은	10？	30？	13.	
炭坊1	142				1090	80	15	2					50		
炭坊2	95				560	4	40	20		5	金吉聯	4	20		
屯山	210				1500	70	100	15			朴安沐				
計	814				4820		146								

36 위의 책, 87.

37 백운교회 주변의 괴정리, 둔산리, 탄방리 등은 1963년 행정구역의 확장으로 대전시에 편입되었다. 1967년에 작성된 대전시 행정구역도를 보면, 대전 서북부 외곽지역으로서 하천을 경계로 공군통신학교가 있는 탄방, 괴정, 내동이 위치되어 있다. 대전시 도심과 분리되어 상대적으로 생활, 문화, 경제수준이 낙후된 지역이었다고 볼 수 있다. 대전광역시사편찬위원회, 『대전 100년사』 3권 (대전광역시, 2002).

38 「목회기 2」(1965), 16-17.

지역을 돌아보며 어느 마을에 무엇이 필요한지를 꼼꼼하게 정리한 그의 자필기록문에는 대전 지역의 세대수, 직업, 노모와 빈자, 과부와 병자가 있는지가 적혀있다. 사역의 출발이 약자 우선이라는 것은 가난한 자와 아픈 자, 과부와 노인들을 특이사항으로 조사한 것을 보아알 수 있다. 그의 조사에서 괴정2리와 탄방2리, 둔산리에 군 관련세대가 논농사세대보다 많은데 특히 탄방2리는 농업세대의 10배에 해당하는 군인세대의 분포를 보이고 있으며 농업세대의 분포가 제일 많은 탄방1리에 가난한 세대 수가 제일 많음을 볼 때 타 지역에서 유입된 사람들에 비해 토착지역민의 생활이 더욱 척박했음을 알 수 있다. 미국 남장로교의 대전 스테이션[39]이 조성된 한남대학교 인근지역이나 대덕군 회덕면[40] 등은 교육이나 문화의 혜택이 상대적으로 컸으나 백운교회가 위치해 있는 서쪽 외곽지역인 괴정, 탄방, 둔산은 군부대시설이 집중되어 있어 일반 주민들에 대한 문화, 교육, 복지 혜택이 상대적으로 낙후된지역이었다. 또한 괴정, 탄방 서쪽으로는 대전교도소 등 사회적으로 소외된 자들의 시설이 배치되어 있다. 고영근의 지역조사에 따른 세대수별 직종분포를 보면 농업종사세대수 48.1%, 군인세대수 40.1%, 상업7.8%, 노동자 2.4%, 공무원 1.5%로 나타난다. 군부대가 포진되어 있는데 내동에만 군인세대가 없으며 이 중 괴정리에 위치한 백운교회는 각

---

39 대전 스테이션은 복음선교사보다 교육선교사의 인력배치 비중이 컸고, 이 때문에 처음부터 교육 중심 선교기지라는 특성으로 출발하였다. 송현강, 『미국 남장로교의 한국선교』(서울: 한국기독교 역사연구소, 2018), 249.

40 송현강에 따르면 1920-30년대 대전 북부의 회덕과 유성과 진잠은 개화의 흐름과는 별 관련이 없던 곳이었는데 대전을 이루는 회덕(구도심), 대전면, 공주목이었던 유천면, 유성 지역은 개신교 수용태도에 있어서도 각기 다른 양상을 갖고 있다. 대전리 지역은 개신교의 수용태도가 비교적 활발한 반면, 회덕 지역은 저항적인 양상을, 유천과 유성은 대전성결교회의 지회가 설치되었고 외부인의 전도와 그 지역의 토착세력에 의해 복음이 수용되는 전형적인 모습을 띠고 있다. 송현강, "대전, 충남지역의 개신교 신앙수용양상," 『한국기독교와 역사』 19 (2003), 193.

종 군부대가 포진되어 있는데 지역의 교회로 보인다. 목회자의 입장에서 군인세대수가 40%가 넘는 비율을 차지하고 있는 것을 감안할 것 같으나 고영근은 토착 지역민들의 척박한 삶에 더 집중하였다.[41] 그의 자필 기록문에 빈번하게 등장하는 교인들 대부분이 토착 지역민들이었으며 특히 백운 주변지역의 청년들에 대한 면밀한 조사가 밑바탕이 되어 있었다.[42] 그들과 함께 한 활동들은 청년들의 진로·취업 등 실질적인 생활문제 해결에 적극 나서고 있음을 보여준다.

> 이 지역조사에 의한 그의 목회방향은 소외된 사람들의 구제와 그들의 자립에 있었다. 그가 주창한 '목민목회'는 교회 안의 신자를 위한 목회를 넘어서 교회와 마을의 경계를 허물고 지역민들을 동등하게 돌보는 목회를 뜻하는데 이러한 구체적인 근거가 바로 백운 지역에서 실현된 사례에서 나타난다. 그는 백운 지역 인근의 고아원과 교도소를 방문하면서 수용된 사람들 한 사람 한 사람의 처지에 관심을 가졌다. 재소자들이 어떠한 처지에 있는지를 구체적으로 분석하고 그 문제를 파악하고 어떤 방식으로 이끌 수 있는지를 고민하였다.[43]

---

41   그의 자필기록문에 기록된 1964년 월정헌금 작정자 현황을 보면, 무응답 26세대, 응답 37세대 총 63세대를 기록하였다. 응답한 37세대 중 100원 이하가 31세대, 150원 이상이 6세대이다. 평균 90원 정도의 약정을 하였다. 1964년 물가가 연탄 50장 385원, 돼지고기 반근 30원, 빨래비누 1장 20원이었으며 공무원의 월급이 3,000원이었음을 비교할 때, 백운교회 주변, 특히 군인부대 옆에 사는 마을 주민들이 매우 척박한 삶을 살았음을 확인할 수 있다.

42   「목회기 2」, 20. 청년회(자필기록문 일련번호 48. 1966, 67년 교회직원회 회의기록과 교회제직 일정 등이 기록되어 있음)

43   1968년 고영근 수첩.

	무학력	小 在학	小 중단	소 졸업	중 재학	중 중단	중 졸업
학력	354	16	136	916	12	89	348
	고 재학	고 중단	고 졸업	대 재학	대 중단	대 졸업	
	24	47	261	17	40	43	
원인	利慾	사행심	원한	가정관계	우발	중독	기타
	365	23	182	26	60	0	494
연령	14세 이하	14-19세	20-29세	30-39세	40-49세	50-59세	60세 이상
	42	194	769	588	361	112	54
직업	노무	자유	종업	농업	기타	학생	
	100	125	68	125	682	48	

대전시는 전쟁으로 인해 보육원과 전쟁부랑아시설, 양로원, 맹아원, 재활원 등의 시설이 급증하였다. 고영근은 교회와 직접적인 연관은 없어도 전쟁의 상흔이 아직 가시지 않은 지역적 특성을 인식하였다. 삼관구,[44] 공군가교, 806부대,[45] 육군통신학교, 병참학교 등 군부대 설교가 빈번하게 있는 것은 백운교회 지리적 특성과 깊이 연관되어 있으며 특히 그의 군 생활을 군종으로 마친 경험으로 군부대 설교에 애착이 많았으리라 추측된다. 그에게 있어 군부대는 황금어장[46]이라기보다 한국전쟁의 틈바구니에서 추위와 공포에 떨던 젊은이들을 감싸 안는 문제

---

[44] 육군제3군관구사령부를 지칭한다. 대전광역시를 근거지로 했던 대한민국 육군 제2야전군사령부 소속 군관구사령부였다. 대한민국 육군의 충청권(대전광역시 포함) 방위 군관구사령부로 논산시에서 창설되어 3관구라 불렸으며 2야전군(現 제2작전사령부) 예하 부대로써 논산시 일대에 주둔하다 대전광역시로 사령부를 이전했다. 예하 향토예비사단들 중 32사단은 충청남도, 대전광역시를 관할했고, 37사단은 충청북도 일대를 관할했는데 1982년 해체되었다. 예하부대로 육군병참학교와 육군통신학교가 있다. (https://namu.wiki/w/%EC%A0%9C3%EA%B5%B0%EA%B4%80%EA%B5%AC%EC%82%AC%EB%A0%B9)

[45] 1947년 창설. 1951년 교육총본부가 이동하면서 1960년 대전 둔산동으로 이동, 1968년 교육총본부에서 2군으로 예속되었다.

[46] 강인철은 군종제도를 황금어장의 신화로 표현하면서 군종의 도구주의가 종교적 특권을 낳고 정치적 이익을 보게 하는 수단으로 쓰였다고 비판하면서 미국 모방에 의한 압축성장과 무성찰성을 한국 군종의 두 가지 특징으로 구분한다. 강인철,『종교와 군대』(서울: 현실문화연구, 2017), 225.

였고 사역자의 입장에서 지역사역의 절반을 차지하는 지역민들에 대한 돌봄의 일환이었다.

1. 설교[47]		2. 방문	
삼관구	5. 22 베다니	3. 23 양로원	5. 12 CCC회관 방문
공군가교	5. 17 보육대학[48]	4. 13 교도소	5. 22 강경보육원
806부대	6. 2 806부대	4. 13 지방법원	5. 19 806부대
유성양재학교	6. 2 서대전 유치장	야간신학교	5. 27 성우보육원
삼관구	6. 19 베다니 선교	성서 전문학교	6. 23 도립병원 이성래
대전경찰서	6. 27 훈련학교	2. 15 대성고교	6. 25 도립병원 이성래
서대전 경찰서	6. 30 훈련학교	4. 13 맹아원	7. 25 재활원 방문
중부장로교회	7. 7 신안교회	3. 24 806	11. 27 대성고등학교
삼관구	7. 4 남대전	2. 대전 제63육군병원	11. 27 대전 문화원
5. 17 양재학교	7. 15 양재학원	5. 11 YMCA 방문	12. 22 806 통신학교
	8. 18 육군통신학교	제일교회 복음운동본부	초소방문위로
			12. 19 보육대학 졸업예배

2) 돌봄의 구체화

「영음기록」의 기록으로 알 수 있는 백운교회의 지역 돌봄 활동은 3가지 구체성을 띤다. 첫째, 목회자 주도의 가족관계와 생계 돌봄이다. 우선 주일학교 학생부터 성인에 이르기까지 마을 주민들의 연령, 거주지, 가족관계를 상세히 물어보고 기록하고 그들에게 필요한 것이 무엇인지 고민하면서 한편으로는 문맹자·국졸·중졸·고졸업자들에게 각

---

47 「목회기 2」, 3-4.
48 배제대학교의 전신은 대전 초급보육대학인데 동일한 학교인지는 불분명하다.

각 직장알선, 농업지도, 정농조합, 과목지도, 생산지도와 각 교양강좌를 개최하였다.[49] 각 가정마다 닭 한 마리씩 키우기를 강조, 과수果뻐를 심어주고 소독하며 가정에 무슨 일이 없는지 살펴보았다. 고영근의 회고에 따르면 "주민들이 과일나무 열매를 보며 교회를 안 다닐 수도 없고 다닐 수도 없고 민망해 하였다."[50]

> 그 때는 한참 어려웠을 때였지요. 1960년대. 집집마다 끼니를 때우는 일이 큰일이었는데 고목사님이 집집마다 심방을 다니며 쌀통을 확인하는 거예요. 쌀통이 비었으면 가슴 아파하며 어려운 형편에 본인은 굶을지언정 빈 쌀통을 채워주셨어요. 심지어는 쌀통을 부여잡고 기도를 하였는데 이를 부끄럽게 여겼던 마을 사람들이 처음에는 고목사님이 믿지도 않는 자기 집에 방문해서 기도해 주시는 걸 민망하다고 창피해 했지만 목사님이 워낙 진실로 대하시니 감동하여 목사님을 아버지처럼 섬기게 되었고요. … 두고두고 감사하다고 생각했죠. 쌀통잡고 기도해주시는 분은 고목사님 밖에 없을 겁니다.[51]

고영근의 목양목회의 특이한 점은 군인이 상당히 높은 비율로 구성되어 있는 지역적 특성 때문에 그것으로 인해 원주민들에게 피해가 가지 않도록 오가는 사람들의 신분, 관계 등을 철저히 확인하였다는 점이다.[52] 목회자의 입장에서 가정의 문제를 근본적으로 고민한 지점이

---

49 「영음기록」(20세기 광야 무명씨, 주의 영광 위해, 1966), 34. (자필기록문 일련번호 49. 각 지역 초청인사 명단, 구역원 명단, 설교초안, 신약성서 대지 등이 기록되어 있음)

50 고영근, 「죽음의 고비를 넘어서」 1 (서울: 한국목민선교회, 1981), 170.

51 백운교회 오록임 권사 인터뷰 중에서(2014. 12. 2. 오후 7시).

다. 또 가정 탐방 연 2회, 달력배부열차시간표, 과목소독 연 3회, 상가집 부조를 100원씩 하도록 원칙을 세워 교회의 가정 돌봄을 정례화하였다.

> 그 분은 전력투구하는 분이었어요. 머리를 써서 이렇게 저렇게 움직이는 것이 아니라 그 마음속에 사랑이 가득 있어서 전력투구하며 목회를 하신 분입니다. 한번은 군인이 찾아와서 "목사님. 결혼 주례 부탁드립니다." "그래요? 그럼 호적등본을 떼 오시오." 하고 일일이 확인하고 주례를 해주셨어요. 젊은 나이셨는데 어찌 그런 생각을 하셨는지 몰라요. 그 때 당시 백운교회는 군부대로 둘러싸여 있고 군인가정이 한 번에 왔다 떠나기를 반복했던 지역이었거든요. 교인들을 사랑하는 마음이 어버이 같았어요.[53]

두 번째는 공동체 주도의 주민위생이다. 백운공동체는 주민들을 세세하게 보살피는 사업을 진행하였음을 볼 수 있는데 예를 들면, 각 가정의 진열장에 치료 도구와 병원 안내, 보건소 안내지를 비치하게 하고 각 가정의 화장실 청소 및 소독을 정기적으로 하였다. 마을을 되살리는 방법, 마을주민들의 삶의 질을 향상시키려는 열정이 다양한 방법을 고안하게 하였다. 이 방식들은 고영근의 개인적인 아이디어뿐 아니라 제직회의 무수한 논의의 결과이다. 함께 이 모든 일들을 진행했기 때문

---

[52] 대전 백운교회가 위치한 지역은 군부대 밀집지역으로서 그에게 군선교는 지역선교와 맞물릴 수밖에 없는 객관적 상황이 존재한다. 1960-1972년까지 그의 기록에 의하면 군부대와의 접촉이 유난히 많았다. 806공병부대, 육군통신학교, 3관구 사령부, 1202 공병연대, 병참학교, 대전공군기술교육단, 육군정비보급창, 9사단 사단본부, 6202부대, 제20병참대대, 육군본부, 5관구 사령부, 37사단, 전투교육사령부, 6관구사령부, 공군사관학교, 제11보충대대, 제21병참대대, 2군 사령부교회, 50, 51, 31, 30사단, 군수지원사령부 등에서 선교활동을 한 것으로 기록된다.
[53] 백운교회 이정덕 장로 인터뷰 중에서(2014. 12. 2. 오후 8시).

에 서로가 동역자로서 지역선교사역에 임했다.

세 번째는 교육공동체이다. 교회 외적으로는 주민들을 위한 지역
인사 초청 좌담회와 각 주제별 교양강좌, 취업을 목적으로 하는 견학
프로그램을 집중적으로 운영하였다. 교회 내적으로 학생부는 신앙강좌,
성경낭독, 시사, 과학, 에티켓, 농업, 사상, 종교, 성경, 상식강좌 등 학습
능력을 향상하기 위한 교육을 하였고, 청년회는 대전대학 견학, 농민학
교 견학, 산업기관 견학 등 진로와 취업을 주목적으로 한 교육내용을
편재하였다. 남전도회는 신앙강좌, 과학, 시사, 산업, 종교, 성경강좌가
매달 정기적으로 배치되어 있었으며 특히 각 부락 단위의 좌담, 강좌를
개최하는 사업을 남전도회의 주 사업으로 하고 있었다.[54] 교회 제직들
은 공동사역의 사명감을 가졌다. 지역주민과 함께하는 활동이 자신의
일이라고 생각했고 지역선교사역에 자부심을 가졌다.[55]

그 때 우리는 많은 일을 했습니다. 어디든 가서 연주할 수 있도록 성가대
를 조성하였고 군부대라든지 여기저기 안간 곳이 없어요. 내가 가진 모
든 재능을 발휘해서 사람들을 모으고 전도했고 그리고 … 정말 열심히
즐겁게 일을 했습니다. 지금도 생각나요. … 우리 모두 어떤 때는 마을을

---

54 「목회기 2」, 60.

55 1962년 이후 대전지부 산업전도회 헌신예배를 주최하고 우선적으로 주일학교의 모임을 통해 주
변 5개 교회와 협동하는 노력을 기울였다. 2월 25일에 백운, 삼천, 갈마, 용두리 등지의 5개 교회
주일학교 부장 및 교사들과의 모임을 갖고, 그 해 3월 23일 본 교회에서 5개 지역교회 주일학교
연합 아동 동요대회를 개최하였으며 이어 암송대회 등 연합행사를 치렀다. 또한 청년회에서도 지
역교회 청년연합회 결성을 통하여 신앙교류를 도모하고 각종 체육대회 및 경연대회를 주관하여
개최하였다. 4월 22일에는 군민합동 야외예배를 드리고 주변 군부대를 방문하여 성가로서 전도
하며 위문하는 기회를 통해 군복음화에 노력을 아끼지 않았다. 5월 6일에는 유천지구 군민합동
야외예배를 드리기도 하였고 8월 27일에는 유천지구 군민합동 부흥회를 개최하였다. 이후 이러
한 지역 및 군복음화를 위한 노력이 본 교회의 오랜 전통으로 이어져 내려오게 되었다. 백운교회
50년사 편찬위원회, 「백운교회 50년사」, 82.

돌아다니며 변소소독을 했고 어떤 때는 과실수 심어준 집에 가서 소독도 해주었지요. 청년들이 수고 참 많이 했어요. 그 때가 언젠가 … 참 오래 되었네.[56]

3) 돌봄의 확장

이제 마을 차원에서 머물렀던 돌봄은 정책문제로 확장되었다. 고영근은 해마다 수해 때문에 피해를 입는 주민들을 보다 못해 수해방지 산림녹화와 사방공사 운동의 전개를 제안하는 진정서를 김형욱^{당시 중앙정}^{보부 부장}에게 보냈다. 산야의 황폐, 목재의 고갈, 매년 수해 소동이 일어나는 문제에 대한 해결책으로 산지개혁의 단행과 수해방지를 위한 철저한 사방공사 운동의 전개를 제안하였다. 수해와 사방공사의 문제는 서로 연결되어 있는 것이기에 두 정책이 결합되어 해결되어야 함을 주장하였다.[57] 박정희 정권은 1967년 사방공사를 전국적으로 실시하였는데 특히 1968년에 대전은 사방공사 등의 토목공사를 중점적 사업으로 하였다.[58] 그러나 사방공사가 철저하게 실행되지 않는 문제가 백운교회

---

56 백운교회 최용환 원로장로의 인터뷰 중에서(2014. 12. 2. 오후 5시, 백운교회 사무실).

57 "수해방지에 중요한 것은 모래가 하천에 내려오지 않도록 철저한 사방공사 운동을 전개해야 하겠습니다. 건축과 공사를 하기 위하여 땅을 파헤쳐 놓은 후 폭우로 인하여 전답에 피해를 보고 결국 하천까지 흙이 내려가서 강이 높아지니 물이 범람케 되며 매년 인명과 재산에 피해를 보니 철저한 단속을 하여 터를 완전히 닦고 사방공사가 끝난 후 건축을 시작하도록 할 것입니다. 대전에서의 예로는 공군기교단의 경우 (사진과 같이), 대흥동 여중고교의 경우, 신탄진 연초공장의 경우로 보아 수많은 흙이 강으로 내려갔으니 무슨 재주로 강의 흙을 파 올린단 말입니까. 흙 한 삽이라도 강으로 내려 보내면 엄벌에 처하는 철저한 단속이 있기를 바랍니다."

58 1968, 1969년도 대전시 자조근로사업 실적표를 보면, 1968년의 사방조림 사업이 7건, 치수사업 2건, 도시토목(제방) 12건, 소류지 준설 5건으로 기록되어 있다. 1968년에는 사방조림사업과 제방사업이 중심사업이었으며 1969년에는 지하수개발 사업이 주류를 이룬다. 대전광역시사편찬위원회, 『대전100년사』 3권 (2002). 대전시는 영세민 구호와 더불어 자활조성에 1차 목적으로 두고 사업을 실시하였다.

부근 주민들의 직접적인 피해로 이어지게 되면서 그는 1968년 사방공사에 대한 철저한 대책을 요구하는 진정서를 다시 제출하였다. 내무부, 건설부, 농림부, 충청남도 도지사, 산림청 등으로 그의 진정서가 이첩되는 과정을 주시하여 결국 지역주민들의 피해문제를 해결하였다. 민중의 고통이 구조적인 문제, 정책적인 문제에 있음을 지적한 그는 돌봄의 정책적 확장이 해결책임을 통감하게 되었다.[59]

> 성직자는 옛날 선지자가 아닌가. 그러기에 사회의 모순을 힘 있게 지적하여 책망하고 좋은 대안을 내어 놓아야 한다. 옛날 느헤미야는 성곽을 재건하던 중에 부당하게 착취당하는 빈자의 호소를 들을 때 지체하지 않고 성곽 쌓는 일보다 빈익빈 부익부의 모순을 과감히 타파하고 공존공영의 사회를 이룩하고 성곽재건을 계속하였다. 1세기의 선지자 세례요한은 예수를 증거하기에 앞서 부패한 종교계부터 혁신할 것을 부르짖고 다음에는 사회정화를 부르짖었다. … 사회 속에 있는 교회가 어찌 사회에 대하여 무관심 할 수 있으랴?[60]

4) 교회조직 활성화와 공동사역의 자부심

그의 기록에 의하면 백운교회에 처음 시무한 1960년은 교회건축을, 1961-1962년 교회내부조직 강화를, 1963년부터 교회교육을 중심으로 목회의 목표를 정한 그는 기본적인 성경교육을 통해 평신도 신

---

59 이러한 경험들은 민중의 목덜미를 움켜잡는 구조악을 타파하는 것이 기독교인의 선교적 사명임을 주장하는 바탕이 되었으며 5대 구조악, 즉 정치악, 경제악, 사회악, 문화악, 종교악과 맞서 싸우는 것을 그의 선교적 과제로 삼았다.

60 고영근, 『한국교회혁신과 사회정화방안』, 12.

앙교육을 강화[61]하고 1964년부터는 평신도 자립운동에 입각한 일반교육으로 지역공동체와 하나가 되는 교육체계를 만드는 일에 몰두하였다.[62] 그의 이러한 노력에 백운교회 평신도교육은 큰 성과를 얻은 것으로 보인다.[63] 남전도회, 여전도회와 청년회는 대전지역 내에서 활발한 활동을 전개해갔다. 1963년 교회행정조직은 종교부, 시설부, 전도부, 봉사부, 후생부 등 5개 부서로 시작하였으나 1964년 이후로는 재무, 서무, 종교, 전도, 시설, 봉사, 후생부의 7개 부서로 확장되었고[64] 부인, 남선교, 청년부, 학생부, 주교부, 성가부의 조직을 확대 · 강화하였다. 부인회에서는 성경읽기, 암송회, 자녀교육 간증회, 성경적용 토론회, 전도미담을 공유하였고,[65] 도서운동을 통해 교육수준을 높이려 하였다.[66]

> 오록임 권사: 사모님은 성진이 업고서 새벽기도, 구역예배 다 인도하시고 ….
>
> 한완수 사모: 그러게요. 지금도 생생하네요. 전 목사님과 공동사역을 했다고 늘 생각했어요. 그래서 성진이를 업고도 열심히 새벽예배 인도하고 구역예배를 인도했죠.
>
> 오록임 권사: 맞아요. 사모님 말씀에 엄청난 힘이 있어서 많은 은혜를 받

---

61 그의 자필기록문에 의하면 1963년 3월 6일 성경연구법 초안을 작성(「비망록」, 1963, 150, 자필기록문 일련번호 35.), 1963년 설교 첫 번째 묶음. 같은 해 10월 11일부터 종교부 주관으로 성경연구회를 시작하기로 1963년 10월 제직회에서 결의되었다. 「목회 1」(1963), 10.

62 1964년 6월 제직회; 강좌회(부인회, 청년회), 11월 제직회; 청년회 독서반 설치, 강좌회(부인회, 봉사부).

63 고영근 전도사는 이러한 부서를 둠으로써 신도들이 교회를 교역자와 함께 사역하는 사명을 지니고 있음을 일깨워 주며, 교회에 대한 보다 깊은 애정을 고취시키고자 하였다. 백운교회 50년사 편찬위원회, 『백운교회 50년사』, 83.

64 위의 책, 83.

65 「영음기록」, 33.

66 「목회기 2」, 43.

있어요.

한완수 사모: 제가 말한 것이 은혜라기보다 함께 공동사역 한 그 시절이

하나님이 우리를 축복해주셨던 때가 아니었을까 ….[67]

위의 대화를 보면 백운사역에 있어서 성도들은 목회자와의 공동
사역으로 인식하였음을 알 수 있다. 내 삶을 만들어가는 주체로서 자립
하기를 바라는 복회자의 열성 앞에 백운신앙공동체는 과감히 응답하였
고 교회 밖으로 향하는 사역에 동참하였다. 한편으로는 마을을 되살리
는 소독사업을 매달 주관하여 움직였고, 자신들을 독려하는 교양강좌
를 열어 스스로를 교육하는데 게으르지 않았다. 또한 흩어진 구성원들
을 모으는데 힘썼고 그들의 삶을 윤택하게 만들어주기 위해 스스로 음
악연주를 하는 일, 봉사하는 일들을 마다하지 않았다. 그 안에서 그들은
자신들이 이 모든 사역의 주체임을 깨닫고 있었다. 그들은 서로를 칭찬
하고 그들의 지역선교사역에 자부심을 가졌다. 각 부서활동을 기초로
하여 교인들 각자의 활동을 마을의 한 단위에서 더 큰 지역으로 확산하
였다. 이사로 인해 멀리 교회를 떠난 교인들까지 특별 강좌회에 초대하
고 지역 장년들을 독려하였다. 다음은 남전도회 교양 강좌회를 위한 홍
보물 전문이다.

임마누엘 성은 중에 은혜와 평강이 형제에게 임하시기를 주의 이름으로
축원합니다. … 형제여. 주 앞에 부름 받은 우리들의 일편단심은 언제 어
디서나 우리 주님을 기쁘시게 하는 것이 우리 여생의 과제가 아니겠습

---

67 한완수, 오록님 권사의 인터뷰 중에서(2014. 12. 2. 6시, 자택).

니까? 그러므로 우리들은 현재 처하고 있는 위치에서 하나님을 경외하고 그 명령을 지키기 위하여 성경상고와 열심기도로 힘을 얻어 자신의 신앙생활에 완전 충실하고, 한 걸음 더 나아가서는 닥쳐오는 역경과 시련을 향하여 환란아, 오너라! 시험아, 오너라! 마귀야, 덤벼라! 할 수 있는 담대한 신앙으로 거센 시험의 물결을 헤치고 올라가며, 한 걸음 더 나아가서는 우리 앞에 오는 고통과 죄악과 시험을 잘 이용하여 승리를 거두고 불행이 행복 되게, 화가 복이 되게, 시험이 체험되도록 무익한 것이 유익한 것이 되도록 사는 위대한 삶을 살아가며, 한 걸음 더 나아가서는 죄악과 고통과 우리가 사는 사회를 우리가 믿는 복음진리로 완전히 점령해버리는 승리를 쟁취해야 되겠습니다.

교회는 단순히 선교사역 몇 개를 수행하는 조직이 아니라 그 자체가 선교적 공동체라는 자기정체성을 갖출 필요가 있다. 교회의 지역선교사역도 중요하지만, 더 중요한 것은 선교적 본질로서 전 교인이 선교적 존재라는 인식을 갖는 것이 매우 중요하다.[68] 백운공동체는 자기정체성을 가지고 지역선교에 임했기 때문에 지역뿐 아니라 교회 내적으로 확고한 신앙공동체로서의 자기 역할을 담당할 수 있었다.[69]

---

[68] 안교성, "지역교회 선교공동체론에 관한 소고: 선교적 교회론의 지역교회 적용," 『선교와 신학』 37 (2015. 10), 55.

[69] 하지만 의외의 점은 고영근과 함께 동역의 행복함을 느꼈던 백운공동체의 변화다. 목회자가 바뀌면서 지역선교활동은 종말을 고했고 공동체의 역량을 교회 안으로 집중시켰다. 모든 일을 회의를 통해서 논의, 결정하고 실행하였던 관습이 목회자가 바뀌자마자 달라진다는 것은 마을목회에서 목회자의 역할이 얼마나 중요한지를 설명해주는 부분이다. 또 공동체의 배움의 열정의 차이일 수 있다. 갈담리 청년들의 열정과 배움에의 절실함이 그 어느 공동체와는 비교할 수 없었다는 점이 백운과 다른 점일 수 있다. 그러나 백운공동체는 세월이 한참 지나고 난 후 고백하기를 백운공동체가 가장 활동을 많이 했던 시기는 고영근 목사가 시무했던 시기임을 밝히고 있다.

Ⅲ. 목민목회의 특성

1. 절차

고영근의 목민목회의 특성 중 가장 핵심적인 것은 절차에 있다. 그는 목민목회를 민중의 상태를 파악하고, 찾아가서 그들의 형편과 사정을 듣고 구체적으로 어떻게 사랑을 해야 할지를 판단하는 절차를 제시한다. 그가 1975년에 『기독공보』와 『크리스챤신문』에 발표한 '목민운동을 전개합시다'에도 익히 나와 있는 바, 그의 목회는 약자 우선의 목회, 민중의 형편과 처지를 듣는 것이 목민임을 강조했다.

오늘 우리 한국교회의 90년간의 목회는 누구를 위한 목회였는가를 반성할진대 국민전체를 위한 목민적 목회라기보다 신자만을 위한 목회에 치우친 감이 없지 아니합니다. 우리는 국민전체를 위한 목민을 소홀히 한 고로 사나운 이리떼들이 국민의 심령을 삼키고 있으며 하나님의 교회까지 침투하게 되었으니 이는 우리 교회가 목민하지 않고 근시안적인 전도에만 치중하여 행한 원인임을 깨닫고 우리는 즉시 목민하는 자세로써 원천적인 복음화 운동에 힘써야 할 것입니다. 첫째, 민중의 심령상태를 파악합시다. 둘째, 민중 속에 깊이 찾아 갑시다. 셋째, 민중을 사랑합시다. 넷째, 민중을 지도해야 할 것입니다. 다섯째, 복음을 전파합시다. 사랑과 교육으로 복음전파의 기초를 확립하고 …'[70]

그의 목민은 목양·목회의 차원에서 한발 더 나아간 민족·민중적 차원으로 선교의 의미를 확장한 것으로 보인다. 이는 갈담리, 백운교회 선교 사역의 경험이 누적된 결과물이지 않을까 추측된다. 고영근의 1973년 자필기록문의 기록을 보면, 목민사역으로 1. 파악 2. 찾음 3. 사랑 4. 교육 5. 전화 6. 치리 7. 역사 등으로 기록하고 있는 바, 민중의 처지를 파악하고 어려운 자들을 찾아가 살펴보며 사랑으로 감싸고 그들이 자립적인 삶을 살 수 있도록 교육에 집중하는 것이 목민목회임을 밝히고 있는데 이 과정이 그가 행했던 지역목회의 실천과 일치한다.

'파악'살펴봄의 사역은 전술한 바와 같이 존중의 사역이다. 민중의 형편과 처지를 애통해했기 때문에 그는 민중이 지금 현실에서 무엇이 절실하게 필요한지를 발로 뛰어 찾아내려 하였다. 현장파악이 되지 않았다면 그의 목민목회는 힘을 얻지 못했을 것이다. 현장과 밀접히 결합된 사역은 백운공동체에게도 힘이 되었고 마을 주민들에게 역시 삶의 질을 높이는 일이 되었다. 살펴봄은 일상에서의 불편함까지 해소하는 세세한 배려로 연결되었다. 각 가정마다 비치된 의약품, 병원 및 보건소 안내, 위생관리 등에서부터 사방공사로 인해 피해를 입는 주민들의 상황을 파악하는 일까지 살펴봄은 목민의 마음이다.

'찾음'찾아감의 사역은 대중을 동원이나 교화의 대상으로 보았던 당시 1960년대의 집회적 특성과는 전혀 다른 방식을 가진다. 지역민을 대상으로 보지 않고 자립적인 주체로 보는 목민목회의 수평적 방식은 찾아감의 사역에서 볼 수 있다. 그의 찾아감은 민중을 대상화하지 않고 그들을 주체로 삼았기 때문에 불러내어 동원하는 방식이 아니라 일일

---

70 『크리스챤신문』 1975년 11월 29일, 1.

이 찾아가는 방식이며 교회로 불러들임이 아니라 교회 밖으로 찾아가는 방식이다. 이러한 관점을 갖고 있었기에 1967년 김형욱 중앙정보부장에게 진정서를 보내 국민을 동원 대상으로 보지 말고 산업화, 전시행정에 동원되는 국민 되기를 거부하고 농업에 종사하는 토착주민들의 삶을 보장하는 정책을 입안하기를 촉구한다. 국민을 훈육의 대상으로 보고 동원하여 교육시키는 방식에 있어서는 기독교도 예외가 아니었다. 특히 특수목회를 중심으로 하는 당시 부흥사들의 학원동원집회나 군부대동원집회는 수많은 결신자수를 기록하고 있다. 하지만 이들 동원집회는 '강사와 대중'의 만남의 측면이 강한 반면, 그의 찾아감의 방식은 '방문자와 지역민'의 수평적 만남의 측면이 강하다. 동원이나 불러들임의 방식은 오늘의 교회에서도 비일비재하게 벌어지는 일이다.

'사랑'은 그에게 있어 가장 현실적인 절차이다. 그는 구체적으로 민중을 사랑했으며 구조적으로 사랑하였다. 구체적으로 사랑하기는 쌀통을 잡고 기도하기부터 각 가정마다 돌아다니며 화장실 구더기를 제거하고 소독을 해주는 일은 헌신의 마음이 없이는 지속할 수 없는 일이다. 소독기를 갖고 소독을 해주는 일은 청년들과 함께 할 수 있는 일이지만 구더기를 일일이 쓸어담아 제거하는 일은 목회자가 움직이지 않으면 지속하기 어려운 일이기 때문이다. 구조적으로 사랑하기는 수해현장에 수시로 찾아가 사진을 찍고 문제를 발견하고 해결점을 찾아 정부에 건의하고 해결될 때까지 지켜보고 수해입은 주민이 안전한지를 검토하는 일련의 과정이다. 보다 구조적인 문제를 직시하는 것은 그가 1980-90년대 예언자적 사명으로 광야생활을 하게 된 기반이지 않았을까 생각된다.

'교육'은 목민목회에서 가장 양적으로 크고 체계적으로 조직화되어 있는 절차이다. 고영근에게 교육이 없으면 목회도 없다 할 정도로 그의 교육에 대한 열정은 전 사역을 거쳐 나타난다. 평신도 자립을 강조했던 그에게 평신도 교육은 어린 학생부터 장년에 이르기까지 그 체계가 잘 갖춰져있다. 예를 들면 그의 「성경연구법」 교재를 만들어 평신도 교육의 난이도별 설계를 통해 구체화하고 다방면의 교양강좌를 중심으로 연령별 일반교육을 체계화하여 신앙교육과 일반 사회교육의 통합적 접근을 시도하였다. 우선 성경연구법 「마가복음」을 발행하였다. 성경연구법의 개관, 성경문제를 초등 50, 중등 33, 고등 25개 문항을 제시하고 그에 발전적인 해답 일부분만 제시, 마가복음을 분해·해석하고 있다.[71] 마가복음을 누구나 쉽게 접근할 수 있도록 내용파악 뿐 아니라 이를 해석하는 여러 가지 시선들이 있음을 보여주고 있다. 즉, 독자의 해석에 더 많은 무게중심을 두고 있었으며 즉자적, 단답형, 하향식의 교육이 아닌 학습자 중심의 자기주도적 학습을 할 수 있도록 체계를 잡았다.[72] 그의 교육의 특징은 학습자 중심이다. 그들 자신으로 하여금 능력을 스스로 키워가도록 하는 방식인데 대표적인 예가 평신도들에게 자신들의 생각을 말하게 하고, 경험을 공유하게 하며, 타인의 말을 청취하는 습관을 강조하였다. 자신의 언어로 말하는 것은 사고의 힘이며, 타인

[71] 그의 사료묶음 중 성경연구법은 신약성서 전반을 거의 모두 다루고 있었던 것으로 보인다. 현재 남아있는 것은 마가복음과 에베소서 2권뿐이다. 하지만 이를 바탕으로 신약성서 성경노래집이 출간되었다. 고영근은 이 노래집을 통해 성경을 개관할 수 있도록 교육적 장치들을 해 놓았다. 실제로 그는 부흥사경회 시 성경노래집을 다 같이 부르는 순서를 가져 성경에 대한 先이해를 높이고 부흥사경회를 시작하였다.

[72] 초등과 문제 50문항은 대부분이 마가복음 각 장의 내용에 해당하는 단답형 질문들이다. 이 문제들은 각 장의 핵심내용을 잘 파악할 수 있도록 유도하고 있고 16장을 마치면 전체를 개관할 수 있도록 안내하고 있다. 중등과 문제 33항은 서술형 질문들로서 전체 개관을 전제로 한 문항으로 배치되어 있는데 예를 들어 17번, 19번, 20번 문항에 대한 일람표 작성은 제목, 원인, 경과, 결과, 때, 장소, 성경 등의 항목을 나눠서 제시하고 있어 학습자로 하여금 세밀하게 성경을 연구할 수 있도록 안내하고 있다. 고등과 문제 25문항은 마가복음의 재해석의 문제들을 다루고 있다. 예를 들면 20, 21, 22번 문항은 역사적 해석(과거), 교훈적 해석(현재), 예언적 해석(미래)로 나누어 제시하고 있어 마가복음뿐 아니라 성경전체를 학습자가 스스로 이해하고 조직할 수 있도록 체계를 세웠다.

의 말을 청취하는 습관은 상호존중의 힘이며, 경험의 공유는 개인이 수시로 타자와 연대할 수 있는 힘이다.

2. '목'과 '민'의 관계의 수평성

고영근의 '목민'에서 드러나는 '민중'은 1970년대에 등장한 민중 신학의 '민중'과는 다소 차이가 있다. 그가 맨 처음 '민중'이란 용어를 사용하기 시작한 때는 1968년 『한국교회혁신과 사회정화방안』의 총론에서 부익부 빈익빈의 사회구조에 시달리는 민중을 언급하면서부터인데 여기서 그는 민족과 민중을 따로 구분하였다. '죄악과 외침外侵의 위협 하에 신음' 하는 민족과 '부자에게 착취당하는 빈자'로서 민중을 구분하여 사용하였다. 그리고 민족의 운명과 민중의 요구를 모두 들어야 하는 한국교회의 사명을 언급한다.

실로 우리 민족은 무서운 범죄와 외침의 위협 하에 신음하고 있으니 누가 이 민족을 구원하랴? 오늘 기독교는 내 민족과 인류의 영과 육을 구원할 중대한 의무가 있거늘 시대적 사명을 외면하고 일부 교회들은 벽돌 종탑만 높이 올려 자기 아성을 쌓는 …[73]

옛날 느헤미야는 성곽을 재건하던 중에 부자에게 착취당하는 빈자의 호소를 들을 때 지체하지 않고 성곽 쌓는 일보다 빈익빈 부익부의 모순을

---

[73] 고영근, 『한국교회혁신과 사회정화방안』(대전: 백운교회전도부, 1968), 5.

과감히 타파하고 공존공영의 사회를 이룩하고 … 민중들이 대안을 내어
놓으라는 말에 그는 서슴지 않고 공존공영을 제안하였다.[74]

　　1970년대에 정립된 민중 신학의 '민중' 역시 억압당하는 사람,
가난한 사람, 소외당한 사람, 업신여김을 당하는 사람 등을 동의어로 사
용한다.[75] 경제적으로 부유하지 못하고 정치적으로 권력을 가지지 못한
피압박자의 특징을 갖는 것을 민중[76]으로 보았을 때 고영근이 언급한
민중과 민중 신학의 민중은 유사하다. 민중은 현실세계에서는 여전히
억압받고 착취 받는 자이며 소외된 자로서 이 잘못된 세상의 질서에 저
항할 역사적 사명을 가진 자이기도 했다.[77] 그래서 서남동은 '자신이 주
체로서 행동해야 하는 역사적 소명을 깨달은 자'로서 이러한 자각 없이
그저 복종하기만 하는 백성과는 구분되어야 마땅한 존재를 민중이라
하였다.

　　그러나 고영근이 언급한 시기의 민중은 전국 부흥회를 다니며
살펴본 1960년대 민중이며 그들은 대부분 농어업에 종사하는 계층으
로서 일반적인 서민 대중을 의미하며 저항 주체의 핵심을 의미하지는
않는다. 1968년에 고영근이 언급한 민중은 자각한 자들이 아니라 일반
적으로 착취당하고 소외되고 가난하여 자신의 삶조차 영위하기 어려운
일반 대중을 의미한다. 고영근이 집중하는 민중과 민중신학이 집중하

74　위의 책, 12.

75　현영학, "민중·고난의 종·희망," 한국신학연구소(편), 『1980년대 한국 민중신학의 전개』(서울: 한국
　　　신학연구소, 1990), 13.

76　서남동, 『민중신학의 탐구』(한길사, 1983), 258.

77　빈민지역운동사 발간위원회 엮음, 『마을공동체 운동의 원형을 찾아서; 1970-1990년대 민중의 마
　　　을 만들기』(파주: 한울엠플러스, 2017), 33.

는 민중[78]의 차이는 또 다른 측면에서 차이점이 드러난다. 이른바 집단과 개별자와의 차이점이다. 고영근은 구조적 모순에 시달리는 집단으로서의 '민중' 안의 개별적인 '민', 즉 개인의 저항적 주체성에 더 집중하였다. 민중을 억압당하는 사람, 가난한 사람, 소외당하는 사회적 약자 안에서도 그들을 균질적인 존재로 보지 않고 잃어버린 양 한 마리와 같이 개인을 따로 보았다. 그는 '민'을 소수자로 보고 '나 한 사람의 존재의 가치', '적은 무리에게 주는 주님의 은사'[79]의 설교와 같이 한 사람의 존재와 변두리에서 소외당하는 소수에 집중하였다. 그리고 역사의 주체로 서 있는 민중보다 변두리에 있는 '민'을 우선적으로 보았다. 소수와 다수의 싸움에서 지고만 있는 '민'인 소수와, 함께 하는 '목'의 개념으로 그의 '목민'이 형성되었고 따라서 그의 사역의 핵심 목표는 자립하는 개인으로서 '민'의 성장에 있다.[80]

이러한 '민'의 개념 위에 '목'의 사명을 생각하는 그는 교역자와 평신도 간의 관계의 수평성을 지향하였다.[81] 그의 사역에서 드러나는

---

78 '민중은 '자기초월'을 할 능력을 가지고 있다는 사실입니다. 집단으로서의 민중이 자기초월을 할 수 있고 자기초월 해서 민중이 일으키는 사건이 예수사건입니다.' 안병무, 『민중신학을 말한다』 (서울: 한길사, 1993), 33-34.

79 1. 인생들이 생각하는 다수자 요구; 소수와 다수의 싸움(다수 가결제), 다수가 정의인줄 안다, 다수가 힘인 줄만 안다. 2. 소수에게 축복하는 역사; 하나님은 다수보다 질과 중심을 보시기 때문에, 구원의 길은 소수라고 하기에, 다윗인생을 통하여 엘리야를 통하여 적은 무리에게 격려하신 예수님 3. 소수를 축복하시는 약속; 2-3인이라도 주님의 이름으로 集하는 곳에 주 계신다, 생명 길로 가는 자가 적다고 하셨다, 小를 택해 多를 이루고 의인을 보호하시며 貧과 弱을 택하신 주님. 소수는 더욱 용기를 내어라. 다수를 따름은 육신에 속한 것이다. 신앙에는 고독이 없으며 참되게 사는 자가 구원을 받는다. ("적은 무리에게 주는 주님의 은사," 『설교집 5, 강진광야』(1959), 45. 자필기록문 일련번호 13. 설교문 요약과 교회광고 등이 기록되어 있음)

80 자립하는 개인으로서의 고영근의 '민'과 자기 운명결정의 주체로 성장해 가는 민중 신학의 '민' [서남동, "두 이야기의 합류," 『민중 신학의 탐구』, 66.] 사이의 차이점은 존재한다. 고영근의 자립적 '민'에게는 '민'이 회개를 통해 회복해야 하는 전제를 통해 하나님께로 돌아가는 개인이 종착점이다. 민중 신학의 '민'의 전제는 역사의 주체가 되는 자각에 있으며 이로서 자기 존재를 쟁취해가며 자유인으로 해방되는 것이 종착점이다. [서광선, 『한국 기독교 정치신학의 전개』(서울: 이화여자대학교 출판부, 1996), 83.] 또한 고영근은 민중을 하나님의 어린 양으로, 민중 신학은 민중을 역사적 사건에 현현하는 메시아로서 바라본다.

탈권위적 요소는 갈담리에서는 팀티칭의 방법으로, 백운에서는 예배 편성, 제직회의 등에서 엿보인다. 70명의 새벽예배 인도자를 지원받아 배치하고 공동기도와 공동의 예배를 드림으로 강단을 독점하지 않고 평신도에게 참여 기회를 주며 공동사역으로 함께 움직이는 공동체임을 강조하였다. 1962년부터 1968년까지 그의 자필기록문에서 매달 제직들과의 회의록과 교회 각 구성원들의 명단이 각 활동에서 배치되고, 각 부서에서 활동하는 교인들의 이동양상이 회의를 거친 논의 끝에 수시로 변동되고 있음을 볼 수 있다. 협력관계에 있어서 가장 중요한 부분은 모든 구성원들이 설계도를 함께 공유하는 일인데 그의 사역에서 제직회는 설계도의 공유함에 있다. 계획의 중심에 목사가 있고 나머지 교인들이 따라가는 형태의 목회방식을 거부하고 자발성에 입각한 예전참여, 지역사회선교 참여를 이끌어내었다.

그의 특이한 '목'의 개념은 역할과 관계를 분할하여 인식했다는 것과 '목'의 사회적 역할의 중요성을 강조했다는데 있다. 백운사역 전 과정을 담은 그의 기록문과 『한국교회혁신과 사회정화방안』의 교역자 반성에서 자기중심적 목회자의 자세를 비판하고 자립적 평신도와의 관계의 수평성을 지향했지만 '목'의 역할에 있어서는 분명하게 위치 짓는다. 즉 관계에서는 수평성을, 역할에 있어서는 분명한 차이를 제시하고 있다.

---

81 또 하나 강조하고 싶은 것은 교회 내의 계층성 제거입니다. 사제중심, 목사 중심 체제가 '기능'으로서의 구별을 넘어 권위화 되었는데 날이 갈수록 심화됩니다. 교회가 하느님의 백성의 집단이라면 평등공동체여야 합니다. 목사는 사제의 후예가 아닙니다. 그는 기능상 가르치는 자일 뿐입니다. 안병무, 『민중 신학을 말한다』, 222.

첫째, 우리는 제사장이다.

둘째, 교역자는 왕이다. 속속들이 찾아가서 사랑을 베푼 예수님같이 지역사회에서 행하여 그들이 지역사회의 기관장보다 더 목사를 높여주고 왕적권세를 가지고 목회해야 한다.

셋째, 교역자는 선지자다. 우리는 왜 선지자의 사명을 못다 하였는가. 첫째로 무관심하였다. 극도의 개 교회주의로 전락된 우리 교계는 주님의 영광과 교계 전체의 각성문제는 아랑곳없이 내 교회 하나 잘되면 된다는 좁은 사고방식 때문이었다. 사회일은 정치인에게 맡겨놓고 우리는 저 천당만 향해가는 길이니 구차하게 사회문제에까지 신경 쓸 것 없다는 식이다. 옛날 선지자들의 부르짖음을 자세히 들으라. 사회문제에 대하여 무관심하였던가를. 성경을 어떻게 보고 해석하기에 교회 울타리 안에 들어 앉아 있는 것이 정통신앙이라 하는가?[82]

3. 애통함의 영성과 사회적 애도

목민 목회의 열정 안에는 고영근의 애통함, 그리고 빛나는 영성이 자리 잡고 있다. 월남, 포로 생활, 군 생활, 보육원 교사 생활, 이 모든 과정에서 목도한 전쟁의 참혹함과 한반도 민중의 고통은 그를 애통하게 하였다. 그의 발길은 한반도의 가장 척박한 곳에 머물렀다. 민간인 학살의 갈담리, 대전 외곽 군부대가 밀집한 지역으로 토착민의 삶이 척박할 수밖에 없었던 백운, 서대문의 도시빈민 북아현 모두 그 지역에서

---

82   고영근, 『한국교회혁신과 사회정화방안』, 46-47.

는 소외된 민중이 있었다. 그가 가지고 있는 특이한 경험에서 출발하는 반공 의식이 왜 월남목회자들과 다른 성격을 갖는지, 그리고 반공 의식을 갖고 있었던 당대의 부흥사 및 목회자들과 전혀 다른 반독재 저항으로 가게 되었는지 이 모든 출발점은 그의 한국 현대사를 관통하는 그의 척박함 속에 있다고 추측된다. 그리고 그 안에서 목도하게 된 민중의 삶에 대한 애통함과 사랑은 그를 민족적 소명의식을 갖게 하는 동력이 되었다. 「영음애도」의 군생활 기도와 회문산 금식기도는[83] 목민목회의 뿌리이자 동력이다.

> 오~ 공의로우신 주여 범죄한 이 나라를 진노하시든 6·25를 눈물로 맞이하나이다. … 삼천리 방방곡곡이 중한 상처를 당하였고 사천만 내 동포가 사망의 골짜기에서 슬피 헤매나이다. 도시마다 불타서 재가 되었고 동포의 재산은 타고 또 타버렸나이다. 사랑하는 어머니의 자식들이 산골짜기에 쓰러지니 장사하여 줄자가 없고 들짐승과 새들이 시체를 먹나이다. … 소망도 없이 절망 중에서 사망의 노선에서 헤매는 가련한 동포를 보시옵소서 …. (1955. 6. 25)[84]

> 주여. 사도바울의 목회와 이기선 목사님[85]같이 이 몸이 파열 희생될 때까지 충성을 아끼지 않게 하옵소서. 양떼가 굶으면 나도 같이 굶고 양떼가 울면 나도 같이 울면서 …. (1958. 5. 날짜미상)[86]

---

83 갈담리 첫 사역을 회문산 금식기도로 열었는데 당시 회문산은 민간인 학살 사건이 빈번하게 있던 지역이라서 귀신이 출몰하는 산으로 유명하였고 마을 주민들은 얼씬도 하지 않는 곳이었다.

84 "6·25를 맞이하여," 「영음애도」 16번째 기도문.

85 고영근은 신의주 제6교회에서 출옥성도인 이기선·심을철 목사에게 세례를 받고 신앙훈련을 받았다.

진실로 흉년은 무섭습니다. 사랑 없고 인심 나쁜 이 땅에 흉년을 주시면 더 무참한 죄악은 일어나리이다. 지금도 굶주리고 헐벗고 배고파 우는데 더 흉년을 주시면 어찌하오리까. 한 편에서는 배고파 우는데 한편에서는 양식을 썩혀서 술을 만들고 있습니다. 범죄는 부자가 하고 수난은 양민이 당하나이다.[87]

한 사람 한 사람의 형편과 처지를 기반으로 하는 목민목회가 약자중심의 목회일 수밖에 없고 존중과 사랑이 구체성을 띨 수밖에 없었던 것은 척박한 삶의 과정에서 목도한 민중과 함께하는 애통함의 영성이 깊이 자리 잡고 있기 때문이다.

성우에서 생활하면서도 4시 반이면 여지없이 일어나서 새벽에 기도 꼭 하고 과수원에 있을 때는 과수원에 땅굴을 파고 눈이 오나 비가 오나 새벽에 꼭 기도를 하더라구요. 지금 생각하면 놀라운 게 그렇게 기도하는 분은 요즘은 신비주의로 흐르고 신의 은사를 받았으니 안수기도를 하니 … 그러는데 그 때 고영근 선생은 그렇게 기도 많이 하고 성경 많이 보면서도 그런 신에 대한 얘기는 일절 안하고 아주 겸손하게 생활하셨고 ….[88]

86   "성업을 시작하면서," 「영음애도」 55번째 기도문(날짜는 적혀있지 않으나 그의 첫 사역 출발점이 4월 말임을 생각할 때 5월 즈음으로 추측된다).

87   1958. 6. 7. 8시 (금식기도 9) 회문산 산상기도 중에서. 위의 책, 101.

88   염종하 장로는 고영근이 성우보육원에서 있을 때 함께 지냈고 이후 성우보육원에 남아서 고영근의 대전 백운교회 시무하는 것을 지켜보았다. 성우보육원은 대전 백운교회 인근에 위치하고 있었다. 갈담리 교회 사임 이후 대전 백운교회를 가게 된 것은 성우보육원에서 충실하게 일한 경력과 연관이 없지 않다. (추모영상「목사 고영근의 이야기」를 위한 인터뷰 중에서, 염종하 장로, 2010. 10)

회문산이 사람 죽은 귀신이 많아서 백주에도 귀신이 행패를 부린다는 소문이 오고가는 험악한 산이었어. 그 산에 고영근 전도사가 기도한다고 올라가면 하산할 때까지 마음을 졸이면서 교인들이 교대로 산 아래에서 같이 기도했대. 사람들은 전도사가 홀로 회문산에 올라가 몇 일 동안 밤낮을 안 가리고 금식기도를 하고 내려오는 것을 보고 '하늘에서 낸 사람이다' 라고 하면서도 두려워하기도 하고 존경하기도 하고 그랬대. (한완수 사모 인터뷰 중)

갈담리 사역에서 또 하나 생각해야 할 중요한 지점은 공동체의 사회적 애도에 있다. 전술한 바와 같이 갈담리는 전쟁이 파괴한 마을이다. 서로가 가해자와 피해자로 뒤엉켜버린 비참한 현실에서 등장한 한 여인의 슬픔은 갈담리 역사의 초상화였다. 그 여인은 한국전쟁 중 죽은 남편의 귀신이 씌워 공동체에서 배제되어 헤매는 처지였는데 이 문제가 강진교회 교인들을 고민하게 만들었다. 그녀가 좌익 측이었는지 우익 측이었는지는 알 수는 없다. 그저 수차례 벌어졌던 민간인 학살사건으로 남편을 잃은 그녀는 남편의 목소리를 내며 고통스러워했다. 지역주민들은 입을 모아 귀신들렸다고 말하였고, 때문에 그녀는 마을공동체에서 분리된 공간에 배제될 수밖에 없었다. 증상은 날이 가면 갈수록 더 심해졌고 이를 보다 못한 강진교회의 교인들의 합심기도를 통해 병은 고쳐졌다. 병을 고치는 과정에서 그 여인과 함께 한 달여 기간을 사모와 교인들이 함께 지내면서 돌보아 주었고 밤과 낮을 교대로 벗 삼아주며 그 여인의 고충을 들어주었다. 그 여인은 남편을 잃은 충격과 슬픔을 충분히 슬퍼하지 못하였다. 애도할 수 없는 억압적 상황이 그녀로 하여금 남편이라는 사랑의 대상과 자신을 동일시하는 퇴행현상을 갖게 하였다. 대상의 상실을 인정하고 그 대상으로부터 한 발짝 떨어진 자신을 발견하기까지 충분한 애도의 과정을 밟아야 했지만 사회적 상황은 그녀를 그렇게 놔두지 않았기 때문이다. 결국 그녀는 대상을 자기 자신의 내부로 끌어들여 대상 상실을 자아 상실로 바꿔버렸다. 잃은 것은 남편이라는 사랑의 대상이 아니라 자기 자신이었다.[89] 백운교회공동체는 그녀를 받아들였고 한 달여 기간을 교인들이 함께 울고 기도하며 슬픔을 나누었을 때 비로소 그녀는 삶의 기력을 되찾을 수 있었다. 종교적으로는 이를 축귀역사라고 하나 사회적으로는 집단의 애도현상이다. 이를 뭐라 말하든 그녀에게는 동일한 하나님 은혜의 역사이다.

우리나라 역사에서 드러나는 애도의 부재현상은 죽음을 회피하고 혐오하며 죽은 자를 보낸 유가족의 슬픔에 공감하지 못하는 공동체를 만든다. '애도'야말로 우리 사회의 병을 치유하고 공동체를 보존하기 위해 가장 절실하게 요청되는 작업이다. 애도가 사랑하는 사람의 상실과 그 상실에 대한 심리적 태도, 그리고 그것을 소화해 내는 심리적 과정 전체를 가리킨다면, 사람들에게 그러한 애도를 할 수 있는 여건을 마련해준다는 것은 중요한 문제이다. 더구나 함부로 애도를 할 수 없는 1950년대의 냉전 이데올로기 하에서 얼마나 많은 사람들이 배제되어 사라져갔을까. 애도는 개인적으로 사회와 분리되어 할 수 없는 커다란 삶의 무게이다. 그래서 사회적, 집단적 애도의 과정이 꼭 필요하다. 이것이 실현되지 않으면 집단적인 억압의 경험으로 공동체 구성원 전체가 일그러지고 왜곡된 삶이 세대를 통해 이어가기 때문이다.[90] 사회적

---

89   임진수, 『애도와 멜랑콜리』(서울: 파워북, 2013), 51.

애도의 공동체적 움직임은 병든 공동체를 치유한다. 이러한 경험은 오늘날의 한국교회가 가장 깊숙이 고민하고 이어 나가야 할 경험이다.

V. 나가는 말

이상으로 자립적 개인주의를 표방했던 고영근의 목민목회가 1950년대 갈담리 사역과 60년대 백운사역에서 어떻게 형성, 발전되었는지를 살펴보았다. 고영근의 목회관은 한국전쟁에 고통당했던 민중에 대한 애통함으로 출발하여 집단으로서의 민중보다 한 사람 한 사람 개인으로서의 민중의 세세한 처지를 살피는 것에 집중하였다. 그는 민중의 형편과 처지에 관심을 갖고 찾아가 문제를 해결하며 구체적이며 구조적인 사랑의 실현을 고민하였다. 민중에 초점을 맞추면서도 균질적인 민중이 아닌 한 사람 개인에게 관심을 두었던 그의 시선은 오늘의 마을목회와 민중 신학에 새로운 질문을 던진다.

역사적으로 냉전 이데올로기는 개인에게 집단에 소속되기를 강요하여 처벌의 유무를 따졌다. 그 안에 고영근은 피폐화된 마을을 변화시켜 한 사람 한 사람의 주체의식을 회복하려 노력했다. 그의 노력은 마을청년들의 연대를 일으켰고 전쟁의 상흔을 회복하지 못한 공동체에

---

90   고성휘, "세월호 담론투쟁과 주체의 전이현상 연구," (미간행 신학박사학위논문, 성공회대학교, 2018), 219-20.

사회적 애도의 힘을 불어넣었다.

갈담리와 강진교회의 질적 성장, 백운교회의 선교확장, 북아현교회의 문화적 접근 등이 가능했던 이유는 무엇일까? 열정 가득한 목회자 고영근도 중요하겠지만 한 사람의 노력으로는 그 많고 다양한 사역을 조직적으로 행한다는 것은 불가능한 일이다. 목회자와 평신도가 서로 동역하는 수평성이 전제되었기에 가능한 사역이었다. 갈담리 야학의 넘티칭이나 백운교회의 강좌회 등은 목회자 혼자의 힘이 아니라 평신도와 함께 한 동역의 힘이다. 백운교회 사역을 자세히 들여다보면 고영근은 대전의 수많은 곳을 방문하고 설교하는 것 뿐 아니라 전국적인 부흥강사로도 유명하여 부흥회 초청이 가히 폭발적으로 증가하던 시기였다. 너무나 바쁜 일정 속에서 지역목회의 끈을 놓지 않았던 그 열정을 공유하는 백운공동체가 없었다면 9년의 지역목회는 불가능한 일이었을 것이다.

그들 동역의 핵심 고리는 설계도를 공유함에 있다. 서로의 주인된 의식은 참여의 의지를 불러온다. 주인된 의식은 연대를 지속가능하게 한다. 관계의 수평성을 기반으로 함께 계획하고 함께 일하며 함께 나누는 일들은 그 어떤 성과보다 중요한 목회과정이다. 그 과정이 생략되어서는 안 된다. 그 과정이 생략된다는 것은 마을을 향한 목회에서도 동일하게 문제점으로 나타날 것이다.

목회자와 평신도는 동역자이다. 그들의 연대는 오늘의 한국교회를 살리고 마을공동체를 살릴 것이다.

개인은 사회의 기본 단위요, 의식의 통일체요, 개성의 존재이며 자율적 책임과 자유와 인격의 주체입니다. 개인은 의무나 권리의 주체가 되고

자유와 책임의 존재가 될 수 있습니다. 그는 자각하고 자율하고 자치하고 자주합니다. 그러기에 여러 개인이 사회에서 같이 공존공영하는 원리를 알게 됩니다.[91]

---

91   고영근, 『민족의 나아갈 길』, 42-43.

참고문헌

강인철. 『종교와 군대』. 서울: 현실문화연구, 2017.

고성휘. "세월호 담론투쟁과 주체의 전이현상 연구." 성공회대학교 미간행 박사학위 논문, 2018.

고영근. 『한국교회혁신과 사회정화방안』. 대전: 백운교회전도부, 1968.

_____. 『죽음의 고비를 넘어서』 1. 서울: 한국목민선교회, 1981.

_____. 『민족의 나아갈 길』. 서울: 일맥사, 1982.

_____. 『우리 민족의 나아갈 길』 1. 서울: 한국목민선교회, 1984.

고영근목민연구소. 『긴급조치구속사료집: 목사 고영근의 시대를 향한 외침』 1. 서울: 새롬, 2012.

_____. 『민중을 위하여』 1. 서울: 새롬, 2016.

_____. 『민중을 위하여』 2. 서울: 새롬, 2016.

김옥선. "거대한 국가의 절멸된 공동체, 그리고 홀로 선 개인들." 『한국문학논총』 77 (2017).

김정준 외. 『다시, 목민』. 서울: 동연, 2021.

대전광역시사편찬위원회. 『대전 100년사』 3권. 대전: 대전광역시, 2002.

백운교회 50년사 편찬위원회. 『백운교회 50년사』. 대전: 과학문화사, 2004.

빈민지역운동사 발간위원회 엮음. 『마을공동체 운동의 원형을 찾아서: 1970-1990년대 민중의 마을 만들기』. 파주: 한울엠플러스, 2017.

서광선. 『한국 기독교 정치신학의 전개』. 서울: 이화여자대학교 출판부, 1996.

서남동. 『민중신학의 탐구』. 서울: 한길사, 1983.

송현강. "대전, 충남지역의 개신교 신앙수용양상." 『한국기독교와 역사』 19 (2003).

_____. 『미국 남장로교의 한국선교』. 서울: 한국기독교역사연구소, 2018.

안교성. "지역교회 선교공동체론에 관한 소고: 선교적 교회론의 지역교회 적용." 『선교와 신학』 37 (2015. 10).

안병무. 『민중 신학을 말한다』. 서울: 한길사, 1993.

임진수. 『애도와 멜랑꼴리』. 서울: 파워북, 2013.

정찬대. 『꽃같은 청춘, 회문산 능선 따라 흩뿌려지다』. 파주: 한울, 2017.

현영학. "민중 · 고난의 종 · 희망." 한국신학연구소(편). 『1980년대 한국 민중신학의 전개』. 서울: 한국신학연구소, 1990.

홍석률. "1960년대 한국 민족의의 분화: 통치담론/저항담론으로서의 민족주의." 『1960년대 한국의 근대화와 지식인』. 서울: 선인, 2004.

〈고영근 자필기록문〉

「영음애도」(1954-1960), 「설교집 4」(1959), 「설교집 5」(1959), 「성경연구법 (마가복음)」(1963), 「목회 1」(1963), 「비망록」(1962, 1963), 「설교자료묶음」(1963), 「부흥회」(1963), 「목회(一)」(1964), 「설교자료 (一)」(1964), 「설교자료 (二)」(1965), 「설교자료 (三)」(1965), 「설교자료 (四)」(1965), 「영음기록」(1965-1966), 「성경교실」(1966), 「성경구절 5」(1967), 「목회기 2」(1965), 「설교자료 6」(1967), 「절기행사」(1967), 「설교자료 7」(1967), 「교양상식」(1968), 「기독교사상강좌」(1969), 진정서 "대통령 각하께 드립니다" (1965. 7. 22), "김형욱 부장님께 드립니다" (1967), "사방공사에 대하여 철저한 대책을 바랍니다"(1968. 3. 22), 충청남도 도지사 공문 1968. 3. 25 (수신자; 고영근), 내무부 공문 1968. 3. 28 (수신자; 고영근), 건설부 공문 1968. 3. 28 (수신자; 산림청), 건설부 공문 1968. 3. 28 (수신자; 고영근)

제 10 장

제5공화국 시기(1980-1987), 고영근의 목민목회

임희국 _ 장로회신학대학교 명예교수, 역사신학/한국교회사

이 글은 '제1회 고영근학술세미나'(2022. 8. 24. 한국기독 교회관)에서 발제한 원고입니다.

Ⅰ. 들어가는 말

이 글은 목민牧民 목사 고영근1933-2009이 제5공화국 시기에 예수 그리스도의 복음을 전하며 걸어간 발자취를 정리하는데 우선적인 목표를 두고자 한다. 이 시기의 한국 개신교는 산업화 시대에 발맞춘 물량적 성장에 치중했었는데, 그러나 그는 성장의 넓은 길로 가지 아니하고 좁고 협착한 고난의 길을 선택하였다.

이 글은 이에 제5공화국 시기 고영근의 8년 행적을 재구성하고자 한다. 그는 자신의 예언자 소명의식으로 개인 구원과 사회구조체제 구원을 함께 추구했다. 교회 갱신과 민주화를 위해 선한 싸움을 싸웠다. 군부독재에 맞선 고영근 개인의 언행과 그 시대의 정황을 이 글에서 연대기적으로 정리하고자 한다.

이 글의 서술이 가능한 데는 전적으로 고성휘고영근의 따님의 덕택임을 밝히고자 한다. 그는 고영근의 사료집을 간행하는데 혼신의 힘을 쏟아왔는데, 지난해2021년 네 번째 고영근사료집을 출판했다:『고영근 사료집』Ⅳ(1980-1987)도서출판 동연, 2021.[1] 이 사료집이 이 글의 서술에 1차 자료가 되었다. 또 고영근이 직접 집필한 사역보고서도 1차 자료가 되었다:『구원하신 은혜에 보답하려고. 선교활동 40년의 발자취』한국목민선교회,

---

[1] 고성휘는 네 번째 사료집의 서문에서 이렇게 서술했다. 1980년대는 한국 역사(현대사)에서 숨가쁜 시기였고, 이 시기에 고영근은 가장 강렬하고도 뜨거운 사역을 했다. 그의 전성기라 할 수 있을 정도로 왕성하게 활동했다. 고성휘는 또한 제5공화국 시기 고영근의 사역을 세 단계로 구분했다. ① 1980-81년은 김재규의 구명과 김대중 내란음모 사건으로 구속된 인사들의 구명에 힘썼다, 또 교회 부흥회를 인도하며 민주시민교육에도 힘썼다. ② 1982-83년은 민주화 투쟁의 기초를 확립했다. 시민운동의 역량을 다졌고 또 해외 교포들이 조국의 민주화를 위해 결집하도록 했다. ③ 1984-87년에 본격적으로 민주화 투쟁을 전개했다.

1993. 그리고, 네 번째 사료집에서 인용된 문헌들을 이 글의 서술로 가져와서 각주에 표기하고자 한다.

고영근의 생애 전체를 파악하면 그의 1980년대 행적 이해에 도움이 될 것으로 판단해서, 그가 직접 쓴 약력을 소개하고자 한다.[2]

1933년 평북 의주에서 출생
1946년 기독교입신(북한 고려파)
1953년 특수목회시작(수용소교회, 군인교회 4년)
1958년 전북 강진교회 교역(1년 6개월)
1960년 대전 백운교회 교역(9년)
1969년 서울 북아현교회 교역(2년)
1974년부터 서울 성수동교회 교역 4년(1차 1974-1975, 2차 1983-1984)
1984년 NCCK인권위원회 후원회장(3년)

부흥회 인도: 1954년-1992년(39년, 739주간)
한국 교회갱신 운동: 1968년부터
예언자적 사명과 구조복음화(民主化)운동: 1976년부터
정의를 위한 고난 - 연행 및 구속 26회(1950-1993)
1976년부터 서울서노회 전도목사
1980년부터 '한국목민선교회' 회장

---

2 고영근, 『구원하신 은혜에 보답하려고. 선교활동 40년의 발자취』(서울: 한국목민선교회, 1993)에서 발췌.

II. 제5공화국 시기의 사회와 교회[3]

1970년대 내내 박정희 정권에 대한 반독재투쟁이 많은 이들의 희생을 낳으며 치열하게 이어졌고, 그 정권은 박정희가 중앙정보부장 김재규에게 살해된 10·26사태[1979.10.26]로 귀결되었다. 당시 국무총리였던 최규하가 대통령 권한 대행이 되었고, 그는 12월 6일 '통일주체국민회의'에 의해 제10대 대통령으로 선출되며 유신헌법은 철폐되었다.

그런데 박정희 정권 아래서 자라난 일부 권력지향적인 군인들이 정권을 쥐려했다. 이들이 소위 '신군부'가 되어서 그해 12월 12일 '12·12군사쿠데타'를 도모하여 성공하자 정권 찬탈에 나섰다. 그 이듬해[1980] 5월 광주에서 신군부의 계엄 확대와 휴교령에 반대하는 시위가 일어났다. 광주민중항쟁이었다. 이 항쟁을 신군부가 폭력으로 진압했다. 신군부는 민주인사 20여 명을 북한의 사주를 받아 내란 음모를 계획하고 광주사태를 일으켰다는 혐의로 군사재판에 회부했다. 1980년 7월 4일 민주인사들이 군사재판에 회부되었다. 김대중 사형, 문익환 · 이문영 징역 20년에서 5년, 서남동 등 11명에게는 징역 4년에서 2년이 선고되었다.

전두환의 단임 임기가 끝날 무렵 '4·13호헌조치'를 발표하여 군사독재정권의 체제연장을 도모했다. 그동안 군부독재와 싸우며 이 정

---

[3] 이 부분의 서술은 다음의 단행본에 의존했다: 1. 사회 - 강만길, 『20세기 우리 역사』(서울: 창작과비평사, 1999), 329-40; 서중석, 『한국 현대사』(파주: 웅진지식하우스, 2016), 413-85; 한영우, 『미래를 여는 우리 근현대사』(파주: 경세원, 2016), 225-44. 2. 교회 - 임희국, 『한국장로교회 130년. 기다림과 서두름의 역사』(서울: 장로회신학대학교출판부, 2013), 제13강.

권의 종식을 기다려오던 학생 및 시민 세력이 1987년 6월 맹렬하게 저항하며 거리로 뛰쳐나와 민주화를 요구했다. 6월 항쟁이었다. 이 항쟁은 군벌 독재정권의 호헌시도에 맞섰다. 대학생, 사무직 근로자, 생산직 근로자, 도시 소상인 자영업자, 농민 등 광범위한 사회계층이 반독재 시민운동으로 일어섰다. 이때 집권당의 후보 노태우가 시국 수습을 위해 6월 29일 선언을 발표했다. 선언의 골자는 대통령 5년 단임 직선제였다. 6월 항쟁은 '6·29선언'을 받아냈고, 그 뒤를 이어 전국적으로 노동운동이 일어났다. 1987년 12월 대통령 선거에서 노태우가 당선되었다.

1980년대 한국 개신교는 교회의 물량적 성장에 치중했다. 교회 성장은 1960년대에 본격적으로 시작된 산업화와, 이에 따른 농어촌 인구의 대도시 이동을 배경으로 전개되었다. 1960년대 한국 개신교는 약 5천여 교회였는데, 30년 후 1990년대에는 7배가 증가되어 약 3만 7천여 교회가 되었다. 교회 성장은 대중 전도 집회를 통해 이루어졌다. 서울 여의도 광장이 대중 전도 집회의 중심지이자 상징이었다. 1965년에 시작된 '민족복음화운동'이 이후 20년 이상 대중 전도대회로 이어졌다. 대중 전도대회는 개신교 교단들이 서로 협력하여 초교파 연합 사업으로 추진되었다. 군대에 복음을 전하는 전군신자화운동全軍信者化運動도 일어났다.

교회 성장은 1980년대에 절정을 이루었다. 1984년 8월 '한국교회100주년기념선교대회'가 '보라 내가 새 일을 행하리라'사 43:19라는 표어 아래 여의도 광장에서 개최되었다. 그런데, 교회 성장은 서울과 대도시에서 전개되었다. 농어산촌 인구의 대도시 이동에 따라 지방소도시, 농어산촌의 사회와 교회가 나날이 쇠퇴해 갔다. 교회에서 봉사할 일꾼이 부족했고 주일학교 교사가 모자랐다. 1980년대 장로교 예장 통합교단 총회에 속한 전국 교회[4,636개] 가운데서 56.8%인 2,634개 교회가 농어촌 지역에 있었는데 이 가운데서 약 절반[1,350교회]이 재정적으로 미未자립 상태였다.

교회의 물량적 성장에 내재해 있던 문제점이 조금씩 노출되었다. 적지 않은 교인들이 물질의 축복을 뜻하는 경제적 번영과 사회적 성공에다 신앙의 방점을 두었다. 그러한 신앙 형태는 다분히 자기중심적이며 이기적이었다. 또 그들의 신앙영역은 사적私的인 관심에 한정되어 있었다. 그러다 보니 그들은 교회의 공공성과 사회적 공적 책임을 별로 의식하지 못했다.

소수의 목회자들이 산업화 시대 신앙의 문제[경제제일주의와 성장제일주의, 이기적 기복신앙, 번영신학]를 고민하며 "작은 교회" 또는 "민중 교회"를 개척하고 교회 갱신운동에 나섰다. 이들은 도시빈민과 노동자 그리고 농어민 곁으로 가서 그들과 연대하며 사회선교 운동을 시작했다. 고영근의 목민목회는 1980년대에 정치·사회·경제적으로 소외된 자, 억눌린 자, 갇힌 자, 약자 등과 연대하는 복음 전파에 헌신했다.

III. 고영근의 목민목회

1. 1980년

고영근이 수첩[다이어리]에 적은 1980년도 활동의 대부분은 교회 부흥회 및 집회 인도로 빼곡하게 적혀 있다. 전국 곳곳 크고 작은 교회에서 부흥회를 인도하고 집회에서 설교했다. 그는 서울서노회 전도목사로서 일 년 동안 교회 부흥회를 53회 인도했다.[4] 고영근의 부흥회는 "성경 전체 내용을 노래 가사로 바꾸어 성경 어디를 물어도 노래로 성경 내용을 들려주는 탁월하면서도 재미있는 능력을 드러냈고, 시장바구니를 든 아주머니들을 부흥회 한다며 불러 모아 신바람 나는 성경 말씀으로 민족의식을 고취시키고 민주화를 위한 의식화 교육까지 해내는 그야말로 부흥사이면서 (여느) 부흥사 같지 아니한 우국지사형 목사님이었다."[5] 그런데 또 한편, 고영근은 "앞으로 개 교회 목회를 하기보다는 6천만 민족을 위해 목회하는 목민선교에 힘쓰겠다"는 포부를 밝혔다.[6] 목민선교는 구속자를 위한 성원 영치금 차입, 도서보내기, 면회, 가족돕기, 구속자 가족 심방 등에 주력했다.

1980년에 그는 비상계엄상황에서 전국을 돌며 부흥회를 인도하고 집회에서 설교했다. 그가 인도하는 부흥회와 집회에 경찰서 정보과 형사가 참석하여 설교내용을 녹음하고 감시했다. 1월 초반부터 그는 작년 10월 26일 박정희 대통령을 암살한 김재규의 구명운동을 시작했다. 이를 위해 그는 윤보선, 원일한 선교사, 임 모 대법원 판사 등을 만났다. 1월 28일 대법원전원합의체는 김재규 등 5명에게 내란목적살인 및 내란미수죄로 사형을 선고했다. 고영근은 5월 16일 야당 정치지도자 김영삼에게 김재규 구명운동을 요청하는 서신을 쓰면서, 지난해 10·26사

---

4   고영근, 『구원하신 은혜에 보답하려고. 선교활동 40년의 발자취』, 173.

5   김경일의 회고이다. 김경일, 『김경일 신부의 삶 이야기 - 약속』(영광: 도서출판 쇠뜨기, 2019), 217-21: 재인용, 편저자 고성휘, 『목민 고영근 사료집』 IV(1980-1987년) (도서출판 동연, 2021), 155.

6   고영근, 『구원하신 은혜에 보답하려고. 선교활동 40년의 발자취』, 173.

태는 박정희를 저격한 "김재규의 용감한 거사"라고 언급했다. 또, 이 편지에서 그는 김영삼에게 계엄령 해제를 위한 투쟁을 요청했다.[7] 계엄령 해제는 민주주의 건설을 위한 가장 급선무이며, 계엄 당국은 안보를 빙자하여 계엄령을 유지하려 한다고 덧붙였다. 이 편지를 작성한 직후, 5월 18일 0시를 기해 계엄령이 제주도까지 확대되었다. 계엄령포고 10호에 따라 전국 모든 대학에 군부대가 진주했고 또 무장 병력이 국회를 점령했다. 민주화를 요구해 온 재야인사와 사회운동 세력이 일제 검거되었다. 김영삼은 가택 연금되었다. 김종필은 보안사령부에 감금되었다. 김대중은 5월 17일 연행되었다. 계엄령 확대 선포와 더불어 정치활동이 전면 중지되었다.

5월 18일 광주항쟁이 시작되었다. 당시에는 이 항쟁을 "광주사태"라 일컬었다.[8] 당시에 한국군은 미군의 군사 통제권 아래 있었는데, 신군부는 4개 대대의 한국군을 통제에서 풀어달라고 요청했고, 미군이 이를 수락했다. 미군은 이에 앞서 시위자들에 대한 무력 사용을 반대하지 않겠다는 뜻을 한국 정부에 전달하기도 했다. 7월 7일 고영근은 미국 정부에게 한국에 대한 정책 시정을 촉구했다. 그는 지적하기를, "미국 정부는 지난 정권^{박정희} 정권을 향해 겉으로는 인권을 말하면서 실제로는 그 정권을 방조했고 또 10·26사태 이후에도 그 정권의 잔당을 계속

---

7 계엄령은 1979년 10월 18일 유신체제 반대 시위가 격화된 부산지역에 선포되었고, 10월 26일 박정희가 살해된 그 다음 날(10월 27일) 제주도를 제외한 전국으로 확대되었다. 이 계엄령은 1981년 1월 24일 해제되었다.

8 '5·18 광주 민주화 운동'에 대한 명칭은 사건이 한창 진행 중이던 1980년 5월 21일에 계엄사령관 이희성이 "광주에서 소요사태가 일어나고 있다."라고 군부 발표에서 언급한 것이 처음으로, 이후 신군부와 관변 언론 등에 의해 '광주소요사태' 또는 '광주사태' 등으로 보도되면서 일반화되었다. 광주항쟁(光州抗爭), 광주학살(光州虐殺), 광주사태(光州事態), 광주민중봉기(光州民衆蜂起), 광주시민항쟁(光州市民抗爭) 등 다양한 이름으로 불리고 있다가 현재의 명칭인 '5·18 광주 민주화 운동'은 민주화 직후인 1988년 3월 24일 노태우 정부 산하 민주화합추진위원회가 사건을 민주화운동으로 규정하면서 나왔다. 출처: 『위키백과사전』.

방조하고 있는 듯하다."고 했다. 그러했던 "미국은 지금도 여전히 모호한 태도로 신군부 세력을 방조하고 있는 듯하다."고 했다. 그리고 그는 "미국 정부가 한국에 진정한 자유, 정의, 평등, 그리고 인권이 시행되는 민주주의 정부가 수립되도록 성원해 주기"를 촉구했다. 이를 위해 네 가지 조건을 제시했다. (신군부는) "계엄령을 조속히 해제하고 국방에만 전념할 것, 구속된 정치범들을 석방할 것, 정부 주도로 진행되는 개헌 작업을 중지할 것, 정치 일정을 최대한 단축할 것" 등이었다.

고영근이 부흥회에서 현 시국에 관하여 논하며 당국을 비판하였는데, 이 발언을 문제 삼은 보안사령부 장교가 9월에 그를 찾아와서 앞으로도 계속 이러한 발언을 하면 구속하겠다며 으름장을 놓았다. 섬찟한 두려움에 몸이 움츠러든 그는 마음의 준비를 했다. 그 이후에도 그는 부흥회를 인도하며 계속 전두환 정권을 비판했다. 11월 17일, 다시 찾아온 그 장교에게 고영근은 단호히 말했다. "전두환에게 세 가지 죄가 있습니다. 첫째는 (12·12) 하극상의 죄를 범했고, 둘째는 불법으로 정권을 탈취하였고, 셋째는 광주시민을 학살한 죄요. … 하나님이 용서하지 않습니다."[9]

2. 1981년

고영근의 교회 부흥회 인도가 1981년부터 크게 줄어들었다. 한 해 동안 부흥회를 인도한 교회가 39회였다.[10] 큰 교회는 그의 부흥회 초

---

9   고영근, 『죽음의 고비를 넘어서』 2권, 182-89.

청을 주저했다. 주로 지방의 작은 교회에서 부흥회를 인도했다. 부흥회를 며칠 앞두고 취소하는 교회가 있었고, 설교할 때 사회정의를 말하면 부담되니 그런 설교는 하지 말아 달라고 요청하는 교회도 적지 않았다.

1981년 초반부터 전두환 정권의 철권정치가 본격적으로 시작되었다. 이에 고영근은 "어둠의 한 해, 꽁꽁 얼어붙은 겨울만이 있는 한 해"라고 탄식했다. 또, "행동하는 의인들은 고통스러운 감옥에서 고난받고, 숨은 의인들은 탄식하며 기도한다."고 토로했다.[11]

1월 20일 부산 수안교회 이만규 목사에서 개최된 '예장청년겨울선교교육대회'에 고영근이 초청받았다. 약 1,200명이 참석했다. 경찰기동대 수백 명이 교회 주변에 배치되었다. 고영근은 결단 예배 설교를 맡았다. 이날 낮에 강의를 맡은 한완상이 김해공항에서 경찰의 제지를 받아 강제로 서울로 돌아갔다. 이 소식을 들은 집회에 참석한 청년들이 크게 분노했다.

흥분된 분위기의 예배당에서 고영근은 "나를 보내소서" 이사야 6:7-10라는 제목으로 설교했다. 그는 이 설교에 임하면서 자신의 정체성을 "예언자"로서 민족과 인류의 나아갈 방향을 제시하겠다고 다짐했다. 먼저 그는 신앙의 기본자세 곧 하나님 제일주의 신본주의, 죄와 죽음의 심판에서 인간구원, 인류봉사 사회를 재정비하자고 선포했다. 한국 교회는 그러나 현재 부귀장수와 번영의 기복신앙에 치우쳐 있음을 지적하면서 예수의 산상수훈에서 "의를 위하여 핍박받는 복"을 등한히 하고 있음을 지적했다. 또 한국 교회는 "사랑을 빙자하여 불의를 용납하고 불의

---

10   고영근, 『구원하신 은혜에 보답하려고. 선교활동 40년의 발자취』, 184.
11   위의 책, 184.

에게 아부하고 또 이런 죄악을 성경으로 합리화하고 있음"을 비판했다. 고영근은 현 시국을 언급하면서 "정치악"을 책망했다. 청년들이 일제히 일어나서 박수치고 아멘으로 화답했다. 계속해서 고영근은 "정치악, 경제악, 사회악, 문화악을 정복하고 정치 복음화, 경제 복음화, 문화 복음화, 사회 복음화를 성취하자."고 역설했다.[12] 이 설교가 향후 커다란 반향을 일으켰다. 전국 각 노회 청년연합회가 그를 강사로 초청했다. 이때부터 고영근의 부흥회 설교는 시국 비판과 민주화에 대하여 사자후를 토했다. 그러나 그는 대가를 치러야 했다. 4월에 예정되었던 그의 미국 집회가 출국금지를 당하여 무산되었다. 이후 그가 인도하는 부흥회에는 형사들이 교회 안에 들어와서 참석하여 감시했고 그들이 교회 밖에서도 배치되었다.

3. 1982년

고영근의 부흥회 인도는 점점 더 줄어들었다. 한 해 동안 인도한 부흥회는 29회였다. 부흥회 집회에서 그가 현 정권을 향해 비판의 목소리를 높이니, 부흥회를 감시하던 당국이 드디어 그를 연행했다. 1982년에 그는 세 차례 경찰서 등지로 연행되었다제3차, 4차, 5차.[13] 그가 감내해야 할 수난의 시대가 시작되었다. 그는 탄식하기를, "한국 교회 강단에서 회개하고 십자가를 지고 주를 따르자는 외침은 사라져가고 축복 건

---

12 위의 책, 190-92.
13 1차 연행은 1976년 3월 긴급조치 9호 위반으로 구속되었고, 2차 연행 역시 1977년 11월 긴급조치 9호 위반으로 구속되었다.

강 만사형통의 기복신앙이 번져가고 있다."

3월 18일 부산 고려신학대학 학생들이 미국 정부가 "5·18 광주
학살"을 용인했다고 비판하며 미국문화원을 방화했다. 혈맹인 미국을
향한 방화공격은 사회에 커다란 파문을 일으켰다. 이러한 상황에서 4월
13일 광주 한빛교회에서 '부활절과 4·19혁명 기념예배'를 드렸다. 이
자리에 고영근이 초청받아 격려사를 맡았다. 그는 두 가지를 언급했는
데, "① 미국이 한국 군사독재를 방조하고 있는데 이로써 민주주의를
파괴하는 범죄를 자행하고 있다. ② 탈선한 군인들이 1979년 12월 12
일 상관에게 총을 쏘는 난동을 부려 하극상의 범죄를 저질렀고 또
1980년 5월 광주에서 수많은 동포의 피를 흘린 죄악을 범했다." 이 발
언은 한편 부산 미문화원 방화사건을 격려한 셈이었고, 또 한편 5·18
사태의 진상을 밝힌 것이었다. 그의 격려사가 파장을 일으켰다. 4월 25
일 그는 서울 종로경찰서로 제3차 연행되어 조사받았다.[14]

5월이 되어서, 광주 NCC, EYC, 기독교장로회 전남노회 교사위
원회가 '5·18항쟁 2주기 추모예배'를 준비하면서 고영근에게 설교를
위탁했다. 이에 그는 비장한 각오로 설교를 준비했다. 설교 제목은 "순
국열사의 핏소리"^{창 4:6-12}였다. 그는 "2년 전에 의로운 피를 조국의 제단
에 뿌리고 순국한 애국선열들이 ―구약성경 창세기의 아벨처럼― 하나님
의 제단 앞에서 무엇을 호소하고 있을 것인가?" 청중에게 물으면서 "이
나라에 회개운동이 일어나야 한다."고 역설했다. 한국 교회가 먼저 회
개해야 하는데, "하나님을 이용하여 자기 위안만을 받으며 이웃의 고통
을 외면하는 이기주의와 기복신앙"을 회개하고 "불의에 항거해야 할

14   고성휘 편저, 『목민 고영근 사료집』 IV(1980-1987년), 122.

종교인이 강자 편에 아부하면서 지지하며 불의한 권세를 방조한 점"을 회개해야 한다고 역설했다. 또 일반인들이 "이기주의와 경제제일주의를 회개하고, 불의한 권세 앞에서 침묵하고 맹종하여 국민주권을 포기하지 말아야 한다."고 역설했다. 군인들은 더 이상 "정치에 관여하지 말고 군 본연의 사명에만 충성해야 한다."고 충고했다. 권력의 시녀가 되어서 왜곡 보도하는 "사이비 언론"의 회개를 촉구했다. 권세자에 아부하고 민중을 기만한 "어용학자"들의 가증스러움을 비판했다. 또, 북한 김일성 집단이 "북한 동포를 자유케 하고, 남한의 민주화를 방해하지 말기"를 촉구했다. 미국 정부를 향하여, 결코 반미反美를 뜻하지 않는다는 전제 아래, 독재 정권을 방조한 정책을 수정해서 자유, 정의, 인도주의에 입각한 대한對韓정책을 실현하기를 촉구했다. 또 미국이 "광주사태에 동참한 죄를 회개"하기를 촉구했다. 마지막으로 "전두환 정권이 회개하고 물러가라"고 촉구하며 이것만이 "2년 전 피흘린 죄에 대한 속죄받는 길"이라고 호소했다.

예배를 마치고, 이 지역의 김영진 국회의원과 김경식 목사를 위시하여 군중이 "살인마 전두환"을 외치며 시위했다. 이들은 체포되어 연행되었다. 또, 고영근은 안전기획부의 지하실로 압송되어 7일 동안 고초를 겪었다.[15] 그는 이 사건을 '선지자 요나가 큰 물고기 배속'에서 지냈던 것에 비유했다. 그의 이번 설교는 자신에게 예언자 사명을 더욱 굳세게 했다.

기독교장로회 전북지역 노회가 '8·15광복절기념'을 전주에서 드렸다. 이 예배의 설교를 고영근이 맡았고 설교제목은 "우리 민족이

---

15   고영근, 『죽음의 고비를 넘어서』 2권, 116-37.

나아갈 길"^{삼상 7: 3-11}이었다. 지난 5월의 설교에 이어서, 그는 이번에도 현 정권을 비판했다. "지금 우리나라는 전두환을 지지할 자유는 있으나 비판한 자유는 전혀 없습니다. 예배의 자유는 있으나 하나님의 정의를 시행할 자유는 없습니다. 선교의 자유가 없다는 말입니다. … 우리 교회가 굳게 뭉친 힘으로 자유를 쟁취해야 누릴 수 있습니다. 힘이 없는 정의는 악에게 우롱당하는 것이므로 …." 이 설교로 말미암아 고영근은 또다시 당국에 연행되었다^{제5차}. 8월 20일에 연행된 그는 경찰서 등지에서 이틀 동안 혹독하게 조서를 받았고 22일에 그는 석방되었다.

　　10월 5일 NCCK 인권세미나에 참석한 고영근은 미문화원방화사건으로 부산지법의 재판에서 사형 언도를 받은 문부식과 김현장의 구명운동을 제안했고 만장일치로 받아들여졌다. 이때부터 NCCK인권위원회는 서명운동을 시작했고, 계속해서 미국 NCC와 WCC^{세계교회협의회}등에 이들의 구명을 위해 호소했다. 가톨릭교회도 구명운동을 시작했다. 고영근은 대구고등법원 재판장^{노승두}에게 구명을 호소하는 진정서를 제출했다. 그는 선교사 원일한을 찾아가서 구명운동에 나서줄 것을 호소하고 원일한이 대구고등법원과 주한미국 대사에게 진정서를 제출하도록 부탁했다. 이에 원일한이 진정서를 제출했는데, 그럼에도 대구고등법원은 문부식 등에게 사형언도를 내렸다. 고영근은 또다시 대법원장과 대법원 주심판사^{전상석}에게 진정서를 제출했다.[16]

16　고영근, 『죽음의 고비를 넘어서』 3권, 200-07.

4. 1983년

고영근을 초청하는 교회 부흥회 인도가 끊어졌다. 교계에서 외면 당한다는 고독감이 끊임없이 밀려왔다. "예언자의 고독"으로 다가왔 다.[17] 그렇지만 해외 여러 나라 미국, 캐나다, 독일 등의 한인교회들이 그를 부흥 회 강사로 초청했기에 3개월 이상 해외에서 지냈다. 또 그는 1983년 2 월에 22명이 분립하여 예배드리기 시작한 성수동교회에서 설교목사로 교역했다.

그해 1월 27일 예장청년전국선교교육대회가 대구 삼덕교회에서 열렸다. 이번 대회의 주제는 '민족, 통일, 민중, 교회'였고 1,200명 이상 이 참석했다. 고영근이 결단예배의 설교를 맡았다. 설교 제목은 "순교 의 제물이 되자"롬 12:1이하였다. 순교는 온몸으로 바치는 헌신을 뜻하는 데, 정의확립을 위한 헌신, 경제난국을 해소하는 헌신 외채문제 해결, 무역적자 해소, 사치와 낭비 자제, 그리고 복음화개인복음화를 기초로 정치·경제·문화·사회 등의 구조복음화에 헌신 을 역설했다.

2월 24일 NCCK인권위원회가 문부식 구명운동을 위한 목요기 도회를 주최했고, 고영근이 설교를 맡았다. 당국의 수사관들이 번갈아 그를 찾아와서 설교를 취소하라 압박했다. 그러나 그는 동요되지 않았 고 오히려 마음을 굳게 했다. 드디어 기도회 당일, 고영근은 아침 7시에 사도행전 20장 24절로 가족예배를 인도하면서 유언 같은 작별인사를 했다. 이날 저녁에 모인 예배에 약 200여 명이 참석했고, 그는 또박또 박 원고대로 읽어 내려갔다.

---

17   고영근, 『구원하신 은혜에 보답하려고. 선교활동 40년의 발자취』, 216.

고영근의 설교원고와 이때 대법원에 제출한 진정서^{1983.2.17.}를 요약하면, "부산 미문화원방화사건의 범인들은 현행법을 범한 것은 사실이나 그 동기는 나라를 구하려는 애국적 행위였으며 … (그들의 방화는) 미국의 대한^{對韓}정책을 개선하라고 행동으로 호소한 것이며 … 그들이 자수한 경위를 볼 때 사형언도는 부당하며 … 사법부가 정의를 확립하기 위해서는 '79년 12월 12일 발생한 군 내부의 쿠데타' 주모자와 '80년 5월 광주사태'의 책임자를 법에 따라 심판함으로써 정의가 확립될 수 있다"고 했다.[18] 그는 문부식을 "신앙의 투사"로 지칭하고, 또 그의 방화사건은 "의거"라고 지칭했다.[19]

이 설교 때문에 고영근은 이튿날^{12월 25일} 수사기관으로 연행되었다^{제6차}. 3월 2일, 그에게 집시법 위반^{시위선동}과 범인은닉^{정치인 유중람, 노경규를 숨겨줌}의 명목으로 구속영장이 발부되었다.[20] 그 이후 41일 동안 구속된 그는 4월 6일 석방되어 집으로 돌아왔다.

10월부터 12월까지 고영근은 해외로 나가서 미국, 독일, 캐나다의 한인교포 교회들을 두루 순회하면서 설교했다. 그는 가는 곳마다 조국^{한국}이 처한 시련들^{일본 재침략, 미·소의 군사기지화, 경제적 위기, 정의의 파괴}, 또 민주화의 방해꾼^{국민의 무능, 미국의 방해, 공산당의 방해, 군벌 독재의 횡포}을 설명했다.

---

18 고성휘 편저, 『목민 고영근 사료집』 IV(1980-1987년), 224, 227.

19 위의 책, 237.

20 당국이 이 사건을 엄중하게 파악하고서 고영근을 중부경찰서 대공과 취조실, 서울시경 정보과 수사계 분실, 중부경찰서 유치장, 검찰청, 서울 구치소, 안기부 대공분실 등에 수감하여 조사했다.

5. 1984년

1월 17일부터 20일까지 장로교 예장통합 교단 총회의 '예장청년연합회'^{장청}가 '민족, 민주, 민중'을 주제로 연동교회에서 모였고 약 800여 명이 참석했다. 이들은 노동자의 블랙리스트 철폐, 인권탄압 중지, 선교자유 침해 금지, 영농정책 개선, (제적 학생) 무조건 복교, (해고 노동자) 전원 복직, (연금된 정치인) 해금 등을 당국에 요구하며 집회를 마쳤다.

고영근이 'NCCK인권후원회' 회장으로 일했다. 5월 16일 재야 인사 23명이[21] '오늘의 민주국민선언'을 발표했다. 그 요지는 다음과 같다: '현 정권^{전두환}은 '70년대 유신체제를 계승하였다. (1980년 5월 광주사태) 4년째를 맞이한 오늘 비민주화로 빚어진 모순과 (민족)분단 고착의 (고통이) 더욱 심해졌다. 현 정권의 폭력은 반정부 투쟁 대학생 1,400여명을 제적시켰고, 운동권 학생을 강제로 징집했고, 근로자 블랙리스트 철폐운동을 억압하고, 비판적 언론인과 교수를 해직시키고 있다. 이러한 폭력 정권은 반민족 · 반민주 · 반민중 · 반평화적 정권이다. 이 정권에 맞서 비폭력적 투쟁을 전개해야 한다. 구체적인 행동 방안을 제시했는데, 부당해고하고 노동자의 생존권을 짓밟는 기업의 상품을 사지 말자, 왜곡적이고 편파적으로 보도하는 KBS방송을 시청하지 말고 시청료납부도 거부하자. 학생의 강제징집을 거부하자.' 그 이튿날 고영근은 이틀 동안 가택연금을 당했다.

---

21 함석헌, 홍남순, 조용술, 조남기, 은명기, 예춘호, 이우정, 이문영, 윤반웅, 안병무, 송건호, 성내윤, 백기완, 박형규, 박성철, 문익환, 김동완, 김윤식, 김병걸, 고은, 고영근, 계훈제, 강희남(이상 23명, 가나다 역순).

7월 7일 서울에서 개최된 한일 외상회담이 현 정권 수반 전두환의 일본 공식 방문을 결정했다. 이 결정이 일본의 언론에 보도되었다. 7월 23일 '한국기독청년협의회'와 '한국기독학생회총연합'이 기자회견을 갖고 '우리는 반민족적 대일외교를 반대한다'는 제하의 성명서를 발표했다. 이때부터 전두환의 방일 반대운동이 시작되었다. 전단지가 발행되었고, 강연회가 개최되었다. 8월 11일 '민중민주운동협의회'가 방일 반대성명을 발표했다. 8월 15일 광복절에 개신교 20개 교단이 '전두환 대통령 방일에 즈음한 우리의 입장'이란 제목의 성명을 발표했다. 이날 서울 시내 13개 대학 1,500여 명이 성균관대학교에서 방일 반대성명을 채택한 후 길거리 시위에 나섰다. 또 이날 대한가톨릭 서울대교구 대학생연합회가 방일 반대성명을 발표했다. 거의 날마다 여러 단체들이 방일 반대성명을 발표하고 길거리 시위를 벌였다. 9월 2일 함석헌 등 77명이 발기하여 '일본재침략저지민족운동대회'를 개최했다.[22] 이 자리에서 문익환이 대회장으로 추대되었다. 대회 발기인 40여 명이 9월 4일 NCCK인권위원회에서 내외신 기자회견을 갖고 단식농성에 들어갔다. 이들은 9월 6일에 시청 앞 대한문 광장에서 '일본재침략궐기대회'를 개최한다고 천명했다.

　　이 단체들은 전두환의 일본방문을 매국적 방문이라 규정했다. 9월 2일 민족운동대회가 발표한 성명에 따르면, "일본이 지난 20년간 이룩한 대한對韓 경제침략을 완성하고 소위 문화교류를 통해서 한국인의 항일의식을 마비시키며, 소위 군사협력, 군사교류[23]를 통해서 경제적

22　9월 3일 목포중앙교회 기독교장로회 전남노회 선교대회에 참석한 교역자 200여 명이 방일 반대 시위를 했다.

지배권만이 아니라 정치적, 군사적 영향력도 적극 행사해 보려는 일본 신군국주의를 위한 '신시대'에 불과한 것이다."라고 평가했다. 또 "일본의 신군국주의가 한국 재침략을 위해 다각적인 음모를 획책하고 있는 오늘날, 한국의 현 정권은 매국적인 사대주의 정책을 추구하고 있다. … 우리 국민은 식민통치의 역사적 교훈과 오늘날의 한일 불평등 관계에 대한 인식을 바탕으로 한 전두환 씨의 이번 방일 반대 정신을 더욱 적극적인 항일운동으로 승화시켜 깃발을 높일 때다."[24]

단식농성자들은, 예고한 대로, 9월 6일에 '구국투쟁선언문'을 발표하고 일장기를 소각한 후 방일 반대시위를 평화적으로 벌였다. 선언문 낭독자는 고영근이었다.[25] 약 30여 명이 남대문경찰서로 연행되었다. 이튿날 이들은 석방되었고, 9월 8일까지 자택에 연금되었다.[26] 10월 16일 '민주통일국민회의'가 분도회관에서 창립되었다. 문익환이 의장으로 추대되었다. 고영근은 인권대책분과위원회 위원장이 되었다.

11월 23일 고영근이 안기부에 연행되었다[제8차]. 『우리 민족의 나아갈 길』 제3권 출판[11월 5일, 3천부]으로 필화를 당한 것이다. 그는 안기부 수사관들에게 13시간 이상 심문받았다. 이 소식을 들은 NCCK인권위원회를 비롯한 재야인사들이 강력하게 당국을 규탄했다. 이에 고영근이 석방되었다. 그의 회고에 따르면, "『우리 민족의 나아갈 길』 제3권은 약 7,000권이 발행되었는데 이 책이 1985년 12월 12일 실시되는 선거

23   계속해서 이 성명서에 따르면, "1983년 5월에 가진 '한일의원연맹'에서는 "한반도 유사시에 일본의 안보 협조방안, 상호 방공 정보교환, 한반도 주변 해협에서 일본군대와 상호 훈련 교환, 한일 해군사관생도의 교환 교육, 쌍방 해군의 상호 항만 기항 등의 의제가 토의되었다."고 주장했다. 또한 "이러한 한일 군사교류, 군사협력이 신냉전체제 속에서 미국의 대소(련)군사정책의 일환으로 진행되는 것이다."라고 주장했다.

24   고성휘 편저, 『목민 고영근 사료집』 IV(1980-1987), 349-51.

25   고영근, 『죽음의 고비를 넘어서』 2권, 240-43.

26   한국기독교회협의회(NCCK) 『인권소식』 제114호 (1984.9.14.).

에 커다란 영향을 미쳤다. 야당 입후보자들이 이 책을 유세에 활용했고 또 이 책의 내용으로 독재정권을 향해 공격으로 포문을 열었다. 그러자 국민의 눈이 뜨게 되었고 막힌 귀가 열리고 다물었던 입이 열리기 시작했다."[27]

6. 1985년

1월 7일 '재야간담회'가 결성되었다. 정식 명칭을 가진 단체를 조직하기가 매우 어려운 정치적 상황에서 간담회라는 이름으로 결성되었다. 고영근을 비롯하여 22명이 모였다.[28] 재야간담회는 시국취지문을 발표했는데 공명선거를 위한 선거법 개정, 평화적 정권교체를 위한 일정 발표, 국민이 대통령을 직접 선출, 언론 자유 보장 등을 요구했다.[29] 1월 11일에 재야간담회는 2월 12일에 치르는 "총선에 즈음하여"라는 성명서를 발표했고 국민 한 사람 한 사람이 선거에 적극 참여하자고 독려했다. 선거 결과, 야당인 신민당이 거대 정당이 되었다. 2·12 총선은 정국의 흐름을 바꾸는 분수령이 되어서 군부독재 체제를 흔드는 개헌 투쟁으로 나아가는 계기가 되었다. 하여, 신민당은 '광주사태 진상조사를 위한 국정감사 결의안', '헌법개정 특별위원회 구성 결의안'을 제출했다.

---

27 고영근, 『죽음의 고비를 넘어서』 2권, 138-55.

28 함석헌, 김재준, 홍남순, 조아라, 조남기, 박세경, 김성식, 지학순, 이돈명, 송건호, 안병무, 이문영, 윤반웅, 고영근, 이우정, 장기천, 은명기, 박형규, 이태영, 문익환, 예춘호, 고은.

29 『인권소식』 130호 (1985. 1. 10.).

앞에서 언급한 대로, 고영근이 집필한 『우리 민족의 나아갈 길』 3권은 2·12. 총선 선거유세 때 전두환 정권의 불법성과 폭력성을 알리는 홍보자료로 활용되었다. 총선 이후에, 고영근은 또 다시 『우리 민족의 나아갈 길』 4권을 집필했다. 주요한 내용은 "광주시민을 학살한 전두환 정권은 회개하고 물러가라"는 것이었다. 이 자료집 출판으로 말미암아 그는 4월 초순에 안기부로 연행되었다^{제9차 연행}.

마치 차디찬 얼음장 아래로 흐르는 시냇물 소리가 봄소식을 전하듯이, 총선 이후로 정국의 흐름이 바뀌는 조짐이 일어나는 상황에서, 4월 23일 '기독교민주쟁취위원회'^{공동의장 박형규 조남기}가 연석회의를 열고 5월에 '광주의거민주항쟁기념대회'를 개최하기로 결정했다. 전국 지역별로 기념대회를 개최했고 또 교회별로 5월 18일을 기해 기념예배를 드리도록 했다. 기념대회의 회장에 조아라, 부회장에 고영근 · 유연창, 총무에 강신석 · 이해학이 선출되었다. 고영근은 합동강연회의 강사를 맡았다. 이 사실을 알게 된 당국이 강연회를 취소하라고 압력을 넣었다. 고영근은 이 상황에서 간절히 하나님께 기도했다. 안기부 수사관들이 그를 사전에 연행하려고 집으로 왔다. 그러나 그는 이미 광주로 떠난 상태였다.

강연에서 고영근은 전두환 정권의 퇴진을 외쳤고, 공산주의를 경계해야 하며, 미국을 반대하는 반미가 아니라 미국의 각성을 촉구해야 한다고 역설했다. 강연을 마치고 서울로 돌아온 그는 수사관에게 체포되어서 안기부 수사국으로 연행되었다^{제10차 연행}. 혹독한 수사와 72시간^{3일} 잠을 재우지 않는 고문으로 그의 몸과 정신은 만신창이가 되었다.[30] 그

---

30 『인권소식』 제148호 (1985. 5. 16.).

는 이내 석방되었으나 곧바로 가택 연금되었다. 이로 말미암아 사전에 약속된 강연 일정이 취소되었다. 서울 장로회신학대학, 대전제일교회, 목포 5·18기념예배 등의 강연 일정이 취소되었다. 이때 가택연금 당한 민주인사는 문익환과 고영근이었고, 전주의 강희남 목사는 경상도 지방으로 강제 여행을 해야 했고, 김동완 목사는 10일간 구류처분을 받았다.[31]

　　NCCK가 8월 27일 한국교회100주년기념관^{서울 종로}에서 '시국대책협의회'를 가졌다. 전국에서 온 목회자 200여 명이 현 시국에 대한 강의를 청취하고 토론회를 가졌다. '학원안정법'에 대하여 맹렬하게 토론했다. 이 법안을 집권 여당^{민정당}이 8월 5일 제정하기로 결정했다. 이 법안은 학원소요를 일으킨 반정부 학생을 선도한다는 취지로 강제수용소로 보내는 법안이었고 또 국민의 언론 집회 결사의 자유를 근원적으로 봉쇄하는 법안이었다. 이 법안에 대하여 968명의 성직자들이^{개신교, 가톨릭교회 등} 반대서명을 했다. 또 변호사협의회, 대학 교수들이 반대서명을 했다.

　　이튿날^{28일} 종합토의 시간에 고영근은 학원안정법 저지 방안을 제시했다. 첫째로 민주화 운동을 추진함에 있어서 반드시 공산주의와 군벌 독재를 물리치고 민주주의를 쟁취해야 하고, 둘째로 미국은 물러가라는 반미운동을 자제하고 미국 정부가 각성하여 독재 정권을 방조하지 말고 민주화에 협력하라고 요구해야 한다고 주장했다. 그런데, 미국에 대한 고영근의 발언은 받아들여지지 않았다.

　　참석자들은 지금 국회가 개회 중이므로 국회의사당에 가서 시위

31　고영근, 『죽음의 고비를 넘어서』 3권, 90-122.

하자고 의견을 모았다. 오후 2시에 국회의사당 정문에 모인 목회자들이 기도로 시위를 시작했는데, 불과 1분 만에 경찰에 연행되었다. 고영근을 포함하여 11명이었다[제11차 연행]. 종로 5가 기독교회관에서 이 소식을 들은 목회자 200여 명이 구속자 석방을 위해 시위를 벌였다. 구속된 일행은 그날 저녁에 석방되었다.

9월 2일 기독교회관에서 목민선교회가 '나라를 위한 기도회'를 주최했다. 약 150여 명이 참석한 이 자리에서 고영근은 "느헤미야의 구국운동"이란 제목으로 설교했다. 이튿날 그는 경찰서로 연행되었고 즉결재판에 넘겨져서 구류 7일을 언도받았다. 유치장에 수감된 그에게 신민당 국회의원, 목회자 다수가 면회를 왔다. 그러나 고영근은 다른 경찰서로 이감되었고, 이때부터 면회가 금지되었다. 9월 6일 목민선교회 임원들이 고영근 목사를 위한 기도회를 열었다. 기독교회관 대강당에서 약 160명이 모여서 기도했다. 문익환 목사가 설교했다. 9월 11일 고영근이 석방되었다.[32]

9월 16일 부산에서 열리는 '민주헌정연구회'[33] 세미나에 고영근이 강연자로 초청받았다. 흔쾌히 수락한 그는 경찰의 눈을 피해 부산으로 갔다. 그는 "우리 민족의 살 길"이란 제목으로 약 35분 정도 강연했다. "김대중 선생 복권", "대통령 직선제 개헌"이란 강연 대목에서 관중들이 크게 환호했다. 이튿날[17일] 서울에 도착한 그를 체포하고자 경찰서 형사들이 기다리고 있었다. 그는 완강하게 연행을 거부하며 집에서 버텼다. 그는 여러 민주인사들의 협조로 집에서 탈출하고 기독교회관에

---

32 고영근, 『죽음의 고비를 넘어서』 4권, 136-45; 『인권소식』 제164호 (1985.9.12.).

33 민주헌정연구회는 1984년 봄에 창립되었다. 창립 목적은 군부통치 종식과 헌법 개정, 사회 민주화, 김대중 지지였다. 전국에 약 10만 명의 회원이 있었고, 연구회는 각 시도지부를 돌면서 연설회와 토론회를 개최했다.

서 모이는 목요예배에서 설교했다. 예배를 마치고 그는 자진하여 경찰에 출두했다^{제13차 연행}. 즉결재판에 넘겨진 그는 구류 10일을 언도받았다.[34] 12일 만에 집으로 돌아온 그는 가족들과 감사예배를 드렸고 그리고 애국가를 봉창했다.

10월 17일에 모이는 목요기도회에서 고영근은 설교를 맡았다. 설교 제목은 "강폭하지 말고 무소誣訴[35]하지 말라"^{눅 3:7-14}였다. 그러나 그는 사전에 경찰서로 납치 감금되었고 결국 설교하지 못했다.

10월 29일 검찰이 '민주화추진협의회'^{민추협}의 배후로 지목된 김근태와 이을호를 연행하고 가혹한 고문을 했다. 이 사건은 그러나 반독재 연합전선을 형성하게 했다. 11월 11일 고문수사 및 용공조작 저지를 위한 농성이 시작되었다. 여기에 참석한 고영근과 여러 명의 민주 인사들이 안기부로 연행되어서 조사받았다^{제14차 연행}.[36]

7. 1986년

1월 12일 재야간담회가 '조국의 위기 타개를 위한 우리의 제언'이란 제목으로 성명서를 발표했다. 이 성명은 정부와 집권 여당에게 국민이 바라는 민주화 실천과 이를 위한 헌법 개정을 요구했다. 며칠 후, 1월 16일 대통령 전두환이 국정연설에서 헌법 개정을 1989년도에 가서 논의하자며 국민에게 침묵과 맹종을 강요했다. 이 연설을 방송으로

---

34 고영근, 『죽음의 고비를 넘어서』 2권, 216-32.
35 일을 거짓으로 꾸미면서 관청에 고소함.
36 『인권소식』 제176호 (1985. 12. 5.).

청취한 고영근은 여기에 대한 반응이 있어야 한다고 판단했다. 이날 저녁 목요기도회에서 그는 헌금기도 순서를 맡았는데, 이때 그가 현 정권의 죄악을 하나님께 고발하며 심판을 호소했다. 이 기도 때문에 그는 연행되었고^{제15차 연행}, 21일 동안 경찰서 유치장에 갇혔다.

2월 12일 신민당과 민추협이 공동으로 '1천만 개헌 서명운동'을 전개하기 시작했다. 3월 17일 기독교계에서도 '민주헌법 실현 범기독교추진위원회'가 발족되었다. 위원장에 조남기가 선출되었고, 고영근은 위원으로 참여했다. 장로교 예장통합 교단에서도 3월 19일 '인권선교위원회'가 개헌을 위한 서명운동에 돌입한다는 성명서를 발표했다.

3월 21일 고영근은 서울 KSCF가 주최하는 신입생환영회 설교를 맡았다. 설교 제목은 "기독 학생의 시대적 사명"이었다. 설교 요지는 다음과 같다: 신앙의 세 가지 좌표^{하나님께 영광, 자신의 구원전인격 구원-개인 가정 사회}, 사회정의 실현^{봉사}를 바르게 설정하여 실천해야 하는데, 이 과정에서 불의에 항거해야 한다. 또 현재 한반도를 둘러싸고 일본의 재침략, 미-소의 핵무기 대결, 공산주의의 간첩침략, 남북한 분단이 고착되었는데, 이 문제들의 해결책은 남한의 민주화로부터 시작된다고 역설했다. 이것이 성취된 다음에 남북한의 통일과 한국의 완전한 독립을 이뤄야 한다고 주장했다. 4월 3일 고영근은 장로회신학대학 봄 신앙사경회에서 특강을 했다. 그는 북한의 "남침 위협이 없다."고 주장했다. "남침 위협이 있다고 (주장)하는 것은 독재 정권의 유지를 위해 국민에게 침묵을 강요할 목적으로 긴장을 고조하기 위한 방법"이라고 역설했다. 4월 7일 그는 KSCF 설교 때문에 경찰서로 연행되었고^{제16차 연행}, 즉결재판에 넘겨져서 유언비어라는 죄명으로 8일 구류 언도를 받았다. 그는 다시 경찰서 유치장에 갇혔다.³⁷

    6월 24일에 재야간담회가 "개헌 정국을 보는 우리의 입장"이란 성명서를 발표했다. 이 성명서에는 개헌의 중심이 국민의 손으로 대통령을 직접 선출^{직선제}하는 것이고, 개헌의 요체는 군부독재 종식과 민주정부 수립이라고 밝혔다. 이 당시에 야당인 신민당은 직선제 개헌을 위한 서명운동을 전개했고, 여당인 민정당은 의원내각제 개헌으로 맞섰다. 정권의 용공조작과 민주화운동 탄압이 더욱 노골화되었고, 이에 정국이 경색되었다.

    고영근은 미국 정부가 20세기 내내 한국의 정치 현안에 간섭하면서 독재정권을 방조해 왔다고 보면서 이에 대해 경고해야 한다고 생각했다. 미국이 "한국 국민의 의사를 무시하고 소수의 독재자와 결탁하여 불의한 이권을 도모하는 점"이 심히 유감이었다. 그래서 레이건 정부에게 엄중히 항의하며 권고하기로 했다. 미국 정부는 자유, 정의, 인도주의에 입각한 대한^{對韓} 정책을 펼치기를 바라는 권고문을 쓰기로 했다. 8월 1일 여러 민주 인사들이[38] "레이건 정부에게 드리는 공개 권고문"을 작성했다. 발표문의 초안을 고영근이 작성했는데, 미국 정부의 전두환 정권 지원 중단, 미국의 어정쩡한 민주화 대타협정책 시정, 그리고 주한 미국대사 워커의 경질을 요구했다. 8월 2일 발기인 8명이 전국 사방으로 흩어져서 서명운동에 나섰다. 그런데, 사람들이 서명하기를 매우 주저하고 심히 두려워했다. 간신히 300명에게 서명을 받았다. 서명한 권고문이 미국으로 송부되어 레이건 대통령과 상하원 의원들에게 우송되었다. 그런데, 고영근은 이 일로 대전경찰서에 연행되었고^{제17차 연행},

---

37   고영근, 『죽음의 고비를 넘어서』 4권, 34-98.
38   발기인: 이두수, 조화순, 고영근, 장성룡, 허병섭, 이해학, 임영천, 이호석, 장동수.

4일 동안 유치장에 갇혔다.[39]

　　9월 11일 고영근은 목요기도회에서 설교했다. 설교 제목이 "회개하라 천국民主化이 가까우니라"[마 4:17]였다. 그는 먼저 우리 사회를 뒤흔드는 악의 현실을 드러냈다. 정치적으로 "전두환은 북한의 간첩 남파를 이용하여 정권 연장을 도모하고, 미국 정부는 전두환의 정권 연장을 방관하고 있다."고 주장했다. 경제적으로 "빈부격차의 경제악"을 지적하면서 "노동자의 저임금, 농산물의 저곡가 정책을 개선해야 하는데 빈부격차는 공산주의를 생산해내는 원인으로 작용한다."고 역설했다. "평등경제勞.分配를 도모해야 하고, 이를 실현함으로 공산주의 발생을 방지해야 한다."고 주장했다. 교회를 향하여는, 지금의 "한국 교회는 사회 정의 실현에 대한 아무런 관심도 없고 사명을 망각하고 있으며, 기복신앙과 이기주의에 빠져 있으며 … 신앙과 윤리가 병행해야 하는데 실천과 행동이 없는 형식적 신앙에 치우쳐 있고 이 때문에 독재 정권이 민중을 짓밟고 수탈하는데도 기독교는 민중을 위해 변호하기를 주저하고 있다. … 십자가만 팔아먹고 십자가를 지지 않는 한국 교회"를 질타했다. 또 민주화 운동의 향방은, "민주화 운동에서 명심해야 할 점이 있는데, 반드시 반공부터 하고 반독재를 해야 마땅하다. 반공이 결여된 반독재 운동을 군벌 독재자들이 좌경이며 용공분자라고 규탄해도 할 말이 없는 것이다. … 좌편으로나 우편으로도 치우치지 말아야 하는데. 좌로 치우치면 군벌독재에게 독재정권의 필요성을 제공하여 오히려 명분을 주므로 도와주는 결과가 되고, 그 반면 반공 반공하면서 독재정권을 지지하면 우편에 대한 반동 작용으로 자생 공산주의를 생산해내는 결과를

39　고영근, 『죽음의 고비를 넘어서』 2권, 262-84.

가져 온다."고 외쳤다. 이 예배에 약 150명 참석했다. 3일 후, 고영근은 경찰서로 압송되었고^{제18차 연행} 즉결재판에서 구류 5일을 언도받았다. 유치장에 갇혀 있는 기간에 야당 정치인들과 목회자들 그리고 NCCK인권위원들과 민주헌정연구원 임원들이 방문하여 따뜻하게 위로하며 함께 기도했다.

10월 30일 목요기도회에서 고영근이 설교했다. 설교 제목은 "한국 교회의 나아갈 길"^{사 58:6-8}이었다. 그는 16세기 독일 루터 종교개혁의 신학 논점인 로마서 13장 '위에 있는 권세에 복종하라'는 구절을 해석했다. 교회가 정의로운 정권에 대해서는 복종하고 협조하며 기도하고 지원해야 한다. 그러나 불의한 권세에 대하여는 맞서서 파괴하고 파멸시키며 무너뜨리고 뽑아버려야 마땅하다고 했다^{렘 1:10}. 한국 교회가 지금 정치권력에 무조건 복종하니, 교회는 사회 정의가 확립되지 않는 데 일조하고 있다고 그가 비판했다.

이날 기도회 참석자 100여 명이 "건국대학교 사태의 평화적 해결을 위한 철야기도회"를 가졌다. 그리고 이들이 성명서를 발표했는데, "건국대학 연합 농성 참석 학생들의 주장은 현 군부독재정권의 장기집권 음모 규탄"임에도 당국이 이를 왜곡한다고 주장했다.[40] 이 기도회에서 박형규 목사가 10월 30일 축도 순서를 맡았는데, 그 내용을 문제 삼은 경찰이 11월 6일 그를 경찰서로 연행했다. 이튿날^{11월 7일} 고영근 목사도 경찰서로 연행되어 조사받고 검찰에 불구속 송치되었다.[41]

---

40 10월 28일 건국대학교에서 29개 대학 학생 2천여 명이 '전국 반외세 반독재 애국학생투쟁연합'을 결성했다. 4일 뒤, 경찰은 8천여 명의 병력을 동원하여 학생 1천 5백여 명을 연행했다. 이 가운데서 약 1천 3백 명이 구속되었다.
41 『인권소식』 제222호 (1986. 11. 6.); 『인권소식』 제223호 (1985. 11. 13.).

8. 1987년

1월 12일부터 장로교 예장통합 교단의 경동노회 청년연합회 겨울선교교육대회가 경북 영천제일교회에서 개최되었다. 고영근이 13일 아침기도회 설교를 했는데, 제목이 "한국 교회의 나아갈 길"^{행 11:19-26}이었다. 이 설교에서 그는 현실 교회를 비판하고, 개인 복음화와 사회 구조 복음화를 역설했다. 그는 또 목민선교 곧 민중을 찾아가고, 민중을 사랑하고, 민중을 가르치고, 민중에게 복음을 전파하자고 강조했다. 이 날 오전 9시 30분 그는 주제 강의를 했는데, 제목이 "우리 민족의 나아갈 길"^{삼상 7:3-11}이었다. 강의 요지는, 지도자의 무능과 국민의 범죄로 말미암아 외침내환의 국가위기를 초래했고, 이 위기에서 벗어나는 지름길은 민주화라고 역설했다. "민주주의는 결단코 거저 찾아오는 것이 아니고 온 국민이 쟁취해야 하는데, 우리는 회개운동, 신앙운동, 계몽운동, 투쟁운동으로 민주화를 조속히 실현하고 남북통일을 성취해야만 한다."고 강조했다. 설교에서 그는 대통령 전두환의 새해 국정연설, 곧 내각제개헌을 촉구하는 연설을 강하게 비판했다. 그는 전두환 정권이 불법으로 집권했으니 정권교체 운운하지 말고 회개하고 물러나야 한다고 주장했다. 이 설교 때문에 고영근은 1월 15일 영천경찰서로 연행되었다^{제20차 연행}. 그는 대구지법 즉결재판에서 구류 10일을 선고받았고 영천경찰서 유치장에 수감되었다. 이 소식을 들은 지역^{영천시, 경동노회, 대구} 목사들과 성도들 그리고 영천지역 재야인사들이 유치장을 찾아와 면회하고 격려했다.⁴²

---

42   고영근, 『죽음의 고비를 넘어서』 3권, 164-72.

고영근이 연행되기 하루 전날, 1월 14일 박종철 고문치사사건이 일어났다. 경찰에게 불법 연행된 박종철이 물고문으로 사망했다. 이 사건이 정권 규탄 시위를 촉발시켰다. 고영근은 박종철열사 추모예배에서 설교했다. 성경에 기초한 "민주주의의 네 가지 기본정신"^{마 18:1-10}을 선포했다. 첫째는 자유^{정치, 경제, 사회언론, 출판, 결사, 집회}, 문화, 그리고 종교, 둘째는 국민이 주인인 민주주의는 정당한 선거^{비밀, 직접, 평등, 양심, 공정개표}를 통해서만 국민주권을 이루며, 전두환 정권은 12·12 하극상 군사반란과 5·18 광주학살을 통해 불법 집권해서 정통성이 없으므로 하야하고 해체해야 하며, 셋째는 평등^{골 3:11}인데 정치, 경제^{빈부격차}, 사회 등에서 차별을 없애야 하고, 넷째는 인권, 곧 지극히 작은 자 하나라도 업신여기지 말아야 한다^{마 25장}는 것이었다.

1988년 서울 하계올림픽을 1년 앞둔 시점에서, 정권은 서울시 미화^{美化}를 위한 재개발을 추진했다. 이에 빈민촌 철거를 무자비하게 감행했다. 양평동, 목동, 상계동, 암사동 등 서울 시내 20여 개 지역의 빈민촌 세입자들을 내쫓았다. 졸지에 살 집을 잃어버린 이들이 마땅히 갈 곳이 없어서 철거 현장 맨땅에 천막을 쳤다. 4월 14일 상계동과 양평동 철거 현장에서 트럭 80대가 주민들의 이삿짐을 마구 실어서 추방했다. 철거민 200여 명이 명동성당 별관에서 집단생활을 시작했다. 이 현장에 고영근이 방문했다. 양평동 철거민이 울면서 항의하다가 던진 외마디가 그의 가슴을 찔렀다. "공산당이 이보다 더 나쁩니까? 공산당은 백성에게 배급은 준다고 하던데 이 나라는 배급은 그만두고 이렇게 천막까지 헐어버리니 우리는 어디로 가서 무엇을 먹고 살아야 합니까?" 고영근은 철거민들을 위로하고 예배를 인도했다. 그의 설교 요지는: '자본주의 국가에서는 국민에게 자유를 줄 터이니 빵 문제는 각자 해결하라는 체제이고, 공산주의 국가에서는 빵을 배급해 주니 자유는 공산당에게 보관하라는 체제이다. 참된 민주국가는 국민에게 자유도 주며 빵 문제도 해결할 수 있는 여건을 제공한다. 그러나 전두환 정권은 자유도 빼앗고 빵 문제도 해결해 주지 못하니 참으로 국민의 고혈을 빨아먹는 불의한 정권이다. 그러므로 우리 국민 모두가 뭉쳐서 민주화를 쟁취해야 한다.'[43]

　　4월 13일. 대통령 전두환이 돌연 개헌추진을 중단하고 호헌한다고 선언했다. 이 선언이 국민을 들끓게 했다. 거국적인 항거의 움직임이 시작되었다. 특히 가톨릭교회 성직자들이 서울, 춘천, 대구, 대전, 부산, 원주, 광주, 전주 등지에서 단식기도에 들어갔다. 4월 25일부터 호남 광주의 개신교 목사 20여 명이 단식기도를 시작했다. 전국 대학교수 1,300여 명, 문화예술인들이 성명서를 발표하고 서명운동을 시작했다. 고영근은 광주 단식 장소인 YMCA를 방문해서 격려하고 설교했다. 그곳에서는 정종득 목사 등 22명이 단식하고 있었다.

　　5월 4일 서울 '정의평화실천목회협의회'가 한국기독교장로회 선교교육원^{서울}에서 삭발하고 단식기도를 시작했다. 고영근은 5월 6일 삭발에 동참했다. 이튿날부터 장로교 예장통합교단 목회자협의회 회원 약 30명이 단식기도를 시작했다^{48시간}. 기도회 참석자가 50명으로 늘어났다. 임택진, 차관영, 김형태, 주계명 목사 등이 설교했다. 5월 8일부터 장로회신학대학 학생 30명이 단식기도를 시작했다. 고영근이 방문하고 격려하면서 설교했다.[44] 5월 13일 서울 시내 8개 대학 기독학생 500여

43　고영근, 『죽음의 고비를 넘어서』 2권, 249-54.
44　고영근, 『죽음의 고비를 넘어서』 3권, 173-75.

명이 고려대학교에서 나라를 위한 기도회를 열었다. 고영근이 설교자로 초청되었다. 몇몇 교수들도 참석했다. 밤 9시부터 철야기도회가 시작되었다.

5월 15일에 순천노회 노회장 한순칠 목사가 '나라를 위한 기도회'를 주최했다. 고영근이 강사로 초청받았다. 오전 11시에 시작된 첫 예배에 교인들 약 1,200명이 참석했다. 고영근은 설교에서 교회가 민주화운동에 나서야 하는 성경적 근거를 설명하고 민주화운동을 반드시 해야 할 국내외 정황을 설명했다. 민주화를 방해하는 요소도 설명했다. 그리고 민주화운동의 전략을 했는데, 그것은 회개, 기도, 계몽, 단결, 투쟁이었다.

오후 3시에 시작된 두 번째 집회에 교역자 약 100여 명이 모였다. 고영근은 구약 에스겔 33장 7-9절을 본문으로 교역자의 예언자 사명을 강론했다. 저녁 7시 집회는 순천노회 청년연합회가 주최했다. 교회 앞에 현수막 '민족민중의 해방을 위하여'를 걸었다. 이 집회 주제는 '민주화를 위한 기도회 및 청년주일 기념예배'였다. 고영근은 설교에서 기복신앙과 개인구원에 치우친 한국 교회의 각성을 촉구하고, 사회 정의 실현을 위한 복음 선포의 사명을 역설했다. 개인복음화와 사회구조 복음화가 병행되어야 한다고 강조했다. 빈부격차, 부정부패, 폭력정치를 해결하는 길은 민주화뿐이라고 강조했다. 이제 청년들은 구국운동을 전개해야 하는데 신앙구국, 외교구국, 교육구국, 투쟁구국운동으로 나아가자로 외쳤다.

이날 저녁에 집회를 마치고 서울로 가려던 고영근이 경찰에 연행되었다. 이 장면을 목격한 순천노회 장청 회원 20여 명이 경찰서에 찾아가서 격하게 항의했고, 그리고 항의자 전원이 연행되었다. 이 소식을 들은 순천제일교회 장로들이 경찰서에 방문하여 항의했다. 청년들이 석방되었다.

　　고영근은 순천경찰서 유치장에서 5일 동안 갇혔다. 순천노회장이 경찰서장을 찾아가서 강하게 항의했는데 "교회가 집회를 온건하게 진행했고 또 그렇게 진행하면 강사에게 해를 끼치지 않겠다고 약속했는데 그 약속을 어기고 강사 체포에 구류처분까지 내렸으니 약속을 어겼다."고 힐책했다. 그런데, 고영근의 경찰서 구류는 당국 윗선의 의도가 있었다고 한다. 광주에서 열리는 5·18기념행사에 초청된 그가 그곳으로 가지 못하도록 유치장에 연금시킨 것으로 짐작했다. 또한, 고영근의 경찰서 구속은 순천지역 대학생과 청년들이 길거리 시위를 촉발시켰다.

　　5월 17일 저녁 7시. 순천노회 장청 회원들 70명 내외가 순천중앙교회에 모여서 '고영근 석방 기도회'로 모였다. 집회를 마친 참석자들이 피켓과 현수막을 들고 경찰서에서 고영근의 구속을 항의했다. 이를 막아선 경찰이 최루탄을 쏘며 진압을 시도했다. 그러자 청년들이 "독재타도, 호헌 철폐"를 외쳤다. 이 시위가 '순천의 6월 항쟁'으로 확산된 도화선이 되었다.

　　5월 18일. 순천대학에서 5·18광주민중항쟁추모식이 열렸다. 사진전시, 판화전시, 시 낭송, 토론회 등의 행사가 열렸고, 학생들이 길거리 시위에 나섰다. 학생 14명이 연행되었다. 이튿날5월 19일 이 대학 교수 20명이 시국 성명서를 발표했다. ① 개헌은 꼭 실현되어야 한다. 4월 13일 정부가 발표한 개헌 노력 중단 이유를 납득할 수 없으므로 개헌논의가 재개되기를 촉구한다. ② 대학의 자유는 보장되어야 한다. 국민의 현실 참여는 민주적인 방법으로 이루어져야 하며, 정부는 대학인의 견해를 폭넓게 받아들여야 한다. ③ 언론의 자유가 보장되어야 한다. 언론에 대한 규제를 철폐하고 편파적 보도를 중지하라.

정리하면, 순천노회 장청 회원들의 시위가 순천대학 학생들의 민주화 운동으로 확산되었고, 이것이 민주화를 위한 지역 사회의 시민운동으로 발전했다.

6월에 개신교 목회자들이 "미국 정부의 불의하고 간악한 대한^{對韓} 정책을 규탄"하는 성명서를 발표했다. 내용인즉, 미국 정부가 전두환 군부독재를 계속 지원하는데 대한 국민적 분노가 미국에 대한 감정 악화를 불러일으키고 이것이 반미운동으로 불타오를까 염려하였다. 몇 달 전 2월 6일에 미국의 시거 차관보가 연설 중에 "전두환 정권의 과거의 죄과와 불의는 접어두고 모든 사람이 미래를 위해 노력해야 한다." 고 말했는데 도대체 이 무슨 궤변인가? 전두환 집단은 12·12 하극상으로 군사반란을 일으켰으며, 국방 임무를 수행해야 할 군인이 광주시민을 무참히 학살했으며, 10·25 헌법개헌을 계엄령 하에서 불법으로 통과시켰으며, 7년 동안 민주주의를 탄압함으로써 국민 불화를 일으키는 등 하나님의 심판을 면할 수 없는 엄청난 범죄를 자행해 왔다. 미국 정부가 진정 자유·정의·인도주의를 표방하는 민주국가라면 당연히 비민주적 군벌정권의 퇴진을 권고하고 민주화를 성원해야 마땅한데 오히려 군벌독재의 범죄행위를 묵인하고 방조하며 합작하고 있다고 비판했다. 이와 함께 성명서는 "민족의 염원인 민주화를 방해하는 미국정부에 대하여 역사의 심판자이신 하나님의 이름으로 즉시 회개할 것을 촉구한다."고 선언했다.

6월 민주 항쟁 직후, 6월 29일에 민정당 대표 노태우가 시민들의 직선제 개헌요구를 수용하여 '6·29 선언'을 발표했다. 이 선언은 제5공화국에 대한 국민들의 불신과 끊임없는 저항으로 궁지에 몰린 집권 여당의 대응이었다고 할 수 있다. 이 선언으로 헌법 개정이 불가피하게 되었다.

9월 28일 함석헌을 비롯한 기독교 민주인사 61명이 '대통령 후보 선정에 대한 우리의 주장'을 발표했다. 그 내용은, '온 국민의 투쟁으로 이제 민주화의 문이 열렸다. 민주화는 군사정권의 종식을 의미한다. 이제는 국민이 직접 대통령을 뽑아야 하고, 선거를 통해 민주주의가 승리해야 한다. 국민의 절대 지지를 받는 정부가 수립되어서 민주사회가 수립되는 길이 열린 것이었다. 하여, 대통령 후보자는 다음의 과제를 수행할 수 있는 능력을 갖추어야 한다. ① 광주사태를 위시한 군사정권하에서 희생된 원한을 해결, 승화할 수 있는 구체적 방안과 능력을 제시해야 한다. ② 산업사회 과정에서 빚어진 갈등을 해소하고, 공정한 분배 체제를 수립하며, 노동자와 농민이 더불어 잘 살 수 있는 정책을 제시해야 한다. ③ (한반도) 분단 상황을 극복하고 통일문제를 해결하며, 분단 상황이 군사독재의 구실이 되었기에 이것이 극복되어야 한다.'

9월 28일 고영근이 경찰서에 연행되었다^{제23차 연행}. 그는 5일 동안 경찰서유치장에 구류되었다. 이번에 연행된 이유는 대전 강연^{8월 12일}과 노태우 방미 관련 성명서^{9월 21일} 때문이었다. 성명서 내용은 미국 정부의 대한^{對韓} 정책에 대한 맹렬한 공격이었다. 즉, '한국이 일제 식민지배에서 해방된 지 42년인데도, 남한이 미국의 실제적 지배를 받고 있으니 통탄한다고 했다. 이러한 외침에서 자유를 성취하려면 선거 혁명으로 민주화를 쟁취해야 한다고 주장했다. 미국은 김대중의 출마 자유를 봉쇄시키고 노태우를 내세워 또 다시 군벌정권을 수립하려고 공작정치를 하고 있다.'고 비판했다.

그해 12월 16일 대통령 선거에서 노태우가 당선되었다. 민주화

진영에게는 실패로 종결된 선거였다. 민주화의 무산이었다. 허탈감으로 정신이 멍해졌고 좌절의 수렁으로 빠져들었다. 선거 결과에 대한 고영근의 분석은 "군사정권의 부정선거, 군사정권을 지속시키려는 미국의 그릇된 대한對韓 정책, 곡필아세하는 사이비 언론의 횡포, 거국내각과 단일화를 이루지 못한 무능한 정치인들, 노예근성을 탈피하지 못하고 지방색, 종파색, 이기심에 양심이 썩어진 유권자들이 오위일체가 되어 민주화를 망쳤다." 그렇지만 이에 대한 책임을 고영근이 통감했다. "이 모든 책임은 지도자인 목사들의 책임이 크고 특별히 예언자라 불리는 나 자신의 책임이 크다. 국민 앞에 엎드려 사죄한다."[45]

Ⅳ. 나가는 말

전국 교회를 순회하며 부흥회를 인도하던 고영근 목사는 1976년부터 민주화 운동에 참여했다. 목민선교회를 조직한 그는 구속된 민주화운동가와 그 가족을 돌보는데 힘썼다. 그의 현실 사회정치적 참여 이후로는 교회 부흥회 초청이 점차 줄어들었고, 1983년부터는 그 초청이 끊어졌다. 그러나 다른 한 편 해외 교포 교회들이 그를 부흥회 강사로 초청하였기에 그의 활동 지경은 오히려 국제적으로 확대되었다.

---

45 고영근, 『구원하신 은혜에 보답하려고. 선교활동 40년의 발자취』, 305. 당시 대통령 선거유세 기간에 고영근은 김대중을 지지하며 지원했다. 그러나 선거 결과가 그에게 엄청난 불이익을 가져다 주었다. 그는 장로교(예장통합) 총회 인권위원회 부위원장직에서 해임되고 또 교계의 모든 공직에서 물러나 무임목사가 되었다. 그의 목민선교 후원자 다수도 선교비 지원을 중단했다.

목민목회자 고영근의 기본자세는, 하나님 절대주권과 하나님께 영광을 돌리는 개혁교회 신앙의 기반에서, 인간 개인의 죄에서 구원과 사회 구조악에서 구원을 함께 추구했다. 사회정치적 참여에 순교자 자세를 견지했던 것이다. 그는 현재의 한국 교회가 물질적 축복과 번영의 기복신앙에 치우쳐 있음을 개탄하면서 예수의 산상수훈인 "의를 위해 핍박받는 복"을 가르쳤다. 산상수훈의 복은 불의를 용납하지 아니하고 불의에 아부하지 않는다고 가르쳤다.

제5공화국이 시작되던 1980년에 고영근은 민주주의를 위하여 신군부의 계엄령 해제를 요구했다. 또 군부 독재정권을 방조하고 묵인하는 미국에게 대한對韓 정책을 시정하도록 촉구했다. 유신체제를 계승한 제5공화국이 반정부 투쟁 대학생을 제적시키고 강제로 징집했고, 같은 이유로 노동자를 억압하고, 정부에 비판적인 언론인과 교수를 해직시켰다. 이 정권의 폭력에 맞선 고영근은 민주 인사들과 함께 비폭력 투쟁을 전개했다. 예컨대 노동자 생존권 짓밟는 기업의 상품 불매운동, 편파적으로 왜곡 보도하는 방송 시청거부와 시청료납부 거부, 강제징집 거부 등이 있다. 1983년부터 고영근은 당국에 연행되어 심문당하고 유치장에 갇혔다. 제5공화국 시기에 그는 당국에 의해 21차례나 연행되어서 고초를 겪어야 했다.

1985년 1월 7일 결성된 '재야간담회'가 공명선거, 평화적 정권교체, 대통령 직선제, 언론 자유 등을 요구했고, 이 간담회가 2월 12일 총선國會의 여론에 영향을 끼쳤다고 본다. 선거 결과 야당이 승리했다. 재야간담회22명에 고영근이 참여했고, 그가 집필한 『우리 민족의 나아갈 길』 3권이 총선 선거유세 기간에 전두환 정권의 불법성과 폭력성을 알리는 홍보자료로 활용되었다. 이로 인해 2·12 총선은 정국의 흐름을 바꾸는 분수령이 되었고 군부독재체제를 흔드는 개헌투쟁으로 나아가는 계기가 되었다. 이렇게, 정국의 변화를 이끄는데 기여한 고영근의 투쟁이 이 글에서 확인되었다. 그는 계속해서 전두환 정권 퇴진, 북한 공산주의 경계, 한국의 민주화를 위한 미국의 대한 정책 개선을 요구했다.

1987년 5월 17일 장로교 예장통합교단 순천노회가 주관한 기도회에서 고영근이 3차례 설교했고, 그는 경찰에 연행되어 유치장에 갇혔다. 순천노회 청년연합회^{장청} 회원들이 경찰서로 찾아가서 항의했고, 이것이 도화선이 되어서 이 지역의 대학생과 청년들이 길거리로 나가 시위했다. 이 시위가 순천대학 학생들의 민주화 운동으로 확산되었다. 또 이것이 그해 6월 민주화를 위한 지역의 시민운동으로 발전했다. 그러나 그해 12월에 열린 대통령 선거의 결과는 민주화 진영에게 실패로 종결되었다.

이 글은, 앞에서 밝힌 대로, 고영근이 걸어간 1980년대 발자취를 추적하여 정리한 것이다. 그의 생애 일부를 서술한 이 글은 차기^{次期} 연구의 밑그림이 되기를 희망한다. 즉, 이 글은 고영근의 신학을 연구하는 전^前 단계로서 생애연구였다는 뜻이다. 그런데 그는 "사회구조 복음화 = 민주화"로 표현했는데, 이 생각은 선뜻 받아들이기 힘든 부분이다. 이는 종말론적으로 땅에 임하는 하나님 나라의 관점에서 그의 민주화 운동과 민주주의 사상을 비판적으로 검토할 수 있을 것이다. 또 이 생각은 하나님 나라의 유비^{Analogie} 관점으로도 검토할 수 있을 것이다.

참고문헌

1. 1차 자료[46]

고영근. 『신앙생활 지침서』. 발행처불명, 1966.

_____. 『한국 교회 혁신과 사회 정화 방안』. 대전: 백운교회전도부, 1968.

_____. 『목회계획』. 서울: 보이스사, 1971.

_____. 『한국 교회의 나갈 길』. 서울: 한명문화사, 1972.

_____. 『설교자료집: 군인용』. 서울: 보이스사, 1972.

_____. 『설교자료집: 마태복음』. 서울: 신망애사, 1978.

_____. 『설교자료집: 사도행전』. 서울: 크리스챤신문사 공무국, 1977.

_____. 『설교자료집: 절기용』. 서울: 한국목민선교회, 1988.

_____. 『기독교인의 나아갈 길』. 서울: 한국목민선교회, 1981.

_____. 『죽음의 고비를 넘어서』 1권. 서울: 한국목민선교회, 1981.

_____. 『죽음의 고비를 넘어서』 2권. 서울: 로고스, 1989.

_____. 『민족의 나아갈 길』. 서울: 한국목민선교회, 1982.

_____. 『건강의 비결』. 발행처불명, 1985.

_____. 『우리 민족의 나아갈 길』 1권-7권. 발행처불명, 1984.

_____. 『민주화냐 독재연장이냐』 1권-7권. 발행처불명, 1987.

_____. 『한국 교회 갱신과 선교적 과제』. 서울: 목민, 1994.

_____. 『바르게 사는 길』 1권. 서울: 한국목민선교회, 1991.

_____. 『바르게 사는 길』 2권. 서울: 한국목민선교회, 1992.

_____. 『죽음의 고비를 넘어서』 3권. 서울: 로고스, 1992.

_____. 『나라와 겨레를 내 몸과 같이』. 발행처불명, 1992.

_____. 『광야에 외치는 소리』. 서울: 한국목민선교회, 1993.

_____. 『구원하신 은혜에 보답하려고』. 서울: 목민, 1993.

---

46 고영근이 『구원하신 은혜에 보답하려고. 선교활동 40년의 발자취』에 기록한 저서.

2. 2차 자료

강만길. 『20세기 우리 역사』. 서울: 창작과 비평사, 1999.

고성휘 편. 『목민 고영근 사료집』 IV(1980-1987). 서울: 도서출판 동연, 2021.

김경일. 『김경일 신부의 삶 이야기-약속』. 영광: 도서출판 쇠뜨기, 2019.

서중석. 『한국 현대사』. 파주: 웅진지식하우스, 2016.

임희국. 『한국장로교회 130년. 기다림과 서두름의 역사』. 서울: 장로회신학대학교출판부, 2013.

한영우. 『미래를 여는 우리 근현대사』. 파주: 경세원, 2016.

한국기독교교회협의회(NCCK). 『인권소식』. 제114호(1984. 9. 14); 제130호(1985. 1. 10); 제148호(1985. 5. 16); 제164호(1985. 9. 12); 제176호(1985. 12. 5); 제222호(1986. 11. 6); 제223호(1985. 11. 13).

제 11 장

제2차 세계대전 직후
YWCA 여성들의 선교적 목회

김은하 _ 장로회신학대학교 객원교수, 역사신학/현대교회사

이 글은 2022년 『장신논단』 54-5 (2020.12)에 수록한 글
을 수정·보완한 것임.

I. 들어가는 말

밴 겔더는 "세상 속에서 하나님의 선교에 참여하기 위해 부름 받고, 보냄 받은 존재로 본질상 선교적인, 성령에 의해 창조된 공동체로 존재한다."는 선교적 교회론을 자기정체성으로 주장했다. 이를 바탕으로 이후천은 선교적 교회가 교회를 중심에 두면서도 세상의 문제와 씨름하며 연합적 조직체로서 그리스도를 통한 하나님 나라의 현존을 경험할 수 있도록 성령이 주도하는 하나님의 선교 Missio Dei 에 참여해야 한다고 주장한다.[1] 더 나아가 한국일은 선교적 교회와 함께 선교적 그리스도인, 선교적 삶, 선교적 예배 등 이 모든 것을 포괄적인 목회활동으로 정의하고, 이를 선교적 목회라는 표현을 사용할 것을 제안했다.[2]

이런 관점에 의하면 여성들은 누구보다도 열정적으로 선교적 목회를 실천한 사람들이다. 그 이유는 여성들이 시대를 불문하고 직분과는 상관없이 제도권 안과 밖에서 성령의 부르심에 응답하며 각자 자신의 삶의 현장에서 공동체를 형성하고 복음을 전파하며, 양육과 선교를 실천하며 헌신해왔기 때문이다. 특히 제2차 세계대전 직후 YWCA 기독여성들이 전쟁으로 인해 고통 받은 사회의 문제를 끌어안고 고군분투하며 하나님 나라를 위해 생명 살림의 정신을 실천한 YWCA 기독여성들이 헌신적인 삶은 선교적 목회활동의 표상이다. 그래서 이 글은 제

---

1   이후천, "선교적 교단을 향하여,"『선교신학』36 (2014), 219-20.
2   한국일, "선교적 교회 실천 원리로서 선교적 목회(missional ministry)에 관한 연구,"『선교신학』54 (2019), 378.

2차 세계대전의 끔찍한 상황에서 살아남은 동서양 YWCA 생존자들이 어떻게 전쟁으로 인한 외상 후 스트레스를 극복하고 상호이해와 화해의 길을 모색했는지 살펴보고자 한다.

YWCA 역사 연구는 여성사, 기독교사, 시민운동의 역사에서 매우 중요하다.[3] YWCA는 근대 교육을 받은 신여성들이 기독교의 정체성을 유지하며 자유롭게 사회와 소통할 수 있는 공간이었다. YWCA는 국가적 어려움 속에서도 전국조직망을 갖춤으로써 세계조직과도 연계되어 국제 사회와 소통하는 민간 외교 채널 역할을 감당했다.[4] 8·15 해방은 세계 제2차 대전의 종식과 함께 찾아왔다. 이 시기는 동서양을 불문하고 전쟁으로 인해 무너진 조직을 정비하고, 사업을 재개하고, 국제연대를 강화하려는 의지가 강했다. 동서양 YWCA의 접점은 바로 1947년에 개최된 항주 세계YWCA협의회에서 이루어졌다. 한국YWCA는 국제적인 흐름에 발맞추어 성장을 도모하기 위해 역사상 처음으로 대거 10명의 대표단을 파송했다. 그러나 8·15 해방을 맞이하여 잠시 쉼표를 찍었던 대한민국은 5년 만에 다시 6·25 전쟁에 휩싸여 온 나라가 더욱 피폐해졌다. 이에 한국YWCA는 1950년부터 1952년까지 6·25 전쟁 중에 전쟁으로 인해 고통 받는 사회의 후미진 곳을 찾아 그리스도의 사랑을 실천했다. 고아원을 운영하고, 피난민을 위해 지역YWCA 사무실을 임시 처소로 내어주고 음식을 제공하였으며, 1·4 후퇴 도중에도 학생운동을 꾸준히 전개하여 한국 사회의 미래를 준비했다. 더 나아가 한국YWCA의 박에스더는 세계YWCA의 국제 네트워크를 통하여 세계

---

3 한국YWCA, "한국YWCA연합회 창립 100주년 기념 좌담회," 『기독교사상』(2022. 4), 48.

4 하희정, "3·1운동 이후 담론공간의 탈정치화와 젠더에 대한 사회적 논의," 『한국교회사학회지』 40 (2015), 171.

각국에 6·25 전쟁 구호 사업과 사회의 재건을 촉구했다. 그래서 이 글에서는 해방 이후 한국YWCA와 세계YWCA의 국제교류 상황을 고찰하여 당시 YWCA가 가졌던 시대정신의 변화와 한국사회의 재건을 위한 한국YWCA의 숨은 공로를 밝혀, 한국YWCA가 이 시대에 필요한 자원과 인력을 양성하는 데 일조를 했음을 알리고자 한다.

연구 자료는 한국YWCA연합회에서 발간한 역사자료와 아카이브에 보관된 박에스더의 대외서신 자료와 중국YWCA 아카이브 자료 및 세계YWCA에서 발간한 역사자료집 *Journey of Faith: the history of the World YWCA 1945-1994*와 1952년에 발간된 세계YWCA 회보를 참고하였다.

II. 한국YWCA 재건과 항주 세계YWCA협의회

1. 8·15 해방 이후 한국YWCA 재건

해방을 맞이한 대한YWCA[5]는 내부적으로는 연합회 조직을 정비하고, 38년 이후 중단되었던 YWCA 프로그램을 재개했으며, 외부적으로는 국제연대의 기틀을 마련하였다.

---

[5] 한국YWCA, 『한국YWCA 반백년』(서울: 대한YWCA연합회, 1976), 86. 한국YWCA연합회는 시기별로 명칭을 달리한다. 일제강점기 한국YWCA의 공식명칭은 조선여자기독교청년회연합회(조선YWCA연합회)였고, 1948년 이후에는 대한YWCA로 표기했다.

① 조직정비: 해방 이후 연합회는 수도권에 있는 연합회 이사회와 서울YWCA 이사회를 열어 회칙 개정과 임원을 선출하고, 행정 체계를 갖추고, 사업을 본격적으로 전개하기 위한 회관을 마련하는 데 주력하였다. 1946년 3월, 김활란, 김성실, 신의경, 홍은경 등은 해방 후 재회의 자리에서 정치를 초월한 조직체로 기독교 신앙의 바탕에서 복지 사업을 위한 여성단체인 대한YWCA연합회를 재건하고자 결의했다. 이들은 YWCA연합회와 서울YWCA 이사회를 열어 회칙을 정비하고, 김활란[회장], 유각경[부회장], 신의경[총무], 김성실[협동총무] 등을 임원으로 선출했다.

기본 조직을 정비한 YWCA연합회는 YWCA 프로그램을 운영할 수 있는 회관을 준비했다. 먼저, UN군 사령관 러취 장군, 군정 고문인 호러스 언더우드 Horace Underwood, 보건사회부 시설국장 슈버커를 찾아가서 면담하고 YWCA 회관의 필요성을 적극적으로 어필했다. 그 결과, 보건사회부로부터 서울 명동 1가 1-4회관에 임대사용 허락을 받았고, 조중구는 대지 5,504평, 논 54,260평을 기증하였다.[6] 이로써 8·15 해방 이후 한국YWCA 재건을 위한 기틀이 마련되었다.

② 사업 재개: 한국YWCA는 1938년 이래 흩어진 회원을 모으고 중단되었던 YWCA 사업을 회복하는 재건활동, 구호 사업, 청소년 활동을 전개하였다. 1946년부터 48년 사이에 신규로 지방 조직을 창립하고 회원 심방을 통해 흩어진 회원을 모으기 시작했다. 지방 조직은 YWCA 창립 초기에 개설된 광주YWCA[1922.11.5], 서울YWCA[1922.12.9], 대구YWCA[2023.4.], 이화여대 학생YWCA[1922], 순천YWCA[1946.3.15], 대전YWCA[1946.4.10], 부산YWCA[1946.7.1], 목포YWCA[1947.4.1], 조치원YWCA

---

6   위의 책, 86-88.

1948.2.16가 신설되었다.[7]

1947년의 주요 사업으로는 8월 12일부터 18일까지 진관사에서 "너희는 몸을 새로 바치라"는 주제로 개최된 YWCA 전국대회가 있다. 여기에는 서울, 광주, 목포, 여수, 부산, 대구 등의 6개 YWCA와 이화, 대구신명, 개성, 명덕, 배화, 풍문여중 등 7개 여학교 YWCA 대표들이 참석했다. 황애덕이 주제 설교를 맡았고, YWCA 대표 참가자들은 지방 YWCA 재건을 위해 프로그램 개발과 실천을 위한 상임 간사의 양성, 그리고 비기독교계 학교의 학생YWCA 조직을 위해 논의했다. 대회 마지막 날인 1947년 8월 17일에 김활란회장, 황애덕부회장, 최예순총무, 박마리아서기, 이마리아, 홍은경회계을 임원으로 선출했다.[8]

③ 국제연대: 세계적인 회의에 YWCA 회원을 파송하여 국제연대를 강화했다. 1946년 2월 미국에서 개최된 미국YWCA 전국대회에 김활란이 참석했으며[9], 1947년 7월 22-31일 오슬로에서 개최된 제2차 세계기독청년컨퍼런스World Conference of Christian Youth에 장영숙, 강서라가 참가했다.[10] 특히, 1947년 10월에 중국 항주에서 개최된 항주 세계 YWCA협의회에 한국YWCA 10명의 대표가 참가하여 YWCA의 국제연대를 강화했다. 참가자는 김활란, 최이권, 김신실, 황애덕, 양한나, 박마리아, 최예순, 김정옥, 김자경, 핏치 부인 등 10명이었다.[11] 이는 한국 YWCA 입장에서 역사상 처음으로 다수의 YWCA여성들이 세계적인 회의에 참석했다는 점에서 큰 의미가 있다.

---

7   대한YWCA, 『한국YWCA 80년사』(서울: 대한YWCA연합회, 2006), 634-35.

8   한국YWCA, 『한국YWCA 반백년』, 89-90.

9   위의 책, 88.

10   위의 책, 306.

11   서울YWCA, 『서울YWCA 50년사』(서울: 동영인쇄, 1976), 634-35.

〈사진1〉 1947년 항주 세계YWCA협의회에 참가한 한국대표단[12]

위로부터
양한나, 최이권,
김활란, 황애덕,
김신실, 박마리아,
김정옥, 핏치 부인,
김자경, 최예순

2. 제2차 세계대전 종전 후 세계YWCA 재건

항주 세계YWCA협의회는 세계YWCA 입장에서도 세계 제2차 대전 후에 처음으로 개최된 협의회이자 아시아에서 개최된 첫 협의회 라는 점에서 매우 중요한 회의였다. 이 대회의 개최 배경을 아는 것은 전후 여성들의 시대 인식을 파악하는 데 도움이 될 것이다.

① 조직정비: 8·15 해방 이후 한국에서 YWCA의 재건이 주요 과제였던 것처럼, 세계YWCA 역시 제2차 세계대전으로 인해 무너진 세계YWCA 재건에 대한 의지를 다짐했다. 1945년 9월에 세계YWCA 임원 루스 라우스Ruth Rouse, 1938-1946, 회장, 영국와 루스 우드스몰Ruth Woodsmall,

12 한국YWCA, "1947년 항주 세계YWCA협의회 참가자," [2022. 7. 10. 한국YWCA연합회 사진제공].

^{1935-1947, 총무, 미국}은 세계YWCA 본부를 영국에서 스위스로 이전하고 실행위원회를 재개했다.

1945년 11월, 전쟁 후에 모인 첫 실행위원회는 전쟁으로 인해 무너진 세계 각국의 YWCA 재건에 대한 의지를 확인했다. 각 나라의 YWCA 센터는 전쟁으로 인해 파괴되었지만, 수백만 명의 사상자, 실향민과 난민들을 돌보기 위해 협력하기로 했다. 실행위원회 마지막 주간 ^{1945.11.11-17}은 세계YWCA 기도 주간으로 정하고 함께 예배를 드렸다. 이 자리에서 루스 라우스 세계YWCA 회장은 지금이야말로 새로운 여성이 나서야 할 시대라고 강조하며 YWCA의 새로운 비전을 선포했다.

> 전쟁은 항상 여성을 앞으로 나서게 했습니다. 역사상 YWCA가 가장 활동하게 움직인 시기는 바로 지금입니다. 위기의 시대, 전후 시대, 재건의 시대, 고난과 전환의 시대, 이 시기야말로 새로운 여성이 등장하여 섬겨야 하는 시대입니다. … 이 무한한 필요의 세계는 YWCA에게 있어서 무한한 기회의 세계입니다. 우리의 궁극적인 목적은 전 세계의 친교를 강화하여 그 힘으로 국가 간의 화해를 구축하는 것입니다.[13]

② 사업 재개: 세계YWCA 확대 실행위원회를 개최하여 세계 YWCA의 우산 아래 모든 회원 국가는 한 가족임을 재확인하였다. 1946년 5월에 개최된 세계YWCA 확대 실행위원회는 제2차 세계대전 기간에 서로 적대국에 속했던 YWCA 회원들을 한자리에 모았다. 이들

---

13   Carole Seymore-Jones, *Journey of Faith: the history of the World YWCA 1945-1994* (London: Allison and busby, 1994), 30.

중에는 끔찍한 전쟁의 생존자로서 적국의 여성과 한 자리에 있는 것만으로도 두려움에 떠는 전쟁 후 외상 스트레스에 시달리는 회원들이 있었다. 그러나 이들은 비록 국가는 달라도 하나님의 사랑으로 한 가족임을 재확인하며, 서로의 상처를 보듬어 집단 트라우마 치유를 경험했다.

네덜란드의 잭 반 스토위겐Jack van Stoewegen에 의하면, 독일YWCA 회원은 나찌돔Nazidom의 체제에서 신앙의 양심은 있지만, 자신이 대항할 수 없는 엄청난 부조리 앞에서 느꼈던 자신의 무력감과 죄책감을 고백하며 사죄했고, 피해국의 YWCA 회원은 '하나님 앞에서 우리 모두는 용서가 필요한 사람이라고 기도 가운데 응답하셨다'고 하면서 화해의 포옹을 하였다. 이로 인해 모든 회원들은 YWCA가 울고 있는 세계를 치유하는 상처 입은 치유자가 되어야 한다는 의식이 확산되었다. 그 결과, 세계YWCA는 이들이 겪은 치유와 화해의 경험을 아시아까지 확산되기를 기대하며 1947년 협의회를 동아시아, 특히 비기독교 국가인 중국에서 개최하기로 결의했다.[14]

③ 국제연대: YWCA 여성들은 항주 세계YWCA협의회에 참석하기 위한 고난을 기쁨으로 감당했다. 제네바에서 항주로 오는 길은 험난했다. 항주 세계YWCA 협의회 준비팀은 각각 비행기, 증기선, 화물선을 이용했는데, 전쟁의 여파로 비행기 운항이 축소되었고, 인플레이션으로 항공권 비용도 증가되었다. 해상 교통 역시 수에즈 운하의 폐쇄로 말미암아 유럽에서 중국행 항로가 막혔다. 그리하여 이들이 상해까지 도착하는 데 거의 3주나 걸렸다. 심지어 마들렌 바롯Madeleine Barot과 엘리자베스 팔머Elizabeth Palmer는 오는 도중에 태풍을 만나 배가 파손되어, 수

---

14 위의 책, 30-35.

리를 위해 일본의 요코하마까지 거쳐서 겨우 상해에 도달했다. 이처럼 어려운 상황에도 불구하고 세계YWCA는 항주세계YWCA협의회의 개최를 포기하지 않았다.[15]

이렇게 항주에 미리 도착한 사람은 7월에 루스 우드스몰, 마리안Marian, 로이스와 베네디체트Royce and Benedicte Wilhjelm, 8월에 실행위원인 마들렌 바롯과 훌다 자르낙Hulda Zarnack, 청소년 담당 엘리자베스 팔머와 코넬리아 반 아쉬 반 윅Cornelia van Asch van Wijck, 핀란드에서 온 실비 비사파Sylvi Visapaa 등이다.[16]

3. 항주 세계YWCA협의회에서 YWCA 여성들의 동서교류가 한국에 미친 영향

항주 세계YWCA협의회는 "앞으로 나아가게 하라, 세계YWCA의 믿음과 행동으로"That They Go Forward –The World YWCA in Faith and Action라는 주제 하에 1947년 10월에 개최했다. 참가국은 한국을 비롯해 버마현 미얀마, 실론현 스리랑카, 아르헨티나, 호주, 벨기에, 캐나다, 체코, 덴마크, 핀란드, 프랑스, 말레이시아, 멕시코, 필리핀, 스웨덴, 태국 등 23개국이었다.[17] 대회의 특징을 정리하면 다음과 같다.

첫째, 1947년 항주 세계YWCA협의회에 모인 동서양 YWCA 여

---

15   위의 책, 37-39.
16   위의 책, 39.
17   김은하, "20세기 초 팬데믹 시대에 움튼 여성들의 우정: YWCA를 중심으로," 『한국선교신학』 65 (2022), 47-74; 中华基督教女青年会全国协会, 『女青-1947』(중국: 古籍网, 1947), 3.

성들은 우정과 친교를 통해서 국가 간의 화해를 구축하는 데까지 헌신할 것을 다짐하며 사회적, 정치적 문제에 대한 논의를 광범위하게 다루었다. 모두발언을 한 장개석의 아내 쑹메이링 末美齡은 환영 파티에서 이 시대와 전쟁으로 훼손된 세계가 내적인 믿음과 소명으로 선한 싸움을 싸울 평화의 리더십을 요청한다[18]고 강조했다. 참가자들은 주로 항주협의회에서 선출된 신임 회장 코넬리아는 대의원들에게 "기초가 흔들리는 세상 속에서 세계YWCA의 존재 의미는 무엇인가?"라고 도전하며 제2차 세계대전을 전후하여 YWCA를 둘러싸고 있는 정치적 상황의 변화와 여성들의 지위 변화에 따른 세계적 변화에 대해 연설했다.[19]

① Young: 1947년 세계교회협의회는 자체적으로 청년부를 창설했다. YMCA, YWCA, WSCF단체와 연합 운동으로 전개되던 20세기 초 청년운동 단체의 지형변화를 예고했다.

② Women: 제2차 세계대전을 중심으로 여성들의 독자적인 사역이 확대되고 여성의식이 높아짐에 따라, 20세기 초 YMCA와 YWCA가 연합으로 활동하던 프로그램에서 여성이 주체가 되는 YWCA 프로그램 개발을 해야 할 필요가 있었다.

③ Christian: 제2차 세계대전 중 세계YWCA의 구호활동에 참여한 비기독교인 회원들이 증가했다. 이에 따라 세계YWCA는 종전의 기독교 신앙교육 중심에서 시민단체로서 여성운동의 정체성을 강화해야 할 필요가 있었다.

④ Association: 세계YWCA 이사회는 국제친선을 통해 평등과

---

18   千聖林, "上海 中西女塾(1892-1952) 研究,"『중국근현대사연구』85 (2020), 53.

19   Carole Seymore-Jones, *Journey of Faith*, 32-33.

정의의 가치를 실현하기 위해 각 나라의 리더십 훈련을 주요 프로젝트로 삼고 지원하기로 결의했다.[20] 또한, 항주 YWCA협의회의 의미를 되새기고, 세계 각국의 YWCA 회원들이 동일한 주제로 함께 예배드리며 친교를 도모하기 위해 매해 4월 넷째 수요일을 "세계 회우일"World Day of Peayer로 정했다.[21]

둘째, 국제사회에서 한국YWCA의 지위가 변화되었다. 1947년 항주 세계YWCA협의회 이후 세계YWCA의 연대는 더욱 강화되었다. 한국은 정식으로 세계YWCA 회원국으로 가입했고, 김활란이 세계 YWCA 실행위원으로 선출되었다. 항주 세계YWCA협의회 전후로 세계 YWCA 임원들의 한국 방문이 이어졌다. 대회 개최 전 1947년 8월에는 총무 루스 우드스몰이 한국 상황을 파악하기 위해 내한하였고[22], 대회 후 10월 말에는 세계YWCA 대표단이 동아시아의 평화와 화해를 도모하기 위해 한국과 일본을 방문했다. 이 중 한국에 방문한 YWCA신임회장 코넬리아와 마들렌 바롯은 한국에 들러 이화여자대학교를 방문했다.[23] 이처럼 한국YWCA의 국제적 상호 유대의 결실로 박에스더가 한국YWCA 간사로 부임했다.[24]

셋째, 항주 세계YWCA협의회 이후 한국YWCA의 변화를 도모했다. 한국YWCA 재건에 있어서 박에스더의 역할은 매우 크다. 1947년 11월에 한국에 부임한 박에스더는 한국YWCA의 행정 체계를 세우고, 각종 프로그램의 방향, 프로그램 전개방법에 큰 변화를 가져왔다. 먼저,

---

20 위의 책, 40.
21 서울YWCA, 『서울YWCA 50년사』, 96.
22 한국YWCA, 『한국YWCA 반백년』, 293.
23 Carole Seymore-Jones, *Journey of Faith*, 43.
24 한국YWCA, 『한국YWCA 반백년』, 102.

박에스더는 한국YWCA의 목적을 세계YWCA의 기조에 맞추어 재조정했다. 기존 성경연구, 기도모임, 일요 학교 등 종교 교육중심의 한국YWCA 프로그램을 '모든 인류가 한 가족으로 살 수 있는 사회적, 경제적 환경에 대한 변화를 꾀하는 평등, 정의'와 같은 주제 프로그램으로 방향 전환을 모색했다. 1948년 하령회에서 한국사회 현실에 입각한 YWCA 사명을 다짐했던 학생들은 1949년 8월에 재차 전국 학생회의를 개최하고, "기독교 신앙이란 무엇이냐?"라는 물음을 던지며 학생 생활과 이웃생활, 민족적, 사회적, 세계적인 문제에 대한 깊은 반성과 토론을 벌였다. 그리하여 1950년대에는 단순한 기독교적 신앙운동에서 사회의식을 강조하는 학생운동으로 변모하였다.[25]

다음으로, 박에스더는 한국YWCA의 조직을 개편했다. 1948년에는 YMCA, YWCA, 그리고 한국기독학생연맹[KSCF]의 3개 단체가 합동으로 혹은 독자적인 방향으로 학생 기독운동을 전개하였다. 1948년 7월 23일부터 29일까지 이화여대에서 개최된 임시 전국대회는 "청년을 그리스도에게"라는 주제로 공동 목표 하에 YMCA, YWCA, 그리고 한국기독학생연맹이 상호협조로 공동 운동을 전개했다. 이 대회의 강사는 세계YWCA 간사 엘리자베스 파머와 세계기독학생연맹[WSCF] 극동지역 간사인 토마스[Thomas] 박사였다. 반면, 한국YWCA는 점차 학생 YWCA를 Y-틴과 대학YWCA로 분리하고, 1949년에는 별도로 직업여성을 위한 청년부 활동[Young Adult Program]을 시작하여 그룹별로 학생기독운동의 특수성에 맞는 프로그램을 개발했다.[26]

---

25 한국YWCA, "한국YWCA연합회 창립 100주년 기념 좌담회," 63.
26 위의 책, 96.

마지막으로, 박에스더는 사단법인 "대한여자기독교청년회 연합회후원회"를 조직하여 재정적인 자립을 도모했다. 후원회를 통해 연합회 사업을 후원하고, 지방 YWCA 후생시설을 직영하여, 자립적 재단기금을 모아 대외의존도를 낮추었다. 특히 서울YWCA는 1948년 8월, 당시 회원수 300명, 직원 7명, 이사 20명, 무급간사 18명으로 12개 부서를 만들어 구호사업, 소비조합과 신용조합 등을 운영하였으며, 다양한 클럽활동을 운영하여 여성들의 일자리를 제공했다.[27] 이로 인해 회원이 급속하게 증가하여, 1950년 6월까지 서울, 조치원, 대전, 이리, 전주, 광주, 순천, 여수, 목포, 마산, 금촌, 부산, 대구 YWCA 센터가 복원되었고, 동래에서 지역 여성과 소녀를 위한 훈련 프로그램이 시작되었다. 이 외에도 21개 대학교와 고등학교에서 YWCA가 조직되었다.[28]

III. 6·25 전쟁 전후 YWCA 기독여성운동

1. 해외 YWCA 기독여성의 국제연대

6·25 전쟁의 어려움 속에서도 한국YWCA 여성들은 다각도로 국제사회와 한국사회를 잇는 민간외교관 역할을 했다. 여성들은 전쟁

---

27   서울YWCA, 『서울YWCA 50년사』, 51-56.

28   https://ywca-archive.or.kr/items/show/4071, "1952. 9. 4. 박에스더가 유엔한국재건 사무소의 오거스타 메이어슨(Augusta Mayerson)로 보낸 대외서신," [한국YWCA 아카이브, 2022. 9. 25 접속].

중에도 국제회의에 참가하여 한국의 상황을 알리고 원조 요청을 했으며, 미국인의 귀환 조치로 1950년 9월에 한국을 떠나 있었던 박에스더는 미국에 있는 동안 각 기관에 편지를 보내어 다각도로 국제 사회의 협조를 구했다.

첫째, 세계YWCA와 연대했다. 박에스더는 글과 편지를 통해 UN을 비롯한 해외 기관에 도움을 요청했다. 6·25 전쟁이 발발하자 미국시민권자인 박에스더는 강제로 출국할 수밖에 없었다. 그러나 그는 해외에 머무는 동안 지속적으로 국내YWCA 임원과 소통하며[29], 해외에 머무는 동안 백방으로 편지를 보내어 한국의 재건을 위한 도움을 요청했다. 박에스더는 1952년 4월호 세계YWCA 회보에 한국YWCA의 사업과 비전을 소개하였고, 세계YWCA 본부는 한국을 위한 긴급 지원 창구를 열어 세계 각국의 후원을 독려했다.[30]

또한, 1953년 1월에는 세계YWCA 헬렌 로버츠 Helen Roberts, 세계 YWCA 총무, 아놀드 B. 바우트 Arnold B. Vaught, Church World Service 부실행위, 엘판 리 Elfan K. Rees Hile, WCC 난민관련자문관, 디 티 놀데 D.T. Nolde, 유엔한국재건단 국제관계위원회 국장 등 세계교회 대표들이 한국실사단을 구성하여 한국에 방문하여 박에스더와 만났다.[31] 그 결과 전 세계로부터 한국YWCA의 재건을·위해 다양한 지원프로젝트가 만들어졌다.

둘째, 유엔한국재건단과 연대했다. 박에스더는 유엔한국재건단 실사조사단에 참여하여 1952년 8월 17일부터 한국을 방문했다. 그 전

---

29 https://ywca-archive.or.kr/items/show/4051, "1950. 10. 26. 주영옥이 박에스더에게 보낸 편지," [한국YWCA 아카이브, 2022. 9. 25 접속].

30 Park Esther, "The YWCA in KOREA," 5-8.

31 https://ywca-archive.or.kr/items/show/3937, "1953. 1. 21. 오거스타가 박에스더에게 보낸 편지," [한국YWCA 아카이브, 2022. 9. 25 접속].

에 박에스더는 한국YWCA 재건을 위해 자신을 파송해 줄 것을 자원하여 귀국하지 않고 한국에 남았다.[32] 유엔한국재건단의 실사 방문 후, 1952년 9월 3일에 유엔한국재건단 오거스타 메이어슨^{Augusta Mayerson}은 박에스더에게 실사조사 기간에 보여준 환대에 감사하며 유엔한국재건단의 지원 방안에 대한 논의를 제안했다.[33]

박에스더는 편지를 받자마자 바로 다음 날^{9월 4일}에 오거스타에게 회신했다. 박에스더가 제안한 요청은 크게 5가지였다: 1) 여성과 소녀들이 가족을 만날 수 있는 따뜻한 공간 마련 2) 여성들이 잠시 머물 수 있는 안전한 공간 마련 3) 여성 상담을 위한 장소 마련 4) 10대 여성들이 가정처럼 편안하게 머물 수 있는 센터 마련 그리고 5) 여성 자립을 위해 한시적으로 일할 수 있는 프로젝트와 프로그램 운영에 관한 도움 요청이었다.[34]

오거스타는 1952년 9월 10일에 다시 편지를 보내어 여성과 소녀를 위한 긴급 지원에 대해 더 심도 깊은 논의를 제안했고,[35] 박에스더는 1952년 10월 16일 오후 3시에 한국재건단 사무실에서 부산한국재건단이 주최한 세계자원봉사기관 대표자 모임에 박에스더가 참가하여 유엔한국재건단의 한국 프로그램과 자원봉사 기관에 제공할 있는 지원 방안에 대해 논의했다.[36]

---

32 https://ywca-archive.or.kr/items/show/3959, "1952. 8. 29. SM 비노쿠(SM. Vinocour)가 아더 루커(Authur Ruker)에게 보낸 대외 서신," [한국YWCA 아카이브, 2022. 9. 25 접속].

33 https://ywca-archive.or.kr/items/show/3937, "1953. 1. 21. 오거스타가 박에스더에게 보낸 편지," [한국YWCA 아카이브, 2022. 9. 25 접속].

34 https://ywca-archive.or.kr/items/show/4071, "1952. 9. 4. 박에스더가 오거스타에게 보낸 대외서신," [한국YWCA 아카이브, 2022. 9. 25 접속].

35 https://ywca-archive.or.kr/items/show/3954, "1952. 9. 10. 오거스타가 박에스더에게 보낸 대외서신," [한국YWCA 아카이브, 2022. 9. 25 접속].

36 https://ywca-archive.or.kr/items/show/3951, "1952. 9. 3. 메이어슨이 박에스더에게 보낸 대외서신," [한국YWCA 아카이브, 2022. 9. 25 접속].

셋째, 대표자들이 국제회의에 참가했다. 한국YWCA의 차기 리더십 개발을 위해 활동가들을 지원하는 인재양성 프로그램이 개발되었고, 이들은 각종 국제회의에 참가하여 한국의 실정을 세계 교회에 알렸다. 1951년 레바논 베이루트에서 열린 세계YWCA협의회에 김신실이 참가했고, 1952년 인도 트라방크Travancore에서 개최된 제3차 세계기독학생컨퍼런스에 김현자가 참석했다. 이들은 6·25 전쟁 중에 있는 한국의 참상을 알리고, 한국 YWCA 여성들의 헌신과 새로운 운동을 소개했다.[37]

2. 한국 내 YWCA 기독여성의 구호 사역

항주 세계YWCA협의회 이후 빠르게 자리를 잡아가던 한국 YWCA는 또 다시 위기에 봉착했다. 6·25 전쟁의 발발로 한반도가 광복을 맞은 지 5년 만에 피로 얼룩져 거의 복구불능의 상태로 파괴된 것이다. 게다가, 1·4 후퇴로 인해 남부 지역은 그곳으로 몰려드는 피난민들로 인해 아비규환 상태였다. 이러한 때에 한국의 각 지역 YWCA는 전쟁으로 인해 불안하고 혼란했던 사회 속에서 정부가 미처 손댈 수 없었던 그늘진 곳을 찾아 기독정신으로 구호 운동에 앞장섰다. 1952년에 박에스더가 세계YWCA 회보에 기고한 자료에 의하면, 1950년대 한국 YWCA의 사업 방향은 구호사업, 고아 지원사업, 학생그룹 조직화였다.

첫째, 구호사업의 조직화했다. 6·25 전쟁 중 한국 사회는 홀로된

---

37 한국YWCA, 『한국YWCA 반백년』, 103.

여성에 대한 지원 사업이 시급했다. 피난하면서 가산을 잃어버리고, 실종된 가족의 소식도 듣지 못한 채 자녀를 부양해야 하는 미망인, 전쟁 미망인, 군경 미망인, 가족의 생계를 이끌어 가는 미혼 여성들이 생사의 기로에 서 있었다.[38] 무엇보다도 피난민을 위한 집, 음식, 물, 일자리가 긴급하게 필요했다. 그래서, 각 지역의 YWCA는 센터를 피난민을 위한 처소로 개방하고 정부와 연계하여 그들을 돕는 역할을 했다.

가령, 환승 피난민으로 인해 유동인구가 많은 대전YWCA는 기차역에서 물과 음식을 공급했고, 작은 YWCA 건물은 하루에 150명이나 숙박할 정도로 많은 사람들로 붐볐다. 연중 내내 피난민이 많은 부산과 대구YWCA는 국군병원 환자들을 위해 음식, 세탁, 간호 등을 담당하며 피난민과 환자들에게 복음을 전파하고 함께 예배를 드렸다.[39] 특히 광주YWCA는 김필례의 도움으로 1952년 7월 1일, 불우아동복지사업을 위해 성빈여사, 호남여숙, 소녀의 집 등 기숙학교를 설립하여 사회복지시설 사업을 시작했다.[40]

둘째, 고아원 운영을 통해 한국 사회의 자립을 도모했다. 6·25 전쟁의 수많은 희생자들 중 어린아이들을 위해 고아원을 운영하여 부모를 잃은 아이들을 돌보았다. 군산의 경우, 북쪽에서 배로 피난 온 사람들, 전쟁으로 인한 장애인, 미국 기지로 인해 국제 고아가 된 사람들이 많았는데 이들을 위해 센터를 개방했다.[41] 목포YWCA는 센터 안에서 95명의 고아들을 돌보며 이들의 음식, 옷, 교육을 담당했다. 부산

---

38 이영식, "광복 이후 광주 선교스테이션의 의료 활동과 대 사회적 역할,"『한국교회사학회지』 54 (2019), 278.

39 Park Esther, "The YWCA in KOREA," *World's YWCA Monthly* 30/4 (1952), 5-8.

40 대한YWCA,『한국YWCA 80년사』, 68.

41 군산YWCA,『군산YWCA 50년사』(군산: 군산YWCA, 2001), 54.

YWCA와 거제YWCA는 UN이 운영하는 고아와 피난민을 돌보는 사업을 위탁받았다. 특히 부산YWCA가 위탁 운영하던 동래농예원은 국군 병원으로 사용되었는데, 1951년 봄에는 터전의 일부를 사용할 수 있도록 허가받아 보호자가 없는 학생들의 자립을 도왔다. 이들은 혼돈과 불확실 속에서도 정규 프로그램을 운영하려고 노력했다. 성경공부, 찬양, 바느질, 영어, 학교를 운영하고, 10대, 젊은이, 그리고 가정주부를 위한 프로그램을 운영했다. 프로그램은 강의, 영화, 대중 교육, 기도회, 주제 토론 등이었다.[42]

셋째, 학생운동을 통해 차세대 지도자를 양성했다. 6·25 전쟁 전에 조직되었던 학생 그룹은 피난처인 부산에서 재조직되었다. 가령, 이화여대는 언덕에 텐트와 임시 건물을 지어 개학했는데, 전쟁의 아픔이나 환경이 열악함에도 불구하고 배움에 대한 열기를 띠었다. 이화여대 학생 전체 810명 중 400명이 YWCA에 가입하여, 봉사의 삶을 실천했다. 이들은 캠퍼스 내에서는 학생들을 위한 예배, 음악, 사회봉사 운동을 했고, 대외적으로는 부상병을 대상으로 간호, 편지쓰기, 예배 등을 담당했다. 이 외에도 이화여고, 무학여고, 성신여고, 신광여고 등 8개의 학교를 운영하였다.[43]

6·25 전쟁 중에도 진해와 군산 등에 새로운 YWCA 지방 조직이 생겨났으며, 1951년 여름 전남 광주에서 YMCA와 합동 학생하령회, 10월 4일부터 7일까지 부산 필승각에서 학생지도자 양성회를 가졌다. 1952년 4월 15일부터 17일까지 부산 이화여대 강당에서 "그리스도의

---

42   World YWCA, *World's YWCA Monthly* 30/4, 5-8.
43   위의 책, 5-8.

생명력으로"라는 주제로 전국대회가 개최되었다. 참가자는 11개 지방 대표 30명과 11개 학교대표 20명, 그리고 방청자 20명이 모여 "이 어려운 시기에 YWCA가 무엇을 할 것인가"에 대한 논의가 이어졌다. 이 때 김활란과 황애덕은 강연으로 기도의 힘을 강조하였으며, 김필례는 격려사를 통해 "YWCA의 기독교 정신"을 강조하였다.[44]

3. 6·25 전쟁 이후 한국YWCA의 변화

1954년에서 55년까지 한국YWCA 목표는 젊은 여성들이 기독교인으로서의 공통된 이상을 목표로 서로의 친선을 두텁게 함과 동시에 인류에 대한 예수의 사랑을 배우고 실천하고 나누게 하는데 있었다.[45] 해방 직후부터 6·25 전쟁 전·후 시기 한국YWCA 살림의 기독여성운동은 오늘날 YWCA 목적문에 명확하게 잘 표현되어 있다.

첫째, 젊은이가 한국YWCA를 주도하는 스튜던트 파워가 강화되었다. Y청년 운동은 미래를 지향하는 젊은 사고와 청년성을 갖고 개방적이며 진취적으로 활동하는 운동체이다.[46] 제2차 세계대전 이후 세계 YWCA, 세계YMCA, 그리고 WSCF가 주축이 되어 무너진 세계를 다시 세우고자 젊음을 바쳐 헌신했던 것처럼, 한국의 젊은이들 역시 한국 YWCA, 한국YMCA, 그리고 KSCF가 상호 협력을 통해 한국 사회의 고통을 대신 짊어졌다. 그리고 새로운 시대를 꿈꾸는 젊은이들이 진취적

---

44 한국YWCA, 『한국YWCA 반백년』, 108-09.
45 대한YWCA, 『한국YWCA 80년사』, 539.
46 사천YWCA, 『사천YWCA 30년사』(사천: 사천YWCA, 2018), 2.

으로 새 역사를 일구어 냈다. 다음은 1948년부터 1953년까지의 한국 YWCA 회원수이다. 표에 의하면, 6·25 전쟁의 어려운 상황 속에서도 학생들의 수는 급증하였다.

〈표1〉 1948년부터 1953년까지의 한국 YWCA 회원수[47]

연도	회원YWCA	성인회원	대학YWCA	Y-틴회원	합계
1948년	13	1,243	3학교 275	1,081	2,599
1950년	14	124	4학교 1,562	-	1,686
1952년	12	2,452	9학교 5,807	8,259	16,518
1953년	12	2,316	11학교 6,401	5,215	13,932

둘째, 여성들이 수혜를 받는 주체에서 시대의 주체로 변화했다. W여성 운동은 여성의 사회참여와 지위향성을 위해 여성이 주체적으로 활동하는 살아있는 운동체이다.[48] 8·15 해방 이후부터 6·25 전쟁의 휴전까지 국가적인 위기에도 불구하고 여성들은 다음 세대 지도자 양성을 위한 훈련을 멈추지 않았다. 그리고 훈련을 받은 여성들은 귀국하여 YWCA 지도자로서 한국사회를 위해 헌신하였다. 여성들은 종전의 수혜자로서의 여성에서 울고 있는 시대를 이끌어 가는 주역으로 발돋움하였다.

---

47 대한YWCA, 『한국YWCA 80년사』, 552.
48 사천YWCA, 『사천YWCA 30년사』, 2.

〈표2〉 국제회의 및 연수 참가일람표 보완[49]

연도 및 일정	내용	개최지	참가자
1946.2.	미국YWCA전국대회	미국	김활란
1947.4.	제2차 세계기독학생컨퍼런스	노르웨이(오슬로)	장영숙, 강서라
1947.7.	세계지도자협의회	미국(뉴욕)	모윤숙
1947.10.	세계YWCA협의회	중국(항주)	김활란, 최이권, 김신실, 황애덕, 양한나, 김정옥, 박마리아, 최예순, 김자경, 핏치 부인
1947.12.	학생지도자협의회	인도	모윤숙, 김성실
1949.	WSCF총회	캐나다	김폴린
1949.11.20.	세계YWCA지도자 기획위원회 및 동남아시아 YWCA회의	태국(방콕)	박에스더, 최예순
1951.	세계YWCA협의회	베이루트	김신실
1951.5.21.-1953.3.	한국YWCA전문간사 훈련	미국(미네소타)	김봉화
1951.5.21.-1953.3.	한국YWCA전문간사 훈련	미국(뉴욕)	김현자
1951.7.	미국YWCA하기강습회 참가	미국	김옥길
1952.11.-1953.9.	한국YWCA 전문간사 훈련	미국(뉴욕)	김옥주, 박순양
1952.	제3차 세계기독학생컨퍼런스	인도(트라방크)	김현자
1955.8.31.-9.15.	세계YWCA협의회	영국(런던)	박마리아, 양매륜, 김화순, 박에스더, 김애마

셋째, 교회 중심에서 온 세상을 하나님의 집으로 고백하는 기독교 정신 강화되었다. C기독교 운동은 예수 그리스도의 사랑을 바탕으로 사

---

[49] 대한YWCA, 『한국YWCA 80년사』, 601. 본 도표는 한국YWCA 80년사 자료에 필자가 연구한 항주 세계YWCA협의회와 제2차 세계기독학생컨퍼런스 자료 부분을 추가하여 편집하였다.

회 정의와 평화를 이루어가는 공동체이다.[50] 1947년 항주 세계YWCA 협의회 이후 한국YWCA는 지속적으로 세계회우일 예배와 국제친선주간을 지켜 오고 있다. 이로써 한국YWCA는 모든 인류가 하나님의 자녀로 성장하고 하나님의 뜻을 이루기 위하여 활동하는 국제공동체의 일원이라고 고백한다. 다음은 세계회우일과 YWCA/YMCA 기도 및 국제친선주간의 공동기도 주제이다.

〈표3〉 1949년부터 1953년까지의 세계YWCA회우일 및 기도주간 주제[51]

연도	세계회우일(4월)	YW/YM 기도 및 국제친선주간(11월)
1949년		예수는 문제의 해답이시다
1950년	내 믿음과 내 직업	우리 시대의 신앙
1951년	이 세계 안에서의 내 위치	-
1952년	세계 평화에 대한 나의 공헌	네 이웃을 네 몸과 같이 사랑하라
1953년	나는 변천하는 세계에 직면하고 있다.	생명의 길

넷째, 전쟁의 생존자들이 외치는 평화운동으로 발전했다. A (회원)운동은 전국에 있는 회원이 주체가 되어 움직이는 민주적인 공동체이자 국제운동의 일원인 세계YWCA 회원국으로서 세계 평화를 위해함께 일하는 운동체이다.[52] 매년 4월 넷째 주 수요일에 드리는 "세계회우일"은 전쟁이라는 "비정상이 정상"인 상태가 지속된 야만의 시대에생명의 소중함을 일깨우고, 한 생명이라도 살리려는 간절함에서 비롯

---

50   사천YWCA, 『사천YWCA 30년사』, 2.
51   대한YWCA, 『한국YWCA 80년사』, 616.
52   사천YWCA, 『사천YWCA 30년사』, 2.

한 글로벌 네트워크 평화운동이었다. 이러한 정신을 이어받아 YWCA는 탈핵생명운동, 성평등운동, 평화통일운동, 청년청소년운동 등 다양한 생명살림의 운동을 전개하고 있다.[53]

Ⅳ. 나가는 말

해방 직후부터 6·25 전쟁 전·후 시기는 한국뿐 아니라 세계현대사에 있어서도 중요한 분기점이었다. YWCA는 전쟁으로 인해 황폐화된 전 세계를 복구하고, 삶의 기반을 잃어버린 다수의 약자들, 특히 여성들과 아이들을 돌아보는 일은 한국 사회의 당면 과제였다. 본 연구를 통해서 알게 된 전후시대, 위기의 시대, 고난의 시대에 보여 준 한국 YWCA의 공헌은 다음과 같다.

첫째, 한국YWCA는 전쟁의 시기에 글로벌 네트워크를 적극 활용하여 지원을 요청함으로써 민간외교관 역할을 담당하였다. 이에 대한 응답으로 세계YWCA 본부를 통해 세계 각국의 YWCA가 한국이 겪는 고통과 아픔을 함께 공감하고 물심양면으로 적극 지원했다. 그리고 이것은 YWCA가 가진 강한 자매애의 영향이 컸다.

1955년 4월 24일 세계YWCA 창설100주년을 맞이하여 개최된 미국YWCA 전국대회에서 이원화 간사는 "세계는 사람으로 이루어진

---

53   한국YWCA, "한국YWCA연합회 창립 100주년 기념 좌담회," 72.

다"World links in person이라는 제목으로 연설을 하며, 노리개를 선물했다.

> 저는 제 자신이 이 노리개의 매듭처럼 한국YWCA와 미국YWCA, 한국
> 교회와 미국교회, 그리고 한국사회와 미국사회를 이어 주는 작은 고리임
> 을 깨닫게 됩니다. 우리는 같은 목적을 가지고 의견을 나누고 책임을 분
> 담했습니다. 그리고 우리들 서로가 속한다(belong)는 것의 위대한 힘을
> 세계YWCA의 회원이 됨으로써 알았습니다.[54]

둘째, 한국YWCA는 국난의 시대에도 인재를 양성하여 한국 사회의 미래를 준비했다. 김필례는 광주YWCA의 성빈여사를 개설하면서 "심령이 가난한 자는 복이 있나니"마 5:3에 의거하여 "수고 없는 대가는 받지 말라, 배움으로 부지런하라, 사랑으로 도우며 감사로 보답하라"를 사훈으로 걸고, 그리스도의 명령에 순응하는 "섬기는 교회"로서 신앙을 강조했다.[55]

이러한 기독교 정신은 한국YWCA를 지탱하는 힘이었다. 국내에서 훈련을 받은 청년들은 자신이 받은 은혜를 기꺼이 사회에 봉사하며 되갚았고, 해외에서 훈련을 받은 지도자들은 귀국 후에 전후 복구를 위해 자신이 배운 것을 나누었다.

셋째, 한국YWCA는 고통의 시대에 전 세계의 희망과 위로와 도움을 주는 기관이었다. 그리고 이렇게 아름다운 우정을 실현시킨 배후에는 박에스더의 헌신적인 노력이 있었다. 박에스더는 세계YWCA에

---

54 서울YWCA, 『서울YWCA 50년사』, 80-82.
55 대한YWCA, 『한국YWCA 80년사』, 68.

한국YWCA가 "조국이 위태롭고 위급한 시기에 절망하고 실망한 사람들을 찾아서 그들이 다시 일어설 수 있도록 도와주는 역할"을 하고 있다고 소개했다.[56] 그리고 어떻게 하든 생명을 살리고자 하는 그의 강력한 메시지는 전 세계의 사람들의 마음을 움직인 YWCA 의 생명살림의 정신이었다.

> 휴전 협상이 교착 상태에 빠져서 한국인들이 힘든 상황이지만, 우리는 절망하지 않는다. 비록 전쟁으로 인해 가족을 잃고 집은 불탔지만, 우리는 그저 주저앉아 울고만 있을 수는 없다. 우리는 반드시 정의가 찾아올 것이라는 희망과 믿음과 용기를 가지고 미래를 준비하고 있다. 그래서 향후 과제를 위해 국내외 지도자를 계속 양성하고 있다. 이 나라에 어떤 일이 일어나든지 한국에서 YWCA는 결코 포기하지 않을 것이다.[57]

동서양을 불문하고 여성들은 시대가 급변할 때, 누구보다도 민감하게 시대의 징조를 읽으며 한 발 앞서 생명 살림의 정신을 실천해 왔다. 석탄을 에너지로 사용하는 대전환이 일어나는 제1차 산업혁명 시대에 고통 받는 여성들을 돕기 위해 YWCA가 출범하였고, 20세기 초의 전쟁으로 인해 울고 있는 전 세계의 눈물을 닦아주기 위해 YWCA는 글로벌 자매애를 발휘하여 상처 입은 치유자의 역할을 했다. YWCA가 가진 도전적이고, 포용적이며, 실천적이고, 수평적인 정신은 다가오는 미래를 이끌어 갈 강력한 원동력이 될 것이다.

---

56   Park Esther, "A rural project in Korea," *YWCA Monthly* 30/5 (1952), 16-17.
57   Park Esther, *World's YWCA Monthly* 30/4, 8.

오늘날 한국 교회는 6·25 당시 선교적 목회를 실천한 YWCA 여성들의 헌신이라는 토대 위에 세계 교회에서 인정받는 탁월한 조직과 인적, 물적 선교 역량을 보유하고 있다. 그러므로 이제는 한국 교회가 가진 모든 자질을 동원하여 다시 세계 교회를 섬기는 하나님의 선교에 참여하여 선교적 목회를 실천해야 할 때라고 생각한다.

참고자료

김은하. "20세기 초 팬데믹 시대에 움튼 여성들의 우정:YWCA를 중심으로." 『한국선교신학』 65 (2022), 47-74.

군산YWCA. 『군산YWCA 50년사』. 군산: 군산YWCA 50년사, 2001.

대한YWCA. 『한국YWCA 80년사』. 서울: 대한YWCA연합회, 2006.

사천YWCA. 『사천YWCA 30년사』. 사천: 사천YWCA, 2018.

서울YWCA. 『서울YWCA 50년사』. 서울: 동영인쇄, 1976.

이영식. "광복 이후 광주 선교스테이션의 의료활동과 대사회적 역할." 『한국교회사학회지』 54 (2019), 277-312.

이후천. "선교적 교단을 향하여." 『선교신학』 36 (2014), 205-36.

하희정. "3·1운동이후 담론공간의 탈정치화와 젠더에 대한 사회적 논의." 『한국교회사학회지』 40 (2015), 169-213.

한국일. "선교적 교회 실천 원리로서 선교적 목회(missional ministry)에 관한 연구." 『선교신학』 54 (2019), 378.

한국YWCA. 『한국YWCA 반백년』. 서울: 대한YWCA연합회, 1976.

_____. "한국YWCA연합회 창립 100주년 기념 좌담회." 『기독교사상』(2022. 4), 48-81.

Park, Esther. "A rural project in Korea." World's YWCA Monthly 30/5 (1952).

_____. "The YWCA in KOREA." World's YWCA Monthly 30/4 (1952).

Seymore-Jones, Carole. Journey of Faith: the history of the World YWCA 1945-1994. London: Allison and busby, 1994.

中华基督教女青年会全国协会. 『女青-1947』. 중국: 古籍网, 1947.

千聖林. "上海 中西女塾(1892-1952) 研究." 『중국근현대사연구』 85 (2020).

https://ywca-archive.or.kr/items/show/3951. "1952. 9. 3. 메이어슨이 박에스더에게 보낸 대외서신." [한국YWCA 아카이브, 2022. 9. 25 접속].

https://ywca-archive.or.kr/items/show/3954. "1952. 9. 10. 메이어슨이 박에스 더에게 보낸 대외서신." [한국YWCA 아카이브, 2022. 9. 25 접속].

https://ywca-archive.or.kr/items/show/3959. "1952. 8. 29. 비노쿠(Vinocour)가 아더 루커(Authur Ruker)에게 보낸 대외 서신." [한국YWCA 아카이브, 2022. 9. 25

접속].

https://ywca-archive.or.kr/items/show/3937. "1953. 1. 21. 메이어슨이 박에스더에게 보낸 편지." [한국YWCA 아카이브, 2022. 9. 25 접속].

https://ywca-archive.or.kr/items/show/4051. "1950. 10. 26. 주영옥이 박에스더에게 보낸 편지." [한국YWCA 아카이브, 2022. 9. 25 접속].

https://ywca-archive.or.kr/items/show/4071. "1952. 9. 4. 박에스더가 메이어슨에게 보낸 대외서신." [한국YWCA 아카이브, 2022. 9. 25 접속].

제 12 장

교회 여성 네트워크의 역사적 이해와 여성목회

김은정 _ 연세대학교 국학연구원 전문연구원, 한국교회사

이 글은 장로회신학대학교 여동문회 제67회 총회(2023. 2. 20)에서 발표한 주제 강연 '여목회자 빌드업'을 수정·보완한 것입니다.

Ⅰ. 들어가는 말:
병아리 신학생이 경험한 여성안수운동

　　나의 신학교 첫해는 극적인 여성안수 원년과 함께 시작되었다. 신대원 3학년 선배들은 여성신학 동아리 회원을 모집하고 있었다. 나는 친구 손에 이끌려 동아리에 발을 들여놓았지만 언제 빠져나갈지 궁리 중이었다. 재미있는 다른 동아리와 활동이 많은데 굳이 여기서 무슨 선한 것이 나올 것인가 하는 의심 때문이었다. 선배들은 만날 때마다 "신학교 때 여성신학 안 하면 나중에 현장 나갈 때 틀림없이 후회한다."는 말로 경험이 부족한 후배들의 마음을 휘젓곤 했다. '나는 살아오면서 그다지 성차별을 느낀 적이 없어요.' '내 능력으로 얼마든지 성차별 같은 건 극복할 수 있어요.'라는 작은 소리가 내 안에 맴돌았지만, 날카로운 이론으로 무장한 여성신학의 투사인 선배들 앞에서 나의 '헛소리'는 결코 입 밖으로 나가지 못했다.

　　총회 시즌이 되자 캠퍼스 안에서 여성안수 논쟁이 『장신원보』에 실리고, 신학 토론회, 수업 시간, 심지어 쉬는 시간에도 학생들 간에 오갔다. 여학우회는 캠퍼스에서 여성안수운동의 중심 조직으로서 반대 의견에는 반박 의견을 내고, 의식을 깨울 강사를 초대해서 강연회를 열었다. 여성신학 동아리는 학교에서 가르쳐주지 않는 여성신학 서적을 함께 공부하며 교회 안에서 일어나는 성차별 경험을 연극으로 만들어서 공연하기도 했다. 나는 이 과정에서 여성은 성직자가 될 수 없다는 입장을 가진 사람들을 실제로 만나면서 현실을 보기 시작했다. 그리고 가부장적 문화가 팽배한 지역 교회에서 형성된 나의 여성 의식 수준을 직시하게 되었다. 여성안수 문제는 성서해석, 신학적 입장, 역사적 경험, 문화적 변화, 사회경제적 변화 등 입체적인 접근이 필요했다.

예장통합의 여성안수운동은 한국 사회의 민주화 열망이 뜨거웠던 세기말에 다양한 층위의 여성이 연합하고, 뜻을 같이하는 남성이 동조하여 70여 년에 걸쳐 제기된 성직에 있어서 평등 문제를 실현한 역사적 사건이었다. 종교개혁적 의미를 가진 사건이기도 하지만, 사회적으로 의미있는 성과였기 때문에 여성안수 운동의 성공 요인을 분석한 사회학 연구논문이 10년 뒤 발표되었다.[1] 논문이 주장하는 바는 다음과 같다.

① 교회 밖의 활발한 여성 활동에도 불구하고, 이와 모순되게 교회 내 여성 지위를 주변화시키는 교회의 독특한 메커니즘이 존재한다. 즉, 남성중심적 성서교리, 종교적 상징을 낳는 문화적 담론, 법률상 여성을 배제하는 제도 등이 권력화되어 여성을 주변화한다.

② 1980년대에 교회 내외부적 자원 변화와 이를 해석하고 수용하는 과정에서 나타난 여성들의 변화는 기존의 교회 내 여성 지위를 재생산하는 메커니즘에 균열 가능성을 만들었다. 이론적 토대로서의 여성신학과 에큐메니컬 운동으로서의 개신교 여성운동이 '교회의 성차별적 구조 개혁'이라는 의제에 집중하여 교회 민주화의 상징인 여성안수운동을 추동했다는 것이다.

③ 1980년대의 자원 변화와 이를 토대로 한 여성들의 변화는 여

---

1   이정연, "한국 개신교회 내 여성 지위와 여성안수제 운동에 관한 연구," (미간행 사회학석사학위논문, 서울대학교, 2006) 참조.

성안수제 운동에 있어 새로운 주체를 형성했다. 다시 말하면 새로운 이론과 연합운동을 통해 자각한 여성들이 여성안수 운동의 주체가 되었다는 것이다.

이는 여성학의 고전인 거다 러너의 이론으로 한국 여성안수운동의 자원 변화를 점검해 볼 만한 틀을 제공했는데, 러너는 여성운동이 발전하기 위한 조건을 다섯 가지로 제시한 적이 있다.[2]

1) 독자적인 가치 의식을 키울 수 있는 사회적 공간
2) 피동성의 양태를 깰 수 있는 사람들의 역할 모델
3) 억압의 근원을 설명할 수 있는 이데올로기
4) 기존의 문화 정의와 맞설 수 있도록 만드는 새로운 자아의식의 발현
5) 새로운 해석이 확산되고 사회운동으로 활성화될 수 있는 소통 조직이나 우애 조직

사회적 공간으로서의 여성 단체나 여성 모임은 사회적 집단으로서의 여성이 차별 혹은 불의한 상태에 놓여있다는 동일성의 가정이 성립할 때 조직되고 운영된다. 사실 이러한 여성 공간은 기독교 선교를 통해 조성되었다. 타문화와의 접촉에서 비롯된 여성에 대한 인식 변화는 여성교육운동으로 나타났고, 여선교사들은 훌륭한 역할 모델이 되었다. 100여 년이 지나 여성안수라는 공동의 목표를 향해 여전도회와 여교역

---

2   Gerda Lerner, *The Creation of Feminist Consciousness: From the Middle Ages to Eighteen-seventy*, 김인성 옮김, 『역사 속의 페미니스트: 중세에서 1870년까지』(평민사, 2007), 388.

자회, 여학우회, 여동문회, 여신학자회 등의 여성 단체들이 활발한 합종연횡의 연대를 이룰 때 초기 기독교 여성 네트워크가 살아나는 듯했다. 나도 이 단체들이 제공하는 여러 프로그램에 참여하면서 1980년대부터 확산된 여성신학을 이론과 현장으로 접하게 되었다. 토론과 학습, 현장 방문, 강연 등을 통해 교회 내 여성의 현실에 조금씩 눈을 떠갔다. 지역 교회에서는 볼 수 없었던 여성 목사들을 타 교단과의 교류에서 만나면서 새로운 역할 모델을 인식하기 시작했고, 타 신대원 학생들과 수련회나 세미나를 통해 서로의 신학과 실천을 비교할 수 있었다. 그때 만난 단체들은 현재의 나로 형성되기까지 크고 작은 영향을 미쳤고, 인적 관계망과 여성 의식을 형성하는 장이 되었다. 이렇게 여성을 위한 사회적 공간은 다양한 행위 주체가 교섭하면서 여성의 정체성을 구성하고 온전한 인간으로 여성과 남성이 서로를 인식하는 조건들을 하나씩 만들어간다.

II. 전도부인의 유산

과거와 연결된 역사의식을 가지는 것은 여성의 정체성 구성과 강화에 큰 도움이 된다. 교회 여성의 사회적 공간에 관해서는 여성교회 Women-church라는 현대적 교회론이 있는데,[3] 우리에게는 좀 더 근원적이고 역사적인 모형이 있다. 초기 한국기독교 역사 속에 여성해방과 여권 의식이라는 주제가 벌써 나타나고 있기 때문이다. 그 중심에는 여선교사와 전도부인의 만남이 있었다. 나는 전도부인의 이야기를 이덕주 교수의 『한국 교회 처음 여성들』이라는 책과 양미강 목사의 논문을 통해서 처음 접하게 되었다. 여성안수운동에서 활발하게 논의된 여성목회 담론의 역사적 근거가 바로 전도부인이었다.[4] '모성의 사회화, 여성성의 목회화'라는 역사를 만들어온 전도부인이라는 이름이 나를 사로잡았고, 여성 종교인으로서 어떻게 유교 사회의 규범을 뚫고 지도력을 가지게 되었는지 궁금했다. 또한 전도부인은 여성 목회자의 정체성이 시작하는 지점에 서서 우리에게 물려줄 유산이 있다고 말하는 것 같았다.

옛 문헌을 읽을수록 전도부인은 애초에 생각한 것과 조금 다른 면이 있었다. 먼저, 그들은 차별은 받았지만 천대받지는 않았다. 오히려 지역사회와 남성들의 존경을 받았다. 농경사회에서 시간에 대한 금전적 보상을 기대하지 않는, 자원봉사자 격인 전도부인이 가장 많았고, 전문화된 전도부인은 교회 여성들을 목회하는 교역자로 대우를 받았다. 또, 전도부인에 관한 연구들은 무속과의 연관성을 주목해왔는데, 장로교 전도부인들은 축귀 사역이나 성령의 초월적 능력보다는 지식을 습득하는 데 더 관심이 많았다. 초보적인 과학과 위생, 가정경영에 대한 지식, 성경 교수법 등 교사적 자질을 더 강조했다. 그리고 어떤 이들은 전도부인 하면 지하철에서 익명의 대중에게 홀로 외치는 외로운 전도자 같은 모습을 떠올리는데, 전도부인에게는 분명한 청중과 목회 대상

---

3 Natalie K. Watson, *Introducing Feminist Ecclesiology* (Cleveland, OH: The Pilgrim Press, 2002), 53. 1980년대를 전후로 북미 여성들 사이에서 일어난 여성-교회 운동에 관해서 참조할 만하다. 로마 가톨릭 교회의 여성안수운동에서 좌절한 여성들이 대안으로 만든 비판적 소그룹들의 느슨한 연대로 민주주의의 교회론적 실현이라는 개혁 과제를 안고 로마 가톨릭 전통 위에서 참여적 모델을 만들어나갔는데, 다양한 배경의 여성들이 동참하면서 여성들에게 의미 있는 보편 교회(universal church)에 관한 논의로 발전했다.

4 양미강, "한국의 페미니스트 목회: 초기 한국 교회를 일구어낸 전도부인을 기억하며," (미간행 목회학박사학위논문, San Francisco Theological Seminary, 1998).

이 있었다. 성경학교 과정에는 개인전도personal work의 이론과 실습을 다루는 강의가 있어서 특별한 훈련을 받았다. 그리고 숙련자와 비숙련자, 또는 연장자와 젊은 전도부인이 짝을 지어 2인 1조, 많게는 3인 1조로 농촌 여성들을 계몽하고 사경회를 인도하러 다녔다. 주요 도시마다 전도부인을 지도하는 좋은 스승이 있었고, 파송하는 단체와 사역을 지지해주는 동료가 있었다. 전도부인은 잘 연결된 여성 네트워크를 기반으로 양성되었고 활동했기 때문에 자부심이 컸고, 그 권위를 인정받아 영향력이 배가되었다. 전통적 여성의 공간인 안방이 서로 연결되어 형성되어 있던 '안방 네트워크'를 기반으로,[5] 1920년대까지 안방과 안방을 연결한 것보다 훨씬 더 공적이고 조직적인 여성들만의 사회적 공간이 생성되었다.

Ⅲ. 교회 여성 네트워크의 형성과 발달

1. 배움의 열정으로 발달한 사경회

내외법으로 인해 남녀를 구분해서 개최한 부인사경회는 여성 리더십을 배양하고 확장하는 중요한 제도였다. 초기 한국 개신교의 특징

5　Lee-Ellen Strawn, "Korean Bible Women 1888 to 1930: Effecting Change for Women from the Anbang to the Public Square," (Unpublished Ph. D. dissertation, Yonsei University in Seoul, 2011), 13-15.

중 하나인 사경회는 성경공부 모임으로 시작해서 1900년대에 들어서 많게는 천명 이상 모이는 대중 집회로 발달했다. 주요 선교거점에서 열리는 대사경회 General Bible Class 는 "성경학교이기도 하고, 종교적 수양회이며, 교육적 문화 프로그램"이었다.[6] 사경회는 농촌에 사는 사람들에게 문화와 즐길 거리, 교육적 효과를 가져왔고, 정치, 경제, 문화 각 방면의 관심사들을 교환하는 장이 되었다. 또한 고립된 느낌의 사람들을 서로 연결하고 시야를 넓혔고, 순수한 종교적 집회라기보다는 문화적 여흥과 자극을 함께 추구했다. 대사경회는 비기독교인에게도 개방되어 있는 프로그램으로 일반 대중 속으로 기독교의 영향력을 확장하는 좋은 기회가 되었다. 자발성과 자립의 원칙, 강사 양성 체제는 사경회가 유행하는 데 중요한 요인이었다.

사경회의 공식적 통계가 시작된 1917년부터 1927년까지 장로회 총회 통계를 보면 평남과 황해 지역은 가장 많은 전도부인이 활동하고 있었으며, 사경회가 가장 활성화되어 있는 것으로 나타난다. 양적 성장으로 보았을 때 평양은 1900년에 서울의 교세를 넘어섰고, 사경회의 중심지도 평양이 되었다. 1900년대 평양은 황해도와 평안도에 광범위하게 영향을 미치는 기독교 중심지로 부상했다. 사경회는 교육과 문화의 혜택에서 소외된 농촌 사람들이나 노동자들에게 더욱 동경의 대상이었다. 평양은 대부분이 농촌인 선교 현장에 적합한 전도부인 양성 체계의 모델을 선도했다.

이렇게 되자 서울지부의 전도부인들은 더 집중적이며 수준 높은

---

6 George L. Paik, , "The History of the Protestant Missions in Korea, 1832-1910" (Unpublished Ph. D. dissertation, Yale University in New Haven, 1927), 301.

성경교육을 받기 위해 평양에서 열리는 여사경회나 여성경학교에 몇 개월씩 다녀오곤 했다. 평양은 1900년부터 서북 지역에서 한 해 동안 열릴 여사경회의 거점과 교육 내용, 강사진을 계획하는 본부 역할을 했으며, 다른 선교지부에도 같은 제도를 적용할 수 있도록 도왔다.[7] 평양이 성경학교와 신학교 장소로 발전하게 된 데에는 경제적 이점도 작용했다. 평양은 서울에 비하면 낮은 물가로, 기숙하며 학업을 해도 생활비가 그리 많이 들지 않았다. 평양을 비롯한 서북 지역이 가진 소박한 농경사회의 특성은 사경회에 적합했으며, 자립 자전의 선교 정책도 다른 지역에 비해서 성공적으로 안착했다.

　　1898-1936년 사이 평양에서 활동한 배귀례 Margaret Best 선교사는 여성교육과 여성사역을 성공적으로 수행했다. 그는 농촌을 순회하면서 작은 사경회를 열어 여러 지역에 흩어진 기독교 여성들을 연결하고, 큰 사경회를 통해 지도력을 양성하는 여성사업의 체계를 만든 기획의 중심에 있었다. 그는 서울 선교지부의 부름을 받았으나 새로운 개척지인 평양을 선택했고, 평양 주변 촌락에 있는 더 많은 여성과 접촉하길 원했기 때문에 여학교 교장직을 사임하고 순회여행을 맡았다. 배귀례는 지역 거점에서 개최하는 소사경회를 인도하면서 젊고 똑똑한 소녀들보다는 깨닫는 것이 둔하고 글을 못 읽는 부인들을 가르치는 것에서 더

7　미국남장로회는 1909년부터 여성들을 위한 사경회 시스템을 만들었는데, 광주와 전주에 보통학교 수준의 달(月) 성경학교를 두고 상급학교로 전주에 선교회 운영 성경학교(Mission Bible School)를 열었다. 3개월 코스의 정규과정은 1918년 4월에 시작되었다. 전주 성경학교는 1923년 9월 4일 새로운 교사(校舍)를 지어 한예정성경학교(Ada Hamilton Clark Bible School)로 불렸다. 1922년에 시작한 광주 이일성경학교(Neel Bible School)와 같은 수준의 교과 과정을 운영하여 전도부인을 양성했다. George Thompson Brown, *Mission to Korea*, 천사무엘 · 김균태 · 오승재 공역, 천사무엘 외 2인 옮김, 『한국 선교 이야기: 미국 남장로교 한국 선교 역사(1892-1962)』(서울: 동연, 2010), 167-72, Mrs. Josephine H. McCutchen, "Bible School Development in Southern Presbyterian Mission Territory," *The Korea Mission Field* 28/4 (1932. 4), 83-84 참조.

큰 보람을 느꼈다. 그는 대사경회를 이용해서 소사경회와 주일학교에서 가르칠 수 있는 여성들을 길러냈다. 인근 마을에서 평양까지 먼 거리를 마다하지 않고 찾아오는 농촌 여성들의 요청도 그의 마음을 크게 움직였다. 도시보다 농촌 여성들이 기독교에 대한 수용성이 더 크고 선교의 효과가 빠르게 나타났기 때문이었다.

2. 사역자 사경회^{Workers' Class}와 전도부인

사경회에서 교육받은 여성들이 부인전도회를 조직해서 인근 마을과 섬에 있는 여성들을 위한 전도부인을 파송했다는 것은 여전도회 역사를 통해서 비교적 잘 알려져 있다. 평양에서 처음 조직된 널다리골 부인전도회도 첫 여성사경회가 열리고 나서 이신행과 신반석 등 사경회 참석자들이 조직한 단체이다. 1908년에는 평양에 있는 4개 교회가 연합해서 여전도회를 조직하고, 이선광 여사를 제주도 전도부인으로 파송했다. 이때 평안도 지경 내를 순회하며 여성들을 가르치는 전도부인들도 같이 파송했는데 이들을 일종의 국내선교사^{home missionary}로 보았고, 이선광은 해외선교사^{foreign missionary}와 같은 지위로 인식했다. 또 가정을 돌보는 일이 우선순위인 기혼 여성이 활동이 자유로운 과부와 독신 여성을 후원하는 시스템이기도 했다. 평양 이북 지역에서는 평소에는 교회에서 봉사하다가 겨울철에 순회사경회를 하는 전도부인을 '권사'라고 불렀다.

농한기에 지역 교회를 순회하며 두세 개의 사경회를 인도하는 전도부인을 '사역자^{workers}'라고 부르기도 했다. 사역자 사경회는 주변에 있는 마을에서 일주일간의 사경회를 인도할 자원자들을 받아 2주 동안 순회사경회에서 가르칠 내용을 배우고 시범 교수와 토론을 거쳤다. 전국 곳곳에서 열리는 사경회를 위해 여선교사로 구성된 사경위원회가 미리 공과를 계획하고 사역자 사경회를 통해 강사를 양성했다. 이들의 등록비는 출신 교회가 부담하도록 했다. 이미 여러 시골 교회들은 전도부인을 고용해서 여성들을 가르치고 있었다. 전도부인 한 명을 교육하면 교회로 복귀해서 다른 여성들을 가르칠 수 있기 때문에 교회들은 기꺼이 후원했다. 최소한 쌀 한 말에서, 많게는 서너 가마니까지 교회마다 후하게 참가비를 지원했다. 1912년 사역자 사경회에서는 공부를 마친 80명의 강사가 나가서 3,000명이 넘는 여성들을 가르쳤다. 1912년 참가자 중 19명은 한국 교회나 선교사들이 고용한 사람들로 2.5달러에서 4달러 5월-8월 사이까지 월급을 받지만, 나머지는 모두 자원활동가로 공부하는 2주 동안에 드는 시간과 비용을 부담했다. 그리고 순회 구역에 있는 농촌 교회들에서 각각 일주일씩 한 개에서 대여섯 개의 사경회에서 가르칠 것을 약속한다. 가르침을 받는 교회는 그들이 머무는 동안 대접하고 때로 기차비를 대기도 했다. 1930년 평양에서는 여전도회와 별도로 부인사역자회가 처음으로 조직되었다.[8] 1932년에 여교역자회가 생긴 경안 지역보다 더 이른 시기였다.

---

8   평양여자고등성경학교 교장 배로사(Rose Baird)의 지도하에 여전도사들을 중심으로 부인사역자회가 조직되었다. 내한선교사사전 편찬위원회 편, 항목 "베어드"(Baird, Rose Mary Fetterolf), 『내한선교사사전』(한국기독교역사연구소, 2022), 508.

3. 여성사역 네트워크의 본부 평양여자성경학교

　　평양에 세워진 여성경학교는 해방 전까지 교회 여성 리더십의 산실이자 여성 선교의 본부로서 중요한 역할을 담당했다. 1908년에 교사를 건축해서 특별과정인 사경회를 운영하고 있었다. 특별과정의 주요 프로그램은 지역 교회에서 매 주일 봉사하는 주일학교 교사를 양성하기 위한 주일학교 교사사경회와 소사경회 인도자를 키우는 사역자 사경회였다. 1910년에는 정규과정이 마련되어 전도부인과 주일학교 교사, 교회의 일꾼을 양성하는 것을 목적으로 3월 말이나 4월 초에 개강해서 6월 중순에 한 학기를 마쳤다. 두 달 반, 혹은 10주 과정으로 된 학기를 다섯 번 이수하고 졸업시험을 통과하면 졸업할 수 있었다. 초등교육 과정과 성경교사가 되기 위한 사범 과정을 혼합한 여성경학교의 교과 과정은 문맹률이 높은 대중 여성과 근거리에서 이들을 지도하는 전도부인에게 필요한 실용적 지식과 실습을 위주로 했다. 졸업생들은 선교회가 운영하는 중등여학교의 성경교사가 되기도 했다. 성경학교에서는 여름휴가기간을 빼고는 일 년 내내 여성교육과정이 운영되었다. 1917년부터는 졸업생들의 요청에 따라 연장교육과정 Post graduate course 을 5월 한 달 동안 열기 시작했다. 1900년대 초부터 계속해서 사경회와 성경학교, 졸업 후 연장교육과정 등을 거친 전도부인들은 10년 이상의 학습과 경험과 훈련으로 다져진 성경교사이자 전도자였다. 1922년 베스트는 『신학지남』에 글을 실어 교회 목회자와 영수, 장로들에게 여성이 가진 수많은 장점을 인식하고 이들을 교회에서 봉역하게 하라고 강력히 권고했다.[9]

　　1922년 미북장로회 한국선교회는 여자고등성경학교 개교를 허락하고, 교장으로 베스트를 선임했다.[10] 학사일정은 1923년 4월 1일-6월 15일, 10주 과정으로 편성되었다. 이어서 열린 장로교선교공의회에 모인 선교사들은 이 안에 찬성하여 각 선교회에 광고하여 여성들을 보내도록 했다. 1924년에는 조선예수교장로회 총회에서 여자고등성경학교를 광고했다. 성경학교의 지위는 9개의 선교지부 현장을 섬기는 여성을 훈련하는 곳, 여자고등성경학교는 전체 선교회와 한국 교회를 섬길 여성을 훈련하는 곳으로 규정했다.[11]

평양 여성경학교 재학생들은 성인이 된 후 기독교에 입교한 사람들로 불신자들 사이에서 사역하는 여성들이었다. 여기에 비해 평양 여자고등성경학교의 첫 입학생 11명 중 6명은 선교회가 운영하는 중등 여학교 출신이었고, 5명은 성경학교 졸업생이었다.[12] 점차 입학생의 연령이 낮아지고, 기독교 가정에서 자라난 젊은 여성들, 장로와 목사의 딸들로 채워졌다. 졸업생들은 도시교회의 '전도사' 혹은 일본, 산둥과 같은 타문화권 '선교사'로 사역했다. 초기 전도부인이 개척적인 자원활동가였다면, 이들은 지적이고 전문적인 성경교사인 편이었다.[13] 여자고등성경학교가 개교한 이후에도 여성경학교는 계속해서 시골교회와 사경회에서 여성들을 지도할 전도부인을 양성했다. 두 학교는 처음에는 같은 건물을 사용하다가 1930년 가을에 여자고등성경학교는 경창리 신

---

9 배귀례(배씨부인) 저술, "가정연구: 예수교와 여자계의 관계," 『신학지남』 4/4 (1922), 106-10.

10 *Minute of the 38th Annual Meeting of the Korea Mission of the Presbyterian Church of the U.S.A.* (1922), 43, 45.

11 Margaret Best, "Fifty Years of Woman's Work," *The Fiftieth Anniversary celebration of the Korea mission of the Presbyterian church in the U.S.A* (한국기독교역사연구소, 2000), 89.

12 H. H. Underwood, *Modern Education in Korea* (New York: International Press, 1926), 31-32.

13 여자고등성경학교에서는 영어와 한문 등 제2외국어를 사용한 교육과 오르간 실습과 같은 음악교육이 추가되었다. 또 성경암송교육에서 그치지 않고 초보적인 성서비평을 다루었다. 김린서, "여자고등성경학교방문기," 『신학지남』 13/1 (1931. 1), 41-45.

축 교사로 독립 이전했다.[14] 평양여성경학교는 숭은성경학교라는 이름
으로 불렸고, 평양여자고등성경학교는 1938년에 평양여자신학교로 그
이름을 바꿨다.[15]

성경교육과 선교훈련을 결합한 성경학교는 평양 외에도 선교지
부마다 생겨났다. 먼저는 교회 영수와 집사, 그들의 아내, 전도부인들이
등록했다. 기간이 좀 더 길고 집중적인 성경교육을 받는다는 점에서 사
경회의 심화 과정으로 볼 수 있다. 1908년 황해도 재령에서 처음으로
성경통신과정이 생겨서 성경학교에 참가할 수 없지만 주일학교 교사와
전도부인으로 일하고 싶은 여성들을 위한 교과과정을 제공했다. 해방
전에는 중등교육기관과 성경학교는 선교회 소관으로 교수진은 선교사
와 한국인으로 구성되어 있었다. 여성경학교는 평신도 교육과 여전도
회 리더십 개발, 신학 교육의 발판으로 여전도회를 이끌어갈 지도자들
을 길러냈다. 다음은 사경회 제도를 가장 잘 활용한 미국 북장로회 한국
선교회가 운영했던 부인사경회와 거기서 발전한 여자성경학교의 시작
연도이다.[16]

---

14 Harry A. Rhodes, *History of the Korea Mission Presbyterian Church U.S.A.*, 최재건 옮김, 『미국 북
    장로교 한국 선교회사1: 1884-1934』(서울: 연세대학교 출판부, 2007), 162.

15 박보경, 『(장로회신학대학교) 여동문회 50년사』(장로회신학대학교 여동문회 출판위원회, 2009), 83. 1
    대 교장은 배귀례(Margaret Best)였고, 그가 은퇴한 이후 2대 교장은 배로사(Rose M. Baird)였다.
    그는 배위량(William Baird) 선교사가 애니 베어드(Annie A. Baird)와 사별하고 재혼한 여성으로,
    시카고 무디성경학교 방식의 교육을 도입했다. 평양여자신학교는 1940년 29명의 졸업생을 끝으
    로 폐교되었다. 1942년 (후)평양신학교 안에 여자신학부를 두고 여성신학교육을 재개했다.

16 김은정, "미국 북장로회 전도부인 연구," (미간행 신학박사학위논문, 연세대학교, 2021), 84-86에 각
    지부별 여사경회와 여성경학교 개시 경위를 밝히고 있다. 캐나다, 호주, 미국 남 장로회 선교회가
    운영한 부인사경회와 여자성경학교도 있었는데 미국 북장로회처럼 모든 지부에 두지 않고, 중심
    이 되는 지부에 두고 운영했다.

선교지부	여성경학교 개설연도	부인대사경회 시작연도
평양	1907년	1898년
선천	1912년	1901년
강계	1912년	1910년
대구	1913년	1902년
서울	1914년	1898년
재령	1914년	1907년
안동	1920년	1911년
청주	1921년	1910년

Ⅳ. 재편되고 분화되는 기독교 여성계

이처럼 외국 선교회와 여전도회가 이끌었던 장로교의 여성 사역은 1941년 선교사들이 강제로 추방당하고 교회가 일제의 탄압을 받으면서 암흑기에 들어갔다. 만국부인기도회 사건은 일제의 대대적 검속과 취체로 기독교 여성계를 와해시켜 놓았다. 해방 이후 한국전쟁을 겪으면서 많은 교회가 주인을 잃고 사라지고 파괴되었을 때 전도부인을 뒷받침하던 여성 네트워크도 회복되기 어려웠다. 1960년대까지도 인적 자원과 재정 등 모든 면에서 해방 이전의 수준을 회복하지 못했다. 장로교의 중심지인 평양을 잃어버린 것은 우리 교단 여성사업에 큰 타격이었다. 남한에 기반을 둔 감리교나 기독교장로회는 해방 후 전국 단위 조직을 정비하고 안식관을 마련했다. 해방 전에 한국에 주재하던 미국 및 해외 선교회의 기능을 총회가 받아서 여성 리더십을 키울 수 있는 사회적 공간을 만들어야 하는데 총회에는 여성국과 같은 전담 부서가 없었고, 1928년 창립된 여전도회연합회가 그 기능을 담당했다. 그러나 교회 여성들도 계속 분화하여 서로 동질감을 갖기에 삶의 여건이나 경험과 시각의 차이가 커졌다.

평양에는 1930년에 부인사역자회가 조직되었고, 경안 지방에서는 1932년에 조직되어 있었다. 그러나 일제 말기와 전쟁 등 우리 역사가 극한의 상황으로 치달으면서 장로교의 경우, 1961년 대전복음농민학교에서 여전도회전국연합회가 후원하여 열린 농어촌 여교역자 강습회가 해방 후 가진 여교역자 모임으로는 처음이었을 것이다. 주선애 교수는 여전도회 회장을 맡으면서 여교역자의 후견인으로 대내외 자원을 연결하여 여교역자들에게 제공하고 교회 여성들을 연합하게 하는 역할을 했다. 그는 여교역자 양성에 깊은 관심을 가지고 여전도회 회장으로 있을 때나, 신학교 교수로 있을 때나, 강사로 나갈 때나 언제나 여교역자의 필요를 챙겼다. 그러나 여전도회 안에서 여교역자의 지도력이 약화되고, 안식관 문제에서 서로 의견이 엇갈리게 된 1980년대 이후 두 단체 간의 관계는 차차 소원해졌다.

1973년 창립된 전국여교역자회[17]는 1985-2002년 16년 동안 여목회자 교육에 큰 공헌을 한 독일 개발도상국 원조본부EZE의 지원 프로그램을 기획하고 운영하는 자율적인 전국 단위 연합체로 전성기를 누렸다. 여교역자회가 운영한 훈련원의 교육을 통해 지역사회선교팀, 서울지역 공부방연합, 단독목회자협의회, 여신학생연합회, 여성안수실

---

[17] 전국여교역자회는 1990년 제18회 총회에서 '전국여교역자연합회'로 명칭을 변경하기로 결의했다.

천동지회 등의 동아리 및 단체가 조직되었다.[18] 평신도 여성 교육도 시도했는데, 장청여성선교회와 함께 드보라 강좌를 진행하고 지역별 여성선교위원회를 추동해내기도 했다. 이렇게 여교역자의 의식과 역량은 점점 커가는 데 비해서 교회 내 여성의 지위는 제자리걸음이었다. 교회의 가부장적 문화와 근본주의적 성서해석은 차치하더라도 여전도사의 임시적 지위를 명시한 총회 헌법은 교회 여성의 지도력 발휘에 큰 걸림돌이 되고 있었다. 젊은 여교역자들을 중심으로 여성안수운동이 일어난 것은 새 부대가 필요한 상황이 명확했기 때문이었다.

106회기 우리 교단 총회에 보고된 통계에 따르면, 여성 목사의 수는 2,515명, 여전도사는 1,150명, 교육전도사로 시무하는 여성은 1,826명으로 여목회자의 수는 4,500여 명에 이른다. 여장로는 1,100명으로 집계되었다. 2013년 이홍정 목사가 교단 사무총장 임기 중 만들어진 여성사역개발연구모임과 98회기 총회의 결정으로 여성위원회가 특별위원회로 만들어진 이후, 총회 정책세미나와 노회 여성위원회 간담회, 여성 총대 모임을 이끌며 총회 정책에 변화를 가져왔다.[19] 그러나 몇몇 노회의 반발과 예기치 못한 팬데믹 상황에서 여성위원회의 상설기구 전환이 지지부진하다가 폐지되기까지 했다. 노회별로 신설된 여성위원회들도 총회의 결정에 따라 목표를 잃고 부유하거나 힘을 잃어버린 경우가 많다. 총회 구조로 여성 의제를 갖고 들어갔을 때 남성 리더십이 여성을 압도할 수밖에 없는 점과 지속적으로 추동할 수 있는 실무진이 없다는 것이 한계이다.

---

18   이순례, 『전국여교역자회20년사』(전국여교역자회20년사 편찬위원회, 1992), 217-34.
19   편집부, "총회 여성위원회 신설과정과 활동 상황," 『여교역자 회보』 105 (2017), 17-19.

현재 여성총대할당제 실천과 여성위원회 상설화라는 이슈만큼 우리 교단 여성을 단결시킬 만한 의제가 없는 것도 문제이다. 하나의 구호 아래 목적과 취지가 사라지고 제도와 현장이 괴리될 수 있다. 장로교의 정치 구조상 아래로부터 차근차근 토대를 쌓아올리는 것이 필요하다. 우리의 목적은 여성총대를 늘리는 것만이 아니라, 장로교의 대의정치 취지에 맞게 여성 및 청년, 목소리를 내기 어려운 사회적 약자의 의견이 정책에 반영되고, 개혁하는 교회로서 우리 교단의 크고 작은 교회들이 그리스도의 풍요로운 생명을 누리고 전하는 것이기 때문이다.

V. 여성목회 빌드업 과제

여성목회는 역사적으로 수도원 전통에서 내려오는 여성공동체 모델, 19세기 선교운동의 경험에서 얻은 에큐메니컬 모델을 따라 이루어진다. 첫 번째 모델은 독신 여성을 중심으로 신앙과 사역을 공유하는 여성들이 따로 생활공동체를 만들거나, 지역사회의 기혼 여성들이 일과 육아, 신앙생활을 공유하면서 지역 교회를 개척하여 공동의 공간으로 이용하는 경우이다. 여성안수 이후로 많은 여성목회자들이 그룹홈, 안식관, 복지관, 쉼터, 지역 센터 등을 통해 목회를 해 왔다. 주로 사회적 약자를 돌보는 목회이다 보니 업무의 범위도 넓고 업무양도 많아서 목회자의 휴식과 역량 강화를 위해 사용할 시간이 적고, 따라서 목회자 정체성에 혼란을 겪는 경우도 많아 공동목회로 하거나 평신도의 적극적인 참여가 필수적이다. 두 번째 모델은 여전도회, 여교역자회와 같은 여성 자치단체들이 정기적 회의와 모금 활동을 통해 공동의 목표를 두고 지회와 연합회 구조를 만들어 서로 네트워크를 이루는 경우이다. 교회의 전통적인 구조인 노회와 총회와 같은 조직 운영을 하지만 교회 전체의 의사결정 과정에서는 배제되어 온 한계가 있다. 여성목회자들은 이 두 가지 모델을 활용하여 목회적 자원을 이끌어낼 수 있으며, 여성목회의 현장과 신학을 발전시킬 수 있다. 그리고 여성목회가 특수목회로 인식되는 것이 아니라 교회의 보편적 삶으로 통합되기 위해서 여러 차원의 노력이 필요하다. 여성목회가 추구하는 바는 분리된 여성공동체가 아니라 유기적으로 연결된 보편 교회의 모습이기 때문이다. 그런데 현재 장로교회의 절차적 구조상 다양한 접근이 필요하다.

① 총회 차원: 여성위원회를 상설기구로 전환했을 때 기능과 역할을 숙고해야 한다. 여성위원회 전문위원으로 참여하는 여전도회전국연합회와 여교역자연합회 대표, 신학교 대표와 여러 위원들이 총회 정책을 성평등과 정의에 비추어 검토하고 정책 제안을 하는 역할을 한다. 예비 여성총대의 만남을 주선하고, 여성정책 방향을 조율하며, 노회 여성위원회와 협력한다. 총회를 통해 정책을 바꾸는 일은 위로부터 개혁이기 때문에 강력한 영향을 미칠 수도 있고, 반발을 일으킬 수 있는 양날의 검과 같다.

② 노회 여성위원회 혹은 양성평등위원회: 여목회자와 여장로가 서로 만나서 협력하고 협의할 수 있는 공간이며, 더 나아가 남성들을 설득하고 연대할 수 있는 공간이다. 여성총대할당제를 실천할 수 있는 장으로, 개혁성과 합리성을 갖춘 풀뿌리 여성 지도력이 발휘되어야 한다. 노회 교육을 통해 개 교회 지도자들의 의식 변화를 도모할 수 있으

며, 여교역자회와 여전도회로 확장 연결하여 여성총대 모임, 교육자료와 정보 공유 등이 이루어질 수 있다.

③ 지역별 여교역자회: 개 교회 목회에 전념하고 있는 여목회자들에게 목회 자원을 연결해주고, 계속교육의 기회를 제공하며, 여성목회의 모델을 만들 수 있도록 돕는다. 여동문회와 여교역자연합회로 연결할 수 있으며, 지연과 학연을 넘어서는 연대를 이루는 장이다.

④ 신학교육 차원: 사경회나 학교 행사에서 여신학생을 위한 특강을 마련하고, 전체 학생을 위한 양성평등 교육을 하고 있다. 그런데 이것이 대안적·보충적 교육인가, 전반적인 로드맵이 있는지는 미지수이다. 신학 각 분야에서 여성신학적 성과를 반영하도록 하는 것을 목표로 하면서 대안적인 과목을 개설하고 있다. 필수과목이 아닌 이상 수강신청이 저조하면 폐강이 되므로 강의안을 만들 때 학생의 필요와 맞닿는 접점을 잘 찾아서 흥미로운 강의를 만들어야 하는 것도 과제이다.

⑤ 목회 현장: 총회가 정책적으로 추진하고 있는 선교적 교회론에 입각한 마을목회는 지역민의 요구에 맞는 목회적 도움을 제공하고 돌보는 교회론과 공동체성을 강조하는 여성목회론과 같은 것이다. 누구보다 여목회자들이 이 일을 잘 해왔으나 자원이 축적되었는지는 의문이다. 여성이 쓴 설교문, 성경공부자료, 예배자료, 기도문 등 목회적 문서들을 더 많이 볼 수 있으면 좋겠다. 여성목회적인 리더십 종류와 공동체 운영 방식 등의 모델을 발굴하고 이를 성찰하는 신학 작업도 필요하다. 여성안수기념교회로 세운 교회들이 지금은 어떻게 운영되고 있는지도 살펴보고, 사라진 교회라 하더라도 그 소임을 다하고 소멸되었다면 새로운 가치를 발견하는 계기로 삼을 수도 있을 것이다. 이렇게 함으로써 여목회자들이 이룬 성과가 개인이나 한 세대에 머물지 않고 역

량이 축적될 수 있다.

⑥ 대안적 여성 연대: 남성중심적인 총회와 노회로 진입하기 전 기독교 여성들이 서로 지지하고 연대하고 자라갈 수 있는 사회적 공간이 존재해 왔다. 역사적으로 여전도회와 YWCA, 여교역자회, 여학우회와 여동문회, NCCK 여성위원회와 한국여신학자협의회와 같은 에큐메니컬 여성 단체들이 그런 역할을 해왔다. 그런데 시간이 갈수록 전통이 힘이 되기도 하지만 조직의 유연성이 저하되기도 한다. 이럴 때 다시 새로운 생기를 불어넣을 수 있는 작은 대안 모임들을 형성하면서 서로 느슨하게나마 연대를 이루는 것이 중요하다. 단 하나의 훌륭하고 영원한 단체는 없다. 때에 따라 좋은 리더십이 있는 단체가 변화를 주도하면서 변화의 물결을 타는 것이 효율적이다.

VI. 나가는 말

여성안수 이후로 여성들 사이에도 위계가 생기고 명예 남성과 같은 사고와 태도를 갖춘 여성들이 리더십 위치에 서는 현실을 깊이 탄식하는 원로 여교역자를 만난 적이 있다. 혹여 여성안수운동의 성과에 흠집을 낼까 하여 성경학교 출신 여전도사들이 신대원 출신의 여성 목사들을 만날 때 느끼는 위화감은 말로 꺼낼 수 없었다고 한다. 목사의 권위의식은 빨리 습득하고 여전도사의 열정과 헌신은 빨리 잊어버리는 여성목사가 되어가지 않는지 나 자신을 숙연하게 만드는 말씀이었다.

오늘날의 여성 목사가 있기까지 수많은 선배들의 눈물의 기도가 있었다. 일례로 제주에서 태어나고 평생을 보낸 김인옥 전도사[1920-1990]는 평생 절약하며 모은 자산을 후배 여교역자 양성을 위해 장학금으로 내놓아 장신대에 김인옥 장학금으로 공부하는 여학생이 있었다고 한다. 선배들이 남긴 유형, 무형의 유산이 오늘날 한국 교회에 여성 목회자가 설 자리를 만들었기 때문에 우리의 소명이 결코 가볍지 않다.

풍년과 흉년이 번갈아 오듯 여목회자들의 주변 상황도 진보의 방향으로 곧게 나아가는 것이 아니다. 지금은 모든 교회가 어려움을 호소하며 서로의 생존 여부를 묻는 보릿고개와 같은 시기이다. 그러나 여성목회가 어렵지 않은 적이 있었던가! 여성 목회자들은 타인에게 나를 개방하고 생명을 살리는 관계의 목회를 추구해왔다. 추위가 매서울수록 화려한 잎을 떨구고, 가뭄이 들수록 뿌리를 깊이 내리는 나무처럼 여목회자들도 자신의 현장에, 낮은 곳으로 더 깊이 뿌리내리면서 곁에 있는 동지들과 서로 연결하여 더 넓은 연결망을 짜야 할 때이다. 작은 모임과 동아리는 서로를 영적 고갈burnout로부터 지키고 돌아보며, 여목회자의 소명을 재확인하고 정체성을 지킬 수 있도록 도와주는 좋은 지지대 역할을 한다. 우리가 물려받은 유산 중 하나인 교회 여성들의 네트워크를 잘 손보고 연결하여, 여성이 여성을 서로 믿고 지지해주는 구조와 풍토를 만들어가야 할 것이다. 그래서 총회와 노회 등 제도권이 담지 못하는 우리의 고민을 풀어나가기 위해서 아래서부터 수렴된 '예장여성회'같은 연대체가 필요하다는 목소리가 나온다. 여성목회는 작은 교회, 작은 변화를 통해 보편 교회가 전통적으로 유일하다고 믿어온 가부장적 상징과 언어, 관계 등이 결코 유일하지 않다는 것을 보여주는 목회이다. 하나님 나라는 어떤 여자가 가루 서 말 속에 살짝 섞어 온통 부풀게 만든 누룩과 같다는 예수님의 말씀을 실현하는 목회로 숫자와 자본으로 증명하는 권위에 의지하지 않고, 누룩의 생명력을 의지한다. 여성 연대체는 이런 믿음을 가진 여성들이 서로를 알아보고 인정해주고 발효의 과정에서 온기를 제공하고, 여성목회의 내용을 더욱 풍성하게 만드는 교류의 장이 되기를 기대한다.

참고문헌

김린서. "여자고등성경학교방문기." 『신학지남』 13/1 (1931. 1).

김은정. "미국 북장로회 전도부인 연구." 미간행 신학박사학위논문, 연세대학교, 2021.

내한선교사사전 편찬위원회 편. 항목 "베어드(Baird, Rose Mary Fetterolf)." 『내한선교사 사전』 서울: 한국기독교역사연구소, 2022.

박보경. 『(장로회신학대학교) 여동문회 50년사』. 서울: 장로회신학대학교 여동문회 출 판위원회, 2009.

배귀례(배씨부인). "가정연구: 예수교와 여자계의 관계." 『신학지남』 4/4 (1922).

양미강. "한국의 페미니스트 목회: 초기 한국 교회를 일구어낸 전도부인을 기억하며." 미간행 목회학박사학위논문, 샌프란시스코 신학대학원, 1998.

이순례. 『전국여교역자회20년사』. 서울: 전국여교역자회20년사 편찬위원회, 1992.

편집부. "총회 여성위원회 신설과정과 활동 상황." 『여교역자 회보』 105 (2017).

Best, Margaret. "Fifty Years of Woman's Work." in *The Fiftieth Anniversary celebration of the Korea mission of the Presbyterian church in the U.S.A.* 서울: 한국기독교역 사연구소, 2000.

Brown, George Thompson. *Mission to Korea.* 천사무엘 · 김균태 · 오승재 공역. 『한국 선교 이야기: 미국 남장로교 한국 선교 역사(1892-1962)』. 서울: 동연, 2010.

Lerner, Gerda. *The Creation of Feminist Consciousness: From the Middle Ages to Eighteen-seventy.* 김인성 옮김. 『역사 속의 페미니스트: 중세에서 1870년까지』. 서울: 평민사, 2007.

McCutchen, Josephine H. "Bible School Development in Southern Presbyterian Mission Territory." *The Korea Mission Field* 28/4 (1932. 4), 83-84.

Minute of the 38th Annual Meeting of the Korea Mission of the Presbyterian Church of the U.S.A. (1922).

Paik, George L. *The History of the Protestant Missions in Korea,* 1832-1910. Unpublished Ph. D. dissertation, Yale University in New Haven, 1927.

Strawn, Lee-Ellen. *Korean Bible Women 1888 to 1930: Effecting Change for Women from the Anbang to the Public Square.* Unpublished Ph. D. dissertation, Yonsei University in Seoul, 2011.

Underwood, H. H. *Modern Education in Korea.* New York: International Press, 1926.

Watson, Natalie K. *Introducing Feminist Ecclesiology*. Cleveland, OH: The Pilgrim Press, 2002.

부록

♨

안교성 교수

제 1 장

나의 학문 여정

안교성 _ 장로회신학대학교 교수, 역사신학/한국교회사

I. 들어가는 말

나는 이제 공식 경력을 신학자로 마감하고 있다. 따라서 나의 핵심 학문은 신학이다. 그러나 신학을 공부하기 이전의 학문도 의미 있고 신학 연구의 토대가 되었다. 나는 신학교^{장로회신학대학교, 이하 장신대} 신학대학원에 들어가기 전에, 일반대학교^{서울대학교 인문대학} 영어영문학과와 동 대학원에서 공부했다. 공부 순서로 보면, 서구 중세 대학의 교육과정과 마찬가지인 셈이다. 기초학문인 인문학을 먼저 공부하고 나서 전문 분야인 신학을 공부했다. 종교개혁자들도 다수가 인문학자였고, 그래서 종교개혁을 인문학자들의 운동이라고도 부른다.

나의 신학적 관점은 크게 세 가지이다. 첫째, 내가 내린 '신학의 정의'에 의하면, 신학은 "'지식을 추구하는 신앙'faith seeking knowledge에 응답하는 것"이라는 관점이다. 지식을 추구하는 신앙이라는 개념은 서구 신학에서 비롯되었지만, 모든 신학의 기본이 됐다. 만일 나의 신학이 지식을 추구하는 신앙에만 머문다면 지적 추구로 그칠 수 있겠지만, 제기된 질문에 응답하려는 노력이라면 실천적 작업이라고 할 수 있다. 그런 의미에서, 나의 신학은 세상^{나를 포함한}으로부터 비롯된 질문을 성찰하고 해답을 추구하는 과정이다. 나의 신학은 학교에 있을 때만이 아니라 항상 진행되었고, 삶과 얽혀 있었다. 왜냐하면 사람은 살아 있는 동안에, 학교를 떠나더라도 세상을 떠날 수는 없기 때문이다. 둘째, '교회, 일치, 선교'가 하나라는 관점이다. 나의 신학은 교회-일치-선교 혹은 교회사-에큐메니컬 운동사-선교운동사의 통섭적 학문이라고 할 수 있다. 셋째,

주변margin이 동시에 첨단frontier, cutting-edge이 될 수 있다는 관점이다. 그래서 나의 신학은 중심이 아닌 주변, 기성旣成이 아닌 첨단尖端을 중시하는 학문이다. 왜냐하면 주변이야말로 변화, 혁신, 기적이 일어나는 현장이기 때문이다. 나는 신학 작업을 특히 역사 연구를 통해서 해왔다. 그 이유는 역사가 과거에 대한 지식과 더불어 미래에 대한 비전을 주기 때문이다.

나의 신학적 관심 분야는 일곱 가지로 요약할 수 있다. 교회사특히 한국교회사, 에큐메니컬 운동사, 선교운동사, 아시아기독교사, 장애인신학, 통일신학, 목회의 역사 등이다. 그런 관심은 장애인과 더불어 시작되었다. 1990-1992년 장애인 관련 글을 연재했고, 그것이 2003년 『장애인을 잃어버린 교회』로 출간되었는데, 나의 첫 번째 단행본이자 신학의 원형이다. 또한 장신대 신학대학원 시절에 신학생으로서 목회론 특히 목회의 역사에 대하여 개인적으로 관심을 가졌지만, 큰 진전은 없었다. 대신 평생 목회의 역사에 관련된 책들을 읽어나갔다. 장신대 교수로 오면서, 목회의 역사를 가르치는 기회를 얻었다. 상세한 내용은 이 책에 수록된 "목회론 고전 산책기"를 참고하기 바란다. 이후 나의 관심은 다른 영역으로 확대되었다.

이제 나의 학문 여정이 어떻게 전개되었는지 연대기적으로 풀어보고자 한다. 나의 신학 형성기는 크게 다섯 시기로 나눌 수 있다. 1기(신학교 입학 이전의 준비기, 1958-1985), 2기(신학교 신학대학원, 대학원 및 강사 시절, 1985-1992), 3기(몽골선교 사역기, 총회 본부 사역기 및 광야기, 1992-2003), 4기(영국 유학기, 2003-2008), 5기(장신대 교수 사역기, 2009-현재).

Ⅱ. 1기 신학교 입학 이전의 준비기, 1958-1985:
처음으로 글 읽고 쓰기 을 접하며

내 인생에서 글-읽기와 쓰기-은 매우 중요했다. 삶을 돌아보니, 반평생을 학생으로 배웠고, 반평생을 선생으로 가르쳤다. 나의 읽기 곧 독서 편력은 학령기 이전에 만화와 더불어 시작되었다. 읽기를 좋아하다 보니, 난독亂讀과 남독濫讀, 탐독耽讀, 다독多讀, 속독速讀으로 이어졌다. 어린 시절 책을 읽으면서 행동파 지성인, 가령 트로이 유적을 발견한 쉴리만Heinrich Schliemann 등을 동경했다. 이제 그들에 대한 순진한 이해와 결별했지만, 학문을 하면서도 현장에 마음이 가는 것은 그런 경험에서 비롯되었나 보다.

나의 읽기는 초등학교덕수국민학교 말부터 국제화되기 시작했다. 미국에 유학 간 외삼촌이 『디즈니랜드 화보집』을 보내주셨는데, 그 책에 빠져들고 말았다. 영어로 된 내용을 파악할 수 없어 상상의 나래만 폈다. 중학교대성중학교에 들어가서 첫 번째 외국어인 영어를 배웠고, 그후로 나의 학문은 읽고 쓰기 외에 새로운 언어 배우기가 3대 요소가 되었다.

나의 쓰기는 중학교 시절부터 시작되었다. 중학교 입학 직후 열린 교내 백일장에서 '가을'과 관련된 시를 제출했는데, 선배들을 물리치고 갓 입학한 신입생이 장원을 했다. 얼마 후 학교 교지에 장원을 차지한 시가 인쇄되어서 수록되었는데, 시 머리맡에 내 이름 '안교성'이 활자화되어 있었다. 활자화된 이름을 처음으로 확인하면서, 가슴 두근거리는 특별한 경험을 했다. 어린 마음에 시인이 되어야 하는 건 아닌가

하는 운명까지 느꼈다면 과장일까? 이때부터 쓰기에 매료되었다. 나는 1학년이지만 곧 학교 대표 글짓기 선수가 되었고, 글짓기 훈련을 받았다. 3년간 매주 한 권씩 온갖 책을 읽고, 정해진 분량에 어김없이 맞춰 독후감을 써내면, 선생님께서 수정해주셨다. 돌이켜보니 말할 수 없는 특혜였다.

고등학교^{배재고등학교} 시절은 일종의 방랑기 혹은 학문적 공백기라고 할 수 있다. 중학교 3학년 때 평준화 정책이 도입되어, 공부의 압박이 적어지면서, 책보다 세상 읽기에 나섰다.

대학에 진출해서는 시인이 되고자 했다. 나는 시를 쓰고, 영시로 유명한 영문학을 공부했다. 나중에 진로를 바꿨지만, 일반대학교 학부와 대학원 석사과정에서 어느 정도 문학적 소양을 쌓을 수 있었다. 이 시기에 글과 관련하여 네 가지를 말할 수 있다.

첫째, 대학원 졸업 후에 시 쓰기를 그만두었다. 당시 유명시인인 황동규 교수님께 6년 정도 시작^{詩作} 지도를 위해 사사 받았는데, 진로를 놓고 고민하던 중 왠지 시작과 다른 일을 겸할 수 없다는 생각에 모아 놨던 시를 전부 없애버리고 말았다. 둘째, 영문학의 배경이 그리스·로마 고전 문화라는 생각에 미쳐, 고전어를 공부했다. 당시 휴교가 반복되어 사실상 독학했지만, 이때 익힌 고전어와 성경 원어는 이후에 학문과 사역에 큰 도움이 되었다. 셋째, 대학원 과정에서 혹독하게 언어학을 공부했다. 석·박사과정 어학 과목으로 역사언어학 과목인 '영어사'^{英語史}를 택했다. 수강생은 다섯 명이었지만 타 학교 교수^{1명}, 교사^{3명} 등 다들 바빴기에, 사실상 수업 준비를 도맡으면서 일인 지도를 받은 것과 마찬가지였다. 과제가 힘들었지만, 결과적으로 큰 특혜가 된 셈이다. 내 학문 여정 중 가장 혹독했던 세 번의 시기 중 첫 번째를 맞았다. 대학원을 마칠 때쯤에는 서구 언어는 고전어와 현대어를 포함하여 상당히 여러 개를 익혔고, 아시아 언어에 대한 관심은 상대적으로 늦게 생겼다. 넷째, 석사학위논문은 내가 좋아하는 영국 낭만주의 시인 블레이크^{William Blake}에 대한 "후기 블레이크에 나타난 용서"라는 제목의 논문을 제출했다. 시를 분석하면서 학부 시절부터 좋아했던 영국 성공회 조직신학자 매쿼리^{John Macquarrie}의 신학적 틀을 이용했는데, 돌이켜 보면 영문학과 신학 중간의 애매한 글이다.

III. 2기^{신학교 신학대학원, 대학원 및 강사 시절, 1985~1992} : 여러 신학을 추구하며

1. 장애인신학

어쭙잖게 공부하다가 신학교 진학을 늦춘 게 마음에 걸려, 신학교에 들어가면서는 학문의 길을 접고 현장에 관심을 가졌다. 내가 신학대학원을 다닐 때는 신학대학원생도 졸업논문을 썼다. 그래서 새로운 주제를 택하기보다 위에서 언급한 매쿼리^{John Macquarrie}를 다룬 "존 매쿼리의 인간론에 관한 연구"라는 제목의 논문을 썼다. 일종의 신학적 인간론인데, 지도교수는 이형기 교수님이셨다.

신학대학원에 다니면서 장애인 사역에 관심을 가지게 되었고, 장애인신학을 공부하고자 갑자기 대학원에 진학했다. 나는 역사적 전거를 토대로 장애인신학을 구성하고자 역사신학을 전공으로 택했다. 그러나 1980년대 말 당시 장애인신학이 국내외적으로 발달하지 않은 때라서, 장애인신학을 주제로 석사학위논문을 쓰기 어려워, 대신 "섭리론에 관한 한 연구"라는 제목의 교리사 분야 논문을 썼는데, 지도교수는 이형기 교수님이셨다. 이 논문은 '아퀴나스의 철학적 섭리론'과 '칼뱅의 목회적 섭리론'을 대립항으로 설정한 뒤, 칼뱅 이후의 개혁신학에 나타난 섭리론의 변천을 추적했다.

석사과정 동안 장애인신학을 독학했고, 깨달은 바를 글로 발표하여 공유해야겠다고 생각했다. 왜냐하면 운동은 글과 더불어 시작되곤 하기 때문이다. 장애인신학에 있어서 오랜 공백기를 가진 뒤 2008년 말 귀국하면서 장애인신학 발전에 미력이나마 기여하고자 학회 결성을 꿈꿨다. 준비의 일환으로 한국기독교교회협의회와 함께 장애인신학 세미나를 개최하여, 『장애 너머 계신 하나님: 장애인신학 정립을 위하여』가 출간되었다. 또한 대한예수교장로회통합 총회 사회부와 함께 장애인신학 연속 세미나를 개최하여, 교단 차원의 최초 장애인 서적인 『장애인 신학』이 출간되었다. 장애인신학회는 머지않아 결성될 예정이다. 장애인에 대한 관심은 약자 전반에 대한 관심으로 확대되었다. 약자는 사회는 물론이고 교회에서도 소외된 집단들이다. 가령 이주민, 고령인, 난민, 여성운동 초기의 여성을 들 수 있다. 이 주제에 대해서도 글을 썼다.

2. 에큐메니컬 신학

신학대학원과 대학원에서 이형기 교수님으로부터 에큐메니컬 신학을 소개받았다. 나는 에큐메니컬 신학, 특히 에큐메니컬 문서에 흥미를 느껴, 보고서 등 1차 사료를 탐독했다. 그러면서 에큐메니컬 신학이 지성을 추구하는 신앙에 응답하는 신학 중 하나라는 것을 인식하였고, 특히 당대 현안을 신학화하기 위해 노력하는 신학이라는 점에 매력을 느꼈다.

나는 대학원 시절부터 강사를 하게 되었는데, 고전어인 라틴어, 에큐메니컬 신학, 교회사 등 여러 과정을 가르쳤다. 특히 에큐메니컬 신학을 가르치면서, 에큐메니컬 선교에 대해서 알고 공감하게 되었다. 제국주의하에서 선교사 중심으로 이뤄졌던 전통 선교가 제2차 세계대전 종전 후 탈식민주의 상황에서 선교적 변화를 모색했고, 그 결과 현지교회가 선교적 주도권을 갖는 새로운 선교가 대두되었는데, 그것이 바로 에큐메니컬 선교였다. 놀랍게도 에큐메니컬 선교는 나중에 나의 박사학위논문의 주제로 이어졌다.

또한 나는 복음과 에큐메니즘 모두가 성경과 신학의 핵심이라고 보기에, 신학을 복음주의신학과 에큐메니컬 신학으로 나누는 통속적인 분류를 거부했다. 논리적으로도 복음주의와 에큐메니즘은 기준이 다르기 때문에 범주의 오류를 범하게 된다. 역사적으로도 현대 에큐메니컬 운동은 복음주의 선교 운동의 후예이고, 초기 선교사들을 '복음주의적 에큐메니컬주의자' evangelical ecumenist 라고 부르는데, 이런 현상은 기존의 흑백논리로는 설명할 수 없다. 이와 더불어, 나는 신학적 정체성을 분명히 하기 위해서 나에게 영향을 준 다양한 교파의 신학을 비교 연구하였다. 이런 관심은 오늘날도 이어져서, 현재 한국 정교회, 천주교회, 개신교회가 함께 참여하는 '한국 그리스도교 신앙과직제협의회 신학위원회'의 일원으로 섬기고 있다.

신학 형성 2기는 이렇게 장애인 신학과 에큐메니컬 신학을 공부하면서 보냈다. 그러나 학문의 길은 일단 멈췄다. 그 이유는 그동안 장애인신학 구성이라는 전략적 목적을 위해 잠시 공부했고, 장애인신학을 계속 공부할 여건도 마련되지 않았기 때문이다. 몽골 선교사로 떠나면서 가르치는 일이 끝나는 줄 알았는데, 뜻하지 않게 몽골에서 다시 이어졌다. 왜냐하면 몽골에서 일반교육과 신학교육을 하게 되었기 때문이다.

여하튼 내 재능을 이용하여 배우고 가르치는 것은 보람 있었다. 가령 라틴어 수업은 일종의 '라틴어 르네상스' 붐이 일어서, 문법을 배우는 초급반 수강생이 100명에 가까웠고, 라틴어 성경을 읽는 중급반 수강생도 20여 명이나 되었다. 급기야 중급반 수강생들의 요청에 따라 라틴어 문서를 강독하는 고급반도 신설했는데, 고급반 수강생만 10명에 가까웠다. 당시 중급반이나 고급반까지 공부한 학생 중 신학교 교수가 여럿 나왔다.

한편 장애인 사역을 할 기회가 무산되면서 대신 임시 사역으로 생각하고 택했던 부목사로서의 일반 목회도 보람 있었다. 무엇보다도 목사로서의 정체성 형성에 도움이 되었고, 교회 현장을 익히는 기회가 되었다. 교회 안에서 성도를 섬기는 일도 기뻤지만, 교회 사역의 연장으로 교회 밖에서 이화여자대학교 부속 동대문병원에 교회를 개척한 일도 잊을 수 없다.

Ⅳ. 3기 | 몽골선교 사역기, 총회 본부 사역기 및 광야기, 1992-2003 :
새로운 소명, 새로운 공부

1. 선교학

선교지에 정착하고 보니, 내가 선교사로서 아는 것이 너무 적다는 것을 절감했다. 특히 개척선교라서 사역 자체도 힘들지만 새롭게 결정할 것들이 많았다. 그런 결정을 제대로 된 근거나 확신도 없이 내려야 하는 것이 두려웠다. 내가 내린 미숙한 결정이 장차 몽골 기독교의 잘못된 유산으로 남을지 모른다는 생각에 고통스러웠다. 되도록이면 몽골인과 같이 혹은 몽골인 스스로 결정하도록 했지만, 선교 초기에는 어쩔수 없이 지도하는 역할을 완전히 배제할 수는 없었다. '아는 것이 힘'이라고, 선교학을 독학하기로 결정했다.

나는 나름대로 선교학 필독서를 정하여 읽기 시작했다. 입문서, 역사서, 고전, 최신 문제작 까지 두루 섭렵했다. 선교지에서도 읽었고, 총무로서 총회 본부 사역을 할 때도 읽었다. 당시 읽었던 독서량이 상당했던 모양이다. 놀랍게도 내가 갑자기 영국 케임브리지대학교 신학부로 유학갔을 때, 첫 번째 수업 때 테스트를 받았는데 그동안의 독학 덕분에 통과할 수 있었다.

몽골에 개척선교를 하러 갔지만, 문서선교의 필요성이 있다고 판단되어서 몽골어를 선교사들이 일반적으로 익히는 수준 이상으로 공부했다. 이런 몽골어 공부 시기가 내가 학문의 길에서 경험했던 세 번의 혹독한 훈련기 중 두 번째이다. 몽골어 실력이 어느 정도 궤도에 오르자, 몽골 성경번역 사역이 나를 기다렸다.

　　나는 연합을 선교 정책으로 삼다보니, 자연스럽게 여러 사역에 관여했다. 가령 전도와 교회 개척과 같은 일반적인 사역 이외에 선교사회, 연합성경번역, 연합성경학교 등 연합사역에 깊숙이 참여했다. 특히 성경번역 사역에서 보람된 일은 내가 성경번역 사역을 하는 것을 지켜본 몽골 현지인 청년 중 한 사람이 성경번역의 소명을 받아, 미국 고든콘웰신학교를 거쳐 영국 케임브리지대학교 아시아중동학과에서 70인역 번역 연구로 박사학위를 받고 나서 현재 몽골성서공회 번역 책임을 맡게 된 사실이다. 또한 몽골연합성경학교사역도 중요하다. 나는 몽골이 선교 미개척지라서 처음에는 전도와 교회 개척을 염두에 두었지만, 사역을 시작한 지 얼마 되지 않아서 몽골인이 탁월한 지성과 지도력을 지닌 것을 알고 신속하게 신학교 설립의 필요성을 강조했다. 처음에는 별 호응이 없었지만, 연합성경번역 사역의 성과가 나타나자 연합성경학교가 추진되었다. 그 과정에서 나는 신생 신학교의 책임을 맡았다.

　　선교사 시절 여름방학 중 장신대를 잠시 방문했는데, 갑자기 장신대 외국인 유학생을 대상으로 한 '선교의 성서적 기초'라는 영어 강의를 맡은 적이 있다. 그런데 놀라운 사실은 외국인 유학생들이 선교에 대한 상당한 지식을 지녔지만, 20세기 후반의 가장 중요한 선교 개념인 '에큐메니컬 선교'에 대해서는 금시초문이라는 학생도 많았다는 것이다. 그래서 강의 중에 에큐메니컬 선교에 대해서도 소개하였다. 강의가 끝나는 날, 학생들이 나를 축복해주었다. 학생들이 축복송을 불러준 뒤 내게 한 말은 이것이었다. "Don't stay away from teaching ministry!" 가르치는 일을 중단하지 마세요

2. 한국교회사와 선교학

2000년 말 교단 총회 세계선교부 총무로 선출되어 선교지를 떠나 귀국하였다. 그런데 내가 총회 석상에서 부서 총무로 만장일치로 인준받은 것과 동시에 담당부서인 세계선교부 해체를 포함한 교단 구조 조정안이 통과되었다. 황당하기 짝이 없었다. 직원으로서 총회 결정을 존중해야 하지만, 과연 결정 과정과 내용이 적절하고 적법한지 확인할 필요가 있었다. 이를 위해서 교단 역사, 특히 총회 세계선교부 역사를 중심으로 독노회부터 시작하여 당시 2000년 총회까지 총회 회의록을 샅샅이 읽고 정리해나갔다. 내가 나중에 한국교회사를 전공할 줄은 꿈에도 몰랐지만, 나도 모르게 박사학위논문 작성을 위한 1차 사료를 읽어나간 셈이다. 그 결과 본 교단 신학의 중도적 입장, 총회 조직으로서의 세계선교부의 위상, 에큐메니컬 선교의 당위성, 복음주의 선교 및 에큐메니컬 선교의 시너지 효과 등의 중요성에 대한 나의 선교관이 옳음을 재확인할 수 있었다.

총무직은 그만두었지만, 선교와 관련된 관계는 계속 확장되었다. 총무 재직 당시, 선교학자와 선교 관계자들을 많이 만났는데, 특히 두 사람이 나의 미래와 연결되었다. 국내에서는 한국을 방문한 영국 에딘버러대학교 선교학 교수인 커 David A. Kerr 와 만났고, 영국에서는 동역교단인 스코틀랜드[장로]교회의 총회 기간 중에 세계선교부 총무인 로스 Kenneth R. Ross 를 만났다. 이런 만남을 통해서 근현대선교운동의 절정이자 현대에큐메니컬 운동의 남상이 된 1910년 에딘버러 세계선교대회 100주년 기념행사에 참여하게 되었다. 먼저 100주년 기념을 위한 사전 행사로 에딘버러대학교가 주최한 '2010년을 향하여' Towards 2010 란 연속 강연에 제2차년도 강사로 초청받았다. 이 강연은 2002년부터 시작하여 8차에 걸쳐 진행되었는데 ^{에딘버러 세계선교대회 8개 주제에 맞춰}, 첫해 강사가 세계적으로 유명한 월스^{Andrew F. Walls}와 코야마^{Kosuke Koyama}였을 정도로 기라성 같은 강사들로 강사진이 채워졌다. 그런데 선교학 박사나 선교학 교수는커녕 선교학 전공도 하지 않은 내가 그 중 한 명이 되다니.

2003년 봄 영국 에딘버러대학교에 가서 강연했는데, 새로운 선교 개념으로 정론^{正論, orthodoxy}, 정행^{正行, orthopraxis}를 넘어서 '정감'^{正感, orthopa-thy}을 주장했다. 강연 직후 스코틀랜드 소외 지역에서 사역하던 목회자가 이 개념에 대해 공감을 표시하였고, 이후에 이 개념이 널리 관심을 받았다. 이 강연은 후에 에딘버러 시리즈 제1권인 『에딘버러 2010: 당시와 현재의 선교』^{Edinburgh 2010: Mission Then and Now}라는 책에 "선교에서 교회로 다시 그 너머로: 후기 에딘버러 기독교의 변모"^{From Mission to Church and Beyond: The Metamorphosis of Post-Edinburgh Christianity}라는 제목의 단원으로 수록되었다. 강연을 위한 방문 기간 중 에딘버러대학교에서 발간하는 학술지 『세계 기독교 연구』^{Studies in World Christianity} 편집장인 키^{Alistair Kee}도 만났고, 그것이 계기가 되어 몽골에 대한 "기독교 선교와 몽골 정체성: 종교, 문화, 정치적 맥락"^{Christian Mission and Mongolian Identity: The Religious, Cultural, and Political Context}을 게재했다.

에딘버러대학교 방문 당시 나는 이미 총무를 그만둔 뒤였다. 나는 스스로 안식년이라고 불렀지만 사실은 후원도 없는 광야 생활을 뉴질랜드에서 하고 있었다. 집 근처에 있는 뉴질랜드성경학교^{New Zealand Bi-ble College, 현재는 Laidlaw College로 장신대 자매학교} 도서관에서 에딘버러대학교 강연을 준비했다. 당시로서는 상상하지 못했지만, 에딘버러 세계선교대회는 선교와 에큐메니즘의 핵심으로 내가 나중에 쓰게 된 박사학위논문 주제와 관련이 있었다. 따라서 나는 에딘버러 세계선교대회 보고서를 읽어나가면서 나도 모르는 사이에 다시 한 번 박사학위논문을 위한 1차 사료를 분석한 셈이었다.

나는 에딘버러대학교 강연을 위해 뉴질랜드에서 영국으로 갔는데, 강연 후에 커 교수님께서 내가 총무도 그만두었으니 같이 공부하자고 유학을 권하셨다. 그러나 나는 성경번역 선교사 훈련을 위해 네덜란드 유학을 준비하던 중이라 그 제의를 거절할 수밖에 없었다. 귀국길에 케임브리지대학교에서도 같은 제의를 받았지만, 역시 거절하였다. 그런데 뜻밖에 네덜란드행이 내부 사정으로 갑자기 취소되는 바람에 또다시 막다른 골목에 봉착했다. 그래서 부랴부랴 영국 유학을 떠났다.

V. 4기 영국 유학기, 2003-2008 :
 다시 학생이 되며

1. 아시아 신학

북새통에 유학을 떠나면서, 예상치 못한 일들이 많이 벌어졌다. 우여곡절 끝에 케임브리지대학교가 최종 목적지가 되었다. 나는 이미 선교와 관련하여 선교사, 선교지 신학교 교수, 선교행정가 등 10년 이상의 다양한 경력을 쌓았기에, 교회사가 아닌 선교운동사를 연구하려고 했다. 그래서 몽골 현대선교를 주제로 논문을 쓸 작정으로 세계적인 선교역사가 스탠리^{Brian Stanley} 박사님께 지도교수가 되어줄 것을 요청했다. 그러나 새로운 변수가 생겨서 예정과 달리 박사과정이 아닌 신설된 '아시아기독교'^{Christianity in Asia; 현재는 세계기독교[World Christianities]} 전공 석사과정 ^{M.Phil.}을 먼저 하도록 요구받았다. 케임브리지대학교 신학부에 선교학 전공이 없는데, 이 새로운 석사과정은 선교운동사와 교회사의 통섭적 관점이라고 할 수 있는 세계 기독교^{World Christianity 혹은 Global Christianity} 전공을 위해 신설된 일종의 파일로트 프로그램이었다. 원래 이 신설과정을 위해서 4명의 교수를 배정하고 학생 모집도 했지만, 웬일인지 지원자가 많았음에도 불구하고 아무도 뽑지 않은 채 개설을 미뤄둔 상태였다. 그러다 나 혼자만 이 과정에 배당하여 4명의 교수와 함께 1대 4로 공부하게 하였다. 내 인생에서 가장 힘든 공부 시기 중 세 번째를 보내게 되었다. 그러나 돌이켜보니 '황제 교육'을 받은 셈이라서 감사할 수밖에 없다.

이런 과정에서 박사학위논문 주제가 세 번이나 바뀌게 되었다. 즉 '몽골 현대선교 역사'에서 '한국 선교운동사'로, 다시 '한국 교회사'로 바뀌었다. 먼저 몽골 현대선교 역사는 너무 기간이 짧고 논문 작성 시점과 근접하다는 이유로, 또한 세계교회가 한국교회에 관심이 있다는 이유로, 한국교회를 논문 주제로 추천받았다. 그래서 박사학위논문을 한국 선교운동사를 쓸 요량으로, 석사학위논문을 "대한예수교장로회의 세계선교의 기원"^{The Genesis of World Mission of the Presbyterian Church of Korea}이란 제목의 논문을 냈고, 내심 이 논문을 박사학위논문의 1장을 삼으려고 했다. 통상적으로 영국 대학교는 석사과정에서 박사과정으로 진학할 경우, 학업과 논문을 연속하도록 허락한다. 그런데 케임브리지대학교의 경우 10여 개 학과가 예외였고, 하필 신학부가 거기에 속했다.

한편 나는 한국 선교운동사로 논문을 썼지만, 전공 분야인 아시아기독교에 대해서도 깊고 넓게 공부하려고 했다. 아시아기독교를 공부하면서, 내가 아시아기독교인이지만 너무 무지함을 절감했다. 또한 박사과정을 하면서, 논문 주제와 별도로, 영국과 밀접하게 관련된 아프리카 지역과 몽골이 속한 중앙아시아 지역에 관해 책을 읽고 세미나에 참가하면서 배움의 기쁨을 느꼈다. 특히 몽골을 비롯한 중앙아시아에 대한 공부는 귀국 후 몇 가지 결실을 맺었다. 첫째, 아시아기독교사학회 설립에 관여했다. 둘째, 중앙아시아는 20세기에 구[註8]소련의 영향 하에 있다가 구소련 및 동유럽 공산권 붕괴로 인하여 후기 공산주의[혹은 후기 사회주의]국가가 되었는데, 이로 인한 사회 변화에 대한 연구가 흥미를 자아냈고, 귀국 후 통일신학 연구로 이어졌다.

2. 교회사, 선교운동사, 에큐메니컬 운동사

나는 박사과정에 진학하려면 새로운 논문 프로포절을 2주 안에 내라는 학과의 긴박한 요청을 받고 적잖이 당황하였다. 기도로 1주일을 보내고 나서 논문 주제를 집중적으로 생각해보았다. 생각을 모아보니 '일치'라는 개념이 떠올라, 일치를 다룬 교회사 논문을 쓰기로 했다. 교회 일치에 대한 연구도 많고, 선교 일치에 대한 연구도 많지만, 양자의 상호 관계를 다룬 연구가 없다는데 착안하여, 이것을 주제로 삼기로 했다.

논문 주제와 지도교수가 바뀌는 혼란 속에서 최종적으로 지도교수가 된 톰슨[David M. Thompson] 박사님에 대해서 잘 몰랐는데, 알고 보니 그는 내 논문 지도교수로 적임자이셨다. 그는 현대교회사 교수로 박사학위논문 주제는 영국 교회 쇠퇴 교회 전문가였고, 케임브리지대학교에 선교학이 없어서 선교운동사를 오랫동안 지도해왔으며 스탠리 교수도 그의 제자였다, 세계교회협의회 총회를 1966년 웁살라 총회부터 2013년 부산 총회까지 참가했을 뿐 아니라 중앙위원회 회계 업무까지 맡은 그야말로 에큐메니컬 통이셨다. 더구나 영국에는 목회자 신학자가 드문데, 그는 그리스도의 교회 총회장을 역임했고, 그리스도의 교회가 영국연합개혁교회로 통합되자 다시 총회장을 역임하여 교회를 잘 이해하셨다. 새로운 논문이 교회사, 선교운동사, 에큐메니컬 운동사를 모두 알아야 하는데, 그야말로 준비된 지도교수이셨다.

한편 나의 선교 경험과 선교학에 대한 관심은 유학 중에 영국 학회와 연결이 되었다. '영국 및 아일랜드 선교학회'가 내가 박사과정 학생인데도 이사로 선출해줘서, 영국 학회를 자세히 들여다볼 수 있었다. 이밖에 영국을 비롯한 여러 곳에서 다양한 학회나 세미나에 참석했고 논문을 발표했다. 영국 캠브리지 소재 헨리 마틴 센터 현 세계기독교연구센터, 예일-에딘버러세계기독교협의회, 미국 캘리포니아대학교 UCLA 등을 들 수 있다.

또한 논문을 쓰는 중에 사료 조사를 위해서 미국을 방문했다. 프린스턴신학교 도서관, 매디슨 소재 연합감리교회 문서보관소, 필라델피아 소재 미국장로교역사협회, 뉴욕 소재 버크 도서관, 뉴헤이븐 소재 예일대학교 도서관 및 해외사역연구소 Overseas Ministries Study Center, 최근 프린스턴신학교로 이전, 리치몬드 소재 연합장로교신학교 등에서 하루 종일 문서를 뒤지고 복사했다. 일정상 몬트리트 소재 미국남장로교 문서보관소는 방문하지 못했다.

2008년 말, 드디어 5년간의 유학을 마치고 귀국했다. 온 가족이 귀국하기에 앞서서, 선교사가 될 가능성을 세 번째로 타진하기 위하여 혼자서 한국을 잠시 방문한 적이 있다. 이번 만남도 실패로 돌아갔다. 막막한 채로 영국으로 돌아갔을 때, 별안간 지도교수님께서 만나자고 하셨다. 그는 한국 사정을 모르지만, 학교에 갈 것을 권하셨다. 당시 교수직에 대한 마음을 정하지 못한 때였다. 그러나 하나님께서 막다른 골목마다 새로운 길을 열어주셔서, 이번에는 지도교수님의 조언을 통해서 알려주시나 하는 마음에 갑작스러운 조언이지만 받아들이기로 했다.

VI. 5기 장신대 교수 사역기, 2009-현재 :
다시 읽으며 쓰며

1. 한국교회사

학교를 떠난 지 17년 만에 장신대로 돌아왔다. 급선무는 교내적으로 전공인 한국교회사를 가르치고, 교외적으로 한국교회사 전공자로서 요청되는 일을 감당하는 것이었다. 특히 일반학계와의 소통을 위해 기독교계 학술지가 아닌 일반 학술지에 기고하는 데 관심을 기울였다. 이런 맥락에서, 한국교회사를 당대 문제에 응답하는 에큐메니컬 신학 혹은 에큐메니컬 공공신학의 관점에서 다룬 논문들을 모아『한국 교회와 최근의 신학적 도전』을 냈다.

나는 선교지에서 한국선교의 세계화를 시도하려고 하다가 중단했기 때문에, 귀국해서는 한국신학과 한국선교의 세계화를 할 수 있는 길은 없나 궁리했다. 이를 위하여 영문 논문을 쓰거나 국제 세미나에 참석하는 등 기회가 주어지면 적극 응답했다. 논문은 물론이고, 사전, 단행본 등을 위한 글도 썼다. 가령 2010년 도쿄-에딘버러대회, 미국교회사학회와 영국교회사학회 공동대회영국 옥스퍼드 개최, 뮌헨-프라이싱협의회논문만 보냄, 뉴질랜드 더니든 오타고대학교 국립평화와갈등연구소, 남인도교회, 홍콩 중문대학교 등을 들 수 있다. 국내에서는 KGMLF대회, 로잔북한협의회 등을 들 수 있다. 최근 글로는 영국 옥스퍼드대학교 출판부에서 나온 『옥스퍼드 선교학 핸드북』*The Oxford Handbook of Mission Studies*에 실린 "기독교 선교와 식민주의"*Christian Mission and Colonialism*가 있다. 요즘은 신진학자를 위한 컨설팅 프로그램에 멘토로 참여하고 있다.

또한 한국교회사를 이해하기 위하여, 기존의 틀과 달리 미국교회, 아시아교회 특히 동아시아교회의 중요성을 강조했다. 그러던 중 보람 있는 일을 하게 되었다. 세계기독교 관점에서 한국교회를 소개하는 책을 공동 편집하는 일에 초대받았다. 수십 명의 학자를 섭외하고 논문을 편집하여, 『한국교회, 하나님의 선교, 세계기독교』*Korean Church, God's Mission, Global Christianity*를 출간하였다.

한편 한국교회사와 관련된 프로젝트들도 진행했다. 가령 한국연구재단 연구지원사업인 2013년 "20세기 전반기 외래종교그리스도교가 제주 전통문화에 끼친 영향: 미시사적 시각으로 재고찰하는 제주의 문화와 역사"공동연구원, 2014년 "후기북한사회의 기독교신학 구성에 대한 서설: 후기 공산주의 사회들의 기독교신학의 변화를 중심으로"책임연구원, 2018년 "19세기 중국어성경번역이 동북아시아 성경번역과 문화와 언어생활에 끼친 영향" 책임연구원 등이다.

2. 다시 아시아 신학

귀국 후 곧 아시아기독교사학회가 설립되었다. 이 학회는 학회 설립 10년 만에 많은 연구 성과를 냈고, 연구자 간의 교류를 활성화했으며, 다른 아시아기독교 관련 연구들도 촉발했다. 10주년 기념으로 관련 연구서를 두 권 냈는데, 편집자, 저자로 참여했다. 『잊혀진 우리 이야기, 아시아 기독교 역사』 김흥수, 안교성 공편, 2021, 『아시아 신학 산책』 2022 이 그것이다.

나는 아시아기독교사학회 활동 이외에도 개인 연구를 지속했다. 가령 2013년 연구학기를 이용하여 뉴질랜드 더니든 소재 오타고대학교에 방문교수로 갔는데, 주목적은 아시아신학 발전에 기여한 잉글랜드 John C. England 가 자료를 기증해 마련한 '잉글랜드 문고'를 보기 위해서였다. 이 문고는 오타고대학교 인근의 녹스컬리지 헤윗슨도서관 Hewitson Library, Knox College, Dunedin 에 있고, 일종의 아시아기독교 연구의 보고라고 할 수 있다.

3. 통일신학

나는 통일신학에 대해서도 관심을 가지게 되었다. 먼저 통일은 나의 전공인 한국교회사의 핵심 중 하나이다. 그러나 통일과 관련된 북한기독교사는 연구 소외 분야라고 할 정도로 발달하지 못했다. 또한 나는 한때 후기공산주의 사회인 몽골에 살면서, 북한의 미래에 대한 관심과 더불어 북한선교 및 남북한평화통일운동에 대한 일종의 책임감까지 느끼게 되었다. 더구나 한국인이 세대별로 통일관에 있어서 큰 차이를 보이는 현상을 접하면서, 통일신학이 대의명분을 주장하는 것에 머물지 않고 현실적 대안이 되어야 한다는 것을 절감했다. 그 결과 통일신학과 관련하여 글도 쓰고, 사역도 하게 되었다.

장신대 산하의 남북한평화신학연구소 소장을 두 번 역임했고, 장신대 기독교와사회대학원 통일평화학 주임을 맡았다. 통일과 평화와 관련된 논문들을 묶어 『후기 사회주의 시대의 통일과 평화』2021란 단행본도 냈다. 나는 통일과 관련하여 체제중심적 '땅의 통일'론에서 문화중심적 '사람의 통일'론을 넘어, 사람들의 의식과 행동에 영향을 미치는 사회중심적 '사회의 통일'을 주장했고, 계속 이 분야를 천착하고 있다. 그리고 평화와 관련하여 '평화 교회'를 넘어 '평화 시민', '평화 나라'로 나아갈 것을 주장했다.

한국교회사에 연구 소외 분야가 많지만, 특히 '북한교회사'와 '복음주의' 전공자가 많이 나오기를 바란다. 왜냐하면 북한교회나 복음주의는 한국교회의 대표적인 주제인데도 불구하고, 거론하는 사람은 많지만 전문가는 적기 때문이다.

4. 목회의 역사

아이러니하게도 신학 특히 실천신학이 발달하면서 목회학이 위축되는 경향이 나타났다. 실천신학을 목회신학이라고도 바꿔 말할 수 있지만, 목회신학의 핵심인 목회학이나 목사학이 사라지곤 한다. 이것이 내가 이론 분야 전공 교수이면서도, 장신대 목회전문대학원 목회신학박사과정에서 10년 이상 목회의 역사를 가르쳐온 이유이기도 하다.

나는 이 과목에서 목회의 고전을 학생들과 함께 읽고, 학생 스스로 목회의 중요성과 목회자의 정체성에 대해서 깨닫기를 바란다. 고전을 읽는 이유는 두 가지이다. 첫째, 내가 직접 가르치기에는 부족하여서 대신 고전을 통해 간접적으로 가르치려고 한다. 둘째, 교회는 역사상 목회를 중시했고, 목회 관련 고전이 많은데, 그동안 이것이 일부를 제외하고는 대부분 망각되거나 책명만 소개되었다. 이 과목은 30개 정도의 기본 서적을 읽는데, 기타 다양한 서적과 논문도 소개한다. 현재 독서목록은 서구교회 중심인데, 한국교회와 아시아교회 분야도 개발 중이다.

Ⅶ. 나가는 말

나의 학문 여정은 학문 여정이라기보다 삶과 학문이 어우러진 여정이라고 할 수 있다. 어찌 보면 신변잡기 같은 부분도 들어 있다. 여하튼 내게 학문 여정 특히 신학 여정은 하나님 안에서 세상과 나 자신이 내게 던진 질문들에 대한 응답의 작업이었다.

나의 마지막 지도교수였던 톰슨 교수님의 글에서 이런 도전을 받은 적이 있다. 그 내용은 신학자가 신학의 달인이 되어야 한다는 것이다. 환자들이 명의를 찾듯이, 문제를 안은 신자들도 신앙적 명의를 찾는데, 그가 바로 신학자이다. 교회가 던지는 질문에 대해서 속 시원하게 대답할 수 있는 사람이 필요하고, 따라서 신학자는 신학의 도사가 되어야 한다. 나도 기왕 신학자가 되었지만, 신학에 바친 시간도 신학을 위해 주어진 시간도 너무 짧아서 안타까웠다.

루터가 십자가 신학을 강조하고, 바른 신학의 조건으로 기도, 묵상, 시련oratio, meditatio, tentatio을 제시했듯이, 신학자는 현실에 응답하면서 시련의 신학자가 될 수 있다. 한국을 비롯한 아시아의 절박한 현실은 오늘도 현실에 응답하고 돌파구를 찾아내는 시련의 신학자를 요청한다. 그러나 스스로 신학자로서의 삶을 회고해 보니, 너무나 부족했음을 인정하지 않을 수 없다. 시련에 나서고 견뎌내는 것조차 인간의 힘만이 아니라 주님의 능력으로 할 수 있음을 고백하게 된다. 이런 의미에서 루터의 바른 신학 3요소인 기도, 묵상, 시련은 기도에서 시작하여 시련으로 끝날 수 없다. 시련조차 하나님의 은혜를 구하는 기도로 돌아가야 하기 때문이다. 그래서 기도, 묵상, 시련, 다시 기도, 묵상, 시련 순으로. 이런 맥락에서 나의 학문 여정은 '예수 기도'로 끝내는 것이 합당하리라. "주 예수 그리스도, 하나님하느님의 아들이시여, 이 죄인을[죄인인 나를] 불쌍히 여기소서." 아멘.

제 2 장

경력 및 연구업적 목록

안교성 _ 장로회신학대학교 교수, 역사신학/한국교회사

안 교 성

Rev. Prof. Kyo Seong Ahn, Ph. D. Cantab.

학력

1977-1981. 서울대학교 인문대학 영어영문학과(B. A., *Magna cum laude*)

1981-1983. 동 대학원 영어영문학과(M. A.)

1985-1988. 장로회신학대학교 신학대학원(M. Div.)

1988-1990. 동 대학원 신학과 역사신학 전공(Th. M.)

1992-1993. 몽골 국립대학교 대학원 몽골학과 몽골어과정(Certificate)

2003-2004. 영국 케임브리지대학교 신학부 석사과정(M. Phil.)

2004-2008. 동 대학원 박사과정(Ph. D.)

경력(선택적)

교육경력

1988-1992. 장로회신학대학교, 강사/라틴어 및 교회사

1993-1995. 몽골국립외국어대학교(현 몽골국립인문대학교), 조교수/영어

1993-2000. 몽골울란바타르대학교, 부교수/영어

1994-2000. 몽골연합성경학교, 초대학장, 교수 및 이사장

2009-2023. 장로회신학대학교, 교수; 주기철목사석좌교수 및 영락교회석좌교수

기타경력

1989-1992. 대한예수교장로회 소망교회, 전도사 및 부목사

1992-2000. 대한예수교장로회 총회 세계선교부, 몽골선교사

1992-2000. 몽골 울란바타르한인교회, 담임목사

1994-2000. 몽골 아멘교회(현지인교회) 및 기타 교회들, 담임목사

1994-1999. 몽골성경번역위원회, 번역위원, 언어컨설턴트 및 이사

1990-2000. 세계성서공회 몽골 파견대표 및 몽골성서공회 총무

2000-2002. 대한예수교장로회 총회 세계선교부, 총무

연구목록

1. 학위논문

1982. "후기 블레이크에 나타난 용서." 미간행 문학석사학위논문, 서울대학교.

1988. "존 매쿼리의 인간론에 관한 한 연구." 미간행 목회학석사학위논문, 장로회신학
대학교.

1990. "섭리론에 관한 한 연구: 개혁신학의 전통에 입각하여." 미간행 신학석사학위
논문, 장로회신학대학교.

2004. "The Genesis of World Mission of the Presbyterian Church of Korea." Unpub-
lished M. Phil. Thesis, Faculty of Divinity, University of Cambridge.

2008. "Mission in Unity: An Investigation into the Question of Unity as It Has Aris-
en in the Presbyterian Church of Korea and Its World Mission." Unpublished
Ph. D. dissertation, Faculty of Divinity, University of Cambridge.

2. 책 · 단행본

2003. 『장애인을 잃어버린 교회』. 서울: 홍성사.

2017. 『한국교회와 최근의 신학적 도전: 생명의 하나님, 한국교회를 정의와 평화로
이끄소서』. 서울: 장로회신학대학교출판부.

2021. 『후기 사회주의 시대의 통일과 평화: 베를린 장벽 붕괴 이후의 한국 신학』. 서
울: 장로회신학대학교출판부.

2022. 『아시아 신학 산책』. 서울: 대한기독교서회.

3. 편집 및 공편집

2012. 『화해와 화해자: 화해자로서의 교회와 장신신학의 정체성』. 서울: 장로회신학 대학교출판부.

2014. 박명수 · 안교성 · 김권정 편. 『대한민국 건국과 기독교』. 서울: 북코리아.

2015. Ma, Wonsuk & Ahn, Kyo Seong. eds. *Korean Church, God's Mission, Global Christianity*. Oxford: Regnum.

2016. 『독일 통일 경험과 한반도 통일 전망: 신학적 통일과 과제』. 서울: 장로회신학 대학교 남북한평화신학연구소/나눔사.

2021. 김흥수 · 안교성 편. 『잊혀진 우리 이야기, 아시아 기독교 역사』. 논산: 대장간.

4. 공저 (출처 밝히고 재수록된 논문들이 다수 있음)

1992. 이용남 편. 『새신자목회: 교회성장을 위한』. 서울: 그린, 53-63.

2001. 대한예수교장로회(통합)총회교육부 편. 『성령님이 교통하시는 하나님의 나라 와 생명』. 서울: 한국장로교출판사, 118-31.

2001. Lee, Kwang Soon. ed. *World Mission in the 21st Century, Rethinking Mission: New Directions for a New Century*. Seoul: PCTS, 331-60.

2001. 서정운 명예총장 은퇴 기념 출판위원회 편. 『예루살렘에서 땅끝까지』. 서울: 대한기독교서회, 127-45.

2003. 문화선교연구원 편. 『문화선교의 이론과 실제』. 서울: 예영커뮤니케이션, 92-144.

2009. Kerr, David A. & Kenneth Ross. eds. *Edinburgh 2010: Mission Now and Then*. Oxford: Regnum, 76-86.

2009. 총회세계선교부 편. 『선교현장 이야기: 몽골』. 서울: 한국장로교출판사, 213-21.

2010. 목회와신학편집부 편. 『21세기 선교』. 서울: 두란노아카데미, 129-40.

2010. 대한예수교장로회총회교육자원부 편. 『교회와 함께 가는 다음세대』. 서울: 한 국장로교출판사, 109-22.

2010. Kim, Eum-Seop. ed. *Kyung-Chik Han Collection 10: These 2*. Seoul: Kyung-Chik Han Foundation, 369-443.

2011. 김흥수 · 서정민 편. 『한국기독교사탐구』. 서울: 대한기독교서회.

2012.   안교성 편. 『화해와 화해자: 화해자로서의 교회와 장신신학의 정체성』. 서울: 장로회신학대학교 출판부, 335-412.

2012.   한국기독교교회협의회, 정의와평화위원회, 장애인소위원회 편. 『장애 너머 계신 하나님: 장애인신학 정립을 위하여』. 서울: 대한기독교서회, 82-94.

2012.   Kim, Sebastian Chang-Hwan & Ha, Andrew Chung Youeb. eds.. *Building Communities of Reconciliation, Vol.I: Reflections on the Life and Teaching of Rev. Kyung-Chik Han.* Seoul: Nanumsa, 62-86.

2012.   박경수 편. 『에큐메니즘 A에서 Z까지: WCC 제10차 부산총회를 대비한 필수 지침서』. 서울: 대한기독교서회, 32-45.

2012.   임희국 외. 『동아시아 기독교와 전교문헌 연구』. 서울: 장로회신학대학교 기독교사상과문화연구원, 229-48.

2012.   대한예수교장로회(통합) 몽골현지선교회 편. 『몽골선교 20주년 기념백서: 선교의 동반자 초원길을 복음의 길로』. 서울: 한들출판사, 45-57.

2012.   방콕선교포럼위원회 편. 『한국선교의 출구전략』. 서울: 예영, 123-45.

2014.   박명수 · 안교성 · 김권정 편. 『대한민국 건국과 기독교』. 서울: 북코리아, 371-97.

2014.   김은섭 편. 『한경직 목사의 사상과 사역』. 서울: 나눔사.

2014.   Koschorke, Klaus & Hermann, Arian. eds. *Polycentric Structures in the History of World Christianity.* Wiesbaden: Harrassowitz Verlag. 99-110.

2015.   Ma, Wonsuk & Ahn, Kyo Seong. eds. *Korean Church, God's Mission, Global Christianity.* Oxford: Regnum, 212-19, 377-82.

2015.   김은섭 외. 『한경직 목사와 한국교회』. 서울: 대한기독교서회. 152-82.

2015.   대한예수교장로회(통합), 사회부, 장애인신학준비위원회 편. 『장애인신학』. 서울: 한국장로교출판사, 132-57, 158-80.

2015.   대한예수교장로회(통합), 사회부, 장애인신학준비위원회 편. 『장애인신학』. 서울: 한국장로교출판사, 158-80.

2015.   『하나님의 정치』. 서울: 킹덤북스, 123-53.

2015.   배희숙 외. 『평화통일신학: 신학적 근거의 모색』. 서울: 장로회신학대학교 남북한평화신학연구소/나눔사, 195-231.

2016.   Kim, Jinbon et al., eds. *Megachurch Accountability in Missions: Critical Assessment through Global Case Studies.* Pasadena: William Carey Library, 167-76.

2016.   김진봉 외 편. 『대형교회의 선교 책무』. 서울: 두란노, 256-70.

2016.   이성희 · 조병호 편. 『한국교회 강단 공동설교의 꿈』. 서울: 종교개혁500주년 기념위원회, 한국장로교출판사, 614-21.

2016. 장흥길 편. 『신약성경의 종말론』. 서울: 한국성서학연구소, 283-314.

2017. 손달익 목사 근속기념논문집출판위원회 편. 『함께 한 길 함께 갈 길: 손달익 목사 근속 30주년 기념 헌정 기념집』. 서울: 쿰란출판사, 262-88.

2017. 장흥길 · 홍인종 편. 『급변하는 과학기술사회와 교회』. 서울: 한국교회지도자센터, 168-209.

2018. 장흥길 · 홍인종 편. 『새 시대 새 교회』. 서울: 한국교회지도자센터, 108-32.

2018. 『장애인 사역의 신학적 의의』. 서울: 세계밀알, 285-318.

2019. 이성희 · 한국장로교출판사 편. 『[2019년 목회와 설교자료] 한국교회강단』. 서울: 한국장로교출판사, 566-73.

2019. 정진홍 외. 『하나님의 교회 사람의 교회: 종교의 권력화를 넘어서』. 서울: 본질과 현상, 245-70.

2019. 소석20주기기념논문집출판편집위원회 편. 『큰 울림이 있는 작은 돌: 성경, 교회, 목회: 소석 임옥 목사 20주기 기념 논문집』. 서울: 한들출판사, 197-221.

2020. 박경수 외 편. 『재난과 교회: 코로나19 그리고 그 이후를 위한 신학적 성찰』. 서울: 장로회신학대학교출판부, 245-70.

2020. 김성배 외. 『신앙과 제도: 하나님의 통치와 인간의 제도』. 서울: 숭실대학교지식정보처 중앙도서관, 23-48.

2020. 이정권. 『유동하는 위험 세계의 '선교생명망짜기': 이론과 실제』. 서울: 나눔사, 211-36.

2021. Kim, Young-Dong, ed. *Trends and Reflections of Korean Missions and Missiology.* Seoul: Kenosis Books, 131-62.

2021. 장애인복지선교협의회 편. 『교회와 장애인식 개선』. 서울: 한국장로교출판사, 14-25.

2021. 김흥수 · 안교성 편. 『잊혀진 우리 이야기, 아시아 기독교 역사』. 논산: 대장간, 22-30, [231-39].

2021. 임희국교수 은퇴기념도서 출판위원회 편. 『교회사 연구, 이제는 한국과 아시아로: 교회사 연구 방법론: 임희국 교수 은퇴 기념 도서』. 서울: 케노시스, 360-89.

2021. 장흥길 · 홍인종 편. 『시니어 임파워링』. 서울: 한국교회지도자센터, 196-225.

2022. Kim, Kirsteen et al., eds. *The Oxford Handbook of Mission Studies.* Oxford: Oxford University Press, 330-47.

2023. 가스펠투데이편집부 편. 『정통교회를 흔드는 실체 근본주의를 파헤친다』. 서울: 가스펠투데이, 8-27.

5. 사전

2007.   "Asia, East." Bonk, Jonathan. ed. Encyclopedia of Missions and Missionaries. London: Routledge, 29-35.

2009.   "Protestant Missions to China." *Christianity: The Illustrated Guide to 2,000 Years of the Christian Faith.* Elanora Heights, NSW: Millennium House, 340-41. (저자명은 명기하지 않음)

2009.   "The Protestants Arrive in Japan." 위의 책, 344-45.

2009.   "The Chinese Christian Church." 위의 책, 412-13.

2023.   "게일," 알렌," "에비슨." 『내한선교사사전』. 서울: 한국기독교역사연구소. (저자명은 전체로 소개하되, 별도 항목에 명기하지 않음)

6. 번역

1988.   Packer, James I. et al. *Practical Christianity.* 양낙흥 · 안교성 옮김. 『신앙생활 백과: 믿음을 삶에 적용시키는 실제적 지침서』. 서울: 크리스챤다이제스트.

2009.   Bruce, Alexander B. *The Training of the Twelve.* 안교성 · 박문재 옮김. 『열두 제자의 훈련』. 고양: 크리스챤다이제스트.

2011.   Hodges, Cecil et al. *The English Church Mission in Corea: Its Faith and Practice.* 『[영국성공회 선교사의 눈에 비친] 한국인의 신앙과 풍속』. 파주: 살림출판사.

7. 논문

2001.   "한국 장로교 선교의 전략." 『선교와 신학』 8, 167-91.

2002.   "[특집: 아시아 갈등지역에서의 한국교회 선교] 몽골 선교의 회고와 전망: 선교 연합을 중심으로." 『기독교사상』 520, 76-87.

2003.   "Christian Mission and Mongolian Identity: The Religious, Cultural, and Political Context." *Studies in World Christianity* 9/1, 103-24.

2008.   "세계 선교의 우선적 과제, 협력/구슬이 서말이라도 꿰어야 보배." 『목회와 신학』 233, 174-82.

2009.   "한국교회 선교의 기원에 관한 소고: 제주 선교와 이기풍 선교사의 사례를 중심으로." 『한국선교KMQ』 31 (9/1, 가을), 81-93.

2009.   "한국교회 최초의 타문화권 선교." 『한국선교KMQ』 32 (9/2, 겨울), 86-100.

2010. "해방 후부터 1970년대까지의 한국교회의 선교(1): 에큐메니칼 선교의 대두의 의의." 『한국선교KMQ』 33 (10/1, 2010 가을), 95-106.

2010. "[특집: 대한기독교서회 120년, 그 흔적과 발자취] 한국기독교 에큐메니칼 운동과 대한 기독교서회." 『기독교사상』 618, 35-43.

2010. "한국전쟁과 기독교의 수난." 『성결교회와 신학』 23, 98-123.

2010. "한국교회 연합운동 25년 평가." 『전방개척선교KJFM』 26, 68-81.

2010. "1945년 해방 후~현재, 선교적 관점에서 본 한국교회." 『전방개척선교KJFM』 28, 52-69.

2010. "[특집: 섬김의 선교] 에든버러세계선교대회 100주년과 오늘의 과제." 『목회와 신학』 253, 46-53.

2011. "에큐메니칼 교회로서의 대한예수교장로회(통합)의 정체성과 증언." 『장신논단』 40, 11-35. (동명 논문 수정보완 축약본)

2011. "The Identity of the Korean Church and Its Relationship with the Poor." *Korea Presbyterian Journal of Theology* 42, 119-35.

2011. "선교와 제국주의의 관계 연구: 1910년 에딘버러 세계선교대회를 중심으로." 『한국교회사학회지』 29, 159-86.

2011. "장로교의 재통합 어떻게 할 것인가?" 『교회사학』 10/1, 79-91.

2011. "역사의 화해, 화해의 역사: 한국장로교역사의 새로운 이해." 『한국교회사학회지』 30, 303-32.

2011. "종교와 권력-기독교를 중심으로." 『본질과 현상』 25, 134-47.

2011. "추수감사절 혹은 감사일의 역사적, 신학적 의미." 『교육교회』 405, 14-20.

2012. "통일에 대한 신학적 근거와 통일을 위한 과제들." 『교육교회』 411, 14-19.

2012. "한경직 목사와 세계선교." 『한국교회사학회지』 32, 205-35.

2012. "한경직 목사의 지도력의 발전에 관한 한 소고." 『장신논단』 44/2, 229-53.

2012. "한국장로교 총회 100주년 회고: 한국장로교의 발달단계." 『장로교회와 신학』 9, 25-51.

2012. "선교사 프랭크 스코필드의 유산: 친구로서의 선교사." 『한국기독교와 역사』 44/2, 229-53.

2012. "역사에 나타난 이웃 이해." 『성서마당』 104, 33-42.

2012. "세계 선교운동의 흐름에서 본 청년학생 선교운동." 『한국선교KMQ』 41 (11/3, 봄), 8-15.

2012. "기독교 초기 여성교육과 사회변화." 『신앙세계』 529, 36-39.

2013. "통일신학의 발전에 관한 소고." 『한국기독교신학논총』 90, 82-113.

2013. "게일 목사의 신학사상의 특성과 그 유산: 선교사, 한국학 학자 혹은 둘 다?" 『한국교회사학회지』 34, 219-51.

2013. "The Asian Context and the Ecumenical Movement of the Korean Church." 『장신논단』 45/3, 37-62. (한국본 가능)

2013. "한국선교 30년의 명암." 『한국기독교와 역사』 38, 89-118.

2013. "역사에 나타난 이웃 이해." 『성서마당』 104, 33-44.

2014. "한국 생명신학 유형 소고." 『교회와 신학』 78, 87-114.

2014. "존재의 종말, 종말의 존재." 『성서마당』 109, 4-7.

2014. "신축교안의 재해석: 제국주의, 기독교 선교, 그리고 지역주의의 각축장." 『서양사연구』 50, 205-42.

2014. "한국의 디아스포라신학 발전에 관한 한 소고." 『장신논단』 46/2, 89-113. (영어 e-journal 가능)

2014. "재한 서구 개신교 선교사와 제1차 세계대전: 「한국선교지(Korea Mission Field)」를 중심으로." 『신학연구』 65, 195-227.

2014. "건국과 한국기독교의 관계의 역사적·정치사회적 맥락: 아시아 국가, 특히 베트남과 필리핀과의 비교연구를 중심으로." 『한국기독교와 역사』 40, 349-75.

2015. "지역교회 선교공동체론에 관한 소고: 선교적 교회론의 지역교회 적용." 『선교와 신학』 37, 45-73.

2015. "1930년대 한중관계에 관한 한 소고: 기독교를 중심으로." 『한국기독교와 역사』 43, 205-31.

2015. "정의로운 평화와 한국교회: 한일강제병합, 한국전쟁, 4·19혁명, 세계교회협의회 부산총회를 중심으로." 『교회와 신학』 79, 137-61.

2016. "한국의 자기신학화 담론에 관한 한 소고: 20세기 전반 선교계의 관련 논의를 중심으로." 『교회와 신학』 80, 139-66.

2016. "후기 세월호신학 혹은 한국적 후기 재난신학 구성에 관한 한 소고: 9·11, 쓰나미, 세월호 사건을 중심으로." 『장신논단』 48/1, 59-83. (영어 e-journal version 가능)

2016. "후기 북한 사회의 기독교 신학 구성에 대한 서설: 후기 공산주의 사회들의 기독교 사회의 변화를 중심으로." 『신학연구』 68, 197-227.

2016. "통일의 필요성에 관한 담론: 기독교 통일담론에 대한 함의를 중심으로." 『선교와 신학』 40, 325-57.

2016. "칼뱅의 난민사역과 한국교회에 대한 함의." 『한국교회사학회지』 45, 155-81.

2016. "한국 사회와 기독교(마지막 회)-한국 기독교의 미래와 전망." 『본질과 현상』 45, 30-49.

2016. "현지선교회의 본질과 관계." 『PCK해외선교 저널』 2, 188-226.

2017. "한국기독교의 평화담론의 유형과 발전에 관한 연구: 동북아시아의 지역적 맥락을 중심으로." 『장신논단』 49/1, 197-223.

2017. "한국개신교의 종교개혁 수용 연구: 해방 전 종교개혁 관련 저서를 중심으로." 『한국교회사학회지』. 48, 7-35.

2017. "기독교계의 해방 후 1년." 『기독교사상』 704, 29-38.

2017. "오직 그리스도 모두 삼위일체." 『성서마당』 122, 4-8.

2018. "한국기독교 전래의 특징과 유산: 한국개신교를 중심으로." 『한국기독교문화연구』 10, 1-30.

2018. "현대 몽골어 성경번역에 관한 한 소고: 「몽골번역위원회본」에서 「몽골성서공회본」으로." 『성경원문연구』 42, 90-114.

2018. "North Korea Mission in Historical Perspective." *International Bulletin of Mission Research* 42/2, 116-24.

2018. "68혁명과 한국개신교." 『서양사연구』 58, 75-101.

2018. "선교현장조사에 관한 신학적 성찰: 대한예수교장로회(통합측)을 중심으로." 『선교와 신학』 45, 141-75.

2018. "한국교회의 이스라엘 이해." 『기독교사상』 716, 9-19.

2018. "종교와 권력(7)-종교개혁과 교회정치: 대의제를 중심으로." 『본질과 현상』 51, 61-86.

2019. "사회주의 국가들에서의 선교신학과 실천의 변화." 『기독교사상』 725, 9-20.

2019. "The Asian Ecumenical Movement in Historical Perspective: With Special Reference to its Contribution to Ecumenism." *Hong Kong Journal of Catholic Studies*. 9, 206-32.

2019. "한국 여성운동의 첫 번째 물결과 여성 권리의 제한적 확대: 한국 그리스도교를 중심으로." 『서양사연구』 61, 151-80.

2019. "기독교 통일담론의 한국 통일담론에의 기여 방안: 기독교 통일담론은 무엇을, 어떻게 기여하는가?." 『종교문화학보』 16, 65-94.

2019. "일과 신앙, 그 관계의 변화와 전망." 『성서마당』 130, 36-47.

2020. "고령사회의 고령친화적 목회에 관한 연구: 한국교회를 중심으로." 『교회와 신학』 84, 120-44.

2020.   "제1차 세계대전과 한국개신교: 식민지 전시교회를 중심으로." 『장신논단』 52/3, 33-50.

2020.   "성경 번역상 상이한 단어 선택 전략들, 전문성과 대중성: 현대 몽골어 성경 번역본의 빌레몬 1:9의 'presbutes'(πρεσβύτης)을 중심으로." 『성경원문연구』 46/봄, 169-219.

2020.   "새로운 기독교사 방법론들의 대두: '세계기독교사'를 중심으로." 『서양사연구』 63, 115-43.

2021.   "아시아의 그리스도교와 식민주의: 마젤란의 필리핀 도착 500년을 기억하며." 『가톨릭평론』 31, 50-59.

2022.   "장로회신학대학교 설립 배경에 관한 연구." 『교회와 신학』 86, 9-28.

2022.   "목회와 신학에 있어서 회중론의 의의에 관한 연구: 교회사의 사례를 중심으로." 『한국기독교사학회지』 61, 99-127.

2022.   "코로나 블루를 넘어 코로나 블랙으로: 코로나 및 후기 코로나 시대의 장애인 삶의 위기와 교회의 선교적 책무." 『장신논단』 54/3, 71-93.

2022.   "한국교회와 에큐메니컬 선교 대두 이전의 원(原)에큐메니컬 선교: 대한예수교장로회를 중심으로." 『한국기독교와 역사』 57, 197-226.

2022.   "기독교와 전쟁." 『성서마당』 144, 38-49.

2022.   "한국교회 에큐메니컬 기구 복수 시대의 현황과 전망." 『기독교사상』 768, 27-40.

2023.   "고영근의 비전향 장기수 후원사업과 서간문을 통해 본 그들의 의식: 전향, 인권, 회심 담론을 중심으로." 『한국기독교와 역사』 58, 241-71.

기타 연재, 서평, 기고문 등은 생략.